权威·前沿·原创

皮书系列为
"十二五""十三五""十四五"时期国家重点出版物出版专项规划项目

BLUE BOOK

智库成果出版与传播平台

非物质文化遗产蓝皮书

BLUE BOOK OF INTANGIBLE CULTURAL HERITAGE

中国非物质文化遗产保护发展报告（2024）

ANNUAL DEVELOPMENT REPORT ON CHINESE INTANGIBLE

CULTURAL HERITAGE SAFEGUARDING (2024)

主　编／宋俊华

副主编／李　惠

社会科学文献出版社
SOCIAL SCIENCES ACADEMIC PRESS (CHINA)

图书在版编目（CIP）数据

中国非物质文化遗产保护发展报告 . 2024 ／宋俊华
主编；李惠副主编 . --北京：社会科学文献出版社，
2025. 5. --（非物质文化遗产蓝皮书）. --ISBN 978-7-
5228-5145-7

Ⅰ. G122

中国国家版本馆 CIP 数据核字第 2025RJ8960 号

非物质文化遗产蓝皮书

中国非物质文化遗产保护发展报告（2024）

主　　编／宋俊华

副 主 编／李　惠

出 版 人／冀祥德
组稿编辑／李建廷
责任编辑／杨　雪　袁卫华
责任印制／岳　阳

出　　版／社会科学文献出版社·人文分社（010）59367215
　　　　　地址：北京市北三环中路甲 29 号院华龙大厦　邮编：100029
　　　　　网址：www. ssap. com. cn
发　　行／社会科学文献出版社（010）59367028
印　　装／天津千鹤文化传播有限公司

规　　格／开本：787mm×1092mm　1/16
　　　　　印 张：22. 25　字 数：333 千字
版　　次／2025 年 5 月第 1 版　2025 年 5 月第 1 次印刷
书　　号／ISBN 978-7-5228-5145-7
定　　价／128. 00 元

读者服务电话：4008918866

本书为教育部人文社科重点研究基地中山大学中国非物质文化遗产研究中心研究成果，同时为：

国家社科基金重大项目"非遗代表性项目名录和代表性传承人制度改进研究"（17ZDA168）阶段成果

教育部人文社科重点研究基地重大项目"非遗保护的中国经验研究"（17JJD850005）阶段成果

广东省教育厅2020年度普通高校创新团队项目"粤港澳大湾区文学与文化研究团队"（2020WCXTD010）阶段成果

教育部人文社科重点研究基地中山大学中国非物质文化遗产研究中心"十四五"规划自设项目阶段成果

《中国非物质文化遗产保护发展报告（2024）》
编　委　会

主编简介

宋俊华 教育部人文社科重点研究基地中山大学中国非物质文化遗产研究中心主任、中山大学中文系教授、博士生导师，广州新华学院中文系主任，《文化遗产》主编、教育部新世纪优秀人才，国家社科基金重大项目首席专家、中国傩戏学研究会副会长、国家公共文化服务体系建设专家委员会专家，长期从事中国传统戏剧、非物质文化遗产理论与实践、公共文化服务的研究、教学和社会服务工作，出版有《中国古代戏剧服饰研究》《非物质文化遗产保护研究》等著作，连续数年主编《中国非物质文化遗产保护发展报告》《广州市非物质文化遗产保护发展报告》等蓝皮书，在《文艺研究》《戏剧艺术》《学术研究》等重要学术期刊发表论文数十篇。

摘　要

全书分为四个部分。

第一部分是总报告。总报告《非遗保护与中国式现代化建设》指出，2023 年我国加快推进非遗系统性保护与国家战略的融合，尊重人民在非遗保护工作中的主体地位，以社会主义核心价值观为引领，推动非遗保护持续赋能共同富裕战略，促进非遗保护助力我国物质文明与精神文明的发展，培育人和自然和谐共生的生活方式。非遗成功"出海"彰显了我国坚持走和平发展道路的决心，成为构建人类命运共同体的重要力量。同时，我国非遗保护仍须加强部门间合作，继续挖掘非遗赋能可持续发展的潜能；切实加强《中华人民共和国非物质文化遗产法》普及教育，提高非遗保护主体的法律素养，优化非遗传承人评估考核机制；规范文化生态保护区旅游业发展，做好相关政策文件的制定并积极落实；加快完善非遗保护法律制度，加强非遗保护国际司法经验交流和学术探讨，探索非遗国际联合保护机制，完善国际法律体系。

第二部分是专题报告，关注非遗保护与中国式现代化建设的问题。《非遗保护与中国式教育现代化：高校非遗教育的理论与实践探讨》认为，非遗教育推广已成为我国非遗保护进程中不可或缺的一环，当下非遗保护工作与中国教育现代化的步伐已经相互交织，形成了相互促进的关系，而高校在其中发挥了核心作用；高校应整合传统与现代教育资源、创新教学模式、培养具有非遗保护意识（理论修养）和实践能力的专业人才。《记录工作与非遗数字资源建设》指出，国家级非遗代表性传承人记录工作，应建立起将

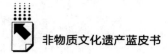

传承人所承载的具有口传身授特性的非遗核心技艺和文化记忆，转化为非遗数字资源的工作方法，构建现代化的非遗档案与史料体系，推动行业标准的出台，却也存在成果公开程度低的问题。亟须采取措施，建立国家级非遗数字资源平台，推动集约化存储、保存，采取措施促使其方便获取和有效利用。《非遗保护与自主知识体系建设》认为，非遗作为优秀传统文化，应在构建"中国自主知识体系"过程中发挥重要作用。非遗保护与构建自主知识体系受非遗资源、传承人与传承人群、科研机构与学者以及政策法规等诸多要素的影响，可通过多维度、多层次互动来实现；亦可通过强化学术研究、深化实践探索、推动技术创新应用以及国际合作交流等来实现。《非遗保护助推生态文明建设——以海洋渔文化（象山）生态保护区为例》一文指出，国家级海洋渔文化（象山）生态保护区通过顶层设计、联动相关部门、接轨国家重大战略、推动绿色发展、挖掘非遗资源以及依托节庆活动等方式助力生态文明建设，可见以整体性保护为核心理念的文化生态保护区，与生态文明建设有高度相关性。对整体性保护认识和非遗资源生态价值利用的不足，是当前文化生态保护区建设面临的主要挑战，所以，要挖掘生态价值以提升公众生态文明素养、完善评估体系以强化整体性保护意识、培育社会力量以推动公众广泛参与。《非遗保护与构建人类命运共同体——以闽粤非遗在东南亚传承传播为例》一文探讨了非遗保护与构建人类命运共同体之间的关系。从2023年至2024年中国闽粤非遗在东南亚的传承传播情况来看，非遗项目在海外华人社群中发挥着重要作用，丰富了中华文化的表达方式，也成为中华文明与世界文明对话的载体，为国际文化交流和文明互鉴提供了新的视角和实践路径。要发挥非遗在构建人类命运共同体中的作用，就要发挥非遗沟通海内外华人华侨的桥梁作用，推动海内外华人华侨共同参与人类命运共同体建设；要挖掘文化共性，促进海内外华人民心相通；要善用媒介，铸牢海外华人的中华民族共同体意识；要拓宽渠道，增加闽粤非遗在海外的应用场景。

第三部分是年度热点，主要关注非遗服务国家重大战略问题。《非遗保护助力共同富裕——以浙江省非遗保护实践为例》指出，实现共同富裕是社会主义的本质要求，非物质文化遗产作为中华优秀传统文化的重要组成部分，其保护传承工作与经济发展紧密相连。"非遗+产业"等新模式的出现，激活了乡村经济，丰富了民众文化生活，促进了精神生活的共同富裕。浙江省通过政策支持、工坊集聚、人才会聚等举措，有效提升了非遗保护传承的成效，为全国提供了可借鉴的经验。《非遗引领新国潮的发展与问题分析》认为，在系统性保护、创造性转化与创新性发展等非遗保护理念与政策的推动之下，非遗已经全面融入现代生活。非遗与品牌建设、旅游开发、影视制作，及新技术运用等进行跨界融合，以更开放、更时尚的姿态引领着新国潮的发展。非遗国潮作为一种新的消费观念与实践，在一定程度上突破了原有圈层，被广泛运用到文化、产业、科技、艺术等诸多领域，同时也存在产品同质化、缺乏对非遗内涵深入挖掘、过度依赖网络流量、海外竞争力弱等问题。创新与品质的提升是推动非遗国潮发展的核心，需要综合考量产品内容、质量、品牌建设、社会认同等多项因素，以实现非遗与国潮的良性互动。《非遗"出圈"何以发生？——基于英歌舞现象级传播的研究》发现，社交媒体的兴起带动了一批非遗项目的现象级传播。英歌舞"出圈"传播可分为三个阶段，即在"圈层"前期积累阶段，通过创新转化，圈层得以快速生长；在"出圈"阶段，采用技术驱动、价值认同、情感共鸣、价值彰显等实现"破圈"；在共享阶段，采用重构与传承文化记忆等手段，实现英歌舞的持续传播。《非遗保护如何助力京津冀区域协同发展》指出，京津冀三地同属燕赵大地，具有相似的文化背景和地理位置。三地非遗项目亦传递着相似的文化记忆，从而成为三地协同发展的基础。京津冀三地非遗具有同源性和共生性，存在交叉传承情形，京津冀协同发展战略为三地非遗提供了区域整体性保护的可能。在京津冀区域协同发展的趋势和背景下，三地非遗保护在文旅融合和区域公共文化服务等方面取得了显著成绩，但也存在要突破的瓶颈，需创新发展理念，探索新的发展模式，以非遗助力京津冀区域协同发展。《非遗保护与旅游融合热点问题分析》认为，在"以文促旅　以旅彰文"理念指导下，各级政府出台了一系列的政策和办法，促进了非遗与旅游的深度融合。文旅单位在采用短视频等自媒体推广文旅资源方面积极作为，催生了现象级网红文旅IP，进而实现从管理到服务的职能转变。需要注意的是，只有实现各利益主体之间的协商互惠，非遗与旅游融合才可持续发展。《非遗保护与铸牢中华民族共同体意识》提出，非遗保护、传承是铸牢中华民族共同体意识的重要措施，同时，铸牢中华民族共同体意识为非遗保护、传承提供了强大的精神动力。在这一理念指导下，我国采取了一系列卓有成效的措施。为推动进一步发展，我们应完善非遗保护传承方案，确保全面有效保护；加强非遗与"五个认同"研究，守住中华文化基因与精神气脉；推动非遗融入国家发展战略，彰显中华文化使命担当与时代风采；激发非遗保护多方潜能，夯实中华文化永续发展的社会基础；扩大非遗国际社会影响，增进对中华文化的认同感和自豪感。

第四部分是附录，为《2023年度非遗大事记》。

关键词： 非遗保护　中国式现代化　可持续发展

目　录

Ⅰ　总报告

B.1　非遗保护与中国式现代化建设…………………… 宋俊华　詹晓悦 / 001

　　一　2023 年中国非遗保护发展的总态势 ……………………… / 002

　　二　2023 年中国非遗保护面临的问题与挑战 ………………… / 040

　　三　2023 年中国非遗保护的展望和对策建议 ………………… / 045

Ⅱ　专题报告

B.2　非遗保护与中国式教育现代化：高校非遗教育的理论与实践探讨

　　………………………………………………… 宋俊华　张珈玮 / 052

B.3　记录工作与非遗数字资源建设…………………………… 李　惠 / 067

B.4　非遗保护与自主知识体系建设…………………………… 段晓卿 / 087

B.5　非遗保护助推生态文明建设

　　——以海洋渔文化（象山）生态保护区为例 ……… 邓桃香 / 104

B.6　非遗保护与构建人类命运共同体

　　——以闽粤非遗在东南亚传承传播为例…… 林发钦　徐　畅 / 128

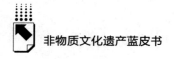
Ⅲ 年度热点

B.7 非遗保护助力共同富裕

　　——以浙江省非遗保护实践为例 ………… 张　昇　方雅丽 / 148

B.8 非遗引领新国潮的发展与问题分析 ……………… 武　静 / 162

B.9 非遗"出圈"何以发生？

　　——基于英歌舞现象级传播的研究 ………… 张兆芫　蔡佳伟 / 186

B.10 非遗保护如何助力京津冀区域协同发展 …………… 杨　镕 / 211

B.11 非遗保护与旅游融合热点问题分析 ……………… 陈　熙 / 235

B.12 非遗保护与铸牢中华民族共同体意识 ……………… 高　萍 / 258

附　录

2023年非遗大事记 ………………………… 蔡佳伟 / 274

Abstract ……………………………………………… / 319

Contents ……………………………………………… / 325

皮书数据库阅读**使用指南**

总报告 ⟩⟩

B.1
非遗保护与中国式现代化建设

宋俊华　詹晓悦*

摘　要： 2023 年，我国加快推进非遗保护融入国家战略，尊重人民在非遗保护工作中的主体地位，以社会主义核心价值观为引领，推动非遗保护持续赋能共同富裕战略，促进非遗保护助力我国物质文明与精神文明的发展，培育人与自然和谐共生的生活方式。非遗成功"出海"，彰显了我国坚持走和平发展道路，成为构建人类命运共同体的重要力量。展望未来，我们要加强政府部门间的合作，继续挖掘非遗赋能可持续发展的潜能。切实加强《中华人民共和国非物质文化遗产法》的普及教育，提高非遗保护主体的法律素养，优化非遗传承人的评估考核机制；规范文化生态保护区的旅游业发展，做好相关政策文件制定并积极落实；加快完善非遗法律制度，加强非遗领域国际诉讼的经验交流和学术探讨，探索非遗国际联合保护机制，完善国际法律体系。

关键词： 非物质文化遗产法　系统性保护　中国式现代化　可持续发展

---

* 宋俊华，中山大学中国非物质文化遗产研究中心主任、中文系教授，广州新华学院中文系主任，文化和旅游部文化和旅游研究基地首席专家；詹晓悦，中山大学中国非物质文化遗产研究中心、中文系博士生。

习近平同志明确指出中国式现代化具有五个特征，即中国式现代化是人口规模巨大的现代化、全体人民共同富裕的现代化、物质文明和精神文明相协调的现代化、人与自然和谐共生的现代化、走和平发展道路的现代化。① 自 2004 年加入联合国教育、科学及文化组织（以下简称"联合国教科文组织"）《保护非物质文化遗产公约》（以下简称《非遗公约》）以来，我国立足于国情，坚持中华优秀传统文化创造性转化、创新性发展的理念，深刻把握"两个结合"，不断探索中国式现代化建设中非物质文化遗产（简称"非遗"）保护的中国模式和经验。在全面建成社会主义现代化强国、实现中华民族伟大复兴的康庄大道中，将非遗的系统性保护放在中国式现代化的大背景中进行考量，是接下来中国式现代化中非遗保护工作的引领性课题。②

一 2023年中国非遗保护发展的总态势

（一）尊重人民在非遗保护中的主体地位

1. 构建起政府主导、社会力量参与的工作格局，坚持以人民为中心，不断完善顶层设计

2023 年，文化和旅游部为加强非遗保护制度体系建设，制定了本年度"非物质文化遗产传承发展工程"计划，年度经费投入达 3016.63 万元，为实施非遗系统性保护提供资金保障，并将非遗保护的社会效益和服务对象满意度作为非遗保护工作的重要绩效指标，体现人民至上的工作思想。③ 为进

---

① 习近平：《高举中国特色社会主义伟大旗帜 为全面建设社会主义现代化国家而团结奋斗——在中国共产党第二十次全国代表大会上的报告》，中华人民共和国中央人民政府，https://www.gov.cn/xinwen/2022 - 10/25/content _ 5721685. htm? eqid = de99aec4000f3be6000000036476fb61,%202023-12-05，最后访问日期：2024 年 3 月 27 日。

② 王晨阳：《中国式现代化进程中的非物质文化遗产系统性保护》，《民俗研究》2023 年第 6 期。

③ 《文化和旅游部本级 2023 年度部门预算》，中华人民共和国文化和旅游部，https://zwgk.mct.gov.cn/zfxxgkml/cwxx/ysjs/202304/t20230427_ 943468.html，最后访问日期：2024 年 4 月 5 日。

一步优化部门职能，文化和旅游部非物质文化遗产司、艺术司、国际交流与合作局（港澳台办公室）通过向社会购买"传统节庆戏曲惠民演出""中国非遗传承人研修培训计划年度管理和绩效考核工作"等6项服务，利用社会专业人才，提高公共文化服务的专业性，丰富了文化供给，更好地推动了非遗保护赋能人民美好生活。① 同时，文化和旅游部充分发挥政务新媒体的矩阵优势，加强政府信息主动公开，加强对《关于推动非物质文化遗产与旅游深度融合发展的通知》等重要政策的解读，积极听取人民对非遗保护的意见和建议，共答复23条两会期间代表提出的非遗保护建议，站稳人民立场。②

8月，由中国艺术研究院（中国非物质文化遗产保护中心）起草、文化和旅游部批准的行业标准《非物质文化遗产数字化保护　数字资源采集和著录》正式发布，进一步规范了我国十大门类非遗代表性项目数字资源的采集和著录工作。该行业标准是我国首个非遗领域行业标准，于2011年5月开始立项编制，凝聚了多年来我国政府、高校、研究机构和社会团体各领域的集体智慧，精准把握了非遗数字化保护中的工作方向，归纳提炼了各门类非遗项目数字化时应考虑采集、著录的内容及相应要求。该行业标准的颁布，是我国非遗数字化保护能力科学化、规范化、标准化的体现，对未来非遗数字资源的传播利用、非遗大数据体系的构建、非遗专业人才队伍的培养、人民群众非遗认知能力的提升具有深远意义。③

2. 着力激发人民非遗保护的主体意识，探索建立非遗保护立法和公益诉讼制度

在立法层面，截至2023年4月，我国共有22个省人大常委会出台了与文

---

① 《文化和旅游部2023年政府购买服务指导性目录》，中华人民共和国文化和旅游部，https：//zwgk. mct. gov. cn/zfxxgkml/cwxx/zfjzcg/202307/t20230707_ 945681. html，最后访问日期：2024年4月5日。

② 《文化和旅游部政府信息公开工作2023年度报告》，中华人民共和国文化和旅游部，https：//zwgk. mct. gov. cnzfxxgknb/2023n/202401/t20240123_ 950950. html，最后访问日期：2024年4月5日。文化和旅游部的答复情况为本研究团队据政府公开信息统计，详见https：//zwgk. mct. gov. cn/zfxxgkml/447/472/476/index_ 3081. html，最后访问日期：2024年4月5日。

③ 曹岩、韩文旸：《我国首个非物质文化遗产领域行业标准获批发布》，央视新闻，http：//www. news. cn/politics/2023-08/28/c_ 1129828265. htm，最后访问日期：2024年5月9日。

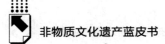

化遗产保护相关的检察公益诉讼专项决定，① 借助法治力量打击非遗保护中的侵权和不正当竞争行为，推动非遗保护和治理能力的现代化。如河南省焦作市出台的我国首部关于太极拳保护的法规——《焦作市太极拳保护和发展条例》，其中第十、十二、十九、三十一条针对实物保护、知识产权保护、传承人义务履行、产业生态维护、工作人员管理失职等问题作出了明确的法律规定，为当地太极拳项目保护提供法律依据。② 在公益诉讼方面，安徽省黄山市近年来逐步形成"主管部门+保护单位+徽学专家+公益诉讼检察"③ 的保护模式，加强社会力量联动和资源共享，为非遗构筑了安全的保护网络。

3. 始终坚持非遗代表性传承人在非遗保护工作中的核心地位，不断提高非遗传承人能力

继续实施"中国非物质文化遗产传承人群研修培训计划实施方案（2021~2025）"，不断提高传承人群的综合素质。文化和旅游部为进一步推动高校非遗学科建设更好地服务于传承人再教育，对 2018~2022 年负责研培的 143 个高校培训班进行绩效考核，④ 公布《2024~2025 年度中国非物质文化遗产传承人研修培训计划参与院校名单》。针对非遗保护的新形势，文化和旅游部鼓励进入推荐名单的 130 所高校，结合当地实际、学科优势和职业技能人才培养要求参与传承人群研培工作，有序开展民间文学、民俗等其他门类非遗项目的研培试点，支持旅游院校围绕文旅融合、乡村振

---

① 王彗洁：《公益诉讼助力探索非遗保护新路径》，《中国文化报》电子版，2023 年 11 月 21 日第 3 版。https：//npaper. ccmapp. cn/zh－CN/？ date ＝ 2023 － 11 － 21&page ＝ 3&Hid ＝ 655b646c3391f1dd323f9102。

② 《〈焦作市太极拳保护和发展条例〉公布》，河南省文化和旅游厅，https：//hct. henan. gov. cn/2023/10－25/2835894. html，最后访问日期：2024 年 4 月 6 日。

③ 王彗洁：《公益诉讼助力探索非遗保护新路径》，《中国文化报》电子版，2023 年 11 月 21 日第 3 版。https：//npaper. ccmapp. cn/zh－CN/？ date＝2023－11－21&page＝3&Hid＝655b646 c3391f9102。

④ 《文化和旅游部关于公布中国非物质文化遗产传承人研修培训计划 2021~2022 年度绩效考核结果的通知》，中华人民共和国文化和旅游部，https：//zwgk. mct. gov. cn/zfxxgkml/fwzwh yc/202305/t20230509_ 943629. html，最后访问日期：2024 年 4 月 6 日。

兴工作开展研培试点，为建设高质量的非遗保护工作队伍提供师资储备。①

年轻人越来越成为非遗保护的主力军。《2023 非遗数据报告》显示，2022 年 5 月至 2023 年 5 月，抖音短视频平台带货成交额最高的 100 位非遗传承人中，"90 后"占 37%，超过 1000 位"00 后"在抖音平台身体力行地传播非遗。② 年轻人对非遗保护的重视，为高校教育体系与非遗保护体系的深度融合助力。一方面，多地政府和高校聚焦青年非遗传承人的发展需求，开展青年非遗传承人培训和研讨工作，为非遗保护输送新生代人才。2023 年 10 月，"全国青年非遗传承人扶持计划"培训班在北京大学召开，引导社会各界为青年非遗传承人搭建高层次的成长和交流平台，鼓励青年非遗传承人守正创新，勇担新的文化使命。③ 11 月，文化和旅游部、教育部、人力资源和社会保障部联合在浙江师范大学开展传统营造技艺"传二代"培训班，为来自 13 个省份 33 位从事传统营造技艺的青年非遗传承人提供多领域、多学科的教学。培训班紧密结合浙江乡村振兴需求和青年非遗传承人关注的非遗保护问题，提高青年非遗传承人以传统营造技艺赋能乡村振兴的理论和实践素养。④ 另一方面，政府鼓励高校学生深入非遗保护的社会实践，与非遗传承人共同肩负新的文化使命。9 月，广东省文化和旅游厅、广东省非物质文化遗产保护中心联合 5 所高校，启动"2023 年广东省非物质文化遗产传承人群种子计划"，通过非遗传承人与高校学生"传帮带　结对子"，

---

① 《文化和旅游部办公厅关于开展中国非遗传承人研修培训计划参与院校调整工作的通知》，中华人民共和国文化和旅游部，https://zwgk.mct.gov.cn/zfxxgkml/fwzwhyc/202307/t20230718_945983.html，最后访问日期：2024 年 4 月 6 日。《关于 2024~2025 年度中国非物质文化遗产传承人研修培训计划参与院校推荐名单的公示》，中华人民共和国文化和旅游部，2023 年 10 月 7 日，https://zwgk.mct.gov.cn/zfxxgkml/fwzwhyc/202310/t20231007_947738.html，最后访问日期：2024 年 4 月 6 日。

② 《这届 95 后开始进军非遗了》，抖音，https://mp.weixin.qq.com/s/eQ9crmNpleHRa VQCE Fjrbw，最后访问日期：2024 年 4 月 6 日。

③ 《〈全国青年非遗传承人扶持计划〉2023 年培训班在北京大学举行》，中华非遗传承人才库，https://baijiahao.baidu.com/s?id=1779263950987313395，最后访问日期：2024 年 4 月 6 日。

④ 《2023 年中国非物质文化遗产传承人研修培训计划传统营造技艺"传二代"顺利开班》，浙江师范大学国际文化与社会学院，https://gjxy.zjnu.edu.cn/2023/1114/c4647a452375/page.htm，最后访问日期：2024 年 4 月 6 日。

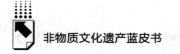

发挥非遗育人的力量，让青年学生接过非遗传承的接力棒，为非遗保护注入青春力量。①

4. 秉持"人民的非遗，人民共享"的保护理念，打造非遗品牌活动，让人民共享文化建设成果

2023 年 4 月 19 日，《"十四五"中医药文化弘扬工程实施方案》正式印发，为弘扬传统中医药文化，实现健康中国战略指明了方向。该方案坚持以人民为中心，致力于打造一批中医药文化品牌活动、精品力作、传播平台，采取人民群众喜闻乐见的宣传形式，加强中医药文化的时代阐释和中医药典籍的传承，提高全民健康文化素养。② 湖南省是全国较早实施传统医药专项保护的省份，近年来不断整合传统医药资源，发布了湖南省首批共 6 条中医药康养旅游精品线路，覆盖全省 14 个市州 52 个县市区，串联 68 个中医药康养体验基地，积极推动中医药健康旅游示范区和特色小镇建设。③ 湖南省以中医药作为非遗展示的窗口，为人民群众打造极具湖湘文化魅力的体验空间。

在满足人民群众精神生活需求方面，2023 年春节期间，文化和旅游部统筹各地组织开展非遗传承实践活动，集中展播年俗视频，线上线下共举办 1.2 万余场非遗体验活动，更好地满足人民日益增长的精神文化需求。④ 2023 年全国地方戏精粹展演、第七届中国戏曲文化周、2023 年戏曲百戏（昆山）盛典、重点传统（经典）剧目复排计划、优秀传统戏曲折子戏复排计划、第十届中国京剧艺术节、第五届豫剧艺术节……政府搭建地方戏曲特

---

① 《广东非遗传承人群"种子计划"正式启动》，广东省文化和旅游厅，https://whly. gd. gov. cn/news_ newzwhd/content/post_ 4256582. html，最后访问日期：2024 年 4 月 6 日。

② 《国家中医药局　中央宣传部　教育部　商务部　文化和旅游部　国家卫生健康委　国家广电总局　国家文物局关于印发〈"十四五"中医药文化弘扬工程实施方案〉的通知》，国家中医药管理局，http://www. natcm. gov. cn/bangongshi/gongzuodongtai/2023 - 04 - 19/30181. html，最后访问日期：2024 年 4 月 10 日。

③ 张玲：《"三湘四水"新湖南　非遗画卷绘未来》，《中国文化报》电子版，2023 年 12 月 5 日第 4 版。https://npaper. ccmapp. cn/zh-CN/? date = 2023 - 12 - 05&page = 4&Hid = 656dd3fa3391f1dd32404dc7。

④ 郑海鸥：《全国将举办 1.2 万余场非遗活动——让年味更浓厚、节日更喜庆》，《人民日报》电子版，2023 年 1 月 16 日第 4 版。http://ent. people. com. cn/n1/2023/0116/c1012-32606981. html。

色消费场景，为人民群众奉上文化盛宴，吸引更多人民群众感受中华优秀传统文化的魅力。如第七届中国戏曲文化周期间，20 个省区市近 50 个优秀院团、院校联袂奉上 120 余场演出、100 余场导赏讲座对谈、近 200 场互动活动。现场吸引来自全国的游客近 10 万人次，线上活动直播点击量超过 2000 万次，相关话题视频浏览、阅读量超过 8000 万次，体现非遗保护不断实现"发展为了人民、发展依靠人民、发展成果由人民共享"的目标。① 2023 年戏曲百戏（昆山）盛典期间，来自全国 40 个戏曲院团、院校，为人民群众带来 26 场精彩演出，现场观看人数超 1.5 万人次，线上观演人数超 7000 万人次，人民群众的喜爱和信赖，成为倒逼传统戏曲成长的重要力量。② 7 月，福建省文化和旅游厅组织"福建文化宝岛行"活动，精选提线木偶戏、布袋木偶戏、讲古、剪纸等多项非遗代表性项目到台北市开展文化交流，让台湾同胞共享非遗保护成果，为两岸同胞架起了联系乡情、共续乡音的文化桥梁。③

　　文化和旅游部继续推动基层文化服务建设，打通公共文化服务"最后一公里"。2023 年 11 月 28 日~2024 年 3 月 29 日，文化和旅游部民族民间文艺发展中心举办了首届全国非遗传播活动创新案例征集活动，"杭州非遗在亚运会上精彩绽放"等在内的 36 个创新案例入选。④ 这些创新案例包括，把非遗传承嵌入基层公共文化服务体系，让非遗走进千家万户。同时，这些案例也具有可复制、可推广的意义，为全国各地非遗保护活动提供行业标杆和典型经验，有利于孵化和优化非遗体验项目，进一步丰富人民群众的生活。

---

① 《第七届中国戏曲文化周落幕　戏韵悠长点亮文化繁盛之光》，北京市丰台区委宣传部，https：//www. beijing. gov. cn/renwen/sy/whkb/202310/t20231004_ 3270266. html，最后访问日期：2024 年 4 月 6 日。

② 《2023 年戏曲百戏（昆山）盛典闭幕》，江苏省昆山市文体广电和旅游局，https：//www. ks. gov. cn/kss/xqbxxwdt/202401/efd75f5a0d9d4113bd7232dfb75926d1. shtml，最后访问日期：2024 年 4 月 6 日。

③ 《非遗盛宴入宝岛乡音曲艺记乡愁——"福建文化宝岛行"活动在台成功举办》，福建省文化和旅游厅，https：//wlt. fujian. gov. cn/wldt/btdt/202307/t20230716_ 6207996. htm，最后访问日期：2024 年 5 月 5 日。

④ 《首届全国非遗传播活动创新案例征集入选名单公示》，中华人民共和国文化和旅游部民族民间文艺发展中心，https：//cefla. org. cn/detail/list？ id＝1138，最后访问日期：2024 年 4 月 16 日。

　　乡村地区的人民群众也可以享受到高品质、多样化的非遗展演。2023年10月，重庆市南川区举办首个以非遗为主题的"村晚"，活动以世界自然遗产、国家5A级旅游景区金佛山为主要场景，邀请重庆多位文艺人才创编精品节目，为当地人民群众带来文艺盛宴。① "政府搭台，人民唱戏"发动乡村地区的人民群众力量举办"村晚"，重视民间文化艺术展示，是提高人民群众非遗保护意识的重要举措。贵州省毕节黔西市新仁苗族乡化屋村的村民在"村晚"中自发创编节目，展示了当地的民族风情和民俗文化。据统计，2023年全国"村晚"示范展示活动共举办2万余场，参与人次约1.3亿。② "村晚"平台的搭建，既激发了当地人民群众参与非遗保护的热情，又丰富了当地人民群众的精神生活。

　　5. 尊重社区居民主体地位，持续开展"非遗在社区"活动，积极培育非遗保护土壤

　　社区是我国非遗保护的重要力量，"尊重社区和社区参与是实施保护非物质文化遗产'各种措施'的基本前提"。③ 自2017年起，我国在多地试行"非遗在社区"活动，激发了社区居民参与非遗保护的主体意识，维护了社区文化生态，充分发挥了非遗推动社区善治的重要作用。11月29日~12月1日，"非遗在社区"全国工作经验交流活动在深圳举行，会议期间，文化和旅游部非物质文化遗产司发布全国22个"非遗在社区"典型案例，为持续推动社区非遗保育工作提供了启示。④ 深圳市福田区南园街道、宝安区新安街道、龙华区大浪街道、坪山区马峦街道的上榜，得益于深圳市将非遗作

---

① 《重庆首个"非遗"乡村"村晚"在南川区举行》，央视网，https：//local. cctv. com/2023/10/25/ARTIUO1U6dO1n6noFKJoKmMv231025. shtml，最后访问日期：2024年4月6日。

② 李蕊、王云娜、程焕：《文化为民、乡村主体、村民主角、全民参与、全民创新："村晚"正成为乡村最灿烂的舞台（人民眼·新春走基层）——山东、湖南、贵州的三个村庄调研见闻》，《人民日报》电子版，2024年2月9日第13版。https：//www.gov.cn/lianbo/difang/202402/content_ 6931003. htm。

③ 巴莫曲布嫫：《从语词层面理解非物质文化遗产——基于〈公约〉"两个中文本"的分析》，《民族艺术》2015年第6期。

④ 《"非遗在社区"全国工作经验交流活动在深圳举办》，广东省文化和旅游厅，https：//whly. gd. gov. cn/gkmlpt/content/4/4295/post_ 4295449. html#2628，最后访问日期：2024年4月10日。

为城市社区"黏合剂"的工作思想：深圳采用每个社区设立 1 个非遗名家工作室和 1 个传习坊的"1+1"模式，把非遗特色产业和新业态搬到社区居民家门口，为社区居民提供从生产到消费全链条的非遗体验。① 山东省的"非遗在社区"活动充分发挥了非遗传承人的示范带动作用，支持非遗传承人在社区扎根，培育以社区居民为主力军的非遗保护志愿团队，促进邻里和谐关系。截至 2023 年 12 月，青岛市共培育 63 个市级"非遗特色社区"，对社区居民参与度高的 10 个社区给予"非遗特色示范社区"表彰和资金奖励，极大地提升社区居民参与非遗保护的干劲，带动其他社区居民积极参与基层文化建设。②

6. 调动志愿者力量，链接社会优质资源，提高公众参与非遗保护的积极性和责任感

多年来，我国还注重调动社会各界力量，打造非遗主题的志愿服务项目。2023 年，上海市"非遗在行动"获得上海最佳志愿服务项目，该项目通过线上和线下，将非遗公益课程精准投放到当地学校师生、社区居民中，并加强全媒体传播，不断扩大受益群体。"非遗在行动"让专业非遗传承人担任非遗课程讲师，由不同领域的志愿者担任项目总监、策划、执行和宣传员，调动社会各界的专业力量协助非遗传承人打造优质课程。同时，该类志愿服务项目还链接了东方广播中心各部门的人力和宣传资源，保障非遗公益课程的投放和活动新闻的传播。截至 2023 年 11 月 9 日，该项目的参与学校超过 30 所（次），社区活动超过 20 场，核心课程和独立课程共 500 课时，线上线下受众超过 1000 万人次。③

在以活动为导向的非遗传播中，讲解员也是重要的推进力量。2023 年 9

---

① 《深圳"四态工程"推进"非遗在社区"试点》，广东省文化和旅游厅，https：//www.mct.gov.cn/whzx/qgwhxxlb/gd/202210/t20221026_936961.htm，最后访问日期：2024 年 4 月 10 日。
② 苏锐：《山东：社区成为非遗传承"万亩良田"》，文旅中国，转引自中国非物质文化遗产网，https：//www.ihchina.cn/art/detail/id/28614.html，最后访问日期：2024 年 4 月 10 日。
③ 《最佳志愿服务项目——上海市"非遗在行动"志愿服务项目》，上海志愿者网，https：//www.volunteer.sh.cn/zjzyfwxm/2023/11/09/440a96e6-d6bd-480d-abf9-cb1ff9c7fd49.shtml，最后访问日期：2024 年 4 月 16 日。

月 23 日~10 月 8 日，杭州市举办了第十九届亚运会。赛前，浙江省调动全省力量，举办 2023 年"迎亚运'非遗有我'"浙江省非遗讲解员评选活动。活动培训组织 116 位参赛选手挑选浙江省非遗馆中的展品进行讲解。在决赛后，部分获奖选手成为浙江省非遗馆的志愿讲解员，在更为广阔的世界里讲好中国非遗故事。[①]

（二）促进非遗系统性保护，赋能共同富裕战略

1. 发挥人才引领作用，促进非遗供给侧结构性改革，提升非遗赋能共同富裕的能力

在支持非遗传承人、青年学生发力保护非遗的同时，文化和旅游部积极通过出台政策、实施项目、搭建平台等措施，加强对非遗乡土人才的扶持。特别是在开展非遗传承人认定和工艺美术大师评选、中国非物质文化遗产传承人群研修培训计划、非遗工坊建设等工作及推进农村精神文明建设方面，给予非遗乡土人才大力扶持，助力乡村振兴。[②] 2023 年 5 月，文化和旅游部办公厅、农业农村部办公厅印发《乡村文化和旅游带头人支持项目实施方案（2023~2025 年）》。该方案的实施任务之一，是通过对非遗工坊带头人等乡村文化和旅游带头人进行增权，让其引导、教育当地群众以文化赋能乡村振兴，激励乡村地区集体产业的发展，带动就业增收，巩固脱贫攻坚成果。[③]

2016 年以来，文化和旅游部联合相关部门，为乡村振兴和促进中西部发展探索了一条以企业、高校和传统工艺工作站为研究"牵引型"平台，以非遗工坊为链接非遗、社区和市场生产实体的供给侧结构性改革道路。通过加强知识体系和转化应用的研究，转换家门口灵活就业方式，创新融

---

① 相丽眉：《非遗有我，让非遗传承"活"起来》，浙江省非物质文化遗产馆，https：//mp. weixin. qq. com/s/MNErNKhm0mq9WOfNxxY8NA，最后访问日期：2024 年 4 月 16 日。

② 《文化和旅游部对十四届全国人大一次会议第 1051 号建议的答复》，中华人民共和国文化和旅游部，https：//zwgk. mct. gov. cn/zfxxgkml/zhgl/jytadf/202312/t20231204 _ 950102.html，最后访问日期：2024 年 4 月 10 日。

③ 《文化和旅游部办公厅 农业农村部办公厅关于印发〈乡村文化和旅游带头人支持项目实施方案（2023-2025 年）〉的通知》，中华人民共和国文化和旅游部，https：//www. gov. cn/zhengce/zhengceku/202306/content_ 6884367. htm，最后访问日期：2024 年 4 月 18 日。

资、入股、合作等市场机制，开发经营项目，提升了地方自主造血功能，取得瞩目成绩。2023 年 1 月，文化和旅游部、人力资源和社会保障部、国家乡村振兴局联合公布 2022 年"非遗工坊典型案例"。[①] 66 个非遗工坊典型案例的入选，充分体现了非遗赋能地方产业集群发展、吸纳低收入人群培训和就业、拓展地方文旅市场的可行性，为实现共同富裕提供了宝贵的经验。

浙江省作为共同富裕示范区，推动非遗工坊促进就业增收的典型经验可圈可点。截至 2023 年 8 月，浙江省形成了 87 家省级、131 家市级、841 家县级的非遗工坊网络体系，立足各地资源优势，这些非遗工坊可分为就业增收型、项目集聚型、政府引领性、强产业链型、数字赋能型、跨区域帮扶型，培育了 744 个非遗工坊品牌，创收 53.1 亿元。依托 20 家传统工艺工作站的技术支撑，浙江省成立 7 个非遗工坊联盟，提振传统手工艺产业发展，培训各类人员近 4 万人，通过产业链延伸带动 552.7 万人就业。同时，浙江省还完善政策，联动多个政府部门，帮助非遗工坊拓宽销售渠道，对部分非遗工坊给予租赁场地补贴、税收减免、生产补助等激励措施，坚定了人民群众实现共同富裕的信心。推广浙江省非遗工坊的典型经验，有助于其他地区传统工艺工作站和非遗工坊在体制机制、发展举措、产业导入、政策保障方面的提档升级。[②]

2. 统筹利用文化和旅游资源，带动当地公共基础设施建设，推动宜居宜业宜游和美乡村建设

非遗系统性保护赋能共同富裕，还体现在乡村发展的规划建设中。为扎实推进文化产业赋能乡村振兴，2023 年 1 月，《文化和旅游部办公厅　教育部办公厅　自然资源部办公厅　农业农村部办公厅　国家乡村振兴局综合司

---

① 《文化和旅游部　人力资源和社会保障部　国家乡村振兴局关于公布〈2022 年"非遗工坊典型案例"〉的通知》，中华人民共和国文化和旅游部，https：//www.gov.cn/zhengce/zhengceku/2023-02/04/content_ 5740003. htm，最后访问日期：2024 年 4 月 19 日。

② 《文化和旅游部关于印发浙江文化和旅游赋能高质量发展建设共同富裕示范区第一批典型经验的通知》，中华人民共和国文化和旅游部，https：//www.gov.cn/zhengce/zhengceku/202311/content_ 6914142. htm，最后访问日期：2024 年 4 月 19 日。

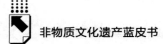
关于开展文化产业赋能乡村振兴试点工作的通知》和《文化产业赋能乡村振兴试点工作方案》正式印发，该方案要求科学划定、严格遵守耕地和基本农田红线，保护好农业遗迹、灌溉工程遗产，发掘和培育传统农事、节气活动等旅游资源，建设优秀农业文化展示区和农耕文化体验场所。在保护地方农业文化遗产系统的同时，也保证了当地农业生产有序开展。精神富裕是共同富裕的重要指标之一，方案十分重视乡村地区的美育实验和实践探索，鼓励乡村与高校、职校合作，推动传统节庆、赛事等活动的创造性转化和创新性发展，提高乡村居民的文化素养和参与非遗保护的创造力。在乡村公共基础设施改造方面，方案要求试点地区要利用好县级文化馆、博物馆、非遗馆、乡镇综合文化站等公共文化设施，保护好文物古迹、传统村落、民族村寨、传统建筑等文化遗产，结合乡村文化和旅游消费项目拓展，既能赓续当地历史文脉，丰富当地人的文化体验，又能为当地人创收。①

　　针对乡村公共服务体系建设问题，文化和旅游部还鼓励乡镇综合化统筹资源，加强非遗搜集、整理和保护，设置非遗传承所、展示厅、传承体验所、代表性传承人工作室等，拓展乡村研学、文化体验新业态、新场景。广泛开展特色民俗活动，打造富有地域特色的、融合农文旅体的乡村文化旅游节品牌。推动"中国民间文化艺术之乡"、省级民间文化艺术之乡创新发展，进一步提升乡村文化建设的品质。②"游购乡村"系列活动的举办及其全媒体矩阵畅通宣传，同样带动了乡村旅游产品和线路、非遗展演、特色乡镇大集、乡村文创产品、区域优势农产品等打造和推广，以更便捷的游购服务释放消费潜力，形成"以农促旅，以旅哺农"的良性循环，提升乡村振

---

① 《文化和旅游部办公厅　教育部办公厅　自然资源部办公厅　农业农村部办公厅　国家乡村振兴局综合司关于开展文化产业赋能乡村振兴试点工作的通知》，中华人民共和国文化和旅游部，https://www.gov.cn/zhengce/zhengceku/202310/content_6912210.htm，最后访问日期：2024年4月19日。

② 《文化和旅游部办公厅关于印发〈关于持之以恒推动乡镇综合文化站创新发展的实施方案〉的通知》，中华人民共和国文化和旅游部，https://www.gov.cn/zhengce/zhengceku/202309/content_6902599.htm，最后访问日期：2024年4月19日。

兴的综合效益。①

3.加强东中西部结对合作，促进非遗供给要素向边疆民族地区流动，助力"文化润疆"等工程落地生根

当前，地区发展失衡是实现国内经济大循环和共同富裕最大阻力。以非遗援助优化供给与需求结构，提升边疆民族地区的收入水平，有助于共同富裕的实现。2023 年 5 月，文化和旅游部与国家民族事务委员会发布了《"春雨工程"——文化和旅游志愿服务边疆行计划实施方案》，支持各地、各单位与边疆民族地区建立结对合作机制，确定一批重点志愿服务结对合作项目。其中，与非遗保护相关的供给要素，包括专业文化志愿者的援助，非遗展览、民俗节庆、公共文化机构运营等资源共建，文化和旅游产业帮扶等。② 截至 2023 年 7 月，全国各地已确认实施 364 个"春雨工程"志愿服务项目，帮助边疆民族地区培育复合型人才，打开文化和旅游市场，增加经济收入和丰富文化体验。③ 2023 年 8 月开展的"新疆是个好地方"对口援疆19 省市非遗展览，是东中西部协调发展和加强非遗资源供给促进文化润疆的集中体现。这场非遗展览以"文化的瑰宝 人民的非遗"为主题，邀请19 个对口援疆省市的非遗传承人到新疆阿克苏进行宣传和展演，与新疆 14 个地州市及建设兵团的非遗传承人交流互鉴。活动加强新疆同其他省市在非遗保护方面良性互动，在铸牢中华民族共同体意识的同时，也为阿克苏提供了宣传城市形象、推动城市发展的平台。④

---

① 张妮：《"游购乡村"促融合绘就乡村振兴新画卷》，《中国文化报》电子版，2024 年 1 月 18 日第 2 版。https：//npaper. ccmapp. cn/zh－CN/？ date ＝ 2024－01－18&page ＝ 2&Hid65a 7d8f6c44b03dce994dd55。

② 《文化和旅游部 国家民委关于印发〈"春雨工程"——文化和旅游志愿服务边疆行计划实施方案〉的通知》，中华人民共和国文化和旅游部，https：//www. gov. cn/zhengce/ zhengceku/2023-05/10/content_ 5754759. htm，最后访问日期：2024 年 4 月 19 日。

③ 王彬：《"春雨"润边疆共绘新篇章——文化和旅游志愿服务边疆行成果丰硕》，《中国文化报》电子版，2023 年 7 月 13 日第 2 版，https：//npaper. ccmapp. cn/zh－CN/？ date ＝ 2023- 07-13&page ＝ 2&Hid ＝ 64aebec82d969fc04bf2a482。

④ 荀继鹏、邓丽娟：《新疆非遗展传递了哪些非遗传承密码》，中国新闻网，https：//www. chinanews. com. cn/cul/2023/08-31/10070144. shtml，最后访问日期：2024 年 4 月 19 日。

（三）物质文明与精神文明协调发展中的非遗保护

1. 做好非遗保护和旅游业高质量发展相结合，以社会主义核心价值观为引领，以"非遗+"综合模式激发旅游业活力

为把握非遗保护和旅游发展的规律，推动非遗和旅游在更广范围、更深层次、更高水平的有效融合，2023年2月，《文化和旅游部关于推动非物质文化遗产与旅游深度融合发展的通知》发布。该通知将"以文塑旅、以旅彰文"作为践行理念，以加强项目梳理、突出门类特点、融入旅游空间、丰富旅游产品、设立体验基地、保护文化生态、培育特色线路、开展双向培训为重点任务，丰富非遗的形式和内涵，保障传承群体的合法权益，促进非遗的长久保护和永续利用。① 11月文化和旅游部印发的《国内旅游提升计划（2023~2025年）》坚持以非遗促进旅游新业态有序发展，如推动建设一批非遗特色景区、国家级非遗体验基地和各类文化旅游带（走廊），丰富优质旅游供给，让旅游业成为弘扬中华优秀传统文化、促进人的全面发展的重要载体。②

在具体的规划中，文化和旅游部十分重视"非遗+"业态的融合，以满足人民群众出游的多元新需求。2023年3~4月，文化和旅游部连续颁布了《文化和旅游部关于推动在线旅游市场高质量发展的意见》《文化和旅游部办公厅关于组织开展2023年文化和旅游消费促进活动的通知》，支持有关地方、机构结合节日主题，以非遗体验创新旅游消费活动形式；鼓励示范城市和试点城市以茶文旅、美食等与非遗有关的产业举办旅游消费促进活动，制造旅游消费新引擎。③ 2023

① 《文化和旅游部关于推动非物质文化遗产与旅游深度融合发展的通知》，中华人民共和国文化和旅游部，https：//zwgk.mct.gov.cn/zfxxgkml/fwzwhyc/202302/t20230222_939255.html，最后访问日期：2024年4月20日。
② 《文化和旅游部关于印发〈国内旅游提升计划（2023~2025年）〉的通知》，中华人民共和国文化和旅游部，https：//www.gov.cn/zhengce/zhengceku/202311/content_6914996.htm，最后访问日期：2024年4月20日。
③ 《文化和旅游部关于推动在线旅游市场高质量发展的意见》，中华人民共和国文化和旅游部，https：//www.gov.cn/zhengce/zhengceku/2023-03/28/content_5748755.htm，最后访问日期：2024年4月20日。《文化和旅游部办公厅关于组织开展2023年文化和旅游消费促进活动的通知》，中华人民共和国文化和旅游部，https：//www.gov.cn/zhengce/zhengceku/2023-04/13/content_5751260.htm，最后访问日期：2024年4月20日。

年 9 月，中国旅游报社在文化和旅游部的指导下，根据 2022 年全国文旅市场发展情况，遴选和发布 20 条非遗特色旅游线路。该活动旨在鼓励各地学习典型、加强交流，盘活和发挥地方非遗资源优势，吸引游客关注和保护非遗，促进旅游高质量发展。[①]

近年来，"非遗+城市漫步"（Citywalk）为人民群众出行提供新思路，让人民群众深切感受旅游目的地的文化氛围。福建省泉州市丰泽区蟳埔村借助社交网络，以"蟳埔女习俗"国家级非遗代表性项目为核心，整合"泉州：宋元中国的世界海洋商贸中心"文化遗产资源，打造各年龄阶层喜爱的"簪花游"。[②] 据联合国教科文组织《2023 中国遗产新媒体传播动向报告》，2023 年度，抖音平台上超过 3.2 亿人次发表和阅读"蟳埔村""蟳埔女"话题。[③] 蟳埔村原本以打鱼和滩涂养殖业为主，近年来通过对非遗的创造性转化和创新性发展，借助"非遗+城市漫步"的旅游业态快速打开知名度，带动了地方就业和经济创收。

淄博市同样在 2023 年初敏锐地捕捉到年轻人"进淄赶烤"的商机，协同多部门科学应对，规范当地烧烤行业，为旅游业保驾护航，吸引更多不同圈层的游客前往淄博。在火爆出圈后，淄博市快速利用网络热点，以"烧烤+非遗"的旅游推广模式打开本地文化产业知名度，赋予旅游业更浓厚的文化底蕴。"五一"小长假期间，淄博市举办了山东省第六届非物质文化遗产精品展暨"齐好 GOU（购）"淄博非遗市集，邀请了山东省内 110 余家企业和商家参展，参观人数达 13.5 万，线上观看人数达 133.2 万，以非遗丰富旅游优质产品的供给。[④]

---

① 赵腾泽：《2022 全国非遗特色旅游线路发布》，中国旅游报，转引自中华人民共和国文化和旅游部，https：//www.mct.gov.cn/whzx/qgwhxxlb/yn/202309/t20230925_ 947448.htm，最后访问日期：2024 年 4 月 20 日。

② 龚雯：《泉州蟳埔"火出圈"如何助力乡村振兴更出彩？》，央广网，https：//www.cnr.cn/fj/jdt/20230422/t20230422_ 526227227.shtml，最后访问日期：2024 年 4 月 20 日。

③ 《2023 中国遗产新媒体传播动向报告》，联合国教科文组织，https：//mp.weixin.qq.com/s/Fl2m0vkgqEc-ORAq3-MmCw，最后访问日期：2024 年 7 月 21 日。

④ 《全市"五一"假日文化和旅游综合情况报告》，文旅淄博，https：//mp.weixin.qq.com/s/TfYVa07dcZ50_ LDk0tn7DA，最后访问日期：2024 年 4 月 20 日。

　　与淄博敏锐发现文旅市场并进行快速应对不同，哈尔滨在 2023 年底作为文旅城市爆火，则基于一系列"非遗+冰雪旅游"模式的工作准备。2023年 3 月 29 日，文化和旅游部、国家发展改革委联合印发了《东北地区旅游业发展规划》，该规划十分重视非遗对推进东北地区文化和旅游融合发展的作用，要求加快东北地区旅游领域的深层次改革，推出一批集民俗风情和冰雪文化特色于一体的旅游主题精品线路，建设一批兼具非遗体验和体育运动的高品质、复合型冰雪旅游基地。此外，规划还强调提升东北地区的非遗保护水平，挖掘东北地区的少数民族文化，依托传统村落、旅游景区、旅游度假区培育一批非遗景区、非遗街区，打造老字号特色街区，发挥节庆展演作用，辐射带动文旅市场，为人民群众提供优质旅游产品，帮助当地人民群众创收。[①] 在哈尔滨等东北城市成为 2023 年冬季热门旅游地后，文化和旅游部发布了"冬奥双城·相约京张""长城内外·银装素裹"等 2023～2024年全国十大冰雪旅游精品线路，以东北地区文旅产业的发展为契机，辐射带动其他地区文旅产业的转型升级。张家口库伦淖儿冬捕、那达慕、呼伦贝尔（海拉尔）英雄会、鄂伦春"伊萨仁"等民俗类非遗，借助冰雪旅游精品线路的推荐扩大影响力，既丰富冰雪旅游产品体系，又升级消费体验。[②] 在不断优化非遗供给要素、促进旅游业高质量发展的影响下，2023 年国内出游达 48.91 亿人次，比上年同期增加 23.61 亿人次，同比增长 93.3%。[③]

　　无限定空间非遗进景区是"非遗+景区"模式的综合呈现。这一模式概念由江苏省文化和旅游厅首倡，旨在"保护传承非遗资源的基础上，突破

① 《文化和旅游部　国家发展改革委关于印发〈东北地区旅游业发展规划〉的通知》，中华人民共和国文化和旅游部，https：//www.gov.cn/zhengce/zhengceku/2023 - 03/29/content_5749055.htm，最后访问日期：2024 年 4 月 20 日。
② 《文化和旅游部资源开发司关于公布 2023～2024 全国十大冰雪旅游精品线路的通知》，中华人民共和国文化和旅游部，https：//zwgk.mct.gov.cn/zfxxgkml/zykf/202312/t20231227_950554.html，最后访问日期：2024 年 4 月 20 日。
③ 《2023 年国内旅游数据情况》，中华人民共和国文化和旅游部，https：//sousuo.www.gov.cn/sousuo/search.shtml？code = 17da70961a7&dataTypeId = 107&searchWord = 2023% E5% B9% B4%E5%9B%BD%E5%86%85% E6% 97%85 E6% B8% B8% E6% 95% B0% E6% 8D% AE% E6% 83%85%E5%86%B5，最后访问日期：2024 年 4 月 20 日。

时间、空间、形式的限制，在景区内吃、住、行、游、购、娱各环节，植入形式多样的非遗展陈、展示、展演、体验活动，让游客在景区内全程感受、全程共享非遗活态魅力"。① 江苏省现已孵化 32 个"无限定空间非遗进景区"示范单位和 5 个培育项目，融合"非遗+餐饮""非遗+住宿""非遗+交通"等多模式开发地方景区，为非遗保护打造了"江苏样板"。② 随着江苏这一非遗保护经验的推广，全国多地加强"非遗进景区"经验总结和探讨，出台相应认定和管理办法。如甘肃省颁布了《非遗进景区工作指南》，举办了双向交流培训会，加强非遗项目整理和整合，推动非遗的活态传承融入旅游空间，协调发展非遗保护和景区效益。通过"如意甘肃　畅享非遗"非遗进景区示范性活动的持续开展，甘肃省加强城市之间的文化交流合作，探索非遗保护和景区旅游产业良性互动的有效途径，优化非遗进景区的资源配置。③ 贵州省文化和旅游厅印发了《贵州省非遗旅游体验空间认定与管理办法（试行）》，鼓励各地依托传统戏剧、传统技艺、传统美术、传统体育游艺与杂技类、民俗类等非遗代表性项目，在非遗传承人指导下建设非遗旅游体验空间，开发非遗展示、技艺学习、动手实践、现场分享等优质旅游产品。④

---

① 《江苏省无限定空间非遗进景区工作指南（试行）》，江苏省文化和旅游厅，https：//wlt. jiangsu. gov. cn/art/2021/4/22/art_ 48955_ 9766089. html，最后访问日期：2024 年 4 月 21 日。

② 《20 个！江苏首批"无限定空间非遗进景区"名单出炉》，中国江苏网，https：//tour. jschina. com. cn/lyzx/202206/t20220613_ 3017481. shtml，最后访问日期：2024 年 4 月 21 日。《关于第二批江苏省无限定空间非遗进景区示范项目和培育项目名单的公示》，江苏省文化和旅游厅，https：//wlt. jiangsu. gov. cn/art/2023/5/26/art_ 699_ 10905325. html，最后访问日期：2024 年 4 月 21 日。

③ 银阳：《甘肃省"非遗进景区"示范性活动非遗与旅游双向交流培训会成功举办》，甘肃省文化和旅游厅网站，https：//wlt. gansu. gov. cn/wlt/c108541/202310/173779647. shtml，最后访问日期：2024 年 4 月 21 日。银阳：《"如意甘肃　畅享非遗"2023 年甘肃省"非遗进景区"示范性活动河西分会场正式启幕》，甘肃省文化和旅游厅，https：//wlt. gansu. gov. cn/wlt/c108541/202311/173790303. shtml，最后访问日期：2024 年 4 月 21 日。

④ 《贵州省文化和旅游厅关于印发〈贵州省非遗旅游体验空间认定与管理办法（试行）〉的通知》，贵州省文化和旅游厅，https：//whhly. guizhou. gov. cn/zfxxgk/fdzdgknr/zcwj_ 5620583/gfxwj_ 5620585/202312/t20231229_ 83422388. html，最后访问日期：2024 年 4 月 21 日。

2.培育和擦亮非遗保护品牌，充分发挥品牌在非遗生产性保护中的示范引领作用，完善监督机制以维护市场经济秩序

党的十八大以来，我国在非遗品牌建设方面取得丰硕成果。2023年3月23日，文化和旅游部主办的"2023非遗品牌大会"在广州市文化馆举办，以"坚持守正创新 擦亮非遗品牌"为主题，遴选全国20余个省份、近150个非遗品牌，呈现多层次、有温度、见个性的非遗生产性保护成果。① 活动期间，非遗品牌企业携手合作单位签约10个项目，涵盖非遗产品设计研发、制作加工、销售推广等方面，签约金额近3.3亿元，充分彰显了非遗保护的经济韧性。2023年是我国非遗消费圈形成的重要年份。截至2023年底，淘宝天猫平台上入驻的非遗商家达3.6万家。2023年度，该平台非遗商品成交额达1073.2亿元，同比增长37.7%，是同期社会消费品零售总额增速的5倍多；同时，在该平台购买非遗产品的消费者达2.49亿人次，同比增长11.7%，人均消费额由2022年的349元上升至430元。依托电商、直播、虚拟现实（VR）、增强现实（AR）、人工智能（AI）等数字化技术，非遗逐渐在新质生产力的高质量发展中找寻到品牌培育方向和市场定位，对于增收、促进就业，推动地方产业带升级和地方文化传承具有重要意义。②

如何在成果基础上深入非遗保护品牌建设，探索非遗生产性保护的创新路径，促进非遗生产性保护融入经济双循环结构，是接下来非遗系统性保护的课题之一。2024年3月，文化和旅游部公布99家"2023~2025年国家级非物质文化遗产生产性保护示范基地"，体现了国家以榜样引领作用，探索非遗生产性保护与现代技术、管理方式相结合，增强企业核心竞争力和文化底蕴的思路。通过示范引领作用，生产性保护示范基地聚焦行业关键技术和标准

---

① 莫斯其格：《2023非遗品牌大会在穗举办》，《广州日报》电子版，2023年3月24日第A4版。https：//gzdaily.dayoo.com/pc/html/2023-03/24/content_869_820509.htm。

② 中国旅游报社文旅产业指数实验室、淘天集团研究中心、上海大学章莉莉教授团队：《2023非物质文化遗产电商消费报告》，中国旅游新闻网，https：//app.ctnews.com.cn/detailArticle/24246482_18900_zglyxw.html？app=1&relPicRatio=1&source=1，最后访问日期：2024年7月8日。

研发，助力行业发展和产业升级，推出满足人民美好生活需要的非遗产品。①

在发挥非遗生产性保护作用的同时，国家完善监督机制，以保障具有示范引领作用的经营主体遵守法律法规要求，维护市场经济秩序。文化和旅游部规范了 99 家"2023～2025 年国家级非物质文化遗产生产性保护示范基地"的商标注册、牌匾维护等名称使用权限；采取随机抽查方式对示范基地进行动态管理，发现"损害消费者权益、质量问题、安全事故、侵犯他人知识产权、扰乱市场秩序行为"等问题的，采取整改或撤销示范基地的措施。② 商务部等五部门联合印发了《中华老字号示范创建管理办法》，在释放中华老字号企业在商贸流通、消费促进、非遗品牌建设方面的积极信号时，也彰显了国家规范中华老字号企业经营和管理的决心。该管理办法规定中华老字号的申报和认定的条件，明确对中华老字号企业进行动态管理，建立"红绿灯"机制进行日常监测和评估，整改和处罚不符合管理规定的中华老字号企业，使中华老字号企业的示范引领作用更好地维护经济双循环良性格局。③

3. 积极推动非遗传承融入国民教育体系，创新非遗传播方式，加强中华优秀传统文化的教育和宣传

随着"非遗进校园"活动在全国多点布局和深入，非遗课程成为国民

---

① 《文化和旅游部关于公布 2023～2025 年国家级非物质文化遗产生产性保护示范基地名单的通知》，中华人民共和国文化和旅游部，https：//zwgk. mct. gov. cn/zfxxgkml/fwzwhyc/2024 03/t20240328_ 951955. html#：~：text＝%E6%A0%B9%E6%8D%AE%E3%80%8A%E2%80%9C%E5%8D%81%E5%9B%9B%E4%BA%94%E2%80%9D，%E5%85%B3%E4%BA%8B%E9%A1%B9%E9%80%9A%E7%9F%A5%E5%A6%82%E4%B8%8B%E3%80%82，最后访问日期：2024 年 4 月 21 日。

② 《文化和旅游部关于公布 2023～2025 年国家级非物质文化遗产生产性保护示范基地名单的通知》，中华人民共和国文化和旅游部，https：//zwgk. mct. gov. cn/zfxxgkml/fwzwhyc/2024 03/t20240328_ 951955. html#：~：text＝%E6%A0%B9%E6%8D%AE%E3%80%8A%E2%80%9C%E5%8D%81%E5%9B%9B%E4%BA%94%E2%80%9D，%E5%85%B3%E4%BA%8B%E9%A1%B9%E9%80%9A%E7%9F%A5%E5%A6%82%E4%B8%8B%E3%80%82，最后访问日期：2024 年 4 月 21 日。

③ 《商务部等 5 部门关于印发〈中华老字号示范创建管理办法〉的通知》，中华人民共和国商务部，https：//www. gov. cn/zhengce/zhengceku/2023-02/01/content_ 5739600. htm，最后访问日期：2024 年 4 月 21 日。

教育体系中的重要部分。近年来，教育部、文化和旅游部加快发展非遗保护所需的新兴和紧缺高等教育专业，将非遗保护人才培养摆在重要位置，探索职业院校专业结构的调整。① 在基础教育中，教育部把非遗传承纳入国民教育体系和学校美育工程，引领学生热爱中华优秀传统文化，坚守中华文化立场，培育深厚的民族情感。

在我国高校教育体系中，非遗保护成为学生"把论文写在祖国的大地上"的重要课题，有助于学生树立为人民做学问的理想。2022～2023 年，河南省举办的"非遗点亮老家河南"大学生乡村振兴创意大赛，采取"乡村出题、高校答题、真题真做、成果落地"，由大学生回答乡村振兴中的非遗保护难题，让大学生在现实世界中解决真实问题。活动通过政府搭台、高校赋能、企业助力、乡村实施、传承人参与的方式，吸引全国 173 所高校5000 余名师生深入乡村实地调研，让青年学子在实践中学会守护文化的多样性，明确知识报国的使命。②

"非遗进校园"在中小学中实现了多点布局。截至 2023 年 12 月，湖南全省培育 33 所中小学、5 所高校为湖南省非遗传承学习和实践基地，为祁剧、花鼓戏等近 400 个非遗代表性项目编纂 300 余套（册）非遗的教材或读本。同时，全省近 800 所学校参与 1.3 万余场次的"非遗进校园"活动，孵化"戏剧动漫进校园""小小非遗传承人"两大非遗教育品牌，惠及学生超 500 万人次，培养不同学段的学生"知家乡、爱故土、懂非遗、传文化"。③ 广东省举办 2022 年"非遗进校园"经验交流会暨优秀作品展演活动，

---

① 王彬：《强化非遗专业建设培育人才力量》，《中国文化报》电子版，2023 年 3 月 1 日第 2 版。https：//npaper. ccmapp. cn/zh-CN/？ date = 2023-03-01&page = 2&Hid = 63fe32 bf4fb6a856bdaca42a。《文化和旅游部对十四届全国人大一次会议第 5067 号建议的答复》，中华人民共和国文化和旅游部，https：//zwgk. mct. gov. cn/zfxxgkml/zhgl/jytadf/202312/t20231204_ 950103. html，最后访问日期：2024 年 4 月 21 日。

② 张莹莹：《河南：非遗之光点亮更多乡村》，《中国文化报》电子版，2024 年 1 月 22 日第 2 版。https：//npaper. ccmapp. cn/zh-CN/？ date = 2024-01-22&page = 2&Hid = 65ad201c64e50 ddd0151d3ca。

③ 张玲：《 "三湘四水" 新湖南　非遗画卷绘未来》，《中国文化报》电子版，2023 年 12 月 5 日第 4 版。https：// npaper. ccmapp. cn/zh－CN/？ date = 2023－12－05&page = 4&Hid = 656dd3fa3391f1dd32404dc7。

通过"广东非遗少年达人""非遗少年学"优秀案例的展演，推动了非遗保护共同体建设，凝聚非遗传承人、学校和家庭力量，培养学生的家国情怀。[1]

非遗与新媒体平台的结合，能够在数字生态中以观众喜闻乐见的方式传递主流价值观。据联合国教科文组织《中国世界遗产地新媒体传播动向》研究报告，2023年中国因类制宜，从数字典藏、媒体矩阵、互联网等方面，实现对非遗的高效传播，为人民群众创造新的生活方式。[2] 以抖音为例，2022年5月~2023年5月，平均每天有1.9万场非遗主题直播，平均每分钟就有13场有关非遗内容的直播。[3] 2023年，"非遗"成为网络文学关键热词之一，在阅文集团举办的第一届"阅见非遗"征文大赛中，63974部非遗题材的网络文学参与比赛，以新媒体为传播平台，推动网络文学的精品化、高质量发展。[4]

各媒体平台齐发力，构建了非遗品牌宣传矩阵，创新了非遗传播。2022~2023年，中央广播电视总台、文化和旅游部联合推出的《非遗里的中国》取得很好的收视效果。该节目将新媒体技术应用于非遗展示的叙事语境中，突出非遗代表性项目背后的记忆，促进观众对民族文化的认同和对地方文化的认识。据统计，第一季节目重播累计触达观众7.1亿人次，首播观众量1.83亿人次，创下2023年综合频道黄金档已播、季播节目新高；多平台热搜累计上榜1181次，微博主话题阅读量15.8亿次。[5] 2023年初，依托抖音、快手、哔哩哔哩、小红书等平台，少数民族"落手民族变装"广泛传播。参与的网友跟着卡点音乐，插入故事发生场景，抬手、落手之间进

① 杨逸:《"非遗少年"新春"首秀"显魅力》，南方日报，https://www.163.com/dy/article/HUIUDNBF0550037C.html，最后访问日期：2024年4月6日。

② 《2023中国遗产新媒体传播动向报告》，联合国教科文组织，https://mp.weixin.qq.com/s/Fl2m0vkgqEc-ORAq3-MmCw，最后访问日期：2024年7月21日。

③ 《这届95后开始进军非遗了》，抖音，https://mp.weixin.qq.com/s/eQ9crmNpleHRaVQCEFjrbw，最后访问

④ 《2023网络文学十大关键词出炉，考研、种田、非遗等词上榜》，澎湃新闻，https://www.thepaper.cn/newsDetail_forward_25794420，最后访问日期：2024年4月21日。

⑤ 王晨阳:《中国非物质文化遗产保护实践》，中国民族文学网，http://iel.cass.cn/fwzwhycbh/zgsj/202310/t20231031_5693960.shtml，最后访问日期：2024年4月21日。

行传统民族服饰变装，展示民族形象，让观众隔着屏幕也能感受少数民族服饰的魅力。官方媒体报道和裂变式传播，推动了人民群众对传统服饰及其相关习俗保护的关注和讨论，铸牢了中华民族共同体意识。

（四）人与自然和谐共生理念下的非遗保护

1. 加强文化生态保护区建设，促进"遗产丰富、氛围浓厚、特色鲜明、民众受益"建设目标的实现

近年来，我国不断加强文化生态保护区的管理机构和队伍人才建设，加大政策和资金支持。2008 年以来，文化和旅游部投入了 17.4 亿元支持国家级文化生态保护区建设工作，目前已设立 23 个国家级文化生态保护（实验）区，涉及 17 个省（区、市），为促进人与自然生命共同体的保护提供资金保障。相关文化生态保护（实验）区所在的地方人民政府均明确有关工作机构和主要职能，有部分机构还配置了相应编制资源，确保文化生态保护工作常态化。[①]

2023 年，文化和旅游部正式确定黔东南民族文化生态保护区、客家文化（梅州）生态保护区、大理文化生态保护区、陕北文化生态保护区（陕西省榆林市）、晋中文化生态保护区（山西省晋中市）、客家文化（赣南）生态保护区、铜鼓文化（河池）生态保护区、迪庆民族文化生态保护区、格萨尔文化（果洛）生态保护区、羌族文化生态保护区（陕西）等为国家级文化生态保护区。[②] 自 2019 年公布第一批国家文化生态保护区以来，这是文化和旅游部首次在同一年份公布两批正式确定的国家级文化生态保护区名单。截至 2023 年 7 月，16 个国家级文化生态保护实验区通过验收，其

---

① 《文化和旅游部关于政协第十四届全国委员会第一次会议第 03271 号（文体宣传类 221 号）提案答复的函》，中华人民共和国文化和旅游部，https：//zwgk.mct.gov.cn/zfxxgkml/zhgl/jyta df/202312/t20231204_ 950085.html，最后访问日期：2024 年 4 月 25 日。

② 《文化和旅游部关于公布国家级文化生态保护区名单的公告》，中华人民共和国文化和旅游部，https：//www.gov.cn/zhengce/zhengceku/2023-02/01/content_ 5739516.htm，最后访问日期：2024 年 4 月 25 日。《文化和旅游部关于公布国家级文化生态保护区名单的公告》，中华人民共和国文化和旅游部，https：//www.gov.cn/zhengce/zhengceku/202307/content_ 6895373.htm，最后访问日期：2024 年 4 月 25 日。

中，4 个位于东部地区，3 个位于中部地区，9 个位于西部地区。可见我国多年维护和培育良好文化生态工作已取得了硕果，文化生态保护区建设水平明显提升。

随着非遗与旅游深度融合发展，地方政府、旅游企业和文化生态保护（实验）区内的人民群众加大了对地方非遗资源的开发力度，挖掘区域内文化生态资源，开展多种形式的文化观光游、文化体验游、文化休闲游。各文化生态保护区的文化形态不同，旅游发展模式也各有特点。闽南文化生态保护区在 2023 年继续发挥"政策力度大、经济基础强、非遗底蕴深、市场潜力足"①的优势，先后出台《泉州市文化旅游发展促进条例》《"泉州：宋元中国的世界海洋商贸中心"世界遗产保护管理条例》，整合文化生态保护区内沿线自然环境、史迹遗址、人文景观资源，完善公共服务配套设施，加快非遗传承和活化利用，升级打造世界遗产旅游品牌。铜鼓文化（河池）生态保护区利用壮族、瑶族、苗族等少数民族聚居背景产生的文化多样性优势，开发非遗体验活动。借助景区铜鼓会活动，当地居民让游客在听铜鼓故事、制作铜鼓、演奏铜鼓乐、唱铜鼓歌、跳铜鼓舞等一系列习俗中领略当地人与自然的和谐关系，经济收益又反馈于当地的脱贫致富、自然景观保护和铜鼓文化传承，形成了良性的文旅经济循环模式。②晋中文化生态保护区则在 2023 年聚焦"一山一河"的山水林田湖草沙一体化保护和系统治理，夯实与非遗保护相关的生态环境基础。同时，晋中整合文化遗产资源，持续推进全市古院、古村、古镇、古堡、古城"五古"文物整修工程，活化利用社区的社火、抬花轿、推车、跑驴等民俗，利用传统村落空置房屋，增设非遗传承所和展示馆，提高非遗传承质量，打造旅游新场景。③客家文化（赣

---

① 何琪敏、史中超、谈国新：《文化生态保护区旅游发展水平评价及其发展模式》，《经济地理》2024 年第 3 期。
② 朱金莉、陈斯雅、张友豪：《金声铮铮越千年——河池铜鼓文化的活态传承之路》，《当代广西》电子版，2023 年第 19 期。https：//www.ddgx.cn/show/69127.html。
③ 《关于〈晋中市晋中文化生态保护区 2023 年度建设工作自评报告（征求意见稿）〉征询公众意见的公告》，晋中市文化和旅游局，https：//wlj.sxjz.gov.cn/xxgk/fdzdgknr/zcwj/tzgg1/content_ 187453，最后访问日期：2024 年 5 月 4 日。

南）生态保护区因特色的客家围屋而具有庞大的旅游市场，但随着时代变迁，客家围屋的居民改变了原有的集体生活方式而搬出了围屋。为了解决围屋的荒废问题，当地政府以客家围屋为基础，引进企业团队拓宽非遗工坊的就业渠道，打造采茶戏、木偶戏、擂茶制作等沉浸式非遗体验活动，建设民宿集聚区，让客家围屋重焕光彩。[1] 此外，当地政府紧抓机遇举办了2023年中国客家非遗大会，积极推动赣闽粤三省的客家文化交流合作，集思广益探索客家文化经验交流工作机制，推动客家文化生态保护成果共建共享。[2]

2. 守住古老农业智慧，保护农业文化遗产，引领农业文化生态系统规范、良性发展

当今，极端气候灾害频发、生物多样性丧失、土地肥力退化、传统农业知识和技术失传等问题威胁着全球粮食安全和农民的权益。挖掘和推广农业文化遗产中蕴含的生产智慧，有助于在宏观上缓解全球粮食危机，应对气候变化和资源短缺的挑战，激励农业生产，保障农民权益，更好衔接联合国《变革我们的世界：2030年可持续发展议程》要求。2023年9月，农业农村部公布了第七批中国重要农业文化遗产名单，北京怀柔板栗栽培系统、北京门头沟京白梨栽培系统等50项名列其中。[3] 11月，河北宽城传统板栗栽培系统、安徽铜陵白姜种植系统和浙江仙居古杨梅群复合种养系统，正式被联合国粮农组织认定为全球重要农业文化遗产。[4] 目前，我国共有22项全球重要农业文化遗产居世界首位；农业农村部认定的中国重要农业文化遗产188项。我国将在不断促进农业文化遗产的保护中打造乡村振兴、农业发展

---

① 王凯丰：《"活化"传承非遗"破圈"——赣南客家文化保护新观察》，新华社，http://www.jx.xinhuanet.com/20230910/fff199f9edfd4f8c9dc11050046ad2b1/c.html，最后访问日期：2024年5月4日。

② 曾艳、李萌：《2023中国客家非遗大会在赣州开幕》，赣州市人民政府网站，https://www.ganzhou.gov.cn/gzszf/c100022/202312/ddfc9ba71310498ead799c945a3a34ff.shtml，最后访问日期：2024年5月4日。

③ 《农业农村部关于公布第七批中国重要农业文化遗产名单的通知》，中华人民共和国农业农村部，https://www.gov.cn/zhengce/zhengceku/202309/content_ 6905562.htm，最后访问日期：2024年5月4日。

④ 于文静：《我国新增三项全球重要农业文化遗产》，新华社，http://www.news.cn/mrdx/2023-11/12/c_ 1310749971.htm，最后访问日期：2024年5月4日。

示范样板间，以更好地服务于我国青山绿水的保护和农业强国的建设。

农业文化遗产地可以因地制宜发展农文旅融合业态，弘扬我国传统农业生态智慧。2022 年 11 月，"中国传统制茶技艺及其相关习俗"列入联合国教科文组织人类非遗代表作名录，激励了不少以茶为种植对象的农业文化遗产地加快创造性转化和创新性发展，打造以茶为主题的旅游体验活动，为世界认识和理解中国茶文化打开窗口。2023 年 9 月，中国"普洱景迈山古茶林文化景观"成为全球首个茶主题世界文化遗产之后，普洱市将景迈山的茶文化打造成旅游 IP，开展阿百腊民族文化传习馆火塘茶会、春节茶会、新茶与中期茶品鉴会，既展示了当地人林茶共生、人地和谐的可持续发展典范，又延伸了文旅产品供应链，带动了当地经济发展。① 2022 年，福建安溪铁观音茶文化系统被联合国粮农组织认定为全球重要农业文化遗产，加快了当地以茶为主题的文旅融合。当地创作了融合安溪高甲戏、铁观音茶艺、茶歌、南音等非遗代表性项目的舞台情景剧《铁观音》，为游客讲述当地茶农种茶、采茶、制茶、卖茶、斗茶、品茶的日常生活。在保护茶园生态的基础上，当地打造集旅游、研学、休闲、住宿、美食、商业、度假于一体的茶文旅综合体，引导茶叶加工厂转型升级为非遗馆，让国内外游客多角度、多层次体验茶文化的魅力。②

3. 促进黄河流域、大运河沿线的非遗资源整合，推动非遗保护的区域协调发展

《"十四五"非物质文化遗产保护规划》出台以来，黄河流域、大运河沿线城市不断推进形成非遗保护协同机制，以区域性资源的共建共享，保护黄河流域内和大运河沿线的文化景观和非遗，并持续扩大非遗体验的覆盖人群。2023 年 7 月，文化和旅游部艺术司、山东省文化和旅游厅、聊城市人

---

① 胡梅君、高玥：《普洱市澜沧县景迈山："文旅+"新业态显活力》，《普洱日报》电子版，2024 年 2 月 7 日，转引自云南省人民政府网，https://www.yn.gov.cn/yngk/lyyn/lydt/202402/t20240225_295914.html，最后访问日期：2024 年 5 月 4 日。

② 纪好姗：《福建安溪持续深化茶旅融合——游茶乡品茶香"诗和远方"韵味长》，中国旅游新闻网，https://www.ctnews.com.cn/dongtai/content/2023-10/27/content_152004.html，最后访问日期：2024 年 5 月 4 日。

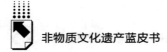

民政府共同主办第二届黄河流域戏曲演出季，沿黄九省（区）的京剧、平弦戏、川剧、秦腔、二人台、晋剧、豫剧、柳子戏等22个剧种的演员集中展演了19场折子戏，多地文艺工作者参加优秀剧本（剧目）改稿会，生动展现了黄河流域戏曲文化的多样性，促进了不同戏曲文化的互动交流。① 为了协调保护黄河流域内非遗，陕西省近年来出台《陕西省黄河流域非物质文化遗产保护传承弘扬专项规划》，组织全省相关文艺工作者参加非遗保护工作队伍培训。2023年12月，陕西省延安市以"黄河记忆"为主题举办了2023年黄河非遗大展。活动期间，沿黄九省（区）百余项非遗代表性项目在延安市金延安景区集中展示；来自全国多地的专家学者在"黄河非遗对话"活动中为黄河流域的非遗系统性保护建言献策，进一步加强陕西与黄河流域各省市的交流合作。②

　　江苏省淮安市作为"运河之都"，在2020年出台了《淮安市大运河文化遗产保护条例》，综合治理大运河的自然生态，科学规划管理大运河文化遗产，加强对淮剧、淮海戏、楚州十番锣鼓、金湖秧歌、洪泽湖渔鼓、淮扬菜烹制技艺等大运河非遗的整理研究和整体保护。③ 2023年10月，淮安市举办第六届中国（淮安）大运河城市非遗展暨淮安文化旅游（港澳）推介活动，将大运河打造成集中展示大运河沿线八省（市）100余项非遗代表性项目的"百里画廊"。此外，活动专程邀请江苏旅港旅澳社团代表及部分港澳文旅界人士、港澳媒体参加，传承和活化利用古运河的商贸功能，将大运河的经济和文化功能辐射范围扩大到港澳地区，促进淮港澳河流治理和非遗保护的经验交流。④

① 《2023第二届黄河流域戏曲演出季闭幕》，文旅山东，https：//mp. weixin. qq. com/s/iDIJL z7xRQCox2FXddJunQ，最后访问日期：2024年5月4日。
② 秦毅：《陕西：多平台绽放黄河非遗别样魅力》，《中国文化报》电子版，2023年12月8日第4版。https：//npaper. ccmapp. cn/zh-CN/？date＝2023－12－08&page＝4&Hid＝6571d6b23 bb3f4dd21d9f45b。
③ 《淮安市大运河文化遗产保护条例》，淮安市文化广电和旅游局，http：//wgj. huaian. gov. cn/zwgk/zcfg/content/202006/1592547207460sgzIAjjb. html，最后访问日期：2024年5月5日。
④ 《第六届中国（淮安）大运河城市非遗展启幕》，淮安市文化广电和旅游局，https：//wlt. jiangsu. gov. cn/art/2023/10/23/art_ 695_ 11049620. html，最后访问日期：2024年5月5日。

（五）坚持走和平发展道路与非遗保护

1. 促进非遗的国际承认和国际理解进程，以非遗保护响应联合国倡导的多元、包容文化价值理念

2023 年 12 月，联合国教科文组织保护非物质文化遗产政府间委员会第 18 届常会审议通过了我国麦西热甫、中国活字印刷术、中国水密隔舱福船制造技艺等 3 个项目的第三次履约报告。2010 年，这三个项目列入了"急需保护的非物质文化遗产名录"，10 多年来，我国在名录列入机制和定期报告制度的国际合作双轨制下积极践行缔约国的责任和义务，如麦西热甫非遗代表性项目的保护充分体现了我国加强社区履约能力的培养，培训年轻舞者提高非遗存续力，回应了 2022 年 10 月联合国教科文组织《保护非物质文化遗产公约》缔约国大会第九届会议提出的"将社区的声音带到最前沿"的指导方针。① 2023 年 6 月，新疆维吾尔自治区喀什人民群众齐聚当地社区的人民广场，跳起麦西热甫欢度古尔邦节，以传统舞蹈促进社区内各少数民族的相互尊重和欣赏，向世界传达了各民族热爱家乡、团结友善的精神风貌。②

2023 年 12 月，第 78 届联合国大会通过决议，将中国春节（农历新年）确定为联合国假日，中国春节有望成为联合国第 8 个国际假日。春节体现了我国不同地区、不同民族的文化多样性，集中展示我国人和自然生态、人和人之间和谐相处的生命共同体意识。春节成为联合国假日，是我国践行全球文明倡议，响应联合国倡导的多元、包容文化价值理念的体现，向世界传达了中国"和而不同"的共同价值，促进了东西方世界相互理解。③ 目前，"春节——中国人庆祝传统新年的社会实践"已成功申报为联合国教科文组织人类非物质文化遗产代表作，相关的社区、社群、部门、机构、个人已知

---

① 巴莫曲布嫫：《申遗与履约：从〈保护非物质文化遗产公约〉20 年进程看中国实践与中国经验》，《民俗研究》2023 年第 6 期。

② 《喀什各地共跳麦西热甫载歌载舞欢度古尔邦节》，喀什地区融媒体中心，https：//new. qq. com/rain/a/20230629A04L1400，最后访问日期：2024 年 5 月 5 日。

③ 《联合国通过决议将春节作为联合国假日》，中华人民共和国常驻联合国代表团，http：//un. china-mission. gov. cn/hyyfy/202312/t20231223_ 11210055. htm，最后访问日期：2024 年 5 月 6 日。

情同意并积极参与其中，体现我国对这一项由全体中国人共享并在海内外华人中广泛实践的非遗的高度重视。

2. 向国际社会传播推介非遗保护的中国成就、中国方案，以非遗讲好中国故事，传播中国声音

在国际交往中，我国坚定文化自信，积极搭建国际友好交流平台。文旅产业指数实验室数据显示，截至 2023 年 12 月 31 日，在全国 31 个省级文化和旅游行政部门中，在 Facebook（脸书）平台开通并正在运营的账号有 25 个，X（原 Twitter）平台开通并正在运营的账号有 25 个，Instagram（图享）平台开通并正在运营的账号有 25 个，YouTube（油管）平台开通并正在运营的账号有 23 个，TikTok（抖音国际版）平台开通并正在运营的账号有 16 个。其中，我国省级文化和旅游行政部门海外新媒体账号在 Facebook 平台上拥有的订阅者数量最多，达 2787 万个，全年互动量达 2204 万次。[①] 在国内，相关媒体平台开启流量倾斜和扶持计划，鼓励支持非遗爱好者向海外传播非遗，如小红书平台开启#全球同袍点亮世界地图#活动，[②] 鼓励中国网民分享在海外身着汉服的经历，带动海外网民对马面裙制作技艺、苏绣、蚕丝织造技艺、传统棉纺织技艺、绒花制作技艺等多个中国非遗代表性项目的关注和传播。海内外新媒体传播矩阵的构建，将热点话题和地方非遗相结合，持续推动我国优秀传统文化对外传播行稳致远，将非遗成功创造性转化、创新性发展的案例传播到海外，践行了"讲好中国非遗故事　深化文明交流互鉴"的理念。

高山流水，知音汇聚，在线下举行国际活动中，非遗同样是传播中国和平共处理念的重要载体。2023 年 9 月，由联合国教科文组织的国际民间艺术节组织理事会指导，中国非物质文化遗产研究网主办，世界非遗传承人大会组委会承办的 2023 非遗传承人大会在北京召开，着重展示中国在联合国

---

① 中国旅游报社、中国社会科学院中国舆情调查实验室等：《重磅发布：2023 年全国省级文旅国际新媒体传播情况报告》，中国旅游报社文旅产业指数实验室，http：//www.ctiilab.cn/newsinfo/6898201.html，最后访问日期：2024 年 5 月 6 日。

② 《小红书公益联合非遗传播研究中心发布〈小红书春节非遗生活指南〉》，新华社，https：//chuangxin.chinadaily.com.cn/a/202402/21/WS65d5a12ea3109f7860dd2787.html，最后访问日期：2024 年 5 月 6 日。

教科文组织中的非遗保护贡献，并以"非物质文化遗产高质量发展的讨论及探讨国风国潮与非遗""多文明交流互鉴及各国非遗发展经验与趋势""非遗赋能乡村振兴"三个非遗保护议题，邀请中外非遗专家进行交流和分享。① 2023 年，中国承办了第 31 届世界大学生夏季运动会、第 19 届亚洲运动会、第三届"一带一路"国际合作高峰论坛，将非遗丰富的文化内涵和历史底蕴植入奖牌和绶带的制作，展示了中国走和平发展道路的理念，同时通过皮影戏、剪纸、蜀绣、京绣、风筝制作技艺、年画制作技艺、景泰蓝制作技艺、新津绳编、越剧、东阳木雕、古琴等非遗代表性项目的展示和互动体验，吸引了众多国家的领导人、运动员、记者、游客参与，既增进了友谊，又体现了构建人类命运共同体的意义。② 2023 年 5 月，文化和旅游部启动了以"茶和天下"为主题、围绕"中国传统制茶技艺及其相关习俗"的雅集活动，在全球 41 个国家举办，以加强茶文化在海外的研究，交流推广相关的非遗保护经验，宣传中国特色的健康生活方式，促进了不同文明间的对话。③

积极推动非遗与入境旅游的融合发展，提高国家文化展示质量。北京市文化和旅游局高度重视非遗与入境旅游融合的高质量发展，2023 年 9～11 月，推出了以"你好，北京"为主题的系列活动，搭建信息、资源、渠道、市场共建共享平台，邀请各区文化和旅游局代表、入境旅游企业与非遗传承人现场面对面对接资源，促进业务交流，优化了北京入境旅游产品质量。活动推出的《你好，北京》非遗画册英文版，以非遗讲述北京的城市发展故

① 《2023 非遗传承人大会在京举办，共话非遗现代化发展》，艺术中国，http：//art. china. cn/txt/2023－09/08/content_ 42514045. htm，最后访问日期：2024 年 5 月 9 日。
② 《成都大运村里"非遗热"沉浸体验中国传统文化》，央视新闻，https：//www. chinanews. com. cn/cul/2023/07－31/10053083. shtml，最后访问日期：2024 年 5 月 6 日。《杭州亚运看非遗感受千年文化魅力》，中国手艺网，https：//new. qq. com/rain/a/2023092 6A075FY00，最后访问日期：2024 年 5 月 6 日。《"一带一路"高峰论坛难忘瞬间：非遗又成了"显眼包"》，央视网，https：//ghrp. cctv. com/2023/10/20/ARTIx1sH8pO3 MEEwb Wab67s1231020. shtml，最后访问日期：2024 年 5 月 6 日。
③ 文吕心：《"茶和天下"·雅集活动在京启动》，中华人民共和国文化和旅游部，https：//www. mct. gov. cn/whzx/whyw/202305/t20230515_ 943773. htm，最后访问日期：2024 年 5 月 6 日。

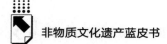
事，为北京的入境旅游线路和旅游产品宣传推广开辟了新赛道。①

3. 加强国际合作机制建设，展现负责任大国形象

在推动非遗"走出去"的同时，中国也热情邀请其他国家非遗"走进来"，构建非遗保护的跨境合作机制。2023 年 4 月，首届中国—东盟（南宁）非遗周成功在广西壮族自治区南宁市举办。来自中国 25 个省（区、市）和 8 个东盟国家共 150 多个非遗代表性项目参加展示展演活动，吸引约 7 万人次参与，增进我国与东盟国家传统友谊和加强非遗保护经验交流，也推动了广西壮族自治区和东盟其他国家的旅游业建设。② 5 月，广西壮族自治区文化和旅游厅、自治区妇女联合会共同主办了 2023 年"壮美霓裳"广西—东盟民族服饰秀，中国广西壮族自治区和东盟国家 160 多套民族服饰亮相活动现场，把民族服饰制作技艺与现代时尚结合起来，巩固了我国与东盟国家文脉相通、人缘相亲的良好关系。③

中国积极开展国际非遗保护经验交流和成果共享活动。2023 年 12 月，联合国教科文组织主办、贵州省铜仁市松桃苗族自治县人民政府和苏州工艺美术职业技术学院承办开展第三期"非遗助力乡村振兴"可持续生计研修班开班。研修班通过专家授课和实地考察的方式，向来自我国五个世界遗产地可持续生计试点的 25 位社区带头人（15 位女性）、非遗传承人和从业者讲解知识产权保护和品牌化运营内容，改善了当地传统工艺的传承情况、保障试点地区妇女的权利，促进了持久、包容和可持续的经济增长。④ 同月，

---

① 《"你好，北京"——非遗与入境游深度融合发展对接会在正乙祠举办》，北京市文化和旅游局，https://www.beijing.gov.cn/renwen/cshd/202311/t20231128_3317909.html，最后访问日期：2024 年 5 月 6 日。

② 《文化和旅游部对十四届全国人大一次会议第 5317 号建议的答复》，中华人民共和国文化和旅游部，https://zwgk.mct.gov.cn/zfxxgkml/zhgl/jytadf/202312/t20231204_950106.html，最后访问日期：2024 年 5 月 6 日。

③ 《2023 年"壮美霓裳"广西—东盟民族服饰秀在邕举行》，广西壮族自治区文化和旅游厅，http://wlt.gxzf.gov.cn/zwdt/gzdt/t16524095.shtml，最后访问日期：2024 年 5 月 6 日。

④ 《聚焦知识产权保护，推动非遗品牌发展：第三期"非遗助力乡村振兴"可持续生计研修班顺利开班》，联合国教科文组织，https://mp.weixin.qq.com/s/ffeh2SuJosfwTEdDd9GEIA，最后访问日期：2024 年 5 月 9 日。

我国商务部主办、中央文化和旅游管理干部学院承办了纳米比亚非遗传承人海外培训班，邀请中国非遗传承人分享了非遗保护的成功案例。目前，纳米比亚已将本国非遗课程纳入非正式教育体系，两国在非遗保护领域的交流与合作将有力推动非遗教育的发展。[①]

（六）非遗保护的相关研究取得丰硕成果

1.非遗研究论文发表情况

在中国知网 CNKI 以"非物质文化遗产""非遗"为主题检索，利用可视化分析工具统计，得出 2013～2023 年非遗研究论文年度发文量统计图（见图1），[②] 展现过去 10 余年，非遗研究论文的发表数量呈稳步增长趋势。其中，2022～2023 年，非遗研究论文的发表数量增长速度最快，反映了学界愈加重视对非遗保护话题的探讨。

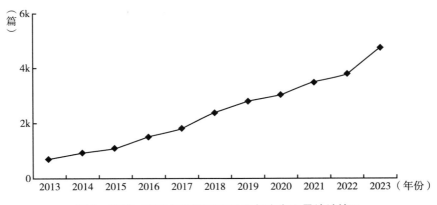

图 1　2013～2023 年非遗研究论文年度发文量统计情况

同时，利用可视化分析工具得出 2013～2023 年核心期刊来源（CSSCI）非遗研究论文年度发文量统计图（见图2）。图表显示，核心期刊中非遗研究的

---

① 裴秋菊：《加强中纳两国非遗领域交流与合作——探索非遗人才培养拓展领域深度合作》，中国文化产业网，http://www.cnci.net.cn/content/2023－12/26/content_30667261.htm，最后访问日期：2024 年 5 月 9 日。

② 统计时间：2024 年 3 月 21 日。

论文数量总体呈上升趋势。2013 年，核心期刊中非遗研究论文发表低于 200 篇，2023 年，核心期刊中非遗研究论文发表超过 400 篇，表明我国非遗研究迎来数量和质量的新突破。根据可视化分析工具的预测，2024 年，非遗研究的论文发表数量继续稳步增长，在中国加入联合国教科文组织《保护非物质文化遗产公约》二十周年之际，我国非遗学术研究开启了新篇章。

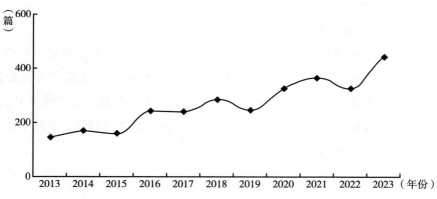

图 2　2013~2023 年核心期刊来源（CSSCI）非遗研究论文年度发文量统计情况

2. 非遗领域研究机构发文情况

2023 年，在中国知网 CNKI 以"非物质文化遗产""非遗"为主题发表的核心期刊来源（CSSCI）论文共 428 篇。从一级单位分布来看，发文量前 5 位的一级单位均为高校，发文量最高的为华中师范大学（18 篇），其次为中国社会科学院大学（17 篇），北京师范大学、中山大学和中央民族大学以发文 12 篇并列第三，山东大学（11 篇）、天津大学（10 篇）紧随其后。

3. 非遗领域研究热点分布情况

利用 CiteSpace 对 2023 年核心期刊来源（CSSCI）的 428 篇非遗主题研究论文的关键词进行分析，得到知识共现图谱（见图 3），① 直观展示了

---

① 该实验数据来自 CiteSpace 软件版本 V. 6. 3. R1（64-bit），实验时间为 2024-3-21-7：45：24。

2023 年学界的非遗研究热点。相关关键词所代表的圆圈越大，说明该关键词出现的频次越高，研究热度越高。相关关键词所代表的圆圈位置离核心词"非物质文化遗产"越近，越能代表主流的研究方向；但离核心词位置越远的关键词，未来也有可能成为学界的研究热点。

图 3　2023 年度核心期刊来源（CSSCI）中以"非遗"为主题的研究论文关键词知识共现图谱

（1）非遗"系统性保护"是 2023 年重要的讨论话题，包括"乡村振兴""可持续发展""高质量发展""创新性发展""创造性转化""公共文化服务""文旅融合""社区参与""中华民族共同体意识"等热点的探讨。在 2023 年，中国非遗研究学界继续坚持系统保护观念，思考非遗赋能社会治理现代化的依据、逻辑、范式和方法，推动经济社会的可持续发展。①

---

① 《习近平：扎实做好非物质文化遗产的系统性保护推动中华文化更好走向世界》，新华社，http：//www.news.cn/2022-12/12/c_1129201621.htm，最后访问日期：2024 年 3 月 23 日。

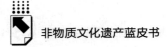

（2）"非遗传播"文化实践活动中，如何建构非遗及其相关主体形象，是学界讨论的热点，如"《非遗里的中国》""数字化""国际传播""短视频""媒介融合""新媒体"等关键词，便体现了该话题的研究趋向。2023年，不少非遗代表性项目和非遗传承人借助新媒体"出圈"，实现跨界。中央广播电视总台、文化和旅游部联合推出的《非遗里的中国》节目，以"讲好非遗故事"为目标，将非遗作为中国古老智慧和时代精神的放大镜，向国际社会阐释中华文明。中国式现代化中新媒体如何介入非遗保护，对非遗及其相关主体进行编码重组，引发学界新一轮讨论。

（3）在非遗门类方面，"体育非物质文化遗产""传统手工艺"话题讨论度较高。前者研究包括"民俗体育""体育经济"等关键词，延续《"健康中国2030"规划纲要》、《国务院办公厅关于印发体育强国建设纲要的通知》、国家体育总局等十二部门《关于推进体育助力乡村振兴工作的指导意见》等文件发布以来的研究高热度，加快推进传统体育的现代化转型，构建中国体育非遗研究话语体系。[1]后者研究紧跟《中国传统工艺振兴计划》《关于推动传统工艺高质量传承发展的通知》等国家战略目标，回溯传统手工艺的文脉，重新发现传统手工艺中本土的、民族的审美精神。[2]

（4）在非遗保护主体方面，有关非遗传承人的关键词如"非遗传承""文化传承""活态传承""非遗传承人""传承人口述史"等，以及有关社区的关键词如"社区参与""空间生产""乡村振兴""集体记忆"等也呈现较高的讨论度。加强非遗传承人认定、考评和激励一体的保护政策体系研究，完善非遗传承人口述史、集体记忆等文化档案，凭借"非遗在社区"的多元经验和模式，激发和培育内生力量，"突显社区的声音及其主体

---

① 吴丽芳、涂传飞：《国外体育非物质文化遗产研究的历史演进、新态势及启示》，《北京体育大学学报》2023年第6期。

② 殷波：《从文明变迁看手工艺的文化本质》，《艺术设计研究》2023年第6期。

性"①，是未来非遗系统性保护的重要途径。

对核心期刊来源（CSSCI）非遗主题的研究论文关键词进一步分析，将出现频次大于等于 5 的关键词及其中心性进行排序（见表 1）。② 关键词中心性体现知识共现图谱中该词周围节点的数量多少，间接反映了该关键词可延伸话题的数量和未来的讨论趋向。表 1 反映了可延伸话题较多（中心性大于 0.1）的关键词有：非物质文化遗产、传承、非遗保护、乡村振兴、保护、短视频、创造性转化、文化传承、可持续发展、体育非物质文化遗产、高质量发展、数字化、文化记忆、中国式现代化、文化遗产、系统性保护、创新性发展、国际传播。这些关键词是未来非遗研究学界仍会继续探索的重要议题。

表 1　2023 年度核心期刊来源（CSSCI）非遗主题研究论文关键词词频及其中心性

频次	中心性	关键词	频次	中心性	关键词
109	0.25	非物质文化遗产	6	0.01	传统手工艺
20	0.05	非遗	6	0.06	文化认同
13	0.22	传承	6	0.16	体育非物质文化遗产
11	0.12	非遗保护	6	0.45	高质量发展
11	0.05	《非遗里的中国》	6	0.57	数字化
11	0.19	乡村振兴	6	0.58	文化记忆
9	0.28	保护	5	0.01	传承人
8	0.08	活态传承	5	0.14	中国式现代化
7	0.17	短视频	5	0.13	文化遗产
7	0.01	中华优秀传统文化	5	0.25	系统性保护
7	0.31	创造性转化	5	0.01	新媒体
6	0.37	文化传承	5	0.43	创新性发展
6	0.31	可持续发展	5	0.11	国际传播

---

① 杨利慧：《"将社区的声音带到最前沿"：非物质文化遗产保护与社区参与的多重实践模式》，《云南师范大学学报》（哲学社会科学版）2023 年第 6 期。

② 统计时间：2024 年 3 月 21 日。

4.非遗领域学术会议研讨情况

2023年以非遗为主题的公开学术会议、论坛不少于30场次。开展非遗学术会议的主体以高校为主,结合主办、承办单位的学科特色和地方非遗特色,召集相关领域的专家学者进行交流。此外,政府高度重视与高校展开非遗学术交流,如2023年10月12日,文化和旅游部、四川省人民政府、中国联合国教科文组织全国委员会主办的第八届中国成都国际非遗节"非遗成都论坛"开幕,200多位来自不同国家、不同社会领域的代表参加论坛,为建构具有中国特色的文化遗产保护体系建言献策。[①] 从参与会议、论坛主体看,国内举办的非遗学术会议、论坛面向国内专家学者和相关从业者、代表居多,国际性的非遗学术会议、论坛较少,如2023年6月8日第十一届国际(上海)非物质文化遗产保护论坛、2023年9月7日敦煌丝绸之路文博会非遗促进可持续发展专题论坛。

从主题看,有立足国家层面讨论非遗系统性保护等学术热点,如11月24日至26日中山大学中国非物质文化遗产研究中心主办的"非遗保护与国家战略学术研讨会",讨论非遗保护融入国家战略的基础逻辑、路径和模式等;[②] 12月16日至17日,北京师范大学珠海校区主办"非遗保护的国家实践研究"论坛,结合国家发展战略需求总结和探讨中国非遗创造性转化和创新性发展的经验及问题。[③] 也有围绕非遗微观、具体问题而召开的非遗学术会议,如4月15日上海大学举办的全国非物质文化遗产名词审定委员会2023年工作会议,为下一步非遗名词遴选、收录、编写、审定和标准化工作提供建设性意见;[④] 12月8日至10日华中师范大学文学院、华中师范大

---

① 《第八届中国成都国际非遗节非遗成都论坛开幕》,中国艺术研究院,https://www.mct.gov.cn/whzx/zsdw/zgysyjy/202310/t20231031_949411.html,最后访问日期:2024年3月24日。

② 宋俊华、武静:《国家战略下非遗保护研究的新趋势——"非遗保护与国家战略学术研讨会"述评》,《文化遗产》2024年第1期。

③ 《第三届北京师范大学非遗年度论坛"非遗保护的国家实践研究"在珠海开幕》,中国社会科学网,https://www.cssn.cn/skgz/bwyc/202312/t20231220_5720030.shtml,最后访问日期:2024年3月25日。

④ 《全国非物质文化遗产名词审定委员会2023年工作会议在上海大学顺利召开》,上海大学新闻网,https://news.shu.edu.cn/info/1021/90294.htm,最后访问日期:2024年3月25日。

学国家文化产业研究中心主办的"非遗教育与文化传承学术论坛",围绕非遗学科建设的理论和实践展开对谈,促进非遗人才培养和学科建设。① 此外,有的学术会议重点关注非遗保护和生态文明建设的问题。如天津大运河文化带建设与非遗系统性保护学术研讨会、第九届民族文化遗产论坛暨海洋文明与泉州非物质文化遗产专题学术研讨会、黄河文化保护传承弘扬与黄河国家文化公园建设会议、第四届大运河非遗论坛等,多维度讨论了人与自然和谐共生的关系。

5. 非遗研究基金支持与立项情况

中国知网 CNKI 文献数据库显示,2023 年度资助研究成果发文量前十名的科研基金类型如表 2 所示。② 资助发文数量最多的是"国家社会科学基金",共资助 245 篇研究论文发表,其次为"教育部人文社会科学研究项目",资助 82 篇研究论文发表;再次为"国家级大学生创新创业训练计划",资助 75 篇高校师生研究成果发表,体现高校教育体系对非遗保护的重视,非遗研究注入了更多来自年轻人的思考。地方省份基金资助方面,"江苏省教育厅高等学校哲学社会科学基金项目""湖南省哲学社会科学基金""湖南省教委科研基金"位列前三,各资助 74 篇、36 篇、35 篇研究成果发表,为地方非遗保护助力。

在立项方面,以国家社会科学基金为例,2023 年度以"非物质文化遗产""非遗"关键词成功立项的重大项目、重点项目、一般项目、青年项目和西部项目共 26 项(见表 3)。这些项目多为一般项目、西部项目,以民族学、体育学学科为主,体现了非遗保护与中华民族共同体发展趋势的内在联系,反映了中华传统体育文化的研究在体育强国建设中的重要作用。除此之外,有 2 项重大项目、6 项重点项目、73 项一般项目、12 项青年项目、27 项西部项目,涉及非遗保护具体议题和代表性项目的研究。这些成功立项的

---

① 《为非遗学科建设与中国非遗保护事业贡献智慧——"非遗教育与文化传承学术论坛"在华中师范大学举行》,中国社会科学网,https://www.cssn.cn/skgz/bwyc/202312/t2023 1214_ 5717083.shtml,最后访问日期:2024 年 3 月 25 日。

② 统计时间:2024 年 3 月 21 日。

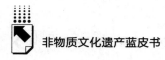
课题集中在民族学、体育学、宗教学学科领域，具有鲜明的学科视角和较强的学科方法意识。

表2　2023年度科研基金机构及其资助研究成果发文量前十名

科研基金类型	资助数量（篇）
国家社会科学基金	245
教育部人文社会科学研究项目	82
国家级大学生创新创业训练计划	75
江苏省教育厅高等学校哲学社会科学基金项目	74
全国艺术科学规划课题	61
国家自然科学基金	36
湖南省哲学社会科学基金	36
湖南省教委科研基金	35
安徽省教育厅人文社会科学研究项目	31
广东省哲学社会科学规划项目	29

表3　2023年度国家社会科学基金以"非物质文化遗产""非遗"为关键词立项的项目

项目类别	课题名称	姓名	工作单位	所在学科
一般项目	提炼展示非物质文化遗产精神标识的基本范式和实现路径研究	范海霞	中共杭州市委党校	马列·科社
	藏彝走廊非物质文化遗产中民族交往交流交融元素的图谱挖掘与阐释	魏鹏	西南大学	民族学
	新疆国家级非物质文化遗产中民族交往交流交融元素的提炼与研究	闫炜炜	中共新疆维吾尔自治区委员会党校	
	滇黔桂地区非遗与旅游融合赋能乡村振兴的机制研究	张红喜	贵州民族大学	
	西南民族服饰非遗工匠与设计师的跨界创新机制研究	廖勇	四川大学	
	唐卡非遗中汉藏艺术交流交融元素挖掘、整理与阐释研究	尼布亚	甘肃民族师范学院	

续表

项目类别	课题名称	姓名	工作单位	所在学科
一般项目	西南地区饮食类非物质文化遗产中民族交往交流交融元素的挖掘、整理与阐释	王胜鹏	四川旅游学院	民族学
	台湾高山族噶玛兰人非物质文化遗产的传承与创新发展研究	郑伟斌	闽南师范大学	
	甘青少数民族口传非物质文化遗产中民族交往交流交融元素的挖掘、整理与阐释	柔金措毛	青海师范大学	
	构筑中华民族共有精神家园的非遗博物馆叙事与认同建构研究	方云	上海工艺美术职业学院	
	西南民族地区非物质文化遗产和旅游深度融合发展模式研究	张魏	云南民族大学	
	西南各民族口传非物质文化遗产中民族交往交流交融元素整理研究	张德华	贵州工程应用技术学院	
	福建民间信仰与非物质文化遗产关系研究	黄建兴	福建师范大学	宗教学
	联合国教科文组织非物质文化遗产保护政策体系研究	唐璐璐	北京师范大学	中国文学
	寒地非遗数字化艺术传播策略研究	廖丹	黑龙江大学	新闻学与传播学
	体育非物质文化遗产活态传承的伦理规制研究	高会军	盐城师范学院	体育学
	黄河流域体育非物质文化遗产保护研究	张红霞	滨州学院	
	粤港澳大湾区体育非物质文化遗产的数字化共建共治共享研究	张洁	深圳大学	
	长城沿线濒危体育非物质文化遗产数字化传承与活化利用研究	王玉扩	燕山大学	
	大运河流域体育非物质文化遗产项目采辑与数字化保护研究	李萍	徐州工程学院	

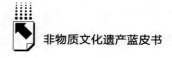

续表

项目类别	课题名称	姓名	工作单位	所在学科
西部项目	文化权利视阈下我国非物质文化遗产获取与惠益分享制度构建研究	李玉璧	西北师范大学	法学
	中华民族非物质文化草原历法与中原历法的交融研究	宝音初古拉	赤峰学院	民族学
	西南民族地区职业教育赋能技艺类非遗活态传承的机制研究	唐瑗彬	广西师范大学	
	共同富裕目标下武陵山区乡村非遗传承人生计安全与调适研究	刘水良	吉首大学	
	西藏非物质文化遗产中民族交往交流交融元素的挖掘、整理与阐释	邵卉芳	西藏民族大学	
	川滇黔世居少数民族体育非物质文化遗产的活态传承与创新性发展研究	刁国炎	西南林业大学	体育学

二　2023年中国非遗保护面临的问题与挑战

（一）非遗赋能可持续发展潜力有待进一步挖掘

中国积极采取措施推动全球实现可持续发展目标，包括消除绝对贫困和全面推进乡村振兴、保持宏观经济大盘稳定和推动新质生产力高质量发展、促进社会事业进步和改善民生福祉、加强生态环境治理和修复、积极参与全球发展合作等。[①] 这些措施，为非遗保护融入国家战略以寻求自我发展创造了条件，"非遗+"保护模式被应用于上述诸多可持续发展措施。非遗保护赋能可持续发展被寄予了更多期许，但目前我国非遗赋能可持续发展的潜能仍有待进一步挖掘。

从非遗自身可持续发展来看，非遗在世代相传中，凝结着社区、群体和

[①] 《中国落实2030年可持续发展议程进展报告（2023）》，中国国际发展知识中心，https：//www.cikd.org/detail? docId=1701419996870234114，最后访问日期：2024年7月8日。

个体处理关系的本土经验，在促进人和自然、人和人的和谐相处方面发挥积极作用。然而，当部分非遗的传承被搬进了与日常生活相隔离的场所，它们就在一定程度上丧失了在日常生活中发挥功用的可能性，逐渐与时代发展主题、人民生活需求脱节，非遗本身可持续发展就受到了影响。

从非遗赋能社会可持续发展来看，一是我国正面临新一轮的科技革命和产业升级，发展以科技创新为引领的新质生产力，难免会对传统技艺、传统美术和传统医药类等非遗的生产性保护造成冲击，影响非遗产品的生产、流通和销售。同时，部分传承人和传承群体难以从非遗消费情境的变化中寻求突破，这一问题在我国中西部地区和乡村地区体现得更为明显，也影响了非遗赋能可持续发展作用的发挥。二是随着近年来中国城乡社区的变迁和群体关系更迭，如何引导相关个人、群体、社区再创造非遗，使其助力未来新社区、新群体良好关系的建立，促进不同主体的多元对话，还需要一定的探索时间和落地实验。三是经历新冠疫情重大公共卫生事件，社会就业和居民收入的变化重塑了我国的消费结构。[1] 面对消费降级的全球性难题，我国积极推动非遗进一步与旅游融合发展，提高我国旅游发展质量。国家统计局数据显示，2023 年我国人均教育文化娱乐消费支出2904 元，增长 17.6%，占人均消费支出的 10.8%；[2] 然而，2019 年人均教育文化娱乐消费支出 2513 元，增长 12.9%，占人均消费支出的 11.7%。[3] 虽然 2023 年我国人均教育文化娱乐消费支出比 2019 年高，但从消费比重看，人均教育文化娱乐消费支出占人均消费支出的比重反而有所下降，体现出当前我国居民的文旅消费质量仍需提振，非遗赋能文化产业和消费结构调整的潜力亟待进一步开发。

---

[1] 史琳琰、张彩云、刘乃毓：《突发公共卫生事件引致中国居民消费结构的新变化：逻辑机理与实证检验》，《当代经济管理》2023 年第 9 期。

[2] 《2023 年居民收入和消费支出情况》，国家统计局，https://www.stats.gov.cn/sj/zxfb/202401/t20240116_1946622.html，最后访问日期：2024 年 5 月 27 日。

[3] 《2019 年居民收入和消费指出情况》，国家统计局，https://www.stats.gov.cn/sj/zxfb/202302/t20230203_1900600.html，最后访问日期：2024 年 5 月 27 日。

（二）《非遗法》中还存在一些有待改进的问题

2011 年，我国颁布《中华人民共和国非物质文化遗产法》（以下简称《非遗法》），标志着我国的非遗保护工作上升至法制化、规范化阶段，[①] 但在贯彻实施中仍存在一些有待改进的问题。

其一，《非遗法》第二条规定，"非物质文化遗产"是指"各族人民世代相传并视为其文化遗产组成部分的各种传统文化表现形式，以及与传统文化表现形式相关的实物和场所"。[②] 第三条规定，"国家对非物质文化遗产采取认定、记录、建档等措施予以保存，对体现中华优秀传统文化，具有历史、文学、艺术、科学价值的非物质文化遗产采取传承、传播等措施予以保护"。[③] 即在法律层面，"非物质文化遗产"是我国传统文化表现形式，非物质文化遗产代表性项目，是有历史、文学、艺术、科学等价值的优秀文化。在非遗保护工作中，"非物质文化遗产"经常被简称为"非遗"，但在实践中仍有"非遗文化""传统非遗"等不规范用语，并在网络平台传播，误导了不少民众。非遗保护正确宣传有待加强。此外，一些非遗传承人和传承群体的宣传将"人类非遗代表作"称作"世界非遗"[④]，这在一定程度上受到我国"国家、省、市、县"四级非遗保护体系的影响，他们认为"世界级别"的非遗代表作比其他级别的非遗代表性项目更有价值，是对人类非遗代表作认定理念的误读。

其二，《非遗法》为国家级非遗代表性项目和国家级非遗代表性传承人制定申报和认定条件，并为省、市、县级的非遗保护提供了操作示范。但在认定之后，非遗传承人的传承工作评估主要由当地相应级别的管理部门独立负责，依据《非遗法》第三十一条："非物质文化遗产代表性项目的代表性

---

① 白宪波：《"标准化时代"基层非遗保护若干问题探讨》，《文化遗产》2018 年第 6 期。
② 《中华人民共和国非物质文化遗产法》，中华人民共和国中央人民政府网，https：//www. gov. cn/flfg/2011-02/25/content_ 1857449. htm，最后访问日期：2024 年 7 月 17 日。
③ 《中华人民共和国非物质文化遗产法》，中华人民共和国中央人民政府网，https：//www. gov. cn/flfg/2011-02/25/content_ 1857449. htm，最后访问日期：2024 年 7 月 17 日。
④ 黄景春：《非物质文化遗产名词审定的意义》，《非遗传承研究》2023 年第 2 期。

传承人无正当理由不履行前款规定义务的，文化主管部门可以取消其代表性传承人资格，重新认定该项目的代表性传承人；丧失传承能力的，文化主管部门可以重新认定该项目的代表性传承人"① 等相关法条进行评估。但在实际的考核工作中，因评估标准和监督机制的不完善，考核结果难以兼顾非遗传承人多样性。② 此外，根据法条，丧失传承能力的非遗传承人可以退出代表性传承人行列，但在基层的非遗保护工作中，部分管理部门仍保留"能上不能下"的管理观念，认为撤销非遗传承人的身份，也否定了其前期的传承工作。③ 这种管理观念，一定程度上削弱了当地中青年非遗传承人的传承积极性，加剧了非遗传承人队伍年龄结构的不合理。

（三）文旅融合下文化生态保护面临两难发展问题

在非遗资源丰富的地区发展旅游业，一方面以旅游业带动非遗创造性转化和创新性发展，另一方面通过旅游市场检验非遗活态保护的成效，是许多文化生态保护区管理的理念。然而，当前文化生态保护区在文化生态保护和旅游市场发展中也面临着两难困境。

首先，虽然文化生态保护区利用非遗资源发展旅游业已持续一段时间，但主要依据《国家级文化生态保护区建设管理办法》和地方申创文化生态保护区的总体规划，大多数文化生态保护区缺乏发展旅游业的专项指导性文件。④ 部分市场主体看到非遗与旅游融合带来的经济前景，出于对经济利益的追求而制造了"伪非遗"，破坏了当地的文化生态。同时，由于缺少相关法规政策，管理部门无法鉴别"伪非遗"并处理相关的市场主体，无意中

---

① 《中华人民共和国非物质文化遗产法》，中华人民共和国中央人民政府网，https://www.gov.cn/flfg/2011-02/25/content_1857449.htm，最后访问日期：2024年7月17日。
② 李瑛：《"后申遗时代"非遗传承人的传承管理：实践阻梗、国际经验与中国启示》，《新疆社会科学》2022年第6期。
③ 李瑛：《"后申遗时代"非遗传承人的传承管理：实践阻梗、国际经验与中国启示》，《新疆社会科学》2022年第6期。
④ 何琪敏、史中超、谈国新：《文化生态保护区旅游发展水平评价及其发展模式》，《经济地理》2024年第3期。

助长了"伪非遗"及其文化产品在当地旅游市场的宣传和消费。

其次，利用非遗资源发展旅游，让非遗以旅游产品的形式被纳入当地旅游服务，成为外来游客可以参与体验的文化形式。然而，在当地民众的观念中非遗对外开放应该是有限度的，如近年来"出圈"的英歌舞有其特定的表演情境和意义，外来游客可能不了解仅将其当成旅游表演节目，或干扰表演，或拍摄照片、视频，这不利于当地民众与外来游客和谐相处。因此，如何处理当地民众和外来游客的权益，是未来文化生态保护区管理部门需要思考的课题之一。

最后，当大量游客涌进文化生态保护区旅游消费，当地需要改善公共文化基础设施以匹配旅游需求。然而，有的文化生态保护区的公共基础设施改造，并未遵循当地文化肌理，所形成的同质化的文化景观不利于展示非遗的多样性。① 有的文化生态保护区规划不科学，公共基础设施的增加反倒挤压了非遗的物质传习空间，破坏了非遗原先的生存环境。有些文化生态保护区力求开发非遗的经济价值，在增加公共文化基础设施、提供非遗体验场所的同时，未重视非遗本身的象征意义、艺术特色和文化价值的宣传，只取其表面作为旅游资源，而忽略了其本身深刻文化内涵的传播。

（四）非遗跨国争议难借助国际诉讼机制解决

现阶段，国内非遗领域的公益诉讼制度建设初见成效，但面对非遗跨国保护的困境，我国司法较少能通过国际诉讼机制解决有关问题，保障国内相关主体的权益。

我国在推动非遗成功"出海"的同时，也在面临非遗的所有权被转移、诠释权丧失、优先使用权被剥夺等法律困局。② 首先，由于权利主体多元化

---

① 孙传明、陈宇韬：《绅士化与城市非遗保护：困境、契机与对策》，《上海城市管理》2024年第 3 期。
② 鲁春晓：《非物质文化遗产知识产权跨国保护研究》，《福建论坛》（人文社会科学版）2019年第 6 期。

带来的复杂局面，《非遗法》未明晰界定享有非遗产权并承担义务的权利主体、不享有非遗所有权但对其发展具有重要推动作用的保护主体。① 其次，非遗通过跨国网络实现传播，在一定程度上被去地域化，脱离了原生环境，更难以追踪、确认本身的权利主体和保护主体，加大了司法介入的困境。最后，同一非遗代表性项目的传承人和传承群体可能分布广泛而分散，再加上自身人力、财力和法律意识有限，往往面临举证困难、诉讼成本高、败诉风险大等困境，当权利受到侵害时，难以集中力量提起跨国诉讼。②

国际上，联合国教科文组织的《保护非物质文化遗产公约》《保护和促进文化表现形式多样性公约》等，侧重于敦促各缔约国采取合适措施保护非遗，却对非遗"出海"后引发的权益侵犯问题不具备太大的约束力。在西方国家主导的国际法律体系下，发展中国家发言权和主导权被忽视，很难通过合适的国际诉讼机制维护相关主体的权利，极大地挫伤了国内民众保护非遗的热情和积极性。一些西方国家以"文化无国界"为由，利用西方建构的法律体系漏洞，抢先占用注册我国的非遗商标，进而以非遗为载体，输出不利于我国的价值理念。在传统医药领域，部分国家多次利用我国的非遗资源抢先注册商标，极大地挤压了中医药在国际市场的生存空间。③

三　2023年中国非遗保护的展望和对策建议

（一）加快推进非遗保护融入国家战略，挖掘非遗赋能可持续发展的潜能

首先，修订非遗名录的申报与评估标准，突出非遗促进可持续发展的价

① 李瑛：《"后申遗时代"非遗传承人的传承管理：实践阻梗、国际经验与中国启示》，《新疆社会科学》2022年第6期。
② 严永和、妥学进：《论我国非物质文化遗产公益诉讼制度的构建》，《文化遗产》2021年第4期。
③ 鲁春晓：《非物质文化遗产知识产权跨国保护研究》，《福建论坛》（人文社会科学版）2019年第6期。

值。自 2016 年以来，联合国教科文组织《实施〈保护非物质文化遗产公约〉的业务指南（2016 年修订版）》新增了"在国家层面保护非遗和可持续发展的内容"，从"包容性社会发展""包容性经济发展""环境的可持续发展""非物质文化遗产与和平"四个方面，细化非遗保护的 15 个具体目标，为非遗保护融入国家战略，促进经济、社会和环境的平衡发展提出了基本要求。[①]我国非遗保护工作可以参照《实施〈保护非物质文化遗产公约〉的业务指南（2016 年修订版）》，对我国国家、省、市、县四级非遗代表性项目促进可持续发展的价值提出要求，增强我国非遗代表性项目申报、评估的科学性价值。如 2022 年我国向联合国教科文组织申报"中国传统制茶技艺及其相关习俗"人类非遗代表作时，便阐述该项目具有实现"良好健康与福祉""性别平等""陆地生物""和平、正义与强大机构"[②] 等促进可持续发展的价值。这有助于我国在后续的非遗保护工作中，建立以可持续发展为导向的保护政策，引导相关社区、群体和个人关注并不断挖掘非遗潜在的价值。[③]"中国传统制茶技艺及其相关习俗"申遗的成功，对相关社区、群体和个人实现"无贫穷""体面工作和经济增长""产业、创新和基础设施""减少不平等""促进目标实现的伙伴关系"等可持续发展目标具有积极作用。此外，突出非遗代表性项目的可持续发展价值，对完善我国非遗项目保护单位、代表性传承人的评估具有积极意义，有助于建立一套科学的非遗保护评估体系，引导非遗保护单位、代表性传承人根据可持续发展目标开展非遗保护工作。

---

① 《实施〈保护非物质文化遗产公约〉的业务指南（2016 年修订版）》第 61～71 页，联合国教科文组织，https：//ich. unesco. org/en/directives？ tdsourcetag＝s_ pctim_ aiomsg，最后访问日期：2024 年 7 月 9 日。

② 注：此处标注可持续发展目标参考的是联合国教科文组织 2015 年通过的 17 个可持续发展目标，并非《实施〈保护非物质文化遗产公约〉的业务指南（2016 年修订版）》的具体目标。详细内容见联合国教科文组织人类非物质文化遗产代表作项目名录"Traditional tea processing techniques and associated social practices in China"一栏，https：//ich. unesco. org/en/RL/traditional-tea-processingtechniques-and-associated-social-practices-in-china-01884，最后访问日期：2024 年 7 月 10 日。

③ 钱永平：《可持续发展：非物质文化遗产保护的新理念》，《文化遗产》2018 年第 3 期。

其次，加强文化和旅游部与其他部门协作，将非遗融入国家战略。坚持人民在非遗系统性保护中的主体地位，完善《非遗法》和相关政策，激活非遗的生命力。根据《实施〈保护非物质文化遗产公约〉的业务指南（2016年修订版）》要求和我国非遗保护的新形势，非遗保护工作可从以下几方面加以改进。

在包容性社会发展方面，承认和尊重非遗在维护粮食安全方面的知识和实践，鼓励非遗通过创造性转化和创新性发展来赋能社区、群体和有关个人的医疗保健和康复，确保非遗融入相关学科的教育实践，探索非遗应用的新情境，促进非遗在保障性别平等、构建和谐社会中发挥积极作用，引导人民群众从非遗中了解节约用水的重要性，利用非遗知识和实践增进人民群众对水资源可持续利用的了解。

在包容性经济发展方面，需要认识到非遗对维持相关社区、群体和有关个人的生计、创造就业和体面工作具有积极意义，推动非遗与旅游的深度融合，并采取适当的措施保障相关社区、群体和有关个人在非遗与旅游融合中受益。

在环境的可持续发展方面，需要认识到非遗蕴含的促进环境可持续发展的文化内涵，以非遗引导人民群众科学认识气候变化、自然灾害、环境破坏的消极作用，如有关自然和宇宙的知识和实践有助于帮助人民群众理解自身在保护环境和生物多样性行动中的定位，同时，通过非遗的传播和传承，增强社区和群体抵御自然灾害和气候变化的能力。

在非物质文化遗产与和平方面，要加强以非遗为交流、对话桥梁的国际和平建设，以文化多样性促进区域和国家的友好对话，关注非遗对连接社会不同群体的重要作用，合理利用相关习俗，有效预防和解决纠纷、重建安全与安保。

最后，加强教育协作，培养人民群众科学学习和研究非遗的能力。以可持续发展目标为导向宣传非遗重要性，使人民群众了解到非遗保护和自身生活密切相关，是引导人民群众挖掘非遗可持续发展价值的重要前提。推动高等院校和职业院校的非遗学科建设与合作，培养具备理论研究、田野调查保护与管理能力的人才队伍，以点带面，培养相关社区、群体和有关个人科学学习和研究非遗的能力。在"非遗在社区""非遗进校园"等活动的基础上，将非遗融入多样性的教育情境和教育项目，鼓励相关社区、群体和有关个人在传统和创新的教育实践中传承非遗，掌握科学学习、研究非遗的方法。

（二）提高非遗传承人和群体的法律素养，完善非遗传承人评估考核机制

加强《非遗法》的普及教育，提高非遗传承人和传承群体的法律素养。其一，要加强非遗保护法规的学术交流，完善《非遗法》理论。其二，持续推动基层非遗保护工作队伍建设，规范基层工作人员正确贯彻执行《非遗法》。其三，面向非遗传承人和传承群体宣传现行《非遗法》时，需要意识到之前错误的用语已经广泛传播，当错误的习惯和正确的用语出现冲突时，部分非遗传承人和传承群体可能会忽视正确的用语，选择性地接受普及教育的内容。① 因此，对非遗传承人和传承群体进行法律教育培训，需要从单一的教室、会议室走向具体的现实情境和生活经验，通过实际案例的分析和应用，促进他们正确理解相关用语的具体内涵。其四，由于我国《非遗法》配套有地方性的法律法规、机构机制、工作队伍和名录体系，因而需要将现行《非遗法》的普及教育任务与以上的配套体系宣传进行结合，帮助非遗传承人和传承群体理解非遗申报的程序和体系，明确自身的权利和义务，全面提高非遗传承人和传承群体的法律素养。

结合可持续发展目标，从结果义务方面优化非遗传承人和传承群体的考核评估机制。2019 年，文化和旅游部非物质文化遗产司开展国家级非遗传承人评估工作试点，为激励和促进非遗传承人更好地开展传承活动，对非遗传承人实施动态管理，近年来该评估工作已覆盖全国多个省份。多地结合实际制定相应的评估工作方案，如山西省文化和旅游厅采取非遗传承人自我评估、文化和旅游行政部门实地评估和第三方评估相结合的方式，从人才培

---

① 林凌：《法制宣传教育：从普法模式到公众参与模式》，《编辑学刊》2015 年第 5 期。

养、实物资料保存、调查配合、公益性宣传、经费使用、研究成果、表彰奖励等方面评估，再根据结果划分等次。① 多数评估工作方案是基于现行《非遗法》中对非遗传承人的过程义务来开展工作，即根据非遗传承人"遵照既定的要求或标准，完成相应的工作活动"② 来判断，而传承行为带来的成效却很少纳入评价机制。完善非遗传承人评估机制，可根据相应非遗代表性项目具备的可持续发展价值建立起以结果为导向的评估标准，将非遗传承人履行的结果义务纳入考核机制，有助于减少部分非遗传承人"不作为、慢作为或消极作为，甚至还有乱作为"③ 的现象。对非遗传承人进行评估后，需要为非遗传承人调整传承行为预留时间反思整改，组织非遗传承人分享优秀的传承实践案例，督促非遗传承人完善和落实非遗保护计划。④ 将国家级非遗传承人评估工作经验推广到省级、市级、县（区）级的非遗传承人和传承群体考核工作中，逐步建立起配套我国非遗保护体系的评估机制。

（三）完善和落实文化生态保护区内旅游规范文件，促进当地旅游业可持续发展

为推动非遗与旅游深度融合，相关管理部门应当在文化生态保护区规划的基础上，虚心听取人民群众的意见，反思文化生态保护区内旅游业发展存在的问题，制定非遗旅游规范文件，且应当重点关注以下三个维度。

第一，文化生态保护区内基础设施优化问题，可以利用数字化技术获取保护区内的非遗资源分布特征，分析保护区内的游客来源、关注热点和消费特征，合理规划保护区内非遗的旅游线路和景观格局，确保保护区内旅游基

---

① 《国家级非物质文化遗产代表性传承人传承活动评估工作方案》，晋城非遗，https://mp.weixin.qq.com/s/BuCg3Vns-nFGL17pjHrRQw，最后访问日期：2024 年 7 月 12 日。
② 王巨山：《非遗代表性传承人道德义务论》，见王巨山主编《非物质文化遗产研究集刊》（第十六辑），浙江大学出版社，2023，第 10 页。
③ 王巨山：《非遗代表性传承人道德义务论》，见王巨山主编《非物质文化遗产研究集刊》（第十六辑），浙江大学出版社，2023，第 11 页。
④ 林逸宁：《非遗传承人评估工作的问题探究与设计改进——以福州市非遗代表性传承人评估为例》，《文化学刊》2023 年第 9 期。

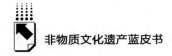

础设施能够为当地民众和外来游客带来良好的文化体验。

第二，引导文化生态保护区内从事非遗展览展示和非遗衍生品生产销售的企业与商家合法经营、遵守市场秩序，尊重非遗保护规律。积极宣传非遗知识。鼓励民众对非遗进行创造性转化和创新性发展，开发非遗主题的旅游项目，向外地游客宣传非遗。加强《非遗法》的普及教育，将非遗保护与可持续发展联系在一起，设置适当的奖励机制，表彰对非遗传播和传承具有突出贡献的企业和商家。完善保护区内旅游监督和监管机制，对以歪曲、贬损等方式使用非遗、不尊重非遗的形式和内涵、侵犯当地民众风俗习惯的相关企业和商家采取"经济罚款+民众监督+社会规制"的组合拳监管模式，推动非遗旅游良性发展。①

第三，加大非遗的宣传，提高非遗可见度。政府管理部门要把握非遗和旅游深入融合的趋势，加强新媒体平台合作和智慧运营，搭建各垂直领域平台，实施下沉策略。建设宣传智库，引导、鼓励非遗传承人、传承群体和相关企业商家针对外来游客，生产具有地方特色的非遗宣传信息。适当开启流量扶持计划，提高当地非遗的知名度，让外来游客全面了解当地非遗存续依赖的文化生态，减少外来游客和当地民众的摩擦。有效提升舆论引导水平，加强游客意见的收集和反馈。

（四）探索非遗国际联合保护机制，为非遗"出海"保驾护航

在国际上，讲好非遗故事是中国履行《保护非物质文化遗产公约》缔约国义务的体现，我们在开拓非遗"出海"宣传渠道，促进国际社会和平与包容的同时，还需要为非遗提供相应的保障，为其保驾护航。

在国内，加快完善非遗领域的法律制度，加强非遗领域国际诉讼的经验交流和学术探讨。第一，需要加快修订和完善我国现行《非遗法》，明确界定我国非遗权利主体和保护主体，敦促多元行动方从法律层面保护非遗。第

---

① 何琪敏、谈国新、郑淞尹、史中超、王俊：《文化生态保护区旅游发展：多元主体行为的博弈分析》，《干旱区资源与环境》2023 年第 9 期。

二，在完善国内非遗法律制度时，需要考虑现行《非遗法》第五条"使用非物质文化遗产，应当尊重其形式和内涵"①，即相关主体的精神权利也有必要逐步纳入非遗保护的法律制度范畴，对损害我国国家、民族和人民感情、利益的行为进行法律追究。② 第三，除了法律保障，做好非遗领域国际诉讼案例的研究也可以为非遗"出海"保驾护航，这一点离不开我国政府部门、社区社团组织、专业学会、科研机构等多元行动方的团结，也离不开非遗学、法学、政治学、外交学、语言学等多学科的智慧支持。我们可以借助学术会议的交流平台，加强非遗领域的国际诉讼经验交流和探讨，建设致力于非遗领域国际诉讼的智库，为我国非遗领域的国际诉讼提供学理支持。

在国际上，要加强多边友好对话。非遗领域跨国诉讼难是许多发展中国家面临的问题，我国可以积极在国际社会表达诉求和呼吁，利用国际会议、展览、比赛等活动加强文化传播和多边对话，探索非遗联合保护机制，为形成非遗领域跨国诉讼的协会、联盟创造条件。在多边对话中，针对非遗所有权被转移、诠释权丧失、优先使用权等困境，逐步达成国际社会广泛接受的通约和准则，③ 并推动其进入国际法，为发展中国家的非遗"出海"保驾护航，促进人类命运共同体建设。

---

① 《中华人民共和国非物质文化遗产法》，中华人民共和国中央人民政府网，https：//www.gov.cn/flfg/2011-02/25/content_1857449.htm，最后访问日期：2024年7月17日。
② 鲁春晓：《非物质文化遗产知识产权跨国保护研究》，《福建论坛》（人文社会科学版）2019年第6期。
③ 鲁春晓：《非物质文化遗产知识产权跨国保护研究》，《福建论坛》（人文社会科学版）2019年第6期。

专题报告

B.2
非遗保护与中国式教育现代化：
高校非遗教育的理论与实践探讨*

宋俊华　张珈玮**

摘　要： 开展非遗教育，已经成为我国非遗保护工作中不可或缺的一环。当下非遗保护工作与中国教育现代化相互交织，形成了相互促进的关系。在此背景下，探讨高校在非遗教育中的关键作用，研究高校如何融合传统与现代教育资源，革新教学方法，以及如何培养既具有非遗保护意识又具备实践能力的专业人才，对推动非遗保护可持续发展和中国教育现代化都具有深远的意义。

关键词： 非遗保护　中国式教育现代化　高等教育

---

* 本文为第二批太行精神专项研究立项课题"活态传承视域下太行山区非物质文化遗产系统性保护研究"（项目编号：THJS2024Y01）阶段性研究成果。

** 宋俊华，中山大学中国非物质文化遗产研究中心、中文系主任，广州新华学院中文系教授，研究方向为非物质文化遗产学、中国戏剧史；张珈玮，中山大学中国非物质文化遗产研究中心、中文系博士生，研究方向为非物质文化遗产保护理论与实践。

　　自党的十八大以来，习近平总书记多次就弘扬传统文化和实现民族伟大复兴发表重要讲话。特别是在 2022 年 12 月，当"中国传统制茶技艺及其相关习俗"被联合国教科文组织认定为人类非物质文化遗产代表作时，他再次强调了至关重要的一点："推动中华优秀传统文化创造性转化、创新性发展。"① 文化兴则国兴，文化强则国强。非物质文化遗产的保护、传承和利用对于维护历史连续性、增强文化自信心、团结精神力量以及构建社会主义文化强国具有深远的意义。近年来，我国对非遗的保护与传承给予了极高的重视，并大力推进非遗与现代教育的整合与进步。作为培育文化继承者和创新者的关键场所，高等院校承载着非遗保护与教育现代化的重大责任。

一　非遗保护与中国式教育现代化的内在逻辑

　　非遗保护对于保持文化多样性和推动社会和谐进步具有不可估量的价值。作为一个拥有悠久历史和丰富文化的国家，中国对于非遗的保护工作尤为重视。近年来，随着中国式教育现代化进程的不断推进，非遗保护与中国式教育现代化的内在逻辑日益显现，二者之间形成了紧密的关联。2021 年 8 月，中共中央办公厅、国务院办公厅印发了《关于进一步加强非物质文化遗产保护工作的意见》（以下简称《意见》）。《意见》中的一项重要内容是加大非遗的传播普及力度，其中又特别强调了融入国民教育体系的重要性。这一举措旨在通过教育这一渠道，将非遗的内容深入人心，让广大人民群众尤其是年轻一代，对非遗有更深刻的了解和认识，从而增强全民族的文化自信和民族自豪感。《意见》的发布，是对非遗保护与中国式教育现代化内在逻辑关系的深刻把握与积极响应。

（一）非遗保护的意义

　　联合国教科文组织在《人类口头和非物质文化遗产代表作申报书编写

---

① 《习近平关于社会主义精神文明建设论述摘编》，中央文献出版社，2022，第 30~31 页。

指南》中表明："在世界全球化的今天，此种文化遗产的诸多形式受到文化单一化、武装冲突、旅游业、工业化、农业人口外流、移民和环境恶化的威胁，正面临消失的危险。"在众多发展中国家，非遗的存续正遭遇更加艰巨的考验，相比较而言，尽管一些发达国家在较早阶段便开始意识到并着手解决非遗保护的问题，但在这些国家内，全球经济一体化与现代化浪潮对非遗带来的冲击与侵蚀，同样在不同程度上显现。在我国关于非遗保护的意义问题上，已有相关学者做出论述，如王文章在《非物质文化遗产概论》一书中提出对非遗的保护，不仅对于维护世界和平与推动全球发展至关重要，而且是捍卫世界文化多样性的坚固屏障。此外，这种保护工作还是实现特定文化权利、培育全民文化自觉性的有力保障，并在一定程度上有助于缩小地区间的发展差距。① 非遗保护不仅限于文化领域，更延伸至社会、经济和外交等多个层面。张丰从对人类社会和人类文明的角度阐释了非遗保护的重要价值。② 崔娜和张玮玲在他们的论述中，将保护非遗的紧迫性作为切入点，深入探讨了这一工作的重要性和深远影响。③

传承和弘扬非遗，不仅是对中华民族悠久历史和丰富文化的延续，更是对世界文化多样性的积极贡献。非遗承载着中华民族的历史记忆、文化精髓、科技进步和艺术成就，体现了中华民族精神的丰富内涵。通过保护这些遗产，我们不仅守护了自身的文化根脉，也为全球文化的多元发展做出了积极的努力。人们能够将这些珍贵的传统文化传承给后代，让更多的人了解和热爱中华文化，从而增强我们的民族自豪感和文化认同感。全球范围内，每个国家和民族都有其独特的非遗，这些遗产共同构成了人类文化的多样性，保护它们就是保护人类文化的多样性。非遗的保护不仅能够促进不同文化之间的交流与对话，加深各国人民的友谊和理解，还能够对经济社会发展产生积极的推动作用。非遗不仅具有深远的文化价值，同时

① 王文章主编《非物质文化遗产概论》，文化艺术出版社，2006，第112~139页。
② 张丰：《非遗保护视角下民族传统体育文化的传承与发展研究》，吉林大学出版社，2022，第30~31页。
③ 崔娜、张玮玲：《公共文化服务理论与实务》，宁夏人民出版社，2014。

也具有巨大的经济价值。许多非遗项目具有独特的地域特色和市场潜力，通过保护和传承非遗，可以促进地方经济发展，带动相关产业的发展，增加当地居民的就业机会。此外，保护非遗还有助于促进人的全面发展。非遗中蕴含着丰富的道德观念、价值观念、人生哲学等，对于培养人们的道德品质、人文素养、创新精神等方面具有重要作用。通过参与非遗的保护和传承活动，人们可以增强自我表达能力、团队合作能力和社会责任感，从而促进全面发展。总体来看，保护非遗是一项至关重要的工作，它不仅能够保护和传承中华优秀传统文化，还能够促进文化多样性，推动经济社会发展，有利于个人的全面发展。

（二）中国式教育现代化的内涵

党的二十大报告提出，坚持为党育人、为国育才。教育，国家之兴衰所系，乃民族复兴之基石。构建教育强国，不但是实现社会主义现代化强国宏伟蓝图的战略起点，而且是自立于世界科技之林的重要支柱，更是全体人民迈向共同富裕的必由之路，它承载着中华民族伟大复兴的中国式现代化的基础使命。中国式教育现代化的核心要义，要求我们始终紧扣国家基本国情，恪守教育高质量发展的根本原则，充分发挥教育的战略引领作用。我们要以富有中国特色的高质量教育体系，为推进中国式现代化提供有力支撑，不断开拓教育强国建设的新境界。习近平同志在党的二十大报告中提出了"以中国式现代化全面推进中华民族伟大复兴"的宏伟目标。中国式现代化，是中国共产党领导的社会主义现代化，既有各国现代化的共同特征，更有基于自己国情的中国特色。总体来看，中国式教育现代化主要包括三方面：教育理念现代化、教育体系现代化以及教育手段现代化。

教育理念现代化是中国式教育现代化的重要组成部分。教育理念是指教育工作者对教育的认识、观念和价值取向。在现代社会，教育理念现代化主要体现在以下几个方面。（1）以人为本。教育现代化要求我们将学生放在教育的核心位置，关注学生的全面发展，尊重学生的个性差异，培养学生的创新精神和实践能力。（2）素质教育。教育现代化强调素质教育，注重培养学生的道德品质、人文素养、身心健康和审美情趣，使学生在知识、能力、品德等方面全面发展。（3）终身教育。教育现代化倡导终身教育理念，认为学习是一个持续的过程，鼓励学生树立终身学习的观念，不断提高自身素质和能力。

教育体系现代化是中国式教育现代化的关键环节。教育体系包括学前教育、基础教育、职业教育、高等教育、成人教育和特殊教育等多个层次和领域。教育体系现代化主要表现在以下方面。（1）完善教育体系。构建层次分明、结构合理、协调发展的教育体系，满足人民群众多样化的教育需求。（2）提高教育质量。通过改革教育教学内容、方法和管理体制，提高教育质量，培养高水平的人才。（3）均衡教育资源。优化教育资源配置，加大对农村、贫困地区和弱势群体的教育支持力度，实现教育公平。

教育手段现代化是中国式教育现代化的技术支撑。教育手段现代化主要体现在如下方面。（1）信息技术应用。充分利用现代信息技术，如互联网、大数据、云计算等，提高教育信息化水平，推动教育教学改革。（2）教育教学方法创新。引入现代教育教学方法，如探究式学习、合作学习、翻转课堂等，激发学生学习兴趣，提高学习效果。（3）教育装备现代化。加强教育装备建设，提高教育教学设施水平，为教育现代化提供物质保障。

在新时代背景下，教育强国的建设不仅仅是对教育资源的优化配置，更是对教育理念、教育内容、教育方法的创新与突破。"促进人的全面发展是中国式教育现代化的根本追求和本体内涵。从主体社会形态来看，当代中国正处于为实现人的自由全面发展创造条件的历史阶段。"[①] 在新时代，我们必须坚持以人民为中心的发展思想，将教育公平作为基本国策，确保每个孩子都能享有公平而有质量的教育机会。同时，教育强国建设还需紧跟科技发展步伐，强化科技与教育的深度融合，培养具有创新精神和实践能力

---

① 申国昌、白静倩：《中国式教育现代化的内涵、表征及实施路径》，《河北师范大学学报》（教育科学版）2023年第4期，第14~23页。

的高素质人才，为国家发展提供源源不断的智力支持。教育强国建设还应注重文化传承与创新，弘扬中华优秀传统文化，培育民族精神，增强民族自豪感。建设教育强国已成为我国发展的战略目标。为实现这一目标，我国需要在教育理念、教育内容、教育方法等方面进行创新与突破。人的全面发展是中国式教育现代化的根本追求，体现了我国教育的本体内涵。教育不仅是知识的传递，更是价值观的塑造与个人成长的阶梯。通过教育，世界将更加了解中国，中国声音也将在世界舞台上更加响亮。教育作为国家进步的引擎，承载着培养全面发展的人才、推动社会进步与文化传承的重要使命。

（三）非遗保护与中国式教育现代化的关系

非遗保护与中国式教育现代化的关系是相辅相成的。非遗保护是传承和弘扬民族优秀传统文化的重要手段，而中国式教育现代化则是实现这一目标的重要途径。

非遗保护有助于传承和弘扬中华优秀传统文化，这与教育理念现代化中强调的以人为本、素质教育和终身教育理念相契合。通过将非遗融入高校教育体系，让学生在学习过程中了解和传承中华优秀传统文化，培养民族自豪感和文化认同感。非遗保护可以促进教育体系现代化的发展。构建层次分明、结构合理、协调发展的教育体系，满足人民群众多样化的教育需求，是教育体系现代化的关键。非遗保护与教育体系现代化之间的关系在于，非遗为教育体系提供了丰富的教学内容和实践平台，使得教育体系更加完善和多元化。非遗保护有助于推动教育手段现代化。充分利用现代信息技术、探究式学习、合作学习等现代教育教学方法，是教育手段现代化的核心。非遗保护与教育手段现代化之间的关系在于，非遗为现代教育手段提供了丰富的素材和实践案例，使得教育手段更加生动有趣，提高学习效果。

非遗是地域文化的精髓，它们通过日常生活的记录和艺术表达，传递了普世的道德观和价值观。在高等教育领域，这些文化遗产不仅是拓宽学生知识视野和增强实践能力的宝贵资源，还能激发他们的创新思维。从历史的角度审视，非遗反映了各个历史时期的生产力和社会发展水平。此外，它们蕴含着深厚的民族文化特色，这些特色与当代设计的融合，体现了文化创新的活力。在美育教学中，将非遗纳入课程和学生的实践活动中，有助于增强学生的审美素养，提高他们的审美鉴赏力，并培养对美的认同感。这样的教育方式能让学生通过遗产的艺术风格，洞察民众的审美追求，体会民族的美学观念和价值取向。在体育教育领域，高校可以借助体育和舞蹈等非遗项目，丰富课程内容，增添体育活动的趣味性和吸引力，使体育活动更加贴近生活。在劳动教育方面，非遗资源能够引导学生深入体验传统文化的劳动价值，培养他们对劳动的尊重和热爱，从而在新时代传承和发扬工匠精神、奋斗精神等优良传统。

二 高校非遗教育的理论与实践探讨

面对我国高等教育在人才培养适应性问题上的挑战，非遗的育人潜力已成为一种创新的探索方向。学者周光礼提出，高等教育的适应性可以从内部和外部两个层面来考量。外部适应性涉及高等教育与社会的同步发展，而内部适应性则强调高等教育与个人成长需求的协调。[①] 鉴于我国非遗保护的现状和中国教育现代化的特色，我国高校正积极挖掘和运用非遗资源，开展以传统文化为核心的育人活动。所谓的非遗资源育人，是指高校将地域性的非遗财富作为教育资源，系统地融入教学和校园活动中，有计划、有目的地进行文化教育，以实现教育目标。这些实践活动不仅丰富了学生的文化生活，也为他们提供了深入了解和体验传统文化的机会。高校通过非遗的传承与保护，不仅能够促进学生对传统文化的认识和尊重，同时也能够激发他们对文化创新的热情，进而培养出既有深厚文化底蕴又具有创新精神的人才。

---

① 周光礼：《论高等教育的适切性——通识教育与专业教育的分歧与融合研究》，《高等工程教育研究》2015 年第 2 期，第 62~69 页。

（一）高校非遗教育理念的创新

在高校非遗教育的实践中，理念的创新是推动教育发展的先导。高校非遗教育旨在传承和弘扬中华优秀传统文化，培养学生的民族自豪感和文化认同感。首先，高校非遗教育应融入现代教育理念，如终身学习、素质教育、全人教育等，以适应社会发展的需求。通过创新教育方式和方法，如翻转课堂、项目式学习、协同教学等，提高非遗教育的质量和效果。其次，高校非遗教育应强调文化自觉与自信，培养学生对民族文化的认同感和自豪感。通过深入研究和传承非遗，让学生认识到非遗的价值和重要性，从而激发他们对传统文化的热爱和保护意识。高校非遗教育也应促进跨界融合，将非遗与其他学科领域相结合，如科技、艺术、管理等，以拓宽非遗的应用领域和价值。通过跨学科的研究与实践，学生们得以接触到更加多样化和全面化的学习体验，这有助于提升他们的创新思维和综合能力。在高等教育中，非遗的教育作用日益凸显，应当被强化，以使学生不再局限于课堂上的理论学习，而能够积极参与到实际的传承与实践中。通过参与非遗项目、实习实训、社会服务等实践活动，让学生亲身体验和传承非遗，提高他们的实践能力和传承意识。在我国的高等职业教育领域，一些院校已经成功构建了具有自身特色的非遗教育理念。例如，长江艺术工程职业学院、河北工业职业技术学院、临沂职业学院以及湖北科技职业学院等，都在这一领域取得了显著的成就。特别是临沂职业学院，确立了以"德技并修"为核心的文化育人目标，并采纳了"融入专业、服务发展、锻造匠心"的非遗教育理念。这一理念引导学院将非遗的教育融入人才培养计划中，根据各专业人才的培养需求，实施个性化的教育策略。在实际的教学过程中，学院鼓励学生积极参与文化遗产的传承与创新活动，取得了显著的教育成果。[①] 广东省广州市轻工职业学校被广州市文化广电旅游局认定为广州市非物质文化遗产传承基地

---

① 夏金星、燕玲、周启凤：《"非遗"进入高职院校的主要路径与实施策略》，《中国民族教育》2023 年第 2 期，第 16~19 页。

（2024～2026 年），彰显了该校参与广州非遗保护的新活力和新格局。为了培养新一代对非遗的热爱和保护意识，学校不断创新教育模式，新设了专注于民间传统艺术的特色专业，如广彩、玉雕和木雕。此外，为了丰富学生的文化生活，学校还成立了押花、剪纸和乞巧等社团。为了确保这些传统艺术得到有效传承，学校特邀工艺美术大师担任客座教授，与专业教师共同探索将非遗的传承与现代教育相结合的新路径，旨在共同培养出能够继承和发扬岭南文化艺术的人才。学校不仅限于此，还积极开展以非遗为核心内容的劳动教育，这些活动不仅具有强烈的思想性，突出社会责任感，还强调实践性。通过这些特色教育，学校已经形成了独树一帜的教育品牌，为学生提供了深入了解和参与非遗保护与传承的宝贵机会，同时也为社会培养了一批批具有文化意识和创新能力的艺术传承者（见表1）。①

表 1　广州市非物质文化遗产传承基地（2024～2026 年）名单

46	广彩瓷烧制技艺、广州榄雕、广绣、广州珐琅制作技艺、素馨花传说		广州市海珠工艺美术职业学校
47	广州榄雕、广彩瓷烧制技艺、广绣、广州玉雕		广东非遗梦文化产业有限公司
48	广彩瓷烧制技艺、广绣、广式硬木家具制作技艺		广州市第二十六中学
49	广式硬木家具制作技艺、广彩瓷烧制技艺、广州榄雕、广绣	荔湾区	广州市海珠区基立道小学
50	广彩瓷烧制技艺、广州玉雕、广绣		广州市轻工技师学院
51	广彩瓷烧制技艺、广州玉雕、广州木雕、岭南押花艺术、剪纸（海珠）、乞巧节（天河）		广州市轻工职业学校
52	粤曲		广州市荔湾区文化馆
53	粤剧		广州市荔湾区粤剧艺术博物馆

---

① 《广州轻职非遗专业：承前启后，塑造文化新篇章》，广州市轻工业学校，https：//mp. weixin. qq. com/s/rjDkO7IIuMuYRTwzPH5rew，最后访问日期：2025 年 3 月 9 日。

54	南派花键		广州市南派花键研究会
55	咏春拳（西关）		广州岑能咏春文化传播有限公司
56	广州玉雕		广州翠玉轩珠宝工艺品有限公司
57	象牙雕刻		广州牙雕荔珠发展有限公司
58	象牙雕刻、广州玉雕、广彩瓷烧制技艺、广绣、广州木雕	荔湾区	广州玥翡国际贸易有限公司
59	香云纱染整技艺、广绣		广州香云故里文化发展有限公司
60	广彩瓷烧制技艺		广州市荔湾区桃源幼儿园
61	广彩瓷烧制技艺		广州市荔湾区康迪学校

（二）高校非遗教育体系的构建

构建一个完善的高等教育体系，专注于非遗的教育，是对中华优秀传统文化传承与发展的关键举措。魏良福、石光兵、向长军等人研究强调将建构主义理论融入非遗的教学过程中，提升学生的主动性、情境再现性、协作性、探究性以及资源整合能力。[①]《非物质文化遗产人才培养的困境与解决策略》一文中，李钦曾和罗丹从美术学的角度探讨了非遗人才培养的挑战，并呼吁建立一个连贯的教育生态系统，涵盖从义务教育到研究生阶段，以确保非物质文化遗产教育的持续发展。[②] 这些研究表明，非遗人才培养不应被孤立处理，而应作为一个整体，纳入健康的教育体系中。尽管过去非遗学并未成为高校本科专业的常规选项，但这种情况在2021年2月10日得到了改变，当时教育部宣布将"非物质文化遗产保护"专业纳入《普通高等学校本科专业目录》。这一新专业设置在"艺术学"类别之下，主要开设院校见表2。

---

① 魏良福、石光兵、向长军：《建构主义理论：影响非物质文化遗产教学的方法论》，《科学咨询（决策管理）》2010年第5期，第109～110页。

② 李钦曾、罗丹：《非物质文化遗产人才培养的困境与解决策略》，《教育与职业》2016年第6期，第118～120页。DOI：10.13615/j.cnki.1004-3985.2016.06.042。

表 2　开设"非物质文化遗产保护"专业的院校

学校名称	所在地区	获批年份
晋中学院	山西	2023
山西传媒学院	山西	
大连工业大学	辽宁	
浙江师范大学	浙江	
山东艺术学院	山东	
山东工艺美术学院	山东	
西安美术学院	陕西	
河北美术学院	河北	2022
南京艺术学院	江苏	
安徽艺术学院	安徽	
郑州工程技术学院	河南	
广西民族大学	广西	
四川音乐学院	四川	
凯里学院	贵州	
贵阳人文科技学院	贵州	
云南艺术学院	云南	
兰州文理学院	甘肃	
西安音乐学院	陕西	2021

　　此外，随着我国对非遗保护与研究的不断深入，高等教育体系中也逐渐涌现出相关的新专业和研究方向。非遗学交叉学科硕士学位授权点于 2021 年 10 月经国务院学位委员会批准设立，天津大学成为全国首个开设该专业的招生单位，由著名作家、文化学者冯骥才教授领衔，依托于中国木版年画研究中心、中国传统村落保护与发展研究中心、中国传承人口述史研究所等国家级研究机构，拥有丰富的非遗博物馆、数据库以及遍布全国的田野调查点，为学生的学习和研究提供了得天独厚的资源。天津大学冯骥才艺术研究院的耿涵和陈天凯在 2023 年的研究中，对非遗学的学科价值和人才培养路径进行了详细阐述，他将学科架构划分为五个主要模块：基础知识、方法

论、专业知识、田野调查、实务实践等。然而，现有的研究尚未充分探讨非遗与其他学科的深入联系，以及各学科对非遗学的贡献。文章指出，虽然一些高校已经设立了非遗学科或相关专业，但对于那些尚未设立相关学科的高校来说，非遗教育同样不容忽视。[①] 所以即使在通识课程中，也应该探索如何融入非遗教育，以及如何将其与高校思政课程有机结合，这些可能是我们需要进一步思考的问题。这表明，无论高校是否设有非遗学科，它们都应致力于探索非遗在教育中的融入方式，以促进非遗的传承与创新。

基于此，当下高校非遗教育体系的构建应当遵循以下原则。（1）课程体系建设。高校应建立系统化的非遗课程体系，涵盖理论课程和实践课程。理论课程可包括非遗的历史、文化、艺术等方面的知识，而实践课程则可包括非遗技艺的亲手操作和实践体验。此外，高校还可以设立跨学科的非遗研究课程，促进非遗与其他学科领域的融合。（2）师资队伍建设。高校应组建一支专业化的非遗教育师资队伍，包括非遗传承人、专家学者和有经验的教师。这支队伍应具备丰富的非遗知识和实践经验，能够为学生提供高质量的教学和研究指导。同时，高校还应加强对教师的培训和交流，提升他们在非遗教育领域的教学和研究能力。（3）实践平台建设。高校应建立完善的非遗实践平台，包括工作坊、实验室、展览馆等。这些平台不仅为学生提供动手实践的机会，还可以举办非遗展览、演出等活动，让学生在实践中学习和传承非遗。（4）科研与创新。高校应鼓励教师和学生开展非遗相关的科研与创新工作。可以通过设立研究项目、发表学术论文、举办学术研讨会等方式，推动非遗教育的理论研究和创新发展。（5）社会合作与交流。高校应积极与地方政府、文化机构、非遗传承人等建立合作关系，共同推动非遗的保护、传承与发展。同时，高校还应加强与国际高校和文化机构的合作与交流，促进非遗的全球传播和国际交流。（6）评价与反馈机制。高校应建立科学合理的非遗教育评价与反馈机制，对教学效果进行监测和评估。这可

---

① 耿涵、陈天凯：《非物质文化遗产学的学科价值归向和人才培养取径》，《民间文化论坛》2023 年第 1 期，第 122～130 页。DOI：10. 16814/j. cnki. 1008-7214. 2023. 01. 010.

以帮助高校及时发现问题并进行调整，确保非遗教育的质量和效果。通过以上几个方面的努力，高等院校可以构建起一个全面、系统的非遗教育体系，为非遗的保护、传承和发展培养更多有责任感的青年人才。

（三）高校非遗教育实践探索

非遗的教育传承是一项旨在借助教育力量保护和发扬传统文化精髓的重要举措。这种教育模式将非遗的保存与传播，作为其核心目标，致力于构建一个包含非遗资源在内的全面教育体系。该体系涵盖了各级学校教育、专业培训班、实训基地等多个层面，旨在为非遗的传承与保护提供有力的教育支持。在推进非遗的教育传承过程中，我们必须加大对公民，尤其是青少年对文化遗产和生态环境保护的宣传教育力度。要注重培养学生的民族文化认同感和传承意识。为此，编写面向广大群众的非遗知识读物，定期举办各类宣传和教育活动，是至关重要的。同时，我们应充分利用现有的教育资源，将非遗的内容融入教材和干部教育培训中。在高等教育机构，开设相关专业和选修课程，普及非遗的知识。此外，通过电视、报刊、广播等多种媒体渠道，加大宣传力度，让社会各界，自觉地参与到保护行动中来。基于此，高校非遗教育的实践应当从以下几个方面加以考量。产学研一体化模式：产学研一体化是指产业、学术界和研究机构之间的紧密合作，通过资源共享、优势互补，共同推动科技创新和产业发展。这种模式对于非遗的保护与传承尤为重要，因为它能够将理论与实践相结合，促进非遗资源的合理利用和可持续发展。校地合作与文化交流：校地合作是指高校与地方政府或其他社会机构之间的合作，这种合作对于非遗教育的推广和文化交流至关重要。通过校地合作，高校可以获得更多的实践平台和社会资源，而地方政府和社会机构也能通过高校的科研和教育资源提升自身的文化软实力。加强田野调查学习方法的运用：田野调查是了解和收集非遗的第一手资料的重要方法。通过实地考察和采访，学生可以更深入地理解非遗的内涵和现状，从而提高他们的实践能力和研究水平。

近年来，国内一些高等学府已率先踏上非遗教育的征途，并取得了显著成果。这些学校通过创新性的课程设置和实践活动，为非遗的传承与保护贡献了重要力量。2023 年 3 月 22 日，山西大学与山西省文化和旅游厅携手，共同打造了一个全新的学术机构——非物质文化遗产研究院。该研究院的成立是在山西省委宣传部的指导下，基于"资源共享、优势互补、协同创新、共同发展"的合作原则，汇集了政府相关部门、高等院校、研究机构和非遗项目保护单位等多方力量，利用山西大学的学术优势，构建了一个集保护、传承、研究和利用于一体的综合性平台。其主要职责是支持山西省非遗的保护、传承和研究工作，致力于推动该领域的发展。① 2023 年 5 月 4 日，天津师范大学体育科学学院携手南开区文化和旅游局、南开区文化馆，共同举办了一场名为"非遗进高校　青春话传承"的活动，旨在将非遗的博大精深引入高校的殿堂。活动现场，南开区民间艺术团的演员们与体育科学学院的学生们联袂出演，为观众带来了一场精彩绝伦的民间艺术盛宴。节目不仅有南开区独具代表性的非遗表演，如大头娃娃、小车会、五虎杠箱及宫前中幡，还有传统武术和舞狮等，它们犹如一幅幅生动的画卷，展现了非遗的独特魅力，让大学生们得以近距离感知这份文化的厚重与韵味。与此同时那些年过花甲、已近古稀的老艺人，他们对传统技艺的挚爱和坚持，如同燃烧的火焰，照亮了年轻大学生们的文化传承之路。他们的精神力量和对文化的坚守，无疑在年轻一代心中种下了传承和弘扬非物质文化遗产的种子。② 北京联合大学为学生搭建产学研一体化交流合作平台，以"艺术本艺"微店平台为舞台，学校不仅先后推出了水洗牛皮纸和发簪的衍生品、成品与材料包，而且以它们价格的低廉和制作的简便，使更多的人受益。并且学校拓宽了优秀作品落地转化的新渠道，通过微店将非遗直观化、可视化，让同学们在亲手制作的过程中，真真切切地感受到非遗的魅力，从而增强了同学们对非遗的兴趣。我们借助文创平台，鼓励优秀作品参与创意设计大赛和创意市

---

① 《山西非物质文化遗产研究院成立》，人民网，http://ent.people.com.cn/n1/2023/0323/c1012-32649474.html，最后访问时间：2025 年 3 月 10 日。
② 《"非遗进校园青春话传承"天津师大开展非遗进高校活动》，天津师范大学，https://mp.weixin.qq.com/s/zf8CXE1pVKHCgLqdQqV6iw，最后访问时间：2025 年 3 月 10 日。

集，实现了传统文化和现代设计审美的创新融合。学校推动非遗的创造性转化与创新性发展，使传统文化在现代社会焕发出新的生机与活力。[①]

三　结论

建设教育强国，龙头是高等教育。要把加快建设中国特色、世界一流的大学和优势学科作为重中之重，大力加强基础学科、新兴学科、交叉学科建设，瞄准世界科技前沿和国家重大战略需求推进科研创新，不断提升原始创新能力和人才培养质量。要建设全民终身学习的学习型社会、学习型大国，促进人人皆学、处处能学、时时可学，不断提高国民受教育程度，全面提升人力资源开发水平，促进人的全面发展。从理论层面来看，中国共产党的文化建设思想是建设中国特色社会主义总体布局的一部分。非遗和中华优秀传统文化是培育社会主义核心价值观的重要资源。为了使这些价值观与现代社会相适应，需要进行创造性的转化和创新性的发展，使优秀传统文化在当代得到应用。在实践层面，随着高等教育规模的扩大，高校人才培养的适切性问题日益凸显。非遗资源的育人作用不仅有助于新时代大学生的全面发展，也能满足地方劳动力市场对人才规格的需求，成为高校解决人才培养适切性问题的一个探索策略。因此，非遗资源的育人作用不仅仅是高校传承和弘扬中华优秀传统文化的具体实践，更是在教育领域中实现非遗资源创造性转化和创新性发展的过程，以及在教育利用中保护文化遗产的一种无形方式。这一做法的意义深远，影响广泛。综上，本文从理论和实践两个层面探讨了高校非遗保护与中国式教育现代化之间的关系，提出了高校非遗教育的创新理念、体系建设和实践探索。希望通过加强高校非遗教育，为我国非遗保护和发展贡献力量，推动实现中国式教育现代化。

---

① 严敬群：《非遗研修班/非遗进高校的非遗社团实践（以北京联合大学为例）》，非遗传承人产业基地，https://mp.weixin.qq.com/s/Oy0lVuV4SVwjDzBePxmrJg，最后访问时间：2024年3月25日。

B.3
记录工作与非遗数字资源建设

李　惠*

摘　要： 　国家级非遗代表性传承人记录工作是我国一项重要的非遗保护措施。梳理其进程，发现它引入了记忆机构，建立了以口述史访谈、非遗影像制作为核心的数字资源采集方法，确立了数字资源著录的元数据标准，凝练、传递、传播了传承人所承载的技艺和文化记忆，形成了多元行动方主体互动、功能互补的保护态势。从公开仅见的 151 位传承人综述片观察，可知它完善了传承人档案、制造了非遗史料，亦存在成果公开程度低的问题。因此，应在国家层面采取措施，推动它根据 WH/T 99-2023《非物质文化遗产数字化保护 数字资源采集和著录》系列行业标准更新著录标准，推动国家非遗数字资源平台建立，完成成果和原始资料的集约化存储，促成普遍获取和有效利用，实现非遗数字资源对非遗核心技艺和文化记忆存续力的保护、反哺非遗实践、参与当代和未来的文化建构。

关键词： 　国家级非遗代表性传承人记录工作　非遗技艺　文化记忆　非遗数字资源

国家级非物质文化遗产代表性传承人记录工作（以下简称“记录工作”）是我国一项重要的非物质文化遗产（以下简称“非遗”）保护措施。我国非遗实践的演进发展、保护理念的更新，特别是对传承人及其实践认识的深化，推动了记录工作的进程。

---

* 李惠，文学博士，中山大学中国非物质文化遗产研究中心教师，研究方向为非物质文化遗产学、中国戏剧史。

一　多元行动方参与和记录工作方法建立

（一）记录工作的三个发展阶段

第一阶段，"刻不容缓"的"抢救性"记录阶段。[①] 国家级非遗代表性传承人的"老龄化"问题和"人亡艺熄"危机，促使"将传承人对文化传统的深刻理解与自身掌握的精湛技艺通过数字化多媒体手段全面、真实、系统地记录"，成为我国非遗保护实践的当务之急。2013 年文化部启动了 31 个项目 50 位国家级非遗代表性传承人抢救性记录试点工作。2015 年印发了《关于开展国家级非物质文化遗产代表性传承人抢救性记录工作的通知》，[②] 同时下发了《国家级非物质文化遗产代表性传承人抢救性记录工作规范（试行稿）》。2016 年发布了《国家级非物质文化遗产代表性传承人抢救性记录工程操作指南（试行本）》（以下简称"《操作指南》"），并委托国家图书馆中国记忆项目中心举办了纪录工作培训班。[③] 2017 年 9 月举办了成果验收工作培训班；同年 12 月至翌年 5 月完成了试点和第一批抢救性记录成果验收工作。

第二阶段，"常态化"记录与探索性利用并举阶段。截至 2017 年底，1727 位国家级非遗代表性传承人抢救性记录工作完成立项，约占当时国家级非遗代表性传承人总数 1986 位的 87%（见表 1）。因此，于 2018 年正式更名为"国家级非物质文化遗产代表性传承人记录工作"，标志着记录工作进入"常态化"。

---

① 《文化部关于开展国家级非物质文化遗产代表性传承人抢救性记录工作的通知》，中国非物质文化遗产网·中国非物质文化遗产数字博物馆，发布时间 2015 年 5 月 22 日，https：//www. ihchina. cn/art/detail/id/8892. html，最后访问时间 2024 年 4 月 19 日。

② 《文化部关于开展国家级非物质文化遗产代表性传承人抢救性记录工作的通知》，中国非物质文化遗产网·中国非物质文化遗产数字博物馆，发布时间 2015 年 5 月 22 日，https：//www. ihchina. cn/art/detail/id/8892. html，最后访问时间 2024 年 4 月 19 日。

③ 培训班聘请学者授课并结集出版《国家级非物质文化遗产代表性传承人抢救性记录十讲》。国家图书馆中国记忆项目中心编《国家级非物质文化遗产代表性传承人抢救性记录十讲》，国家图书馆出版社，2017，第 2 页。

表 1　2013~2021 年国家级非遗代表性传承人记录工作数据统计

年份	2013	2014	2015	2016	2017	2018	2019	2020	2021
记录工作立项数(项)	50		268	570	839	103	172	249	
国家级非遗代表性传承人总人数(位)	1986	1986	1986	1986	1986	3068	3068	3068	2433

　　注：国家级非遗代表性传承人总人数中 2013~2020 年的数据均为"被认定"的，2021 年的数据为"在世的"。

　　资料来源：文化和旅游部公布的历年《文化和旅游发展统计公报》和原文化部公布的《文化发展统计公报》，其中 2013~2014 年记录工作未出现在《文化发展统计公报》中，2021~2022 年记录工作亦未出现在《文化和旅游发展统计公报》中。

　　记录工作成果如何助力非遗活态传承、推动文化记忆传播成为新课题。记录工作成果包括非遗影像、口述文字稿和数字化的文献资料，以及工作卷宗等。其中非遗影像包含三个文献片（口述片、项目实践片、传承教学片）和以此为素材制作的综述片。这一阶段的探索集中在非遗影像的传播与利用方面，途径有举办影像展、建立永久网上放映机制、扶持示范项目和成果转化项目等。

　　第三阶段，"全面系统"记录与行业标准建立阶段。2021 年印发的《"十四五"非物质文化遗产保护规划》[1] 和《进一步加强非物质文化遗产保护工作的意见》[2] 均提到"实施非物质文化遗产记录工程"，要求对"国家级非物质文化遗产代表性项目和代表性传承人进行全面系统记录"；提出"对全国非物质文化遗产资源整合共享"，促进"数据依法向社会开放"，加强"档案和记录成果的社会利用"。进一步扩大记录工作的范围，由以传承人为核心扩展到非遗项目的整体性记录，迫切需要建立起非遗数字资源采集和著录的标准，为推动非遗数字资源的整合共享、数据的依法开放、档案和记录成果的社会利用奠定基础。2023 年 6 月，文化和旅游部发布了 WH/T

---

[1] 《文化和旅游部关于印发〈"十四五"非物质文化遗产保护规划〉的通知》，中国政府网，发布时间 2021 年 5 月 25 日，https：//www.gov.cn/zhengce/zhengceku/2021－06/09/content_5616511.htm，最后访问时间 2024 年 4 月 19 日。

[2] 中共中央办公厅、国务院办公厅印发《关于进一步加强非物质文化遗产保护工作的意见》，中国政府网，发布时间 2021 年 8 月 12 日，https：//www.gov.cn/gongbao/content/2021/content_5633447.htm，最后访问时间 2024 年 4 月 19 日。

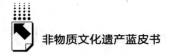

99-2023《非物质文化遗产数字化保护　数字资源采集和著录》系列行业标准（以下简称《行业标准》）①，并于同年9月实施。

记录工作开展以来已有2551位传承人记录工作立项，截至2024年6月已有1040项验收完成。②

（二）记录工作取得的成果

1. 记录工作将多元行动方之一——记忆机构（Memory institutions）正式引入我国非遗保护实践

《保护非物质文化遗产公约》（以下简称《公约》）规定"'保护'指确保非物质文化遗产生命力的各种措施，包括这种遗产各个方面的确认、立档（documentation）、研究、保存、保护、宣传、弘扬、传承（特别是通过正规和非正规教育）和振兴"。③ 在《公约》规定的过程性工作框架中实施过程性保护，不仅需要非遗所在社区的全程参与，更需要引入多元行动方与社区和传承人主体互动、功能互补，方能达成对非遗九个方面的保护。

记录工作是以传承人为核心，围绕其非遗实践和文化记忆开展数据资源建设，其成果将是系统完善的传承人数字档案，也应是一种重要的文献遗产。④ 因

---

① 《文化和旅游部关于发布〈非物质文化遗产数字化保护　数字资源采集和著录〉系列行业标准的公告》，中国政府网，2023年6月29日，https：//www.gov.cn/zhengce/zhengceku/202308/content_6900702.htm。

② 数据来源于2024年6月《年华易老·技·忆永存——第六届国家级非物质文化遗产代表性传承人记录工作成果展映月》第三部分"已完成项目"，国家级非遗代表性传承记录工作成果专题网站，http：//ich.nlc.cn/memory-tow/fifth/c3.html，最后访问时间2024年6月7日。

③ 联合国教科文组织：《2003年〈保护非物质文化遗产公约〉基本文件》（2022年版本），https：//ich.unesco.org/doc/src/2003_Convention_Basic_Texts-_2022_version-ZH.pdf，最后访问时间2024年12月11日。

④ 文献遗产（Documentary Heritage）是指"包含那些对某个社群、文化、国家或全人类具有重大和持久价值，且其老化或丧失会构成严重损失的单一文件或组合文件。这种遗产的重要意义只有随着时间才可能逐步显现……文献遗产为了解社会、政治、社群以及个人历史提供手段，为善治和可持续发展提供支撑。每个国家的文献遗产都是其记忆和身份的反映，因而有助于确认其在国际社会中的地位"。《关于保存和获取数字遗产在内的文献遗产的建议书》（2015），世界记忆项目中国国家委员会网站，https：//www.saac.gov.cn/mowcn/cn/c100450/2021-02/18/4077d201410f4efbb0038431bb29076f/files/50140f988e2e4be5975d0b30c35995cd.pdf，最后访问时间2024年12月11日。

此，肩负文献遗产确认、保存、获取之职的记忆机构，在记录工作开展之际，必然成为参与我国非遗保护实践的多元行动方之一。

国家图书馆中国记忆项目中心（以下简称"国图中国记忆项目中心"）成为记录工作首先引入的记忆机构。[①] 国图中国记忆项目源于联合国教科文组织世界记忆计划（MoW），直接受到"美国记忆""新加坡记忆"等国家记忆项目影响。[②] 世界记忆计划是，联合国教科文组织"认识到随着时间的推移，大量文献遗产已经因为自然或人为灾害而消失，或者因技术的快速变革而逐渐变得不可获取，强调立法缺失阻碍记忆机构应对文献遗产不可逆转的损失和枯竭问题"，"针对这一挑战"于 1992 年成立的，"以增强对世界文献遗产的认识和保护，实现文献遗产的普遍和长久获取"[③]。国家记忆项目的兴起与记忆研究、史学转向、文献遗产等领域的拓展息息相关。它以传统文献和专业人员为依托，通过对历史事件亲历者特别是普通民众进行口述史访谈，形成由口述史稿、影像资料等组成的新型记忆专题文献资源库，并建立起措施保障文献资源的长期保存、保护和普遍获取。各国国家记忆项目虽各有侧重，但均成为建构民族国家身份认同和文化认同的有效途径。在这样的国际趋势影响下，国图中国记忆项目于 2012 年启动，以我国现当代重大历史事件、重要人物和文化遗产为选题内容，通过口述文献、影像文献的采录和专题资源建设，形成专题资源库，并用于读者服务和开发推广。[④]

在记录工作中，国图中国记忆项目中心在两方面做了卓有成效的工作。第一，借鉴记忆项目经验，围绕传承人非遗实践及其文化记忆开展数据资源建设，建立起传承人记录工作方法，完善了传承人档案，构建起传承人数据资源体系。

第一步是现有文献资料的收集及其数字化。因非遗传承实践具有口传心授的特性，在将正式出版物数字化的同时，增加对非正式出版物（如手抄

---

① 根据《关于保护和获取数字遗产在内的文献遗产的建议书》（2015），记忆机构可包括但不限于档案馆、图书馆、博物馆和其他教育、文化和研究机构。

② 田苗、汤更生：《中国记忆项目的构想与实践》，《国家图书馆学刊》2015 年第 1 期（总第 97 期）。

③ 《关于保存和获取数字遗产在内的文献遗产的建议书》（2015）。

④ 廖永霞、韩尉：《中国记忆项目资源组织初探》，《国家图书馆学刊》2015 年第 1 期（总第 97 期）。

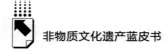

本）、不同门类特色文献（如传统戏剧的题纲本）的收集及其数字化；因传承实践均涉及相应实物和场所（器物、工具、文化空间等），利用扫描、拍摄等手段进行相应的数字化采集；并编制《文献目录》以供查阅。

第二步是对传承人进行口述史访谈，并随之开展文献片录制和口述史稿制作。遵循非遗的口头传统、传承人在非遗实践及其文化中的主体地位，聘请相关领域对非遗项目素有研究的专家作为学术专员，运用口述史的方法对传承人进行访谈，在学术专员与传承人的协作中，让传承人将自己的技艺及其文化记忆进行整理、描述并展示。考虑到非遗实践是一种行为实践、非遗传承是一种身体经验的传承，聘请专业摄影团队，运用影像民族志的方法，利用更丰富的记录手段和语言，系统、准确地记录传承人的项目实践和传承教学活动。口述史稿和文献片制作是将传承人口述材料及其实践，置身于传承群体、文化共同体等更广阔的社会互动结构以及文化记忆之中，进行检校、补正，以期客观真实地呈现传承人与非遗项目、非遗实践相互交织的生活史，全面系统地记录传承人的非遗实践及其承载的文化记忆。

最后是传承人综述片的制作。综述片是展示给一般受众的非遗影像作品。它既要借助传承人及其传承群体、文化共同体的行动、语言，来呈现他们对非遗事项、传承实践及其在现实生活中的意义的理解，呈现传承人对技艺的不懈追求、对传承的思索和理解、对其文化记忆的坚守，又要运用影像的叙事结构、表达手法，来呈现记录团队在参与式观察之后对其整体的理解与阐释。这需要促进一般受众了解并尊重传承人及其所承载的独特技艺和文化记忆，最终促成不同文化记忆主体间的对话、互动，生成属于当下的文化记忆，即传承人综述片需具备呈现与阐释的功能，需具有助力非遗传播的特性。

记录工作针对每项非遗的特性，借助科技手段，运用口述史和影视人类学的理念、方法，围绕传承人及其实践开展口述访谈、非遗影像制作，并将相关文献、实物、空间尽可能地数字化，构建起现代意义上的非遗档案和数据资源体系，使记录工作成果成为传承人技艺和文化记忆在时间和空间维度上扩展的载体。

第二，是初步建立起记录工作优秀成果传播推介方式，提高公众对记录工作、非遗保护的认识，提升记录工作成果的价值。

首先，从 2018 年建立线下线上多媒体并举的传播网络。线下以每年的"年华易老，技·忆永存"非遗影像展映月为依托，借助推介会建立起传承人、非遗从业人员与观众直接对话的交流机制；借助传统媒体和社交媒体建立起非遗影像传播渠道；还借助图书馆系统，建立起多地多馆同时开展非遗影像展映的活动方式。线上以"记录工作成果专题网站"（http：//ich. nlc. cn/）为平台，支持优秀成果及其转化成果线上永久放映。传播网络的建立，推动了非遗影像跨社区、跨地区传播。

其次，针对不同受众群体开展非遗影像的导赏、学术研讨、项目转化。随着非遗影像的展映传播，新问题被提出，即制作团队要如何在综述片中更准确、完整、生动地阐释和呈现传承人与他/她所承载的技艺与文化记忆相互交织的生活史；而普通观众、专业观众又该如何理解、重构传承人综述片所呈现的非遗技艺、文化记忆、个人生活史。国图中国记忆项目中心通过译介《"用影像记录和呈现非物质文化遗产"国际研讨会论文集》[1]、扶持示范项目传承人刘永安与沈少三综述片的制作[2]去探讨非遗影像的理论与方法，帮助制作团队在实践中寻找可能的解决方案。运用公开课的方式，邀请 11 位非遗领域专家与国图中国记忆项目中心成员一同领着观众从传承人所在的文化传统和日常生活两个角度去解读传承人综述片。[3] 通过参与国际纪录片展会，开设线下展映专场，搭建与专业团队和观众沟通的平台，促进对综述片的再阐释、再利用。与不同受众连接的建立，提高了非遗影像的公众认识，提升了非遗影像的价值。

在过去的十年间，国图中国记忆项目中心运用多学科理论和方法、现代科技手段，建立起记录工作的方法、优秀成果的传播推介方式。

---

[1] 《译者序》，〔斯洛文尼亚〕娜嘉·瓦伦丁希奇·弗兰编《非物质文化遗产的影像记录与呈现——欧洲经验》，国家图书馆中国记忆项目中心译，清华大学出版社，2019。

[2] 最终于 2019 年 12 月完成两部非遗影片《一个人的剧团》和《师爷》的制作和展映。

[3] 2020 年"文化和自然遗产日"陆续上线了 20 节"他们鉴证了文明——非遗影像公开课"，并在国图公众号连载传承人故事，2024 年 4 月正式出版《他们鉴证了文明》（第一辑三本）。

2. 记录工作推动了 WH/T 99-2023《非物质文化遗产数字化保护 数字资源采集和著录》系列行业标准的建立

记录工作有效地凝练和传递了非遗传承人的技艺和文化记忆，具有重要的文化和技术特性。中国艺术研究院中国非物质文化遗产保护中心深入研究记录工作所蕴含的文化和技术特性，挖掘建立起非遗数字资源元数据标准，制定并公布了文化行业标准 WH/T 99-2023《非物质文化遗产数字化保护 数字资源采集和著录》（以下简称"《行业标准》"）。

《行业标准》依据记录工作的流程，将非遗数字化保护视为由非遗数字资源采集与著录构成的两个紧密关联的过程。采集过程沿袭十大门类的分类方法，对接四级名录体系，尊重各门类非遗项目专业文化属性，借用建立知识描述型原数据标准的方式，① 确立各门类非遗项目的采集要素及其分要素，以及每项采集要素或分要素相应的采集对象、采集方法，再逐层列表具体描述采集要求（见图1）。

著录采用存储控制型原数据标准与现行国际、国内通用标准对接。著录过程包含两部分，通用著录项目和门类扩展著录项目的著录。通用著录项目用于描述数字资源的基本信息，适用于所有非遗项目，包含16个元数据元素和若干元素修饰词。门类扩展著录项目用于描述数字资源的内容和特点，对应非遗项目所属门类，包含1个元数据元素和若干元素修饰词，其中元素修饰词与相应门类采集要素一致。这既是对"资源内容反映什么就著录什么"要求的回应，也是非遗数字资源兼顾技术和文化特性的体现。

《行业标准》确立了工作内容和总体要求，规定了组织与人员、采集编制、采集实施和著录的要求，建立起非遗资源元数据标准，为高效推进各级各类非遗项目和传承人记录工作，促进非遗资源整合共享、数据依法开放，推动档案和成果的便利获取和社会利用，提供了一套兼顾通用技术标准和非遗专业文化特性的可行方案。

---

① 元数据可分为四种类型：知识描述型元数据、结构型元数据、存储控制型元数据、评价型元数据。可参见许鑫、张悦悦《非遗数字资源的元数据规范与应用》，《图书情报工作》第58卷2014年第21期，第13~20页。

序号	采集要素
1	非遗项目基本信息
2	代表剧目
3	音乐
4	表演
5	舞台美术
6	传承
7	相关习俗
8	行话术语
9	诺语口诀
10	遗留场所
11	演出场所
12	组织机构
13	文物古迹
14	文献资料
15	保护情况

序号	采集要素
6.1	传承人（含代表性传承人）
6.2	传承谱系
6.3	传承方式

序号	采集要素	采集对象	采集方式			
			文字	图片	录音	录像
6.1	传承人（含代表性传承人）	传承人的采集对象选择要求包括：根据其对非遗项目发展的贡献和历史影响进行选择；一对已故有重要贡献传承人，应一应照以下优先顺序进行选择：代表性传承人；具有较高声誉的传承人；曾经荣获奖项的传承人；具备一定数量代表作品的传承人；在收徒、授徒方面有重要贡献的传承人；具备采集现场条件对非遗项目有重要贡献的其他传承人	必备	必备	必备	必备

采集方式		
录像	采集内容	采集以下内容的视频资料：（1）口述访谈，访谈内容与音频采集内容一致；（2）反映传承人表演内容的视频资料；（3）反映传承至传习授徒内容的视频资料
	采集环境	应选择传统表演场所录制，对于传承人口述访谈的采集，应选择室内环境安静的地点，减少环境因素对资源采集的干扰
	采集对象	采集对象要求如下：（1）访谈时受访者着装形式由其自由选择，如佩戴专用或统传统服饰；（2）受访者应使用汉语普通话或自己的母语、方言接受访谈，必要时应配备现场翻译人员
	采集过程	传承人访谈视频采集要求过程如下：（1）访谈拍摄传承人正面，一个机位负责拍摄传承人侧面，景别以中近景为主；（2）应采用同期录音，保证现场声音的真实性；（3）因客观情况无法满足上述条件时，机位可减少为一个，应以拍摄传承人中近影画面为主

图1 以传统戏剧门类非遗项目数字资源的采集过程为例①

① 《非物质文化遗产数字化保护 数字资源采集和著录 第5部分：传统戏剧》WH/T99.5—2023。

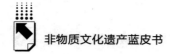

记录工作持续地、动态地推进，逐步建立起以口述史访谈、非遗影像制作为核心的非遗数据资源采集，和依照元数据标准进行的非遗数据资源著录为主的工作方法，凝练、传递、传播了传承人所承载的技艺和文化记忆，形成了多元行动方共同参与、主体互动、功能互补的保护态势。

二　制造非遗史料和建立国家非遗数字资源平台

观察"国家级非遗代表性传承人记录工作成果专题网站"公开放映的151 位传承人综述片，① 记录工作不仅凝练了传承人的技艺和文化记忆，更制造了活态的非遗史料。

（一）记录工作成果制造了活态的非遗史料

1. 成果以多元行动方的主体视角记录了非遗保护进程

《泰顺药发木偶戏周尔禄综述片》通过情景再现追述保护进程中的突发事件，以口述史访谈和行动呈现事件对多元行动方的影响。② 事件发生于2008 年 5 月，传承人周尔禄因制作药发木偶戏所需黑火药，被公安机关以非法制造爆炸物的罪名刑拘，触发非遗实践与我国现行法律的抵牾。当地政府召开协调会，认为周尔禄的行为"是抢救非遗需要，主观无犯罪故意，且没有造成社会危害，从法律上可以依法免除或从轻处罚"，旋即将传承人保释。之后，司法机关作出"免除刑事处罚"的判决。

事件的影响复杂而深远。（1）传承人所在社区，认识到非遗项目的价值。周尔禄的大女婿谬中霞认为"那次回来的时候，我觉得还是很光荣的，从监牢回来的时候拿着奖杯、挂着胸章，这一回来我觉得很光荣，到那时候我觉得可以学学，反正手艺学来又不吃饭，学在手上别人又拿不走"。③ （2）项目

① 2025 年 2 月已更新为 193 项，国家级非遗代表性传承人记录工作成果专题网站，http：// ich. nlc. cn/memory-tow/qjfeiyi/index. html，最后访问时间 2025 年 2 月 20 日。

② 《泰顺药发木偶戏周尔禄综述片》，国家级非遗代表性传承人记录工作成果专题网站，http：//ich. nlc. cn/memory-tow/spshow/video. html？id＝605，最后访问时间 2024 年 6 月 7 日。

③ 谬中霞口述史访谈，见综述片第 19′06″至 19′25″，《泰顺药发木偶戏周尔禄综述片》。

实践发生改变，传承人不再制作火药，而是购买花炮取火药，因火药的不足，药发木偶戏与烟花造型相结合的方式被迫改变，传承人不再制作烟花轮。"以前用生铁（制作火药），那有梨花、柳花、孔雀尾呀什么。尾号柳花，柳花有好几种，那个柳花一串一串挂下来，那个柳花就一大朵，现在那些东西不能有，没有得（火药）用了"①。"现在弄难度有很大，因为用花炮啊，这个花炮（火药的）量比较少，整天都是拆花炮，那量也比较少，因为我如果是市场需要的话，我就弄不出来。"②（3）事件推动当地建立起多部门联动保护非遗的工作机制，并制定了药发木偶戏使用火药的工作流程。③"非遗就是生活，所有的生活都是向前的，从来没有倒退的……在那一个期间，我们就创立了多部门联动保护非物质文化遗产，大家充分就是去讨论，如何让这一种多部门联动，能成为今后，在非遗保护工作中遇到的问题，以这一个作为案例进行处理的，能够避免我们传承人再遭受一种牢狱之灾"④。参与药发木偶戏保护实践的三个行动方，以各自的主体立场表达了对后续非遗实践的看法，呈现了不同行动方在非遗实践中的不同诉求和非遗事件的复杂多义。

记录工作对参与式观察法、口述史访谈、影像民族志理论和方法的运用，使得非遗影像能切中非遗保护中的关键性问题，能赋权参与实践的多元行动方话语权，能呈现非遗事项中复杂而多元的主体视角，从而构建起活态的非遗史料。

2. 成果呈现了传承人的创造力、奋斗史，更记录了这部分非遗技艺从传统到现代的艰难转化历程

《茅台酒酿制技艺季克良综述片》记录了传承人季克良，从微生物学角

---

① 周尔禄口述史访谈，括号内的文字是作者补充的，见综述片第20′10″至20′30″，谬中霞口述史访谈，见综述片第19′06″至19′25″，《泰顺药发木偶戏周尔禄综述片》。

② 周祖余，周尔禄的大儿子，口述史访谈见综述片第20′31″至20′49′，谬中霞口述史访谈，见综述片第19′06″至19′25″，《泰顺药发木偶戏周尔禄综述片》。

③ 工作流程为：药发木偶戏艺人接到表演邀约后，必须告知非遗保护中心，再由非遗保护中心出示正式函件告知公安部门，待公安部门批准后，才能制作药发木偶戏。

④ 季海波，温州市非遗保护中心副主任，口述史访谈见综述片21′11″至22′35″，谬中霞口述史访谈，见综述片第19′06″至19′25″，《泰顺药发木偶戏周尔禄综述片》。

度解构茅台酒酿制全过程各环节的原理和规律，运用现代食品工业生产理念建构工艺规范流程，推动茅台酒厂甚至是传统白酒行业从依赖个人经验的传统酒坊，向能够科学规范地掌控生产质量、数量的食品工业大生产转化；从生产实践出发，讲述酿制过程的微生物学原理，形成重视科学原理与生产实践相结合的教学方法，培训生产一线的职工、技术人员，培养茅台酒酿制技艺传承人和白酒行业技术人员，推动传统白酒酿制技艺的传承和发扬；亦从微生物菌种群落的角度，阐释茅台酒与当地自然环境的关系、饮酒与健康保健的关系，回应时代提出的问题，助力茅台酒厂和白酒行业发展，带动怀仁从边陲小镇发展成为中国酒都。①

《同仁堂中医药文化金霭英综述片》呈现了传承人金霭英及其团队面对现代医药与传统中医药理念的冲突，围绕中医药发展中最迫切需要解决的问题，运用现代科技和文献资源，提出解决方案推动中医药发展的历程。首先，为回应国际医药市场针对同仁堂人参鹿茸丸提出的"中成药中有超量细菌霉菌"问题，她与团队开展科学研究寻找中药灭菌方法，组织制定不同品种中成药灭菌工艺，普及工艺卫生，建立同仁堂制药厂质量管理和检验体系。她们参与的"钴 60 辐照中药灭菌剂量标准的应用研究"荣获 1997 年国家科技进步奖二等奖，有力地推动了整个行业从传统中成药制作向现代化制药企业的转化。接着，为回应同仁堂牛黄清心丸"含有超量重金属"问题，查找世界卫生组织文件资料，确立中成药微量重金属的检测范围、检测方法和限量标准；联合科研机构对含有朱砂、雄黄和不含朱砂、雄黄的牛黄清心丸开展系统对比研究，实证此两种配方牛黄清心丸均是安全有效的药物，促使国际医药市场认识、接受中成药中含有矿物药的事实，捍卫了中医药方的声誉。②

---

① 《茅台酒酿制技艺季克良综述片》，国家级非遗代表性传承人记录工作成果专题网站，http：//ich. nlc. cn/memory-tow/record/record. html？xmId＝259，最后访问时间 2024 年 6 月 7 日。

② 《同仁堂传统中医药金霭英综述片》，国家级非遗代表性传承人记录工作成果专题网站，http：//ich. nlc. cn/memory-tow/spshow/video. html？id＝75，最后访问时间 2024 年 6 月 7 日。

成果记录了非遗项目持续的文化实践，呈现了这一过程中，传承人及其所在社区发挥其创造力，吸收和运用现代文明成果，推动非遗实践从传统走向现代，带动相关行业和地区的发展，使非遗项目携带了丰富的当代文化记忆走向未来。

3. 成果开放性地记录了非遗发展过程中各个维度的传承困境

《木偶戏（绍阳布袋木偶戏）刘永安综述片》通过持续跟踪记录传承人刘永安和其孙子刘宇的传承实践，用影像民族志和口述史访谈呈现了祖孙两代人对传承布袋木偶戏的不同态度和认识。[1]

《摔石锁沈少三综述片》呈现了传承人沈少三对摔石锁可持续发展的担忧，他在口述访谈中提出在青少年中开展传承教学实践"最大的困难，（是）没有场地"。由于石锁的重量和摔跤训练需要一块未开发过的松软的土地，在郑州快速的城市化进程中，近十年来他和他的学生们辗转城市各处寻找合适的练习场地。[2]

成果生动而真实地呈现了非遗项目各自所处的困境，可以引导多元行动方的不同实践，也可以引发不同视角下的学理思考和阐释，是具有活态性开放性的非遗史料。

成果真实记录了传承人及其社区持续不断的文化实践，切中发展过程中的关键性问题，赋予参与实践的多元行动方话语权，呈现非遗事项中复杂而多元的主体视角，携带丰富的当代文化记忆，这使得记录工作成果能持续地为我们重构非遗保护实践提供史料。

（二）加快成果的标准化著录，推动国家非遗数字资源平台建立

成果是卓有成效的当代非遗史料建设工作，能多方面地推动我国非遗保

---

① 《木偶戏（邵阳布袋木偶戏）刘永安综述片》呈现了 2016 年、2018 年两次对传承人刘永安及其孙子刘宇传承实践的场景和对刘宇两次的口述访谈，见综述片 29′15″到 33′57″和 56′46″至 58′44″，国家级非遗代表性传承人记录工作成果专题网站，http：//ich. nlc. cn/memory - tow/spshow/video. html？id＝18，最后访问时间 2024 年 6 月 7 日。

② 见综述片 36′28″至 39′50″，《摔石锁沈少三综述片》，国家级非遗代表性传承人记录工作成果专题网站，http：//ich. nlc. cn/memory - tow/spshow/video. html？id＝15，最后访问时间 2024 年 6 月 7 日。

护的实践进程。然而，国家级非遗代表性传承人记录工作专题网站所支持永久放映的综述片仅为 151 个，约占完成成果验收 1040 项的 1/7。综述片一般时长为 30 分钟，约为成片平均时长 25 小时的 1/50。每个项目数字化后收集的文献为 100~300 件，口述史文字稿平均为 10 万字，最终提交的资源平均为 300 GB，素材资源量平均为 1200 GB。① 根据《操作指南》的规定，记录工作原始资料为一式两份，一份用于永久保存，一份作为素材母盘，由实施单位（省级非遗保护中心）设立专门档案室保存管理；成果一式三份，分别由实施单位、文化和旅游部非遗司和国家非物质文化遗产保护中心保存。目前，尚未见相关机构发布成果编目、数字资源库或是查询获取方案。

《公约》第十三条"其他保护措施"第四款第三点要求各缔约国应"建立非物质文化遗产文献机构并创造条件促进对它的利用。"因此，亟须建设国家非遗数字资源平台，以推动记录工作成果的集约化存储、保存、普遍获取和有效利用。

鉴于成果验收是基于《操作指南》的规定，而《行业标准》已于 2023 年 9 月正式实施，建立国家非遗数字资源平台面临的第一重挑战就是：更新记录工作数字资源著录标准，推动数字资源集约化存储和保护。这就会产生两种情况：第一类，尚未完成成果验收的记录工作，直接依据《行业标准》开展数字资源的著录工作；第二类，已完成成果验收的项目，需将已按照《操作指南》成果编目体系和《元数据表单》要求完成著录的成果，重新增补以达到《行业标准》的著录要求。从简单粗略的 11 项元数据表单，到系统精确的包含 16 个元数据元素以及若干元素修饰词的通用著录项目和包含 1 个元数据以及若干元素修饰词的门类著录项目，相当于重启项目的著录过程（见图 2）。

鉴于"每个项目……最终提交的资源平均为 300GB，素材资源量平均

---

① 《国家级非物质文化遗产代表性传承人记录工作：为公众留下珍贵的非遗记忆》，《中国文化报》数字报 2022 年 6 月 20 日第二版。

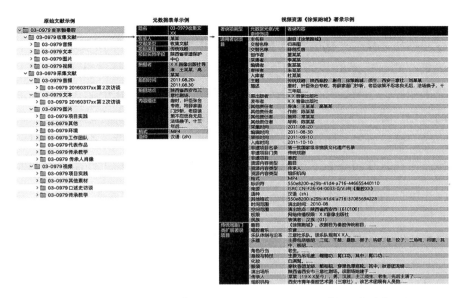

图2 以秦腔视频资源《徐策跑城》为例，说明从《操作指南》到《行业标准》著录标准的转化问题

注：根据《操作指南》第45页、第54页制图，引用了《行业标准》第27～28页内容。

为1200GB"①，这一过程的实施首要讨论的问题是，是否依旧遵循"资源内容反映什么就著录什么"原则。如果遵循，则应以记录工作原始资料为范围；如不遵循，则可以提交成果为范围，开展著录工作。这直接影响记录工作数字资源采集成果的保存、保护问题；建成后国家非遗数字资源库的体量问题；并直接影响公众可获取、可利用的非遗数据规模。此问题影响深远，似乎不能以一时经济为唯一考量尺度。

张庆善曾在文中透露："上个世纪八十年代初，中国艺术研究院抢救性地录制了一批戏曲珍贵资料，其中有几个小时徽戏的录制，到2000年，安徽成立徽学中心，发现有一些老的徽戏随着老艺人的去世，再也看不到了，

①《国家级非物质文化遗产代表性传承人记录工作：为公众留下珍贵的非遗记忆》，《中国文化报》数字报2022年6月20日第二版。

只好到中国艺术研究院复制这几个小时的珍贵资料"①。2024 年"第六届国家级非物质文化遗产代表性传承人记录工作成果展映月"所展示的 35 个优秀成果，其中就有 8 位传承人在记录工作开展过程中相继离世。② 记录工作的成果和原始素材，都记录了传承人所承载的技艺和文化记忆，都是弥足珍贵的文化资源。因此，建立国家非遗数字资源平台时，宜将记录工作原始资料也纳入数字资源著录工作范围，使其成为国家非遗数字平台保存、保护的对象。当然，在防止数字资源散佚的同时，也需正视这一工作需要追加大量人力、物力方能达成的现实。

梳理公开仅见的 151 位传承人综述片，充分说明记录工作成功地将传承人所承载的技艺和文化记忆，转化为可采集、可著录的非遗数字资源，制造了开放性的非遗史料。因此，亟须建立国家非遗数字资源平台，推动记录工作著录标准从《操作指南》更新为《行业标准》，实现集约化存储和保护，为进一步公开公布记录工作成果和原始资料奠定基础。

三　探讨普遍获取和有效利用方案

保罗·康纳顿在《社会如何记忆》中谈道，"记忆完全不是孤立地回顾事件；它要变得能够形成有意义的叙述系列……记忆是一个建构问题"③。记录工作成果是活态的、开放性的非遗史料，能重构出怎样的非遗实践、社会生活，取决于使用这些非遗数字资源的当代的、未来的人们如何与之对话。而建立措施，促成成果的普遍获取和有效利用，将成为开展对话的基石。

---

① 张庆善：《进一步完善国家级非遗代表性传承人的档案建设——从"国家级非遗代表性传承人记录工作"谈起》，《中国艺术时空》2019 年第 6 期，第 81~85 页。
② 这 8 位传承人分别是：（1）李扎倮，牡帕密帕；（2）尼玛，汗清格勒；（3）额尔登掛，鄂伦春族民歌（鄂伦春族赞仁达）；（4）杨春文，耳子歌；（5）童双春，独脚戏；（6）和世先，纳西族东巴画；（7）叶竹青，潮州彩瓷烧制技艺；（8）田兴秀，苗医药（钻节风疗法）。统计时间：2024 年 6 月 12 日。
③ 保罗·康纳顿著，纳日碧力戈译《社会如何记忆》，上海人民出版社，2000，第 26 页。

（一）探寻记录工作成果和原始资料的普遍获取方案

推动记录工作成果及其原始资料集约化存储和保护的目的，是传承人所承载的技艺和文化记忆能在时空中拓展，被更广泛的公众看到、传播、阐释和利用。因此，需要探讨促成成果和原始资料普遍获取的方案。

（1）普遍获取方案首要厘清的问题是：为记录工作成果和原始资料，建立并公开准确的文献编目，明确资源可公开的范围，标注、定期更新限制获取的条件和期限，并讨论限制获取的申诉机制。①确立文献编目。在每个项目著录、存储工作完成后，应由国家级非遗数字资源平台自动生成一份文献编目。将其与该项目工作卷宗以及《文献目录》《采集及整理文献清单》《提交资料清单》等相互校正，确立该项目准确的文献编目。②明确资源可公开的范围，标注限制获取的条件和期限。《操作指南》通过一系列文书，①不仅明确了参与记录工作多元行动方的权利与义务，也明确规定非遗数字资源的公开需尊重多元行动方的意愿。当数字资源涉及"暂不公开的内容""暂不发表的部分""无法获得授权的""著作权有争议的"，需明确标注资料限制获取的原因，以及取消限制获取的条件和期限。③定期更新限制获取资源的条件和期限，并讨论限制获取的申诉机制。平台需追踪资源取消限制获取的条件和期限。一旦有资源达到取消限制获取的条件，进入公共领域，立即对其进行标准化著录，将其纳入平台数据库。同时，也需讨论建立限制获取的申诉机制，阐明申斥机制的途径、方法等。

（2）建立必要的措施，保障公众公平、普遍获取。建立可存储、可检索、可获取的国家非遗数字资源平台，既是记录工作的延展和深入，又是符合《关于保存和获取包括数字遗产在内的文献遗产建议书》国际精神②的中

---

① 《操作指南》提供了《工作人员保密协议》《文献采集、收藏与使用协议》《文献收集与使用授权书》《伦理声明》《著作权授权书》（范本），见《操作指南》第 126~128、第 135~137、第 138~139、第 150~154、第 155~156。

② 参见《关于保存和获取包括数字遗产在内的文献遗产建议书》第三部分"文献遗产的获取"和第四部分"政策措施"。

国实践，应得到相应文化政策和国家财政的持续支持。须从文化政策和国家财政两方面建立起相应的措施。可委托参与记录工作的记忆机构或其他非遗保护机构，在国家级非遗代表性传承人记录工作成果专题网站基础上，搭建起能远程提供准确和最新文献编目、检索工具和公平、普遍文献获取服务的国家非遗数字资源平台；亦可鼓励通过外联活动和世界记忆出版物的方式，提高我国非遗数字资源的知名度和可获取性。

（二）促进记录工作成果和原始资料的有效利用

促成记录工作成果和原始资料的公平、普遍获取，使其不仅成为可供参与非遗保护实践的多元行动方多重利用的文化资源，也成为参与我国当代和未来文化建构的全民共享的文化资源，即开放性的非遗数字资源应该被创造性地利用在非遗保护实践和国家文化建构之中。

目前，它已经被实验性地运用到非遗传播中。例如：综述片《红腰带：摔跤世家》《三弦王和他的儿子》《刺绣江湖》《阿诗玛》曾于 2019 年在美国密苏里大学新闻学院展映，推动非遗的国际传播；[1] 国图中国记忆项目中心在 2020 年利用记录工作成果转化制作 20 节"他们鉴证了文明——非遗影像公开课"，截至 2022 年 6 月其播放量达 1481 万次；[2] 2024 年开放的位于白鹅潭大湾区艺术中心的广东省非遗馆，在常规展览单元"瑞兽传神"中滚动播放《狮舞（松岗七星狮舞）文琰森综述片》[3]，实证大湾区文化同根同源，等等。但是，单一地使用非遗影像来宣传、阐释非遗实践，终究是对记录工作成果和原始资料的简单化利用，是对非遗数字资源文化和社会功能的缩小化。

须采取措施推动和保障多元主体和公众对非遗数字资源的创造性利用，

---

① 《国家艺术基金资助项目〈非物质文化遗产传承抢救性保护记录人才培养〉学员结项作品在美国展映》，信息来源：国家艺术基金管理中心，发布时间 2020 年 1 月 8 日。

② 《国家级非物质文化遗产代表性传承人记录工作：为公众留下珍贵的非遗记忆》，《中国文化报》数字报 2022 年 6 月 20 日第二版。

③ 地点：广州白鹅潭大湾区艺术中心（广东省非物质文化遗产馆），访问时间：2024 年 7 月 17 日。

亦须同步探讨利用过程中非遗数字资源版权保护和商业行为的有偿使用及其惠益方案。首先，应保障非遗项目所在社区和群体对非遗数字资源的利用。它应是传承人群重要的传习资料，能深度参与非遗实践的重构。文化记忆和技艺的传承都与"传统的断裂和对过去的发现"紧密相连。正如《徽州漆器髹饰技艺甘而可综述片》所记录的传承人甘而可查找文献、揣摩文物，实验恢复了犀皮漆工艺，并创造性地用金箔代替黄色漆，使犀皮漆产生一种流光溢彩的美，从而改变了犀皮漆漆器的审美特性。[①] 非遗数字资源应成为传承人群可以多次、反复阅读和揣摩的资料，重构其非遗实践和文化记忆，从而在持续发生的文化实践中，充分发挥其对核心技艺和文化记忆存续力的保护功能。其次，应保障学术研究、政策咨询、宣传传播、传承教育等非营利性活动对非遗数字资源的利用。它是多元行动方可资参考的具有系统性、开放性的非遗史料，能广泛运用在非遗立档、保存、保护、研究、宣传、弘扬等各个环节，能在非遗与当代社会的互动中，促进非遗和社会的可持续发展，全面发挥其社会和文化功能。最后，应鼓励对非遗数字资源的营利性利用，并探讨这一过程中的版权保护、有偿使用和惠益方案等问题，使传统的知识能在现代话语体系中被良性地使用，参与更丰富的当代文化建构。

采取措施促成非遗数字资源的普遍获取和创造性利用，使其不仅能反哺非遗项目实践、传承实践、保护实践，更能参与到当代和未来的文化建构中，成为全民共享的文化资源。

四　结语

口头传统和口传身授的特性，使得传承人"老龄化"问题和"人亡艺熄"危机，成为影响非遗项目存续力的重要因素。为应对这一挑战，也为回应《公约》对"立档"保护的要求，我国实施了国家级非遗代表性传承

---

① 《徽州漆器髹饰技艺甘而可综述片》，国家级非遗代表性传承人记录工作成果专题网站，http：//ich. nlc. cn/memory-tow/spshow/video. html？id＝62，最后访问时间 2024 年 6 月 7 日。

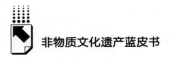

人记录工作。

记录工作为我国非遗保护实践引入了多元行动方——记忆机构——国图中国记忆项目中心，亦引入了另一种类型的遗产——文献遗产。借鉴记忆项目的方法，记录工作建立起独特而科学的工作方法。即运用口述历史、影视人类学的理念和口述史访谈、影视民族志、参与式观察法等方法，借助现代化科学技术，遵循科学规范的工作标准，通过传承人与记录团队主体互动，将传承人所承载的技艺和文化记忆，转化为非遗档案和数字资源。由此，记录工作成果成为传承人技艺和文化记忆在时间和空间维度上扩展的载体。自2013年记录工作开展以来，已有2551位国家级非遗代表性传承人记录工作立项，截至2024年6月已有1040项验收完成。数十年的实践推动了 WH/T 99-2023《非物质文化遗产数字化保护 数字资源采集和著录》系列行业标准的出台和实施。

记录工作成果公开程度尚不足，利用十分有限。但是，梳理目前已公布的部分，亦可知记录工作制造了系统性、活态性、开放性的非遗史料。所以，亟须依据《行业标准》推动记录工作数据著录标准更新，建设国家非遗数字资源平台，以推动记录工作成果及其原始资料的集约化存储、保存；亟须采取措施，促成成果的普遍获取和有效利用。

采集、著录、获取、利用，方才是构成非遗数字资源建设完整的四个环节。只有持续推动非遗数字资源建设的进程，才能实现对非遗核心技艺和文化记忆的存续力的保护；实现非遗数字资源反哺非遗项目实践、传承实践、保护实践；实现非遗数字资源参与到当代和未来的文化建构中，成为全民共享文化资源的目标。

B.4
非遗保护与自主知识体系建设*

段晓卿**

摘　要：　　自 2001 年以来，非遗保护工作取得了许多成果，非遗学作为一门新兴学科也逐渐发展成形。"建构中国自主知识体系"必须以马克思主义为"魂脉"，以中华优秀传统文化为"根脉"，而非遗作为传统文化的典型代表，在建构自主知识体系的过程中也将发挥重要作用。因而，非遗保护工作与构建自主知识体系之间存在着紧密的联系，二者在非遗文化资源、传承人与传承人群、科研机构与学者以及政策法规等要素的影响下，在多维度、多层次上进行互动、相互影响。故而，非遗保护与建构自主知识体系之间也可通过强化学术研究、深化实践探索、推动技术创新应用和加强国际合作交流等策略来进一步增强和推动二者之间的协同发展，进而促进非遗文化的活化利用和创新发展，增强国家文化软实力和文化自信，提升国家在国际上的影响力。

关键词：　　非遗保护　自主知识体系　协同发展　文化自信

　　自 2001 年"昆曲"入选联合国"人类口头和非物质遗产代表作"开始，非遗保护工作已开展 20 余年。随着保护工作的持续开展，非遗保护工作取得了一系列保护与研究成果。在此过程中，非遗学的概念逐渐出现，成为一个专门的领域，且随着非遗理论体系的不断丰富完善，学科体系的不断建设与发展，非遗学也得到了越来越多学者的认可。

　　*　本文为广东金融学院"优秀青年博士"科研启动项目阶段性成果。

　　**　段晓卿，文学博士，广东金融学院讲师，研究方向为非物质文化遗产数字化保护。

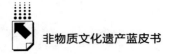

2016 年，习近平同志在哲学社会科学工作座谈会上提出了"加快构建中国特色哲学社会科学"①的重大战略任务。②2022 年 4 月，习近平在中国人民大学考察时指出："加快构建中国特色哲学社会科学，归根结底是建构中国自主的知识体系。要以中国为观照、以时代为观照，立足中国实际，解决中国问题，不断推动中华优秀传统文化创造性转化、创新性发展，不断推进知识创新、理论创新、方法创新，使中国特色哲学社会科学真正屹立于世界学术之林。"③这一论述不仅为中国特色哲学社会科学建设和发展指明了方向，也将"建构中国自主的知识体系"作为重大战略任务提升到了前所未有的高度。④

建构自主知识体系作为一个巨大的系统性理论工程，在其建构的过程中，必须坚守"马克思主义这个魂脉"和"中华优秀传统文化这个根脉"⑤。非遗作为中华优秀传统文化的重要载体和典型代表，不仅承载着丰富的历史文化信息，还蕴含着独特的民族精神和文化基因，无疑在自主知识体系的建构过程中发挥着重要的作用；同时，非遗学学科体系的建设本就是自主知识体系建构中的一环。可见，非遗保护与自主知识体系建构之间存在着天然的强联系，但当前学界对于二者之间关联的研究尚且不足，因此，本文旨在探究非遗保护与自主知识体系建构之间的关联与互动，进而不仅为非

---

① 《习近平主持召开哲学社会科学工作座谈会并发表重要讲话》，中华人民共和国中央人民政府网，https：//www. gov. cn/xinwen/2016 - 05/17/content_ 5074162. htm，最后访问日期：2024 年 6 月 30 日。

② 刘建军、张丹琛：《构建中国自主知识体系的科学内涵与基本要求》，《上海市社会主义学院学报》2024 年第 2 期。

③ 《习近平在中国人民大学考察时强调：坚持党的领导传承红色基因扎根中国大地 走出一条建设中国特色世界一流大学新路》，中华人民共和国中央人民政府网，https：//www. gov. cn/xinwen/2022 - 04/25/content_ 5687105. htm，最后访问日期：2024 年 6 月 30 日。

④ 张雷声、韩喜平、肖贵清等：《建构中国特色哲学社会科学自主知识体系》，《马克思主义理论学科研究》2022 年第 7 期。

⑤ 《习近平在中共中央政治局第六次集体学习时强调：不断深化对党的理论创新的规律性认识 在新时代新征程上取得更为丰硕的理论创新成果》，中华人民共和国中央人民政府网，https：//www. gov. cn/yaowen/liebiao/202307/content_ 6889434. htm，最后访问日期：2024 年 6 月 30 日。

遗保护与学科建设发展提供指导与理论支撑，也为自主知识体系的建构提供一定的参考。

一　自主知识体系概述

（一）自主知识体系的概念与重要性

"知识"在《辞海》中的定义为：人类认识的成果和结晶，① 是人们在改造世界的过程中所获得的认识与经验，② 其能够借助语言或劳动产品的形式进行传播和交流，成为人类的精神财富。"知识体系"则主要指基于一定的逻辑基础、在特定的文化生态中形成、具有民族性或地域性的知识总和，并按照一定标准进行分类后得到的知识系列，③ 即对特定专业知识总和的概括性描述。而所谓"自主知识体系"则是"基于自身社会实践活动和自身认识过程，深入社会历史现实，总结成功的社会实践，解答社会问题的理论，是通过原创性的探索推动历史前进的真理性、规律性回答"。④ 自主知识体系的建构对于拓展人类认识领域，推动社会进步与发展具有莫大的助力作用，也是人类社会发展的客观规律和需求。

知识体系作为一个复杂庞大的系统，其建构过程也是一个长久的演化与发展的过程，且在此过程中也会深刻受到不同地区社会形态与文明形态的影响，进而逐渐形成了西方知识体系、古代中国知识体系、古代印度知识体系等，共同构成了人类的知识体系。⑤ 随着工业革命和资本主义的萌芽与发展，以实验科学和数理逻辑为支撑的科学技术的快速发展，人类认知不断丰富，社会生产力飞速提升。西方知识体系正经历着快速的发展与演变，自然

① 《辞海》编辑委员会：《辞海》（缩印本），上海辞书出版社，1989，第 1952 页。
② 张雷声、韩喜平、肖贵清等：《建构中国特色哲学社会科学自主知识体系》，《马克思主义理论学科研究》2022 年第 7 期。
③ 翟锦程：《中国自主知识体系构建的文化基础》，《中国社会科学评价》2023 年第 4 期。
④ 韩喜平：《中国哲学社会科学自主知识体系建构的历史必然与路径探索》，《马克思主义研究》2022 年第 9 期。
⑤ 翟锦程：《中国当代知识体系构建的基础与途径》，《中国社会科学》2022 年第 11 期。

科学与人文社会科学逐渐分化，并随着知识的日趋精细化、专业化和分科化而逐步形成了不同的学科，形成了高度精细化、专业化的学科体系、学术体系和话语体系。①

同时，随着工业化的发展与资本主义的全球扩张，西方知识体系逐步推广和拓展至全球。由于理论上的优势与发展的领先，自近代以来无论在自然科学领域还是在人文社会学科领域其长期在世界范围内占据理论主导地位，② 形成了一种带有"西方中心主义"特征的近代知识体系，使西方知识体系成为近代知识体系的"代言人"。而中国的传统知识体系在经历了两次鸦片战争之后也受到了西方知识体系"覆盖式"的全方位冲击，并以"中体西用"的方式开始了中国近代知识体系的重建，但"体""用"分离等因素，不仅造成中国近代知识体系与传统知识体系之间的割裂，也使得中国近代知识体系比附于西方知识体系，缺乏自主性与独立性，更使得中国在国际体系中缺乏话语权。③ 而这些问题至今依旧在我国的诸多领域中普遍存在，使得中国在学科体系、学术体系、话语体系（以下简称"三大体系"）等方面缺乏创新性与自主性，建设水平总体仍有欠缺。因此，建构中国自主知识体系，是打破"西方中心论"的思想桎梏，推动文化自信自强的现实需求，是实现中华民族伟大复兴的必然要求。

此外，西方所谓的"近代知识体系"本质上还是服务于资本主义发展和工业经济需求的，工业化的发展虽然极大促进了生产力的发展，丰富了人类社会的物质和财富，推动了人类社会的现代化，但同时也带来了环境污染、生态破坏、贫富差距扩大等生存危机，而知识体系的过度分化也催生了不少结构性的社会弊端，造成了人与自然、人与人、国家与国家之间的分立、制衡乃至对立。因此，西方的知识体系虽然有其进步的一面，但并不是

---

① 杨东、徐信予：《建构中国自主知识体系论纲》，《中国人民大学学报》2022 年第 3 期。
② 韩喜平：《中国哲学社会科学自主知识体系建构的历史必然与路径探索》，《马克思主义研究》2022 年第 9 期。
③ 翟锦程：《中国当代知识体系构建的基础与途径》，《中国社会科学》2022 年第 11 期。

一种超越国情的"知识原理"①，且随着社会的发展，其缺陷和不足也逐步显现。因此，在世界面临百年未有之大变局的时代背景下，需要新的思想、理论和方法来适应社会的发展需求，而中国自改革开放以来实现国家和社会现代化的过程，是一种不同于资本主义的社会主义现代化道路，是一种不同于西方的中国式现代化，而这一现代化道路显然无法用西方知识体系进行理论解释和逻辑概括，需要在结合中国传统知识体系的基础上，用中国自己的理论知识体系进行解释和概括。因此，建构中国自主知识体系，是中华民族伟大复兴战略全面推进和世界百年未有之大变局加速演进背景下的时代需求，是中国式现代化发展的新阶段与新要求。②

（二）自主知识体系的建构要素

早在 2016 年 5 月 17 日，习近平同志就在哲学社会科学工作座谈会上提出要"加快构建中国特色哲学社会科学"③。在党的二十大报告中也指出要"加快构建中国特色哲学社会科学学科体系、学术体系、话语体系，培育壮大哲学社会科学人才队伍"。④ 而"加快构建中国特色哲学社会科学，归根结底是建构中国自主的知识体系"⑤ 的论述则表明：中国自主知识体系就是中国特色哲学社会科学的三大体系的高度概括与集中表达，三大体系正是中国自主知识体系的核心要素，是中国自主知识体系的基本框架。⑥

---

① 唐亚林：《中国知识体系自主性的构建之道》，《探索与争鸣》2020 年第 9 期。
② 翟锦程：《中国当代知识体系构建的基础与途径》，《中国社会科学》2022 年第 11 期。
③ 《习近平主持召开哲学社会科学工作座谈会并发表重要讲话》，中华人民共和国中央人民政府网，https：//www. gov. cn/xinwen/2016－05/17/content_ 5074162. htm，最后访问日期：2024 年 6 月 30 日。
④ 《习近平：高举中国特色社会主义伟大旗帜　为全面建设社会主义现代化国家而团结奋斗——在中国共产党第二十次全国代表大会上的报告》，中华人民共和国中央人民政府网，https：//www. gov. cn/xinwen/2022－10/25/content_ 5721685. htm，最后访问日期：2024 年 6 月 30 日。
⑤ 《习近平在中国人民大学考察时强调：坚持党的领导传承红色基因扎根中国大地　走出一条建设中国特色世界一流大学新路》，中华人民共和国中央人民政府网，https：//www. gov. cn/xinwen/2022－04/25/content_ 5687105. htm，最后访问日期：2024 年 6 月 30 日。
⑥ 李红岩：《建构中国自主知识体系的基本维度》，《北京大学学报》（哲学社会科学版）2023 年第 6 期。

三大体系作为中国自主知识体系的核心内容，虽然其概念上各不相同、各有侧重，但在建设、实践和功能上又相互融合、互相交织，共同构成了一个完整的有机整体。其中，学科体系是一个由众多学科门类依据内在逻辑联系与相互支撑原则构建而成的网络架构，它兼具全局视野与整体性布局、现实关怀与前瞻导向，构成了学术体系与话语体系的基石，为两者的研究视角界定、发展方向引领及建设内容规划提供了根本遵循。学术体系就是将学术研究的目标、方法与成果等内容，通过理论化和系统化地处理，形成由知识体系和方法论等内容构成的体系。它不仅是学科体系与话语体系间不可或缺的联结纽带，更为两者的持续创新与深化发展注入了强劲动力。话语体系，作为特定学科或知识范畴内形成的稳定且相对独立的表述系统与表达范式，囊括了基本概念、核心命题、专业术语及理论范畴等关键要素。它不仅是学科体系内外沟通的桥梁，也是学术体系得以体现、阐述及传播的重要媒介。[1] 因此，唯有不断精进与优化学科体系的合理布局、强化体现原创精神的学术体系、促进话语体系的国际化融合与表达，方能为中国自主知识体系的构筑提供坚实而全面的支撑。[2]

（三）自主知识体系的建构原则

自主知识体系建构需要经过知识积累、知识整合、知识创新和应用等阶段，[3] 即首先通过实践或科研等活动，经过不断地探索，积累大量的知识资源；其次，将各个分散的知识点进行整合和分类，形成系统的知识体系；最后，则是在已有知识体系的基础上，结合社会发展需求进行创新和发展，形成全新的、适应社会发展的新的知识和理论体系，进而解决社会现实问题，推动社会的进步与发展。

---

① 张政文：《科学把握中国特色哲学社会科学"三大体系"的逻辑关系》，《探索与争鸣》2023 年第 9 期。
② 张雷声、韩喜平、肖贵清等：《建构中国特色哲学社会科学自主知识体系》，《马克思主义理论学科研究》2022 年第 7 期。
③ 杨国荣、吴晓明、翟锦程等：《"如何构建中国自主知识体系"笔谈》，《哲学分析》2023年第 2 期。

然而，自主知识体系的建构本就是一个长期、复杂且庞大的过程，中国自主知识体系的建构自然也是一个巨大的复杂系统工程，不仅需要中国哲学社会科学各个学科的共同努力，也"要加强顶层设计，统筹各方面力量协同推进"。① 建构中国自主的知识体系，"要以中国为观照、以时代为观照，立足中国实际，解决中国问题，不断推动中华优秀传统文化创造性转化、创新性发展，不断推进知识创新、理论创新、方法创新，使中国特色哲学社会科学真正屹立于世界学术之林"。② 这一论述为中国自主知识体系的建设指明了方向与进路，提供了重要的指导和意见。具体而言，在建构中国自主知识体系的实践过程中，要遵循以下几点原则。

1. 坚持马克思主义指导原则

"坚持以马克思主义为指导，是当代中国哲学社会科学区别于其他哲学社会科学的根本标志，必须旗帜鲜明加以坚持"。③ 坚持以马克思主义为指导和引领，是建构中国自主知识体系的根本原则和集中体现，为我们认识世界、改造世界提供了思想武器，为建构自主知识体系提供了基本的世界观和方法论。④ 只有坚持把马克思主义基本原理同中国具体实际相结合、同中华优秀传统文化相结合，不断推进马克思主义的中国化时代化，自觉回答中国之问、世界之问、人民之问、时代之问，才能不断推进知识创新、理论创新和方法创新。⑤

---

① 《习近平主持召开哲学社会科学工作座谈会并发表重要讲话》，中华人民共和国中央人民政府网，https://www.gov.cn/xinwen/2016-05/17/content_5074162.htm，最后访问日期：2024年6月30日。
② 《习近平在中国人民大学考察时强调：坚持党的领导传承红色基因扎根中国大地 走出一条建设中国特色世界一流大学新路》，中华人民共和国中央人民政府网，https://www.gov.cn/xinwen/2022-04/25/content_5687105.htm，最后访问日期：2024年6月30日。
③ 《习近平主持召开哲学社会科学工作座谈会并发表重要讲话》，中华人民共和国中央人民政府网，https://www.gov.cn/xinwen/2016-05/17/content_5074162.htm，最后访问日期：2024年6月30日。
④ 李文、闵方正：《为中国式现代化构建中国自主知识体系——学习领会习近平总书记关于建构中国自主知识体系相关论述》，《美国研究》2023年第4期。
⑤ 杨东、徐信予：《建构中国自主知识体系论纲》，《中国人民大学学报》2022年第3期。

2. 立足中华优秀传统文化

首先，中国传统文化经过几千年的演化，形成了独特的价值观念体系，成为中华民族的文化基因，是建构中国自主知识体系的"根脉"，与马克思主义这个"魂脉"共同成为"理论创新的基础和前提"①。其次，中华优秀传统文化在长久的发展历程中逐渐积累了丰富的文化成果，其中也包含许多创造性的见解。因此，在建构中国自主知识体系的过程中要坚定文化自信，重视中华优秀传统文化，"要努力从中华民族世世代代形成和积累的优秀传统文化中汲取营养和智慧，延续文化基因，萃取思想精华，展现精神魅力"②。不过，对于传统思想文化精髓的承袭与借鉴，并非意味着盲目复古或简单地回归传统文化，而是一个深刻的过程，它要求我们立足于当代中国社会发展的实际需求，对传统进行创造性转化与创新性发展，进而促进中华优秀传统文化的学理化演进，将其提升至更为系统、更为理性的理论层面，从而为建构中国自主知识体系奠定坚实的文化基础。③

3. 树立问题意识

当前，中国特色社会主义发展进入新时期，"中国正经历着我国历史上最为广泛而深刻的社会变革，正在进行着人类历史上最为宏大而独特的实践创新"④，这种变革与创新也带来了一系列重大理论和实践问题。"世界百年

---

① 《习近平在中共中央政治局第六次集体学习时强调：不断深化对党的理论创新的规律性认识　在新时代新征程上取得更为丰硕的理论创新成果》，中华人民共和国中央人民政府网，https：//www.gov.cn/yaowen/liebiao/202307/content_ 6889434.htm,，最后访问日期：2024年6月30日。
② 《人民日报署名文章：凝聚起中华儿女团结奋斗的磅礴力量——习近平总书记关于弘扬爱国主义精神重要论述综述》，中华人民共和国中央人民政府网，https：//www.gov.cn/xinwen/2021-10/01/content_ 5640726.htm，最后访问日期：2024年6月30日。
③ 韩喜平：《中国哲学社会科学自主知识体系建构的历史必然与路径探索》，《马克思主义研究》2022年第9期。
④ 《习近平主持召开哲学社会科学工作座谈会并发表重要讲话》，中华人民共和国中央人民政府网，https：//www.gov.cn/xinwen/2016-05/17/content_ 5074162.htm，最后访问日期：2024年6月30日。

未有之大变局加速演进，世界进入新的动荡变革期"①，如何应对日趋严峻的全球性危机和挑战，"人类向何处去"等一系列重大问题也成为全世界共同面临的挑战。如何解决和应对这些问题与危机，是时代赋予我国哲学社会科学的历史使命，显然，若要回答这些问题，就需要哲学社会科学工作者们树立问题意识，从现实问题出发，回应与解决中国与世界所面临的重大课题，建构适应时代需求与发展的中国自主知识体系，实现对中国伟大实践的真正理解和追问，也为世界的发展贡献中国智慧、提供中国方案。②

4. 秉持自主开放的理念

建构中国自主知识体系，在继承中国传统知识体系的基础上，不仅要摆脱学徒思维的局限，挣脱西方所主导的知识体系的桎梏，致力于形成具有"主体性"与"原创性"内核的自主知识体系；也要避免画地为牢，需要以开放包容的胸怀接纳世界各国的优秀文化、思想精要，平等地与不同的国家、民族进行对话和交流，进而将中国自主知识体系放在世界和人类发展的大历史中，在融通古今中外文化的基础上建构出兼具继承性、发展性、民族性和世界性的知识体系，从而让中国的知识与理念成为人类文明发展中的关键要素，以中国自主知识创作来诠释中国立场、把握时代动向、引领世界潮流。③

二 非遗保护与自主知识体系建构互动机制分析

（一）非遗保护与建构自主知识体系的联系

非遗保护与建构自主知识体系之间天然就存在着紧密的内在联系。首

---

① 《习近平在中国人民大学考察时强调：坚持党的领导传承红色基因扎根中国大地　走出一条建设中国特色世界一流大学新路》，中华人民共和国中央人民政府网，https：//www.gov.cn/xinwen/2022-04/25/content_ 5687105.htm，最后访问日期：2024 年 6 月 30 日。
② 张雷声、韩喜平、肖贵清等：《建构中国特色哲学社会科学自主知识体系》，《马克思主义理论学科研究》2022 年第 7 期。
③ 田鹏颖：《中国式现代化视域下中国自主知识体系的构建》，《思想理论教育》2024 年第 5 期。

先，非遗作为中华优秀传统文化的重要组成部分，是中华民族智慧与文明的结晶，积累了丰富的文化成果，为建构自主知识体系提供了丰富的文化资源和精神滋养。非遗保护工作的推进，不仅为非遗的传承与发展提供更好的生存土壤和环境，也能够进一步深入挖掘和整理非遗中所蕴含的智慧结晶和价值观念，从而为中国自主知识体系的建构奠定了坚实厚重的文化根基，提供了丰富的资源宝库。

其次，随着非遗保护工作的持续推进，非遗保护工作取得了丰硕的实践成果，建立了非遗代表性项目和非遗项目代表性传承人名录体系，出台了《中华人民共和国非物质文化遗产法》（以下简称《非遗法》）等一系列法律法规，不断健全非遗保护保障制度，设立了文化生态保护区、非遗生产性保护示范基地等，探索了非遗进校园、非遗传承人研修培训计划等一系列保护措施与方法。而随着实践成果的不断积累，非遗学科建设的议题也逐渐被越来越多地提及，非遗学的概念逐渐进入学者的视野，并随着不断深入地研究与探讨，非遗学科的理论体系不断丰富，非遗学术共同体也逐渐形成，非遗学的学科架构也逐渐清晰。① 随着 2021 年教育部将"非物质文化遗产保护"设置为本科专业，非遗学正式成为一门学科，实现了非遗在高校中从研究方向到学科建制的转型，② 也标志着非遗保护与研究工作进入了一个全新的历史阶段。可以看到，非遗最初作为一个舶来的概念，随着非遗保护工作的不断展开，而逐渐形成了非遗学的概念，并在总结实践经验的基础上，逐步构建起自己的学科体系、学术体系与话语体系，形成了独立的学科，这一过程也正是建构中国自主知识体系的一次具体的实践，为自主知识体系的建构提供了生动鲜活的案例与经验。

最后，建构自主知识体系作为一项国家重大战略任务，一方面为非遗保护与非遗学科建设提供了坚定的理论和战略支持，使全社会能够更加深刻地

---

① 耿涵、孟兆熙、陈天凯：《作为交叉学科的非物质文化遗产学：理念、框架与路径》，《天津大学学报》（社会科学版）2023 年第 4 期。

② 郭平、张洁：《中国非物质文化遗产学科化发展脉络》，《天津大学学报》（社会科学版）2024 年第 3 期。

理解和认识非遗保护的价值和意义，为非遗保护工作的推进提供了更加坚实的认知基础和宏观政策的保障；另一方面也为非遗保护工作指明了发展的方向和思路，为非遗保护工作提供科学的指导与实践策略，有助于进一步推动非遗的创造性转化与创新性发展，促进非遗与现代社会的融合发展，让非遗在现代社会中发挥出更大价值，进而拓展非遗在现代化社会中的生存空间，实现非遗的活态传承与可持续发展。

（二）互动机制的构成要素与运行方式探究

非遗保护与自主知识体系建构之间的互动机制是一个复杂的多维度系统，涉及多个关键要素，这些要素之间相互关联、互相影响，共同推动着非遗保护与自主知识体系的互动与发展。具体而言，互动机制的构成要素及其互动方式主要包括以下几个方面。

1. 非遗文化资源共享与传播

非遗作为优秀传统文化的代表，蕴含着丰富的历史信息、技艺知识、文化内涵和思想智慧，这些宝贵的文化资源不仅是非遗保护工作的核心内容，也是自主知识体系建构的重要文化基础和灵感来源。

然而，非遗资源价值的有效彰显与发挥，有赖于非遗保护机构、传承人群体、科研机构及学者，以及广大社会公众之间的深度合作与资源共享。若非遗资源仅局限于少数传承人的手中，不仅将严重制约非遗保护工作的广度与深度，更难以激发公众对于非遗的认同感与兴趣度，从而难以唤醒民众的文化自觉意识。长此以往，非遗也终将失去赖以生存的社会土壤和文化环境。

因此，推动非遗资源的广泛共享与传播，成为连接各方力量、促进非遗活化与传承的基础。这一过程不仅促进了非遗文化价值的全面展现，为非遗保护工作提供了坚实的社会基础与支持，更在潜移默化中增强了民众的文化认同和文化自信，激发了民族自豪感，为建构中国自主知识体系营造了浓厚的文化氛围，打下了坚实的文化基础。而进一步通过学术化、系统化的资源共享与传播策略，非遗不仅能够在现代社会中焕发新的生命力，也能成为自

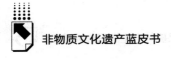

主知识体系建构的丰富宝库，成为连接过去与未来、传统与现代的重要桥梁。

2. 传承人的活态传承与创新

非物质文化遗产的传承人与传承人群，作为非遗技艺的主要承载者与守护者，不仅是非遗实践活动的直接参与者，更是非遗文化深层内涵与意义的传播者与创造者，他们在非遗的活态保护与文化价值构建中扮演着核心角色，在非遗保护实践中具有举足轻重的地位。同时，传承人不仅是传统知识的活记录，也是知识创新的先锋力量，其丰富的实践经验与传统智慧，对于建构具有民族特色的自主知识体系有不可替代的重要作用。

然而，传承人在传承非遗过程中，也不应该仅仅是忠于传统，只是严格遵循既定的样式与范式来传承非遗活动，更应积极吸纳现代理念、先进方法与技术手段，将其融入非遗实践之中，推动非遗适应现代社会发展需求，推动传统与现代的融合实践，最终实现非遗的活态传承与创新发展。

在传承人对非遗进行创造性转化与创新性发展的过程中，其不仅作为传统知识的宝库与载体，为自主知识体系提供了丰富的思想资源与深厚的文化底蕴，更在持续的探索与创新实践中，孕育出新颖的理念与见解，为自主知识体系的建构贡献了鲜活生动的实践案例与第一手资料，为自主知识体系的建构提供了融合古今的全方位支持与帮助。

3. 学界的知识整合与升华

研究机构与学者在非遗保护与自主知识体系构建过程中发挥着核心作用。研究机构与学者通过深入研究非遗，挖掘非遗所蕴含的历史渊源、文化内涵和社会价值，为非遗保护实践提供专业的智力支持和策略指导；并通过学术研究与传播，提高了民众对于非遗文化的认识与了解，激发了社会各界参与非遗保护的积极性；同时还通过总结非遗保护实践经验、跨学科的合作与学术交流等方式逐渐构建起非遗学的相关理论框架与知识体系，为非遗保护实践工作提供了重要的理论支持和实践指导。

此外，相关研究机构与学者也正是建构自主知识体系的主要实践者和推动者，是实现理论创新、建构自主知识体系的核心力量。非遗学学科的设立，正是许多学者不断努力研究和推动的结果，通过对现有保护实践以及非遗的深入研究与归纳总结，实现了对知识的整合与创新，使非遗这一外来概念，逐步发展成为具有中国特色的一个独立学科，这不仅是非遗研究领域的一大进步，也是自主知识体系建构的一个实践案例与尝试，实质性推动了建构自主知识体系工作的开展，也为后续工作提供了宝贵的经验。

4. 政策法规的引导与支持

政策法规是非遗保护与自主知识体系建构的重要外部保障。通过颁布《非遗法》及各地方配套的非遗保护条例与规范，极大丰富和完善了非遗保护的保障制度体系，不仅为非遗保护提供了政策、资金、技术和人才的支持与保障，也规范了非遗的传承、保护、开发与利用过程，确保非遗能够科学、合理、可持续地传承与发展。

同时，国家将建构中国自主知识体系作为一项重大战略任务，通过加强顶层设计与布局，为建构自主知识体系提供了重要的政策保障和方向指引，确保建构自主知识体系的工作能够沿着正确的方向，更加科学高效地推进知识创新、理论创新和方法创新，为世界的发展贡献中国智慧、提供中国方案。

三　非遗保护与建构自主知识体系的协同发展策略

非遗保护与建构自主知识体系之间存在着一个复杂而多维的互动机制，涉及非遗资源、传承人与传承人群、科研机构与学者、政策法规等多个关键要素。这些关键要素之间相互关联，共同推动着非遗保护与自主知识体系的发展、建构与完善。因此，为了更有效地传承与发展非遗，深入挖掘非遗文化内涵，实现非遗的活化利用和创新发展，并不断丰富中国自主知识体系，增强文化自信与提升国际影响力，需要在尊重传统、鼓励创新、注重实践、开放共享、科学布局的基础上，建立一个科学有效的协同发展机制和互动交流方式，进而才能更好地推动非遗保护与建构自主知识体系取得更加显著的成效。具体而言，可以采取如下对策。

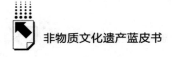

1. 强化学术研究

高校与科研机构作为学术探索与创新的前沿阵地，在非遗保护与研究中扮演着至关重要的角色，同时也是建构中国自主知识体系不可或缺的核心力量。因此，为了深化非遗保护与研究，加速自主知识体系的建构过程，需要高校与科研机构提高对相关领域的重视程度，加大相应的投入力度，广泛吸引并凝聚国内外优秀学者与研究人员的智慧与力量，构建一支实力雄厚、结构合理的科研队伍，共同投身于这一意义深远的学术探索之中，为非遗保护与研究以及建构自主知识体系奠定坚实的人才与智力基础。

同时，为进一步拓展研究的深度与广度，促进学术的繁荣与创新，应积极策划并举办高水平的学术会议、专题研讨会及国际交流论坛等。通过这些平台不仅能够促进不同高校与科研机构之间的信息共享与学术交流，也能有效拓展相关领域的研究视野，促进跨学科、跨领域的合作，激发新的研究视角与理论创新，从而全面提升非遗保护与研究以及建构自主知识体系的科学性、系统性和前瞻性。这一系列举措，不仅能够深化对于非遗保护的认识与传承保护，增强文化自信，还能有效推动中国自主知识体系的建构，为全球的发展贡献中国智慧。

2. 深化实践探索

无论是非遗保护还是建构自主知识体系，都离不开实践探索。实践探索作为理论构建的前提与基石，为理论的构建提供了丰富多元的实践案例与一手资料，深刻影响着对于非遗实践以及非遗保护策略的认识与经验体系，也是知识生成与知识体系形成过程中至关重要的环节。

对于非遗保护工作而言，通过不断推进保护的实践探索，一方面可以不断在实践中发现问题，并在此过程中积累经验，进而通过理性分析提炼出具有普遍指导意义的客观规律，为非遗学科的深化发展提供重要的经验与指导。另一方面，"实践是检验真理的唯一标准"，通过实践亦能验证既有理论的适用性与准确性，为理论的创新发展设定了客观评价标准，进而引领学科的发展方向。此外，实践探索也能为非遗的保护与传承探索出更多的保护途径与手段，为非遗的活态传承与创新发展提供更加多元的路径与可能。

同时，建构中国自主知识体系这一宏大命题本就根植于中国改革开放以来的现代化所取得的实践成果之中，由于中国发展道路的独特性与创新性，中国式现代化与西方模式存在本质差异，使得西方理论与知识体系难以合理解释中国的成果。因此，建构符合中国国情、能够深刻准确阐释中国发展成果的自主知识体系就显得尤为重要。然而，建构中国自主知识体系，不仅需要结合已有的实践成果，从中归纳、总结、提炼形成理论框架与知识体系，也要继续不断地进行实践探索，不断为理论构建提供更多鲜活的案例与参考，在一个动态发展的过程中建构出中国的自主知识体系。

3. 推动技术创新应用

随着数字技术的快速发展，新技术不断涌现，通过积极使用各类新兴技术手段，能为非遗保护与建构自主知识体系提供更多可能性，也能极大促进非遗保护与建构自主知识体系更加高效地展开与推进。

在非遗保护领域，数字化保护早已是非遗保护的重要手段，且随着数字技术的成熟与普及，多样化的数字技术已应用到非遗保护的各个维度。然而，尽管非遗数字化保护的应用越来越多，但由于开发成本高昂、技术门槛高等现实因素，新兴的大数据、虚拟现实、元宇宙、人工智能等技术在非遗保护之中应用仍然较少。因此，需要进一步推动这些新兴技术在非遗保护领域的创新应用，探索非遗与现代科技融合的新模式，促进非遗的创造性转化与创新性发展，实现传统与现代的和谐共生。

对于建构自主知识体系而言，大数据、知识图谱、人工智能等技术的介入，为知识体系的建构提供了强有力的工具，提高了知识创新的效率。然而这些技术本身也是理论与实践创新的结晶，其未来发展与应用成效，也会受到现有知识体系框架与内容的影响。以人工智能为例，作为其核心的大语言模型，其效能依赖于高质量、大规模的语料库的支持。语料库的丰富性、复杂性和准确性，直接决定了模型的性能与适用范围，而这些语料库往往就源自现有的实践成果与相关信息。因此，在建构自主知识体系时，应注重理论与实践的结合，积极将所得的知识融入实践应用之中，从而不仅可以通过实践反馈不断优化与完善知识体系，也能够确保人工智能

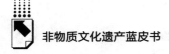

等技术在理解实践成果时的准确性与权威性，巩固并拓展自主知识体系的话语权与影响力。

4. 加强国际合作交流

加强与国际组织和其他国家在非遗保护与哲学社会学科建设等领域的交流与合作，不仅是非遗保护与建构自主知识体系的重要驱动力，也是推动构建人类命运共同体、促进全球文明互鉴与共荣的积极实践。通过举办国际展览、国际学术论坛等活动，可以全方位向国际社会展示我国在非遗保护领域的创新实践与自主知识体系中的创新成果，有效推广和传播中国非遗保护的成功经验与方法，为其他国家的发展模式与道路提供经验与借鉴，为应对全球性挑战提供中国方案。

同时，通过国际交流与合作活动，也能够更加深入广泛地了解和吸收世界各国的先进理念与实践成果，通过融合多元智慧，促进我国非遗保护与建构自主知识体系的高质量、深层次发展，丰富和拓展中国自主知识体系的内涵与边界，增加其适用性与兼容性，进而为世界文明与全人类的发展贡献独特的中国智慧。

四 结语

在建构中国自主知识体系这一国家重大战略中，非遗作为优秀传统文化的典型代表，发挥着重要的作用，其不仅是自主知识体系构建的文化基石，也为自主知识体系的建构提供了丰富的知识参照和灵感来源。同时，随着非遗保护工作的深化，非遗学也逐渐由概念发展成为一个真正的学科，而这一过程也正是自主知识体系建构的一次生动实践与创新探索，为自主知识体系建构提供了宝贵的实践经验。

深入剖析非遗保护与建构自主知识体系之间的内在联系，可以发现二者通过多维度、多层次的互动机制紧密相连，通过强化学术研究、深化实践探索、推动技术创新应用、加强国际交流合作等策略，进一步促进二者的协同发展，这不仅是非遗文化传承与创新的内在要求，也是提升国家文化软实力、增强文化自信的重要途径。二者协同发展、相互促进，将为中华优秀传统文化的活态传承与创新发展注入新的活力，为建构具有中国特色的自主知识体系贡献重要力量，为世界的进路与时代的发展提供中国方案与中国智慧。

B.5

非遗保护助推生态文明建设

——以海洋渔文化（象山）生态保护区为例

邓桃香*

摘　要：　文化生态保护区是我国非遗保护的重要类别，也是我国生态文明建设的重要推动力量。我国于 2007 年开始启动文化生态保护区建设，不仅在非遗保护工作中取得了显著成效，也促进了我国的生态文明建设。一方面，本文以海洋渔文化（象山）生态保护区为例，指出文化生态保护区建设通过顶层设计、联动相关部门、接轨国家重大战略、推动绿色发展、挖掘非遗资源以及依托节庆活动等方式助力生态文明建设。另一方面，如何进一步挖掘和利用非遗资源的生态价值、提升整体性保护意识是当前非遗保护助力生态文明建设面临的挑战。对此，文化生态保护区建设还需在挖掘生态价值以提升公众生态文明素养，完善评估体系以强化整体性保护意识，激发社会力量、促进公众积极参与这三大方面作进一步的努力。

关键词：　文化生态保护区　生态文明建设　整体性保护

　　"文化生态保护区是非遗保护的一个重要类别。"[①] 根据我国的《国家级文化生态保护区管理办法》，国家级文化生态保护区"是指以保护非物质文化遗产为核心，对历史文化积淀丰厚、存续状态良好，具有重要价值和鲜明

---

　　*　邓桃香，中山大学中国非物质文化遗产研究中心、中文系博士研究生。

　　①　高丙中：《文化生态的概念及其运用》，《清华大学学报》（哲学社会科学版）2024 年第 2 期，第 173 页。

特色的文化形态进行整体性保护，并经文化和旅游部同意设立的特定区域"①。实质上，我国的文化生态保护区建设是对非物质文化遗产（以下简称"非遗"）进行整体性保护的实验性探索实践，②是我国非遗保护的重要组成部分。2007~2023年这十多年间，我国"将非物质文化遗产及其得以孕育发展的文化和自然生态环境进行整体保护，以开放性思维、系统性观念建设'文化生态保护区'，走出了一条整体性活态保护非遗之路"③。即我国文化生态保护区建设以整体性保护的方式，不仅保护非遗，也保护非遗存续所依赖的自然环境。由此看来，关注并保护相关自然环境、关注生态环境治理是文化生态保护区建设的应有之义。

我国出台的一系列与文化生态保护区建设相关的政策文件，也强调了保护自然环境、坚持人与自然和谐共生的重要性。2010年《文化部关于加强国家级文化生态保护区建设的指导意见》将"科学制定文化生态保护区总体规划"④规定为基本措施之一，明确指出"总体规划应当体现人与自然和谐相处、文化遗产保护与区域经济社会全面协调发展的要求"⑤；2018年《国家级文化生态保护区管理办法》第四条明确规定："国家级文化生态保护区建设应坚持保护优先、整体保护、见人见物见生活的理念，既保护非物质文化遗产，也保护孕育发展非物质文化遗产的人文环境和自然环境。"⑥

---

① 《国家级文化生态保护区管理办法》，中华人民共和国中央人民政府网站，https：//www.gov.cn/gongbao/content/2020/content_5467515.htm，最后访问日期2025年5月22日。

② 楚国帅：《中国文化生态保护区建设的现状分析与未来走向》，《民俗研究》2021年第3期。

③ 刘礼堂：《走好新时代文化生态整体性保护之路》，《光明日报》2023年2月22日，第7版。

④ 《文化部关于加强国家级文化生态保护区建设的指导意见（2010）》，中国民俗学网，https：//www.chinafolklore.org/web/index.php？NewsID=16023，最后访问日期：2025年3月17日。

⑤ 《文化部关于加强国家级文化生态保护区建设的指导意见（2010）》，中国民俗学网，https：//www.chinafolklore.org/web/index.php？NewsID=16023，最后访问日期：2025年3月17日。

⑥ 《国家级文化生态保护区管理办法》，中华人民共和国司法部官网，https：//www.moj.gov.cn/pub/sfbgw/flfggz/flfggzbmgz/202101/t20210122_146290.html，最后访问日期：2025年3月17日。

可见，保护非遗的存续所依赖的自然环境，坚持保护区内人与自然和谐共生是我国文化生态保护区建设的重要内容。

坚持人与自然和谐共生、保护自然环境是生态文明建设的关切点。2018年，习近平在全国生态环境保护大会上强调坚持人与自然和谐共生是新时代推进生态文明建设必须的原则之一。① 可见，我国文化生态保护区建设和生态文明建设高度相关，实现人与自然和谐共生是二者的共同关切。另外，郑晓云指出，"生态文明建设不能缺少文化作为灵魂"，生态文明建设"必须要有文化的支撑"②。因此，非遗作为我国优秀传统文化的重要部分，是助推我国生态文明建设的支撑。对此，刘永明也明确指出，我国"非遗保护设立国家级文化生态保护实验区是生态文明建设的一个创新之举"③。

一 我国文化生态保护区建设的主要进展

（一）我国文化生态保护区建设的总体进展

1. 顶层设计引领方向，以非遗保护助推生态文明建设

在国际层面，非遗作为可持续发展动力和保证的作用已经得到承认。《实施〈保护非物质文化遗产公约〉的业务指南》指出："……缔约国应通过所有适当方式努力确认非物质文化遗产的重要性，加强非物质文化遗产作为可持续发展驱动力和保证的作用，并将保护非物质文化遗产充分融入其各层面的发展规划、政策和项目。在认识到保护非物质文化遗产与可持续发展之间相互依存关系的同时，缔约国应在其保护措施中努力保持可持续发展三个维度（经济、社会和环境）的平衡，及保持它们与和平、安全之间相互

---

① 《习近平：推动我国生态文明建设迈上新台阶》，求是网，http://www.qstheory.cn/dukan/qs/2019-01/31/c_1124054331.htm，最后访问日期：2015年3月17日。
② 郑晓云：《用文化的力量助推生态文明建设》，《光明日报》电子版，2018年10月29日第6版。https://news.gmw.cn/2018-10/29/content_31843934.htm。
③ 刘永明：《从建设生态文明角度审视非物质文化遗产保护》，《西南民族大学学报》（人文社会科学版）2014年第2期，第60页。

依存的关系，并为此通过参与的方式促进相关专家、文化中介人及协调人之间的合作。"① 这里不仅强调了非遗作为可持续发展驱动力的重要作用，也强调了非遗保护与可持续发展三个维度（经济、社会和环境）之间相互依存的关系。《实施〈保护非物质文化遗产公约〉的业务指南》在国际层面为非遗保护助力生态文明建设提供了重要指引。

我国在非遗保护助力生态文明建设方面提供了政策引领。2010年文化部出台《文化部关于加强国家级文化生态保护区建设的指导意见》，明确规定国家级文化生态保护区设立的五大条件之一就是"非物质文化遗产所依存的自然生态环境和人文生态环境良好"②。《文化部关于加强国家级文化生态保护区建设的指导意见》将"科学制定文化生态保护区总体规划"③ 作为十大基本措施之一，并强调"总体规划应当体现人与自然和谐相处"④。2011年1月文化部办公厅出台《关于加强国家级文化生态保护区总体规划编制工作的通知》，并规定："'总体规划'应纳入保护区所在地区的国民经济和社会发展规划、城乡建设规划，应与相关的生态保护、环境治理、土地利用、旅游发展、文化产业等各类专门性规划相衔接"⑤。2018年《国家级文化生态保护区管理办法》第十五条规定："国家级文化生态保护区总体规划应纳入本省（区、市）国民经济与社会发展总体规划，要与相关的生态保护、环境治理、土地利用、旅游发展、文化产业等专门性规划和国家公

① 《实施〈保护非物质文化遗产公约〉的业务指南（2022年修订版）》，中国非物质文化遗产网·中国非物质文化遗产数字化保护中心，https：//www.ihchina.cn/zhengce_details/27534，最后访问日期：2025年3月17日。

② 《文化部关于加强国家级文化生态保护区建设的指导意见》，中国民俗学网，https：//www.chinafolklore.org/web/index.php? NewsID=16023，最后访问日期：2025年3月17日。

③ 《文化部关于加强国家级文化生态保护区建设的指导意见》，中国民俗学网，https：//www.chinafolklore.org/web/index.php? NewsID=16023，最后访问日期：2025年3月17日。

④ 《文化部关于加强国家级文化生态保护区建设的指导意见》，中国民俗学网，https：//www.chinafolklore.org/web/index.php? NewsID=16023，最后访问日期：2025年3月17日。

⑤ 《文化部办公厅〈关于加强国家级文化生态保护区总体规划编制工作的通知〉》，湖北非物质文化遗产网，https：//wlt.hubei.gov.cn/hbsfwzwhycw/zcfg/whhlybxggzwj/202005/t20200519_2278059.shtml，最后访问日期：2025年3月17日。

园、国家文化公园、自然保护区等专项规划相衔接。"① 上述文件在自然生态环境保护、人与自然和谐共生、环境治理等方面，为我国生文明建设提供了政策引领。即我国在政策层面落实了文化生态保护区建设与生态文明建设之间的互动关系，也提供了较为具体的政策性指引，为以文化生态保护区建设助推生态文明建设奠定了基调。

2. 保护非遗的存续所依赖的自然环境已成共识

文化生态保护区建设是我国非遗保护工作的重要举措之一，其建设实践不仅直接推动了我国非遗保护工作的展开，也助推了我国生态文明建设。截至 2023 年 8 月 25 日，我国共设立了 25 个国家级文化生态保护（实验）区，涉及山西、浙江、安徽、福建等 17 个省（区、市）②，以此为主要抓手有序推进非遗保护工作的开展。建设过程中，保护非遗的存续所依赖的自然环境已经成为共识。在理论层面，相关研究者就此达成了共识。卞利认为，"既然设立文化生态保护区，显然应该加以保护的不仅仅是非物质文化遗产，它应当是以非物质文化遗产为重点保护对象、以自然生态环境和人文生态环境保护相结合的一种全方位的保护"③。高丙中指出，"文化生态保护区在构成上是以非物质文化遗产为核心，并把非遗代表作的存续所依赖的自然环境、物质文化遗产和传承人群及其社区作为一个整体予以保护的区域"④。

在实践层面，各国家级文化生态保护（实验）区就保护非遗的存续所依赖的自然环境达成共识，主要体现为两大方面。

第一，在规划阶段，将自然生态环境保护融入《国家级文化生态保护

① 《国家级文化生态保护区管理办法》，中华人民共和国司法部官网，https：//www. moj. gov. cn/pub/sfbgw/flfggz/flfggzbmgz/202101/t20210122_ 146290. html，最后访问日期 2025 年 3 月 17 日。

② 《国家级文化生态保护（实验）区》，中华人民共和国文化和旅游部官网，https：// sjfw. mct. gov. cn/site/dataservice/protect，最后访问日期：2025 年 3 月 17 日。

③ 卞利：《文化生态保护区建设中存在的问题及其解决对策——以徽州文化生态保护实验区为例》，《文化遗产》2010 年第 4 期，第 27 页。

④ 高丙中：《文化生态的概念及其运用》，《清华大学学报》（哲学社会科学版）2024 年第 2 期，第 173 页。

区总体规划》。如《河洛文化生态保护区总体规划（2021~2035）》将"非物质文化遗产所依存的自然生态环境"作为六大保护对象之一。①《说唱文化（宝丰）生态保护区总体规划》将"维护并改善生态区内的自然环境，稳固说唱文化传承和可持续发展的坚实基础"②作为中期建设的三大目标之一。《江西省人民政府在关于景德镇陶瓷文化生态保护区总体规划（2021~2035 年）的批复》中强调《景德镇陶瓷文化生态保护区总体规划（2021~2035 年）》"应纳入景德镇市国民经济与社会发展总体规划，并与相关的生态保护、环境治理……专门性规划和国家公园、国家文化公园、自然保护区等专项规划相衔接。"③《武陵山区（渝东南）土家族苗族文化生态保护实验区总体规划》中明确强调"文化遗产与生态保护相结合"④，指出"保护区的建设，既要保护非物质文化遗产代表性项目，也要为非物质文化遗产的生存、发展营造各种良好的生态环境。"⑤《客家文化（闽西）生态保护区总体规划》强调"经过整体性保护，……浓厚的人文环境与美好的自然环境融为一体，……让居民望得见山、看得见水、记得住乡愁，助力乡村振兴。"⑥同时，也在规划中提出了更为具体的建设目标，如"按照有关规划整治村落、街区周边环境，整治公共空间和庭院环境，消除私搭乱建、乱堆乱放，

① 《〈河洛文化生态保护区总体规划（2021~2035）〉出台》，河南省人民政府网，https://www.henan.gov.cn/2022/05-23/2453974.html，最后访问日期：2025 年 3 月 17 日。

② 《平顶山说唱文化（宝丰）生态保护发展中心关于国家级说唱文化（宝丰）生态保护实验区 2023 年度建设自评情况的公示》，宝丰县人民政府网，https://www.baofeng.gov.cn/contents/16434/44386.html，最后访问日期：2025 年 3 月 17 日。

③ 《江西省人民政府关于景德镇陶瓷文化生态保护区总体规划（2021~2035 年）的批复》，江西省人民政府网，https://www.jiangxi.gov.cn/jxsrmzf/pzjgx116/pc/content/content_1834483530109759488.html，最后访问日期：2025 年 3 月 17 日。

④ 《武陵山区（渝东南）土家族苗族文化生态保护实验区总体规划》，重庆市文化和旅游发展委员会官网，https://whlyw.cq.gov.cn/zwgk_221/fdzdgknr/ghxx/202111/t20211101_9913002_wap.html，最后访问日期：2025 年 3 月 17 日。

⑤ 《武陵山区（渝东南）土家族苗族文化生态保护实验区总体规划》，重庆市文化和旅游发展委员会官网，https://whlyw.cq.gov.cn/zwgk_221/fdzdgknr/ghxx/202111/t20211101_9913002_wap.html，最后访问日期：2025 年 3 月 17 日。

⑥ 《福建省人民政府办公厅关于印发客家文化（闽西）生态保护区总体规划的通知》，福建省人民政府，https://www.fujian.gov.cn/zwgk/ghjh/ghxx/201911/t20191105_5085152.htm，最后访问日期：2025 年 3 月 17 日。

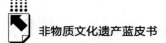
推进社区绿化，为社区'留白''留绿'。"① "加快'一江两岸'景观修复"②。

第二，在具体的实践阶段，开展保护、修复生态环境工作，助推文化生态保护区建设与生态文明建设相衔接。如说唱文化（宝丰）生态保护实验区在建设过程中，"加强与发改、自然资源、生态环境、水利等部门的沟通对接，实现了《宝丰县国土空间规划（2021~2035）》《宝丰县'十四五'生态环境保护和生态经济发展规划》等部门规划和生态区规划的紧密衔接。"③ 通过促进文化生态保护区建设实践与生态保护等专项规划相衔接，推动多部门联动，开展生态环境保护工作。此外，说唱文化（宝丰）生态保护实验区"实施矿山修复和水环境治理工程，加强对矿产资源和水资源的保护，将大龙山、香山、文笔山、应河、净肠河等重点区域纳入国土空间规划生态控制区。"④ 上述保护措施推动了保护区内自然环境修复、环境治理和资源保护工作，助力生态文明建设。

（二）以海洋渔文化（象山）生态保护区的建设为例

习近平总书记在广东考察时强调："加强海洋生态文明建设，是生态文明建设的重要组成部分。"⑤ 截至 2023 年 8 月 25 日，国家级海洋渔文化

① 《福建省人民政府办公厅关于印发客家文化（闽西）生态保护区总体规划的通知》，福建省人民政府，https：//www.fujian.gov.cn/zwgk/ghjh/ghxx/201911/t20191105_5085152.htm，最后访问日期：2025 年 3 月 17 日。

② 《福建省人民政府办公厅关于印发客家文化（闽西）生态保护区总体规划的通知》，福建省人民政府，https：//www.fujian.gov.cn/zwgk/ghjh/ghxx/201911/t20191105_5085152.htm，最后访问日期：2025 年 3 月 17 日。

③ 《平顶山说唱文化（宝丰）生态保护发展中心关于国家级说唱文化（宝丰）生态保护实验区 2023 年度建设自评情况的公示》，宝丰县人民政府网，https：//www.baofeng.gov.cn/contents/16434/44386.html，最后访问日期：2025 年 3 月 17 日。

④ 《平顶山说唱文化（宝丰）生态保护发展中心关于国家级说唱文化（宝丰）生态保护实验区 2023 年度建设自评情况的公示》，宝丰县人民政府网，https：//www.baofeng.gov.cn/contents/16434/44386.html，最后访问日期：2025 年 3 月 17 日。

⑤ 《习近平在广东考察时强调坚定不移全面深化改革扩大高水平对外开放在推进中国式现代化建设中走在前列》，中共中央党校（国家行政学院），https：//www.ccps.gov.cn/xtt/202304/t20230413_157615.shtml。

（象山）生态保护区作为我国唯一一个海洋渔文化生态保护区，对我国生态文明建设，尤其是海洋生态文明建设具有重要意义。截至 2024 年，国家级海洋渔文化（象山）生态保护区建设已经走过了 14 个年头，积累了丰富的保护实践经验。2007 年，象山县正式着手申报工作；① 2010 年 6 月，文化部批准建立海洋渔文化（象山）生态保护实验区②；2013 年 2 月，《海洋渔文化（象山）生态保护实验区总体规划》获文化部批准实施；2019 年底，海洋渔文化（象山）生态保护区入选首批国家级文化生态保护区。③ 2021 年，象山县召开国家级海洋渔文化生态保护区工作推进会，公布了将重点建设的 20 个项目，进一步细化并推动海洋渔文化（象山）生态保护区的建设。④ 有学者认为，"国家级海洋渔文化（象山）生态保护区就是海洋渔文化整体性保护的典范。"⑤

　　海洋渔文化（象山）生态保护区拥有极为丰富的非遗资源和自然资源。2023 年象山统计公报数据显示，象山县拥有国家级非遗项目 7 个，省级非遗项目 16 个、市级非遗项目 51 个、县级非遗项目 176 个。⑥ 宁波市象山县地处东海之滨，全县陆域面积 1382 平方公里，海域面积 6618 平方公里，海岸线长达 987.51 公里，兼具山、海、港、滩、涂、岛资源。⑦ 可以说，象山县丰富的自然资源为海洋渔文化的生存、保护和发展提供了一片沃土。自

---

① 孙建军：《面对大海的敬畏与坚守——中国海洋渔文化生态保护的"象山标本"》，《今日浙江》2013 年第 8 期，第 56 页。

② 《全省唯一！国家级海洋渔文化（象山）生态保护区正式颁牌》，澎湃新闻网，https：//www.thepaper.cn/newsDetail_ forward_ 12754770，最后访问日期：2025 年 3 月 17 日。

③ 《全省唯一！国家级海洋渔文化（象山）生态保护区正式颁牌》，澎湃新闻网，https：//www.thepaper.cn/newsDetail_ forward_ 12754770，最后访问日期：2025 年 3 月 17 日。

④ 《国家级海洋渔文化（象山）生态保护区 20 个重点建设项目亮相》，宁波市文化广电旅游局网站，https：//wglyj.ningbo.gov.cn/art/2021/10/15/art_ 1229057570_ 58921317.html，最后访问日期：2025 年 3 月 17 日。

⑤ 冯建伟：《对话 | 构建活态传承机制 守护中华传统渔文化》，澎湃新闻网，https：//www.thepaper.cn/newsDetail_ forward_ 24350108，最后访问日期：2025 年 3 月 17 日。

⑥ 《2023 年象山统计公报出炉！》，象山新闻门户网，https：//www.cnxsg.cn/yw/202501/t20250108_ 1682993.shtml，最后访问日期：2025 年 3 月 17 日。

⑦ 汪丹薇、王薇、欧阳旭等：《浙江象山打造北纬 30 度最美海岸线》，《环境经济》2022 年第 15 期。

2010年以来，国家级海洋渔文化（象山）生态保护区的建设实践不仅推动了非遗保护工作，也成为助力生态文明建设，特别是海洋生态文明建设的推手。国家级海洋渔文化（象山）生态保护区助力生态文明建设的进展主要体现在以下几方面。

1. 顶层设计引领，将自然生态保护嵌入文化生态保护区建设

为推动海洋渔文化（象山）生态保护区建设，象山县出台了相应管理办法和建设方案，将生态环境保护工作放在重要位置。

2020年10月，象山县出台《海洋渔文化（象山）生态保护区管理办法（试行）》，将保护区的自然环境保护工作放在重要位置。第四条规定："保护区……既保护非物质文化遗产，也保护孕育发展非物质文化遗产的人文环境和自然环境……"①，将自然环境保护也摆在了保护区建设的突出位置；第五条规定："县级有关部门要……将《海洋渔文化（象山）生态保护实验区总体规划》与全县生态保护、环境治理、土地利用、旅游发展、文化产业等专门性规划和国家公园、国家文化公园、自然保护区等专项规划相衔接"②，即强调各相关部门通过协同合作来推进文化生态保护区建设，同时也积极开展全县的生态保护、环境治理等工作；第二十条规定："深入挖掘、阐释海洋渔文化蕴含的优秀思想观念、人文精神、道德规范，积极融入乡风文明示范线建设，助力乡村振兴"③，强调海洋渔业文化与乡风文明示范线的融合。

2021年2月，象山县人民政府同意并印发了《国家级海洋渔文化（象山）生态保护区建设方案（2021～2025）》，提出"到2025年底，争

---

① 《象山县人民政府关于印发海洋渔文化（象山）生态保护区管理办法（试行）的通知》，象山县人民政府网，https：//www.xiangshan.gov.cn/art/2020/11/11/art_1229591314_5896 5346.html，最后访问日期：2025年3月17日。
② 《象山县人民政府关于印发海洋渔文化（象山）生态保护区管理办法（试行）的通知》，象山县人民政府网，https：//www.xiangshan.gov.cn/art/2020/11/11/art_1229591314_5896 5346.html，最后访问日期：2025年3月17日。
③ 《象山县人民政府关于印发海洋渔文化（象山）生态保护区管理办法（试行）的通知》，象山县人民政府网，https：//www.xiangshan.gov.cn/art/2020/11/11/art_1229591314_5896 5346.html，最后访问日期：2025年3月17日。

取……文化生态、自然生态和社会生态得到整体保护和融合发展"①，将自然生态的整体保护作为发展目标之一；提出将加强母体环境保护作为重点任务之一，包括"深入推进国家级海洋生态文明示范区和省生态海岸带建设，实施海洋生态修复工程，加大海域、海岛、岸线、滩涂、湿地保护与整治力度，创新韭山列岛国家海洋生态自然保护区、渔山列岛国家海洋生态特别保护区建设和管理机制，保护重要生态系统、物种资源和自然文化遗产。打造美丽风情渔港、和美海岛、斑斓海岸，推广绿色渔村、绿色港口、绿色商贸等建设，推动形成资源节约、环境友好的生产方式和简约适度、绿色低碳的生活方式，提升渔区民众美好生活水平……"②。这一系列的相关任务都与当地的生态环境保护有着紧密的联系，引领海洋渔文化（象山）生态保护区建设与生态环境保护工作对接，助力象山县的生态文明建设。

2. 联动相关部门，将自然生态保护融入文化生态保护区建设

文化生态保护区建设是一个系统性工程。在保护、维护和修复生态环境方面，需要相关职能部门之间互相配合，合力整合资源，实现资源共享共建，联合增效。建设过程中，象山县积极联动有关职能部门，开展自然生态保护工作，助力生态文明建设。该项工作主要体现在以下几方面。

第一，联动象山县自然资源和规划局，开展海洋生态修复工程，优化海洋渔文化发展环境。推进海洋生态文明建设，要"推进实施岸线和滩涂湿地保护恢复、海洋生物多样性保护、生态安全屏障建设等海洋生态保护工程。"③ 如前所述，2021 年出台的《国家级海洋渔文化（象山）生态保护区建设方案（2021~2025）》，将加强自然环境保护作为国家级海洋渔文化

---

① 《象山县人民政府关于印发国家级海洋渔文化（象山）生态保护区建设方案（2021~2025）的通知》，象山县人民政府网，https：//www.xiangshan.gov.cn/art/2021/2/18/art_1229680 424_1752086.html，最后访问日期：2025 年 3 月 17 日。

② 《象山县人民政府关于印发国家级海洋渔文化（象山）生态保护区建设方案（2021~2025）的通知》，象山县人民政府网，https：//www.xiangshan.gov.cn/art/2021/2/18/art_1229680 424_1752086.html，最后访问日期：2025 年 3 月 17 日。

③ 苏月秋、闫彩琴：《坚持绿色发展理念 积极推进海洋生态文明建设》，《光明日报》电子版，2023 年 7 月 19 日第 6 版。https：//news.gmw.cn/2023-07/19/content_36705681.htm。

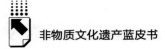
（象山）生态保护区建设的重点任务之一。具体任务包括由象山县自然资源和规划局牵头，实施海洋生态修复工程，加大海域、海岛、岸线、滩涂、湿地保护与整治力度。① 实际上，早在 2012 年，象山县就开始积极将海洋生态修复工程积极融入海洋渔文化（象山）生态保护区建设，不断优化海洋渔文化发展环境。2012~2020 年，象山县陆续申请了 7 个海洋生态修复项目，修复范围包括石浦港海域海岸带、松兰山海岸带、爵溪街道下沙及大吞沙滩、檀头山岛、东门岛、石浦港海域海岸带、花岙岛生态岛礁，所有项目均已于 2020 年底完成验收。② 其中，在花岙岛生态岛礁建设项目中，修复花岙岛沙滩总长 522 米，沙滩面积 6.1 万平方米，铺沙近 10.54 万立方米，加固天作塘海堤 248.96 米，修复卵石滩 19752.32 平方米，修复岸线并新建游步道总长 812.47 米，香桩码头区域新建及修复护岸 612 米，景观绿化 1119.18 平方米；③ 在东门岛生态保护修复项目中，主要开展了废弃物处理工程、海岛植被修复工程、滩涂岸线修复工程、生态旅游景观修复工程、海洋文化保护及特色渔村修复工程、海岛环境监视监测及生态评估工作六个子项目。④ 这些有序开展的海洋生态修复工程，为海洋渔文化（象山）生态保护区建设打下了坚实基础，也为当地的生态文明建设贡献了力量。

第二，象山县文化和广电旅游体育局联动有关职能部门，以文化为抓手，转化生态修复成果，促进生态环境治理与产业开发深度融合，推进生态产品价值实现，形成良性循环。如"宁波市（象山）海洋生态保护修复工

① 《象山县人民政府关于印发国家级海洋渔文化（象山）生态保护区建设方案（2021~2025）的通知》，象山县人民政府网，https：//www. xiangshan. gov. cn/art/2021/2/18/art_ 1229680 424_ 1752086. html，最后访问日期：2025 年 3 月 17 日。

② 《我市两个中央海域使用金项目通过验收！》，"宁波自然资源规划"微信公众号，https：// mp. weixin. qq. com/s/aJWQDJZAzaKkxk8IMcrAyg，最后访问日期：2025 年 3 月 17 日。

③ 《象山县花岙岛生态岛礁建设项目和东门岛生态保护修复项目通过省级验收》，浙江省自然资源厅官网，https：//zrzyt. zj. gov. cn/art/2020/12/16/art_ 1289955_ 58934748. html，最后访问日期：2025 年 3 月 17 日。

④ 《象山县花岙岛生态岛礁建设项目和东门岛生态保护修复项目通过省级验收》，浙江省自然资源厅官网，https：//zrzyt. zj. gov. cn/art/2020/12/16/art_ 1289955_ 58934748. html，最后访问日期：2025 年 3 月 17 日。

程"项目，是2023年象山县重点治理项目，①主要工作任务包含西沪港海洋生态保护修复项目和蟹钳港海洋生态保护修复项目两个子项目，共包含滨海湿地生态修复、生物礁修复和海堤生态化改造三大类工程。该项目成立了"宁波市（象山）海洋生态保护修复工程"项目建设工作领导小组，涉及县自然和资源规划局、县水利局、县渔业局、县农业农村局、县文广旅体局、市生态环境局象山分局等多个职能部门，并明确了各相关职能部门的主要职责。其中，县文广旅体局负责项目实施内容并与旅游规划和文旅产品相结合，使生态修复的生态、经济、社会效益最大化。②

3.接轨重大战略，找准非遗定位

象山县积极接轨国家重大战略，找准非遗保护定位，努力发挥非遗资源优势。该项工作主要体现在以下两方面。第一，接轨乡村振兴战略，联动"乡风文明示范线"建设，合理利用非遗项目，推动生态环境治理工作深入乡镇、街道。2018年，象山县制定出台了《象山县乡风文明示范线建设工作意见》，要求每个乡镇、街道至少建成1条"产业兴旺、生态宜居、乡风文明、治理有效、生活富裕"的乡风文明示范线。在建设过程中，为避免"千村一面"的情况，非遗项目往往成为各乡镇、街道政府的首选，③合理利用非遗资源助力乡风文明示范线建设。截至2020年9月，象山县已经建成了"斑斓海岸""泗洲乡韵"等9条文明示范线，④极大地促进了当地的自然环境保护、环境卫生整治工作。2018年5月初，象山县还率先出台了

---

① 《打造海上"两山"实践地——浙江象山海洋生态保护与修复纪实》，宁波市自然资源和规划局官网，https：//zgj. ningbo. gov. cn/art/2024/1/2/art_ 1229036865_ 58970177. html，最后访问日期：2025年3月17日。

② 《象山县人民政府办公室关于印发宁波市（象山）海洋生态修复项目实施意见的通知》，象山县人民政府网，https：//www. xiangshan. gov. cn/art/2023/5/8/art_ 1229680425_ 1773200. html，最后访问日期：2025年3月17日。

③ 《海洋渔文化生态保护的"象山实践"》，宁波市文化广电旅游局官网，https：//wglyj. ningbo. gov. cn/art/2020/9/15/art_ 1229057568_ 57655116. html，最后访问日期：2025年3月17日。

④ 《海洋渔文化生态保护的"象山实践"》，宁波市文化广电旅游局官网，https：//wglyj. ningbo. gov. cn/art/2020/9/15/art_ 1229057568_ 57655116. html，最后访问日期：2025年3月17日。

乡村文明示范线建设标准，将该建设标准与象山县的农村环境卫生整治、"五水共治"等重点工作紧密结合。①

第二，接轨可持续发展战略，联动环石浦港生态环境导向的开发（EOD②）项目，以海洋渔文化非遗保护与传承为抓手，转化生态环境治理成果，促进生态环境治理与产业开发项目融合。通过环石浦港生态环境导向的开发（EOD）项目自身运营获得产业收益，反哺生态环境治理，建立以海域生态环境保护修复为核心、以"海上两山"为特色的"海岛—海港"型 EOD 模式。该项目主要依托五大项目，其中之一为"东门岛海洋渔文化非遗保护与传承"项目，该项目主要建设东门岛渔文化保护和传承中心、游客集散中心、东门岛旅游综合开发体配套基础设施等三个工程。③

4. 推动绿色发展，转化文化生态保护区建设成果

创新海洋绿色发展路径是推进海洋生态文明建设的一大举措。④ 积极将文化生态保护区的建设成果和资源转化融入社会经济发展，有效推动坚持绿色发展路径，助推生态文明建设。近年来，象山县深入学习贯彻习近平生态文明思想，积极践行"绿水青山就是金山银山"理念⑤，积极推动海洋渔文化（象山）生态保护区建设融入社会经济发展，展开"海上两山"实践，

---

① 《乡风文明示范线打造象山乡村振兴样板》，宁波文明网，http：//nb. wenming. cn/wmjj/201805/t20180517_ 5212686. shtml，最后访问日期：2025 年 3 月 17 日。

② 生态环境导向的开发模式（Eco-environment-Oriented Development，EOD 模式），是以生态保护和环境治理为基础，以特色产业运营为支撑，以区域综合开发为载体，采取产业链延伸、联合经营、组合开发等方式，推动公益性较强、收益性差的生态环境治理项目与收益较好的关联产业有效融合，统筹推进，一体化实施，将生态环境治理带来的经济价值内部化，是一种创新性的项目组织实施方式（《一图读懂 EOD 模式与试点实践》，中华人民共和国生态环境部官网，https：//www. mee. gov. cn/zcwj/zcjd/202112/t20211214_ 964030. shtml，最后访问日期：2025 年 3 月 17 日）。

③ 《环石浦港 EOD 项目入列中央环保金融支持储备库》，象山县人民政府网，https：//www. xiangshan. gov. cn/art/2022/12/20/art_ 1229045037_ 59084786. html，最后访问日期：2025 年 3 月 17 日。

④ 苏月秋、闫彩琴：《坚持绿色发展理念 积极推进海洋生态文明建设》，《光明日报》电子版，2023 年 7 月 19 日第 6 版。https：//news. gmw. cn/2023-07/19/content_ 36705681. htm。

⑤ 宁波市生态环境局象山分局、中共象山县委改革办：《"碧海银滩也是金山银山"——象山县"海上两山"实践探索》，《宁波经济（三江论坛）》2023 第 7 期。

坚持绿色发展路径，助推生态文明建设。该工作的进展主要体现在以下几方面。

第一，立足当地特色，撬动美丽经济。依托丰富的海岸线资源，培育打造"象山北纬30度最美海岸线"文旅品牌。2021年，象山县提出把打造"象山北纬30度最美海岸线"文旅品牌作为国家级海洋渔文化生态保护区的重点项目之一。① 首先，象山县政府编制了海岸带综合发展规划，积极打造"北纬30度最美海岸线"旅游品牌，② 在规划阶段便奠定了深度开发滨海旅游和促进绿色发展的基调。2022年，象山县政府承办了2022杭州亚运会帆船帆板与沙滩排球赛事，并趁此东风联合旅游、文化、运动等多产业，擦亮"北纬30度最美海岸线"品牌。③ 2024年4月21日，象山县举办象山农信联社杯·2024象山马拉松比赛，来自国内外的近万名选手共同领略"北纬30度最美海岸线"风光，④ "象山北纬30度最美海岸线"文旅品牌影响力不断扩大。

第二，依托海岛资源，将生态修复工程作为主要推手，改善生态环境，提升生态价值，助力美丽海岛旅游。象山县花岙岛是代表案例之一。生态修复工程启动以前，花岙岛生态环境破败，旅游发展陷入僵局。在此背景下，花岙岛抓住宁波市"蓝色海湾整治行动"重点项目建设的机遇，在2016~2020年实施了一系列修复生态环境的措施，具体包括：整治与修复岛体、保护珍稀品种和特有品种等，使自然风貌焕然一新，实现了"水清、岸绿、滩净、湾美、岛丽"的目标。花岙岛也摇身一变成为省级海岛公园，给海岛旅游带来新机遇、注入新活力。⑤

---

① 《国家级海洋渔文化（象山）生态保护区20个重点建设项目亮相》宁波市文化广电旅游局官网，https：//wglyj. ningbo. gov. cn/art/2021/10/15/art_ 1229057570_ 58921317. html，最后访问日期：2025年3月17日。

② 曾毅：《在北纬30度绘就共富"山海图"》，《光明日报》电子版，2022年8月17日第9版。https：//epaper. gmw. cn/gmrb/html/2022-08/17/nw. D110000gmrb_ 20220817_ 5-09. htm.

③ 宁波市生态环境局象山分局、中共象山县委改革办：《"碧海银滩也是金山银山"——象山县"海上两山"实践探索》，《宁波经济（三江论坛）》2023第7期。

④ 《"北纬30度最美海岸线名不虚传"》，象山县人民政府网，https：//www. xiangshan. gov. cn/art/2024/4/23/art_ 1229045037_ 59174511. html，最后访问日期：2025年3月17日。

⑤ 宁波市生态环境局象山分局、中共象山县委改革办：《"碧海银滩也是金山银山"——象山县"海上两山"实践探索》，《宁波经济（三江论坛）》2023第7期。

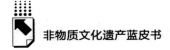
第三，象山县将当地丰富的非遗资源融入当地社会经济发展，推动渔文旅融合发展，以非遗资源撬动美丽经济。如充分发挥石浦作为全国中心渔港建设和东南沿海著名渔港古城的历史优势，积极打造石浦现代渔港经济区。在合理利用开渔节、谢洋节等传统民俗活动的基础上，借力旅游和文化深度融合的方式推出渔港风情小镇的旅游路线，推动当地海滨休闲旅游的新发展。① 花岙盐场依托国家级非遗项目"海盐晒制技艺"，推出非遗研学产品，使传统非遗走上创新发展之路。② 与非遗传承人携手，推进文旅融合发展，包括组织民宿和非遗传承人开展合作创建"非遗民宿"、在旅游景区内设立以非遗传承人为主体的非遗体验基地。③

第四，根植传统文化和非遗资源，创办具有当地特色的节庆活动推动渔文旅深度融合。如结合传统海洋渔文化，创办中国（象山）开渔节。1998年，象山县首创中国（象山）开渔节。截至2024年，中国（象山）开渔节已举办26届，发展为国内品牌溢价最高的民间节庆类活动之一。④ 中国（象山）开渔节除了将文化底蕴深厚的祭海仪式和开船仪式作为两大主体活动⑤之外，还积极吸纳其他非遗资源和传统文化。如2020年第二十三届中国（象山）开渔节采用"云开渔"模式，全景展示祭海礼仪、如意信俗、石浦鱼灯等海洋渔文化活动和技艺；⑥ 2021年第二十四届中国（象山）开

---

① 宁波市生态环境局象山分局、中共象山县委改革办：《"碧海银滩也是金山银山"——象山县"海上两山"实践探索》，《宁波经济（三江论坛）》2023第7期。
② 《从卖盐到玩盐，非遗研学带火海岛游》，象山新闻门户网，https：//www.cnxsg.cn/yw/202501/t20250108_1689210.shtml，最后访问日期：2025年3月17日。
③ 《我县海洋渔文化生态保护区建设成效凸显》，象山县人民政府网，https：//www.xiangshan.gov.cn/art/2021/1/4/art_1229045037_58939326.html，最后访问日期：2025年3月17日。
④ 《一个节与一座城——中国（象山）开渔节回眸》，澎湃新闻网，https：//www.thepaper.cn/newsDetail_forward_14614806，最后访问日期：2025年3月17日。
⑤ 杨涛：《礼俗互动视角下地方节庆的建构实践——以中国（象山）开渔节为例》，《节日研究》2023年第1期。
⑥ 《象山县深化文化生态保护推进渔文化转化提升》，浙江省人民政府网，https：//zld.zjzwfw.gov.cn/art/2021/4/20/art_1229052632_58917978.html，最后访问日期：2025年3月17日。

渔节的主体活动包括祭海典礼、开船仪式、妈祖巡安等。① 象山县西周镇结合当地丰富竹资源和与"竹"有关的非遗项目，创办竹文化旅游节。2021年4月，象山县西周镇举办象山（西周）首届竹文化旅游节②；2024年，文化旅游节提档升级为文化旅游季，举办象山（西周）第三届竹文化旅游季。③ 截至2024年，共举办了三届竹文化旅游活动。在2021年象山（西周）首届竹文化旅游节的非遗集市上，能看到饱含西周竹乡非遗特色的竹刻及竹根雕作品；④ 2023年第二届竹文化旅游节融合"西瀛集市·有竹生活"非遗研学、非遗集市探寻等多元载体，全面展示西周镇的竹乡之美、古村之韵。⑤ 2024年象山（西周）第三届竹文化旅游季，西周镇积极探索"非遗+旅游"模式，打造了一批非遗传承教学基地，活动现场还为象山福忆食品小作坊、象山翔园点心作坊进行非遗传承教学基地授牌。⑥

5. 挖掘非遗资源，弘扬生态文化

曾明、常华仁指出，渔文化中蕴含了敬畏自然、天人合一的精神追求。⑦ 研究者陈洁也指出，"中华渔文化中蕴含着人与自然和谐共处的朴素

① 《一个节与一座城——中国（象山）开渔节回眸》，澎湃新闻网，https://www.thepaper.cn/newsDetail_forward_14614806，最后访问日期：2025年3月17日。

② 《象山（西周）竹文化旅游节 把"美丽资源"真正变成"美丽经济"》，宁波市农业农村局官网，http://nyncj.ningbo.gov.cn/art/2021/4/12/art_1229058289_58933068.html，最后访问日期：2025年3月17日。

③ 《以"竹"为媒打造文旅盛宴，近万名游客相约西瀛"上春山"》，象山县人民政府网，https://www.xiangshan.gov.cn/art/2024/4/16/art_1229675902_59174212.html，最后访问日期：2025年3月17日。

④ 《象山（西周）竹文化旅游节 把"美丽资源"真正变成"美丽经济"》，宁波市农业农村局官网，http://nyncj.ningbo.gov.cn/art/2021/4/12/art_1229058289_58933068.html，最后访问日期：2025年3月17日。

⑤ 《象山西周第二届竹文化旅游节盛装开幕，带你一起"赏、玩、逛、尝、学"》，新浪网，https://k.sina.com.cn/article_1767760462_695de24e04001h4bk.html，最后访问日期：2025年3月17日。

⑥ 《宁波象山西周打造升级"旅游+"竹文化品牌》，央广网，https://zj.cnr.cn/mlnb/nbgd/20240413/t20240413_526663473.shtml，最后访问日期：2025年3月17日。

⑦ 曾明、常华仁：《读懂渔文化中的文明基因和发展密码》，《光明日报》电子版，2023年11月28日第7版。https://news.gmw.cn/2023-11/28/content_36993008.htm。

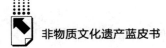

生态文明思想"①。挖掘、整理并运用渔文化中体现人与自然和谐共生的思想资源，能在精神文明建设层面助力生态文明建设。在海洋渔文化（象山）生态保护区建设过程中，象山县深入挖掘非遗资源的文化内涵，依托具有当地特色的节庆活动，不断为其注入生态文化内涵，其中，中国（象山）开渔节是典型案例。有学者认为"象山开渔节的祭海、开船等仪式传承了中华传统的'顺时取物'思想，延续了古代以法律法规保证自然资源可持续发展的道路"②。随着时代发展，象山县依托极具影响力的节庆活动——中国（象山）开渔节，不断深入挖掘开船仪式和祭海仪式所蕴含的生态意蕴，并为其注入人与自然和谐共处的时代内涵。如古老的祭海活动除了祈求丰收平安之外，还不断注入保护海洋的时代内涵。截至 2024 年，中国（象山）开渔节已经举办了 26 届，经过培育，"中国开渔节已成为保护海洋、可持续发展利用海洋资源的最好标杆。"③ 象山县不断挖掘祭海仪式和开船仪式的文化内涵，为其注入保护海洋的时代内涵，依托中国（象山）开渔节大力弘扬生态文化。

6. 依托节庆活动，开展环保行动

中国（象山）开渔节一开始就与保护海洋的理念紧密相连。20 世纪 70 年代是海洋环境发生变化的转折点，由于过度的海洋捕捞，海洋环境问题日益深刻，从事相关生计活动的人也面临着传统经济鱼类枯竭的威胁。作为应对之策，1995 年农业部针对黄海和东海正式实施伏季休渔政策。同一时期，象山的渔民发出了强烈的"保护海洋"呼声，向相关国家部门提出了延长东海休渔期的建议，并得到采纳。在东海伏季休渔制度的背景下，象山渔民在休渔期结束后重新出海前，通常会举行祭祀和祈祷等传统开洋仪式。基于这一传统，象山县委和县政府于 1998 年首次创办

---

① 冯建伟：《对话丨构建活态传承机制　守护中华传统渔文化》，澎湃新闻网，https：//www.thepaper.cn/newsDetail_ forward_ 24350108，最后访问日期：2025 年 3 月 17 日。

② 毕旭玲：《象山开渔节祭海、开船仪式的传承发展》，《赣南师范大学学报》2020 年第 1 期，第 81 页。

③ 《第 25 届中国（象山）开渔节·开船仪式今天在石浦举行》，中国人民政协网，https：//www.rmzxb.com.cn/c/2022-09-16/3204249.shtml，最后访问日期：2025 年 3 月 17 日。

了中国（象山）开渔节。① 可以说，中国（象山）开渔节的创立离不开当地民众"保护海洋"、人海和谐共处的愿景。2000 年第三届中国开渔节前，象山县石浦镇的 21 位渔老大首次喊出"善待海洋就是善待人类自己"的口号。② 此后，"善待海洋就是善待人类自己"的理念贯穿中国（象山）开渔节的发展。

中国（象山）开渔节是国家级海洋渔文化（象山）生态保护区的重点项目之一。③ 一方面，中国（象山）开渔节是弘扬生态文化的重要平台，为生态文明建设提供文化支撑。另一方面，中国（象山）开渔节也是开展生态保护活动的重要平台。如在 2002 年第五届中国开渔节和 2006 年第九届开渔节分别成立了中国渔民"蓝色保护"行动指导委员会和"中国青年志愿者蓝色护海行动基地"。④ 相关人士依托这些组织开展各种环境保护活动，将保护海洋落到实处。与此同时，宁波市广泛发动民众参与到保护生态的行动中来，提高民众的参与度。截至 2022 年 8 月 15 日，"中国青年志愿者蓝色护海行动基地"共组织护海行动与专业培训 200 余场，"善待海洋就是善待人类自己"的理念逐渐深入人心。⑤

如前所述，依托中国（象山）开渔节发展出来的系列保护海洋的团队及其行动，不断传播着"善待海洋就是善待人类自己"的理念，用实际行动保护海洋环境和守护最美海岸线。⑥ 中国（象山）开渔节不仅成为弘扬生

① 杨涛：《礼俗互动视角下地方节庆的建构实践——以中国（象山）开渔节为例》，《节日研究》2023 年第 1 期。
② 《一个节与一座城——中国（象山）开渔节回眸》，澎湃新闻网，https：//www. thepaper. cn/newsDetail_ forward_ 14614806，最后访问日期：2025 年 3 月 17 日。
③ 《国家级海洋渔文化（象山）生态保护区 20 个重点建设项目亮相》宁波市文化广电旅游局官网，https：//wglyj. ningbo. gov. cn/art/2021/10/15/art_ 1229057570_ 58921317. html，最后访问日期：2025 年 3 月 17 日。
④ 《一个节与一座城——中国（象山）开渔节回眸》，澎湃新闻网，https：//www. thepaper. cn/newsDetail_ forward_ 14614806，最后访问日期：2025 年 3 月 17 日。
⑤ 《象山：北纬 30 度最美海岸线等你来打卡》，中国宁波网，http：//zt. cnnb. com. cn/system/2022/08/12/030378938. shtml，最后访问日期：2025 年 3 月 17 日。
⑥ 《象山：那些，守护蓝海的人》，中国宁波网，http：//zt. cnnb. com. cn/system/2022/09/23/030392034. shtml，最后访问日期：2025 年 3 月 17 日。

态文化的平台，也为保护海洋提供了平台，这是文化生态保护区建设促进生态文明建设的体现之一。

二 问题与挑战——以海洋渔文化（象山）
生态保护区的建设为例

随着文化生态保护区建设实践的持续深化，我国不仅在非遗保护上取得了显著成就，而且这一进程已成为推动我国生态文明建设不可或缺的重要驱动力；尽管如此，在以文化生态保护区建设助推生态文明建设方面，依然存在许多问题与挑战。

（一）非遗资源的生态价值有待深入挖掘和利用

"海洋渔文化是指世代渔家人在其生存的海洋自然环境之中，与生产生活两大领域内的一切社会实践活动的成果。"[①] 海洋渔文化（象山）生态保护区是全国唯一的海洋渔文化生态保护区，"以海域为依托的象山海洋渔文化生态存续状况良好，海洋特色文化体现了人海和谐互动，文化形态的产生与象山自然环境密不可分"[②]，是象山人在长期的历史发展中与自然互动的结果。

海洋渔文化（象山）生态保护区拥有极为丰富的非遗资源。2023 年象山统计公报数据显示，象山县拥有国家级非遗项目 7 个、省级非遗项目 16 个、市级非遗项目 51 个、县级非遗项目 176 个。[③] 其中，许多非遗项目都蕴含着深刻的生态内涵。如，象山渔民号子中蕴含着人类对大自然（海

[①] 《浙江将建海洋渔文化生态保护实验区》，《光明日报》电子版，2013 年 3 月 4 日第 12 版。https：//epaper. gmw. cn/gmrb/html/2013-03/04/nw. D110000gmrb_ 20130304_ 3-12. htm。

[②] 楚国帅：《中国文化生态保护区建设的现状分析与未来走向》，《民俗研究》2021 年第 3 期，第 92 页。

[③] 《2023 年象山统计公报出炉！》，象山新闻门户网，https：//www. cnxsg. cn/yw/202501/t20250108_ 1682993. shtml，最后访问日期：2025 年 3 月 17 日。

洋）的崇敬之情。① 虽然象山县通过开展一系列保护措施，推动象山渔民号子非遗项目取得了实质性的保护成果，如积极推动其融入食、住、行、游、购、娱等各环节，打造多样化海洋渔文化旅游体验项目和产品。② 但象山渔号子这种文化形式蕴含的崇敬大自然等生态价值有待深入发掘和利用。

（二）整体性保护意识不足

虽然保护非遗的存续所依赖的自然环境已经成为共识，并在总体规划和保护措施中有所体现。但是，对整体性保护理念的认识以及整体性保护的意识依然有待进一步加强。正如高丙中所指出的，文化生态保护区中的"'文化生态'是指非遗及其关联的自然条件、社会条件所构成的整体，用'生态'是强调各个组成部分的有机联系，并不是（起码主要不是）指自然生态。"③ 因此，在文化生态保护区建设实践中，需要体现"非遗及其关联的自然条件、社会条件"的有机联系，营造良好的"文化生态"。但总体上看，我国文化生态保护区还停留在单独保护和修复生态环境的层面，在具体的保护实践中，较少结合非遗所依存的人文生态环境展开整体性保护，营造良好的"文化生态"，进而促使非遗与其所依存的人文生态环境形成良性互动。如，本文集中讨论的海洋渔文化（象山）生态保护区也有这种情况。在赣南客家文化生态保护区建设过程中，虽然赣州市以建设非遗小镇的形式努力探索整体性保护路径，但在具体的推进工作中还是忽略了非遗项目本身与其依托环境的密切联系。

另外，由于对整体性保护理念的认识不够充分，在具体实践中以文化生态保护区建设助推环境可持续发展的意识也相对薄弱。如前所述，通过《实施〈保护非物质文化遗产公约〉的业务指南》中的相关论述，可知非遗

---

① 张利民编著《象山渔民号子》，浙江摄影出版社，2016，第 150 页。
② 《象山县深化文化生态保护推进渔文化转化提升》，浙江省人民政府网，https：//zld. zjzwfw. gov. cn/art/2021/4/20/art_ 1229052632_ 58917978. html，最后访问日期：2025 年 3 月 17 日。
③ 高丙中：《文化生态的概念及其运用》，《清华大学学报》（哲学社会科学版）2024 年第 2 期，第 173 页。

保护与可持续发展（经济、社会和环境）之间相互依存。我国学者巴莫曲布嫫认为，"在新时代非遗系统性保护大局中"①，需要"以文化切入可持续发展的三个传统支柱，即包容性社会发展、包容性经济发展和环境的可持续性，并为实现人类的持久和平和构建人类命运共同体贡献中国智慧和中国力量。"② 但在具体的实践中，以文化生态保护区建设助推环境可持续发展的意识不甚明显。如海洋渔文化（象山）生态保护区的建设成果转化主要集中在经济方面，如"非遗+旅游"有效促进美丽资源向美丽经济转化，成效显著，但以非遗保护促进环境的可持续发展相关举措相对较少。

三　对策与展望

（一）挖掘生态价值，提升公众生态文明素养

非遗是我国传统文化的重要组成部分，是人们在长期的历史发展中与自然互动的结果。非遗中蕴含着引导我们通向更好未来的价值，"应该重视挖掘包括非物质文化遗产在内所有人类遗产中所拥有的丰富的生态文明传统和教化价值，以进一步服务于生态文明建设。"③ 因此，系统挖掘、收集和整理海洋渔文化中"能够体现人海和谐相处的生态价值观、审美观与文化心理的重要成果"④，有助于提升民众的生态文明素养，在精神建设层面助力生态文明建设。在此基础上，实现创造性转化和创新性发展，如，以现代科技手段、现代传播方式传播相关的生态文化，唤醒民众的生态环境保护意识，在实践上引导民众成为绿水青山就是金山银山理念、善待海洋就是

---

① 巴莫曲布嫫：《以非物质文化遗产系统性保护促进可持续发展——"中国传统制茶技艺及其相关习俗"申遗实践之诌议》，《西北民族研究》2023年第6期，第95页。

② 巴莫曲布嫫：《以非物质文化遗产系统性保护促进可持续发展——"中国传统制茶技艺及其相关习俗"申遗实践之诌议》，《西北民族研究》2023年第6期，第95页。

③ 刘永明：《从建设生态文明角度审视非物质文化遗产保护》，《西南民族大学学报》（人文社会科学版）2014年第2期，第60页。

④ 苏月秋、闫彩琴：《坚持绿色发展理念 积极推进海洋生态文明建设》，《光明日报》电子版，2023年7月19日第6版。https://news.gmw.cn/2023-07/19/content_36705681.htm。

善待人类自己理念的积极践行者。同时，结合相关海洋渔文化"创办各种与生态文明建设相关的节日、仪式乃至于祭祀活动，构建有时代感的生态文化"①。

（二）完善评估体系，强化整体性保护理念

在认识层面，非遗保护与可持续发展（经济、社会和环境）之间的相互依存关系在国际和国内两方面都得到了承认和重视。但在具体实践中，采取何种措施以促进非遗保护与生态文明建设实现有效衔接，促进人与自然和谐共生，依然是一个重要挑战。文化生态保护区建设首先需要相应的制度保障。但"目前，我国文化生态保护区建设的政策、机制、制度等虽有一定的基础，但整体还存在诸多问题，相应的文化生态保护区建设政策法规有待进一步细化、深化和完善，在保护区规划、建设、评估、补偿、协调和激励等方面的政策法规有待拓展和补充"②。其中，合理有效的评估体系是倒逼生态文化保护区建设与生态文明建设实现有效衔接的可行路径。比如，"将生态效益、社会效益和经济效益相结合进行综合考察，以此体现人与自然环境和社会环境的和谐统一"③；将是否实现有效的资源整合且促进环境的可持续发展纳入"文化生态保护区绩效评估体系"等。

（三）激发社会力量，促进公众积极参与

"培育社会力量，形成多元的社会参与结构是推进文化生态保护区建设的重要力量。"④ 不管是非遗保护还是生态文明建设，都需要公众的广泛参

---

① 郑晓云：《用文化的力量助推生态文明建设》，《光明日报》电子版，2018 年 10 月 29 日第 6 版。https：//news. gmw. cn/2018–10/29/content_ 31843934. htm。
② 楚国帅：《我国文化生态保护区建设的理论与实践研究》，博士学位论文，山东师范大学，2022，第 225 页。
③ 楚国帅：《我国文化生态保护区建设的理论与实践研究》，博士学位论文，山东师范大学，2022，第 225 页。
④ 楚国帅：《我国文化生态保护区建设的理论与实践研究》，博士学位论文，山东师范大学，2022，第 234 页。

与。立足当地特色、结合时下的流行活动，是调动公众积极性的有效途径。

其一，可依托当地的大型节庆活动，强化绿色生活理念。"生态环境问题归根结底是发展方式和生活方式问题。"① 在文化生态保护区建设实践中，除了要转化建设成果发展绿色经济外，还需要进一步强化和培育民众的绿色生活理念，促进人与自然和谐共生。因此，在深入挖掘当地非遗资源的文化内涵的基础上，依托大型节庆活动，传播绿色生活理念。

其二，依托文化生态保护区内的非遗资源，面向公众开展博物实践活动。一方面，近年来"City walk"频繁出现在各大社交媒体，反映了现代人，尤其是年轻群体探索周边世界的热情在不断高涨。另一方面，我国的博物学正在复兴，复兴内容包括公众的博物实践。② 博物学作为"一门和自然打交道的学问"③，可以成为人与自然形成良性互动关系的桥梁。生态文化保护区的生存状况良好，自然资源和非遗资源都十分丰富，具备开展面向公众的博物实践的基础，因此依托保护区的资源开展面向公众的博物实践也不失为一条可取之径。为此，相关职能部门首先可以组织相关研究者在摸清家底、完善非遗项目档案的基础上，展开深入研究，深入挖掘和阐释其文化内涵。在此基础上，组织研究者编写象山县的在地博物图书，为开展公众的博物实践提供有力支撑。另外，由于博物学"同文旅融合有着天然的联系"④，"在文旅活动中尝试融入博物内容、博物视角，可以更好地对公众进行价值观、世界观和行为实践的引领"⑤。因此，象山县文化和广电旅游体育局可以联合其他部门，策划系列相关活动，将博物学融入当地的文旅活动中。最

---

① 《人民日报评论员：谱写新时代生态文明建设新篇章——论学习贯彻习近平总书记在全国生态环境保护大会上重要讲话》，中华人民共和国中央人民政府网，https：//www.gov.cn/yaowen/liebiao/202307/content_ 6893143. htm，最后访问日期：2025 年 3 月 17 日。
② 人民论坛杂志社课题组，徐保军，孙墨笛：《文旅融合发展的博物学路径探析》，《人民论坛·学术前沿》，2021 年第 14 期。
③ 人民论坛杂志社课题组，徐保军，孙墨笛：《文旅融合发展的博物学路径探析》，《人民论坛·学术前沿》，2021 年第 14 期，第 137 页。
④ 人民论坛杂志社课题组、徐保军、孙墨笛：《文旅融合发展的博物学路径探析》，《人民论坛·学术前沿》，2021 年第 14 期，第 136 页。
⑤ 人民论坛杂志社课题组、徐保军、孙墨笛：《文旅融合发展的博物学路径探析》，《人民论坛·学术前沿》，2021 年第 14 期，第 138 页。

后，充分利用当地的基础设施，如象山县非物质文化遗产馆等，作为开展此类活动的平台之一。以保护区内的自然资源和非遗资源为依托，开展博物实践活动，调动公众广泛参与的积极性，将人与自然和谐共生的理念融入人们的日常生活中，从而提高公众参与文化生态保护区建设和生态文明建设的参与度。

四 结语

海洋渔文化（象山）生态保护区作为我国唯一的海洋渔文化生态保护区，在非遗保护与生态文明建设方面取得了显著成效。通过顶层设计、联动相关部门、接轨国家重大战略、推动绿色发展、挖掘非遗资源以及依托节庆活动等多种方式，不仅有效保护了非物质文化遗产，还促进了区域的生态文明建设。

然而也要看到非遗保护在助力生态文明建设中面临的挑战，即非遗资源的生态价值仍有待深入挖掘和利用，整体性保护意识尚需进一步加强。为推动非遗保护与生态文明建设的深度融合，还需从以下三个方面持续努力：一是挖掘生态价值，提升公众生态文明素养，通过现代科技手段传播生态文化，唤醒民众的生态环境保护意识；二是完善评估体系，强化整体性保护理念，确保文化生态保护区建设与生态文明建设实现有效衔接；三是激发社会力量，促进公众积极参与，通过大型节庆活动和博物实践活动等形式，调动公众广泛参与的积极性，将人与自然和谐共生的理念融入人们的日常生活中。

总之，海洋渔文化（象山）生态保护区的建设实践为我们提供了宝贵的经验和启示。在未来的工作中，应继续秉持和践行"绿水青山就是金山银山"的理念，推动非遗保护与生态文明建设的协同发展，为实现中华民族的发展贡献智慧和力量。

B.6

非遗保护与构建人类命运共同体

——以闽粤非遗在东南亚传承传播为例*

林发钦　徐　畅**

摘　要： 非遗是人类文化多样性的重要组成部分，非遗保护强调人类共同价值，是构建人类命运共同体的重要媒介。闽粤非遗在东南亚的传承传播是深化文明交流互鉴的重要途径。本文以闽粤非遗保护、实践动态为例，指出闽粤非遗项目弥合了冲突、消解了对立，促进了华人社群的整合，为海外华人提供了认同和持续感。闽粤非遗的在地融合加强了文化间互动，为搭建文明互鉴提供了支撑框架。对此，闽粤非遗还需要加强传承纽带，善用传播媒介，拓宽应用场景，推动海外侨胞参与人类命运共同体的建设，以此深化文明交流互鉴。

关键词： 人类命运共同体　闽粤非遗　东南亚华侨　文化多样性

前　言

非物质文化遗产（以下简称"非遗"）体现了人类文化的多样性，它作为人类文明的"活态"延续，为社会的可持续发展提供了不竭动力。习近平

---

* 教育部人文社会科学重点研究基地重大项目"闽粤非遗项目在东南亚华侨华人社群中的传承传播研究"（项目编号：22JJD850009）阶段性研究成果。
** 林发钦，澳门理工大学人文及社会科学学院院长、教授、博士生导师，研究方向为澳门历史与社会、文化治理与公共政策、文化传播、文化遗产等；徐畅，中山大学中国非物质文化遗产研究中心、中文系博士研究生。

总书记于 2022 年 12 月作出重要指示："要扎实做好非物质文化遗产的系统性保护，更好满足人民日益增长的精神文化需求，推进文化自信自强。"① 2023年 7 月，习近平主席在致第三届文明交流互鉴对话会暨首届世界汉学家大会贺信中强调："不同文明之间平等交流、互学互鉴，将为人类破解时代难题、实现共同发展提供强大的精神指引。"② 非遗作为"流动的文脉，传承的薪火"，是增强中华文化影响力，讲好中国故事，深化文明交流互鉴的重要载体。

截至 2020 年，全球华侨约有 6000 万人，其中 4100 万东南亚华侨中超过95%（约 3900 万人）来自我国广东和福建，并与故乡保持着密切的亲缘、血缘、业缘来往，他们把闽粤非遗带到了东南亚地区。因此，挖掘闽粤非遗的文化内涵，加强闽粤非遗在海外的传承传播，将会丰富中华优秀传统文化的传播途径和方法。这对加强中华文化在世界文化发展格局中的竞争力和影响力，深化文明交流互鉴，构建中国话语和中国叙事体系起到积极作用。

一 人类命运共同体概念的提出

2013 年，习近平主席在出访俄罗斯期间提出构建"人类命运共同体"理念③，并对"人类命运共同体"理念进行多次重要论述。2019 年习近平主席在亚洲文明对话大会开幕式上发表主旨演讲，指出："文明因多样而交流，因交流而互鉴，因互鉴而发展。我们要加强世界上不同国家、不同民族、不同文化的交流互鉴，夯实共建亚洲命运共同体、人类命运共同体的人文基础。"④ 并提出四点主张："第一，坚持相互尊重、平等相待；第二，坚持美人之美、美美与

---

① 《习近平对非物质文化遗产保护工作作出重要指示》，新华社，https：//www.gov.cn/xinwen/2022-12/12/content_5731508.htm。最后访问日期：2024 年 7 月 12 日。

② 《习近平向第三届文明交流互鉴对话会暨首届世界汉学家大会致贺信》，新华社，http：//www.xinhuanet.com/mrdx/2023-07/04/c_1310730855.htm。最后访问日期：2024 年 7 月 12 日。

③ 《十年间，习近平主席这样阐述人类命运共同体》，新华社，https：//www.moj.gov.cn/gwxw/ttxw/202303/t20230323_474978.html，最后访问日期：2025 年 6 月 11 日。

④ 《习近平在亚洲文明对话大会开幕式上的主旨演讲（全文）》，中华人民共和国外交部，https：//www.mfa.gov.cn/web/ziliao_674904/zyjh_674906/201905/t20190515_7946108.shtml，最后访问日期：2025 年 6 月 11 日。

共；第三，坚持开放包容、互学互鉴；第四，坚持与时俱进、创新发展。"①

若将"人类命运共同体"置于中国传统文化视域下考察，儒家的天下情怀是其文化基础。儒家天下观有着"先天下之忧而忧"的济事情怀、"达则兼济天下"的共享情怀、"天下大公"的大道大公情怀。可见，人类命运共同体的文化内核来自东方古老的传统与智慧。

马克思也多次使用"共同体"这一表述，② 主要是从人的生存和发展的角度来阐释共同体的。在马克思看来，"只有在共同体中，个人才能获得全面发展其才能的手段，也就是说，只有在共同体中才可能有个人自由"。③有学者认为，"中国共产党提出的人类命运共同体理念，是对马克思恩格斯社会共同体思想的创造性运用和发展，是对几代中国共产党人思想的继承，是中国特色社会主义理论体系的重要成果。"④

"古有'丝绸之路'促进亚欧两大洲经贸、人文互动的历史经验，今有'人类命运共同体'维护人类利益的世界视野、协调社会发展的内在冲突、关注现代个人的生存境遇，"⑤ 因此人类命运共同体的提出，是历史经验和中国传统智慧在当代的延伸。

二 人类命运共同体与联合国教科文组织非遗保护实践

保护文化多样性、促进文化间尊重和理解是联合国教科文组织发起的一

---

① 《习近平在亚洲文明对话大会开幕式上的主旨演讲（全文）》，中华人民共和国外交部，https://www.mfa.gov.cn/web/ziliao_674904/zyjh_674906/201905/t20190515_7946108.shtml，最后访问日期：2025年6月11日。

② 《德意志意识形态》、《资本论》及其手稿等著作中，曾多次论及"自然形成的共同体""抽象的共同体""虚幻的共同体""虚假的共同体""冒充的共同体""真正的共同体""货币共同体""资本共同体""封建共同体""阶级共同体"等范畴。

③ 马克思、恩格斯：《马克思恩格斯选集》第一卷，人民出版社，1995，第199页。

④ 石云霞：《马克思社会共同体思想及其发展》，《中国特色社会主义研究》2016年第1期。

⑤ Gu Ho Eom，"Silk oads Again: Revisiting Roads Connecting Eurasia"，Journal of Eurasian Studies，Vol. 8，No. 1，2017，pp1-2。

项国际性行动。基于对各个民族文化和关系的调查成果，联合国教科文组织于 1953 年启动了"文化的统一性和多样性"（Unity and Diversity of Cultures）系列丛书的策划与出版，以此促进国际民众对不同文化的理解与相互之间的交流。1954 年 5 月 14 日联合国教科文组织在荷兰海牙通过了《关于武装冲突情况下保护文化财产的海牙公约》（以下简称《海牙公约》），该公约中所提及的"全人类文化遗产""世界的文化"，传达了一种在国家利益之外总体利益共享的世界主义观念。梅利曼将 1954 年《海牙公约》中的序言看作范例的"文化国际主义"。① 文化国际主义强调国际文化之间的合作，文明对话、交流和互鉴。联合国教科文组织于 1957 ~ 1966 年启动了"东方和西方文化互鉴"（Mutual Appreciation of Eastern and Western Culture）计划。1957 年，联合国教科文组织通过了《国际文化合作原则宣言》，指出"所有文化都是属于全体人类的共同遗产的一部分，它们的种类繁多，彼此互异，并互为影响……提倡双边的、多边的，地区性的或者世界性的国际文化合作。"2003 年《保护非物质文化遗产公约》（以下简称《非遗公约》）与联合国教科文组织国际文书之间有着密切关联。②

《非遗公约》强调文化的共性。该公约遗产保护范式的形成，建立在人类共同的价值及理想基础上，"每个国家、每个社区都可以在这里主张自己的权利，分享自己的愿景并发挥文化多样性的创造性力量，以巩固我们共同的价值观。"③ 正因为人类拥有共同的价值及理想，不同文明之间是可以交

---

① 〔英〕德瑞克·吉尔曼著《文化遗产的观念》，唐璐璐，向勇译，东北财经大学出版社，2018，第 39 页。

② 见 2003 年《保护非物质文化遗产公约》前言中提及的："参照现有的国际人权文书，尤其是 1948 年的《世界人权宣言》以及 1966 年的《经济、社会及文化权利国际公约》和《公民权利和政治权利国际公约》，考虑到 1989 年的《保护民间创作建议书》、2001 年的《教科文组织世界文化多样性宣言》和 2002 年第三次文化部长圆桌会议通过的《伊斯坦布尔宣言》强调非物质文化遗产的重要性，它是文化多样性的熔炉，又是可持续发展的保证。"以及一系列相关文件国际文书，包括公约、建议书及宣言。如 1972 年《保护世界文化和自然遗产公约》，1982 年《墨西哥城文化政策宣言》，1989 年《保护民间创作建议案》，1993 年《关于建立"人类活财富"制度的指导性意见》，1994 年《奈良真实性文件》，1995 年《我们创造力的多样性》等。

③ 伊琳娜·博科娃序言，教科文组织创意处非物质文化遗产科基本文件，2003 年《保护非物质文化遗产公约》2014 年版本，巴黎：联合国教科文组织，2014。

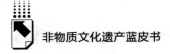
流互鉴的。

《非遗公约》强调包容性。《非遗公约》不倡导使用词语如"独特性"（Unique），因为"非物质文化遗产不会引发特定的实践是否属于某种文化的问题"，人们"可以共享非物质文化遗产的各种表现形式，这些表现形式可能与其他人的实践相似"①。非遗是全人类共同的宝贵财产，所以保护非物质文化遗产是人类休戚与共的共同责任。"'2003年公约'所强调的包容性与UNESCO主张文化多元化的一贯立场一致，也是与现有国际人权文件一致的，符合各社区、群体和个人互相尊重的需求。"②

《非遗公约》提倡文明互鉴。联合国教科文组织前总干事博科娃曾说："世界正在寻找促进和平和可持续发展的新的道路。《保护非物质文化遗产公约》就是这样一个对话和行动的平台。"③ 通过各类非遗事项，可为各社群间的对话、文明互鉴提供对话的桥梁，为世界文化多样性的维持与促进提供系统性工具。《非遗公约》的履约活动，从国际到国内再到地区，该文化实践已经触及生活在最偏僻地方的人们的生活，以联合国教科文组织为核心的非物质文化遗产保护实践深入影响了全球遗产化进程。④

2005年韩国申报"江陵端午祭"为"人类口头和非物质遗产代表作"成功。"江陵端午祭"虽受中国端午节的影响，但如今已成为独特的地方性传统，是韩国全国范围内的庆祝活动和巫术祭典。可见，对于文化的共性和差异性缺乏理解，将会引发不同申报主体或群体之间的矛盾冲突。根据《非遗公约》及其操作指南，文化事项被列入某个名录并不意味着申报国对该项目拥有独占权，而是强调该项目是全人类共同的文化财富。有学者认为，这些冲突和矛盾实际上属于交流过程中必然发生的现象，甚至可以看作通向更大范围的和谐统一的前提条件，进而加强双方对该文化符号的认同意

① 巴莫曲布嫫：《何谓非物质文化遗产？》，《民间文化论坛》2020年第1期。
② 唐璐璐：《保护非物质文化遗产公约释义》，《中国非物质文化遗产》2021年第6期。
③ 伊琳娜·博科娃．序言，教科文组织创意处非物质文化遗产科基本文件，2003年《保护非物质文化遗产公约》2014年版本，巴黎：联合国教科文组织，2014。
④ 敏承华，朱刚：《联合国教科文组织非物质文化遗产保护趋势研究》，《中国非物质文化遗产》2023年第2期。

识并提升双方相互理解的作用。① 近年来，联合国教科文组织鼓励跨国联合申报，强调通过协调与合作理解遗产的价值，通过不同文明之间的交流与对话，实现对世界文化多样性和人类创造力的保护与促进。

2020年中国、马来西亚联合提名的"送王船——有关人与海洋可持续联系的仪式及相关实践"被列入了《人类非物质文化遗产代表作名录》，该项目被中马两国的相关社区视为共同遗产，为中马两国的相关社区、群体及个人加强交流与联系提供了平台。基于《非遗公约》工作框架，联合申报为多方的国际工作提供了互动平台。人们通过对话、沟通、协商以实现共赢的趋势越发明显，非遗的各种保护主体、传承主体之间相互尊重、相互欣赏，通过对话协同保护文化的多样性。

习近平主席于2017年在联合国日内瓦总部的演讲中谈道："每种文明都有其独特魅力和深厚底蕴，都是人类的精神瑰宝。不同文明要取长补短、共同进步，让文明交流互鉴成为推动人类社会进步的动力、维护世界和平的纽带。"②

作为《非遗公约》缔约国，我国认真履行保护非遗的义务，持续创新探索，与海外华侨及东南亚国家进行文化交流，推动国际合作。这对进一步深化文明交流互鉴，促进文化多样性和人类可持续发展，推进中华文化更好地走向世界，推动构建人类命运共同体的理论实践具有重大意义。

三 闽粤非遗在东南亚的传承传播
与构建人类命运共同体

（一）弥合冲突，协助华人社群整合

明代中期以来，许多来自闽粤的华人华侨前往南洋。会馆为新移民在当地落地生根提供帮助；社团则促进了本地居民和新移民之间的交流和融合。

---

① 安德明：《"非物质文化遗产"——一个新的文明交流框架》，《民俗研究》2023年第6期。
② 《习近平主席在联合国日内瓦总部的演讲》，新华网，http://www.xinhuanet.com/world/2017-01-19/c_1120340081.htm。最后访问日期：2024年6月10日。

据统计，自 18 世纪至 2003 年全马来西亚的福建地缘会馆共 193 个。[①]
在马来西亚柔佛新山当地，华人社群的最高组织是新山中华公会，工会旗下
有五帮会馆（柔佛潮州八邑会馆、新山福建会馆、新山客家公会、新山广
肇会馆与新山海南会馆）。柔佛古庙是新山五帮华人的核心活动场所。在古
庙中，分别由新山的潮州人、福建人、客家人、广肇人和海南人供奉皇天上
帝、洪仙大帝、感天大帝、华光大帝和赵大元帅五尊神明，每逢正月二十，
这五尊神明都被请出绕境新山，一连三天举办游神庆典，接受大批信徒的顶
礼膜拜。"新山游神"具有悠久的历史，早在 1888 年（光绪十四年）的
《叻报》就有对柔佛古庙游神的记载，当时称为"柔佛赛神"。2012 年，
"新山游神"成为马来西亚国家级非遗。2023 年，"新山游神"恢复举办，
大会安排了 20 个直播平台对此盛况进行直播。[②] 2024 年，逾 30 万人参与了
游神活动，活动中一系列马中国家级非遗项目如廿四节令鼓、高桩舞狮及英
歌舞同台亮相。[③]

有些非物质文化遗产代表性项目如传统节庆、仪式等，需合作完成。在
社会公共领域举办活动，参与的群众可以通过讨论、协商建立认同关系，为
对话创造条件。

马来西亚的"新山游神"就是新山华人构建身份认同的途径之一。每
年的游神活动凝聚来自各个地域籍贯的社群，大家团结一致，展示一个共同
的华人社群。这就是"五帮共和"和强调协商、互助、团结的"古庙精
神"。[④]"这既是应对华人在移民与文化原乡和本地人口比例都发生变化的局

---

① 石沧金：《马来西亚华人社团研究》，中国华侨出版社，2005，第 322~378 页。

② 本地与海外媒体：《20 平台直播古庙游神》，《光明日报》2023 年 2 月 9 日，https：//
guangming. com. my/本地与海外媒体-20 平台直播古庙游神。

③ 《柔佛古庙众神夜游圆满落幕　逾 40 万人参与再创纪录》，2024 年 3 月 1 日，东方 online，
https：//www. orientaldaily. com. my/news/nation/2024/03/01/634497。最后访问日期：2024
年 6 月 10 日。

④ "Logeiswary Thevadass, Move under Way to Nominate Chingay for UNESCO Recognition"，The
Star，24 Jan2018，https：//www. thestar. com. my/news/nation/2018/01/24。

面，也是在国家种族政策之下的整体融合。"① 现在，"新山游神"作为新的文化身份认同，成为新一代华人的共同记忆。

（二）传承纽带，为海外华人提供认同和持续感

非遗体现了特定社群基于集体记忆形成的文化认同和持续感。

慎终追远是中华民族的优良传统。"打斋"是马来西亚客家人生命礼仪中的重要传统仪式，其源自广东梅州的"香花祭仪"。该仪式在马来西亚经过上百年的传承和演变，形成在地化特色。南都、N视频于 2023 年 8 月 7 日推出了"广东民俗的海外传承"专题报道，华人罗冠乐有十余年"打斋"经验、子承父业居住在马来西亚柔佛州居銮，采访时，罗冠乐用客家话唱念，遵循"打斋"流程为逝者祝祷。这种丧葬仪式为居于马来西亚的客家华人带来了精神上的慰藉，也成为海外华人坚守中华传统文化的重要表现。②

潮剧在康熙年间已传播到泰国。③ 泰国是除中国以外潮剧剧团最多的国家，职业和半职业戏班有上百个之多。2024 年 6 月 12 日至 16 日，汕头市澄海文化艺术传承中心（澄海潮剧团）应邀，连续五天在泰国潮州会馆进行了表演，来自泰国政界、文化界及中国驻泰国大使馆等各界嘉宾出席了开幕式并观看了演出。"对海外潮籍华人来说，潮剧不仅仅是艺术表达形式，更是寄托浓厚乡情的精神纽带，澄海潮剧团来泰演出，对潮汕文化在海外的传承和发展起着积极的作用，观众欣赏戏剧的同时也是在了解潮

---

① 胡超：《从华人民俗到国家非物质文化遗产——马来西亚新山游神中的华人身份研究》，《文化遗产》2021 年第 4 期。

② 《客家祭仪在马来西亚传承百年成本地"打斋"》，南方都市报，https：//baijiahao. baidu. com/s？id = 1774515254423006338&wfr = spider&for = pc。最后访问日期：2025 年 3 月 16 日。

③ 依据伦敦大学教授帕赛尔（Victor Purcell）和法国人华烈·卢贝尔等人著的《潮州府志·社会》，以及泰国方面的资料记载，暹罗（泰国）大城皇城末期也就是 1767 年前，潮剧就传播到了暹罗。帕赛尔（Victor Purcell）的《东南亚的中国人》一书中的卷三《在暹罗的中国人》一书还记述了 1685～1688 年，泰宫廷用潮剧招待法国使节的过程。

汕，认识中国。"① 可见潮剧在泰国的传承实践，以相关社区参与、互动为前提，为泰国华人提供了身份和文化认同支撑。

闽粤非遗项目在社区中的存续，是第二代、第三代华侨华人在生活国中建构"中国性"和自我意识的文化资源。② 换言之，"非物质文化遗产为海外华人提供了认同和存续感，这种认同并非局限于身份的归属感，而是社区民众对某种文化的共享感、亲近感及对其历史、现实及未来的参与感。"③ 值得注意的是，"显著的他者"并不代表着与当地的无法交融和故乡的完全割裂，从内部来说，东南亚华人利用闽粤非遗项目进行自我身份确认，通过溯源文化源流，铸建共同体和文化认同纽带；从外部来看，这些非遗项目加强了华人社群、华人方言群的文化差异，"中国性""文化中国"是华侨华人在异国、他乡建立一种"显著的他者"（significant others）的文化手段。④

（三）消解对立，强调文化间互动

人类中心主义狭隘地将某个种族、国家、民族、阶层、群体视为中心，将其他视为边缘，而文化相对论消解了中心与边缘二元对立的关系。事实上，"多元一体的身份意识是现代统一性观念下的一体性认同，它是以长期维护中华民族自在状态的大一统天下观为重要根基。这一观念包含了承认文化差异、讲求和而不同等理念。因此尽管身居海外的华人有差异性的历史文化传统，却仍能保有对于中华民族的一体性身份认同。

---

① 《澄海潮剧团赴曼谷献演五天，潮韵悠扬促进中泰文化交流》，《汕头日报》，http：//www. qb. gd. gov. cn/qsxw/content/post_ 1247182. html。最后访问日期：2025 年 3 月 16 日。

② Kenneth Dean，"Renewed Flows of Ritual Knowledge and Ritual Affect within Transnational Networks：A Case Study of Three Ritual Events of the Xinghua（Henghua）Communities in Singapore，" Bernardo E. Brown，Brenda S. A. Yeoh（eds.），Asian Migrants and Religious Experience：From Missionary Journeys to Labor Mobility（Amsterdam：Amsterdam University Press，2018），pp. 71-100.

③ 赵博文、李克军：《非物质文化遗产共生要素赋能铸牢中华民族共同体意识研究》，《广西民族研究》2022 年第 6 期。

④ 蔡志祥：《20 世纪"文化中国"的再展演——侨乡与海外华人社会的社区节日》，《华人研究国际学报》第 14 卷，第 1 期。

南音是集唱、奏于一体的表演艺术，于 2009 年被列入联合国教科文组织《人类非物质文化遗产代表作名录》。南音不仅流行于闽粤地区，在新加坡、马来西亚等地的闽南人中也广为流传。据不完全统计，东南亚各国的南音组织达 40 多个。南音在东南亚的传承和变化过程中，交流不是单向的，而是双向的。例如海外的南音社团邀请家乡的南音艺师到侨居地传授经验，早在清光绪二十年（1894），南音名家陈武定前往菲律宾教授技艺并演出。① 20 世纪 70 年代末，当时中国南音还没有复兴，新加坡、马来西亚的南音乐社对闽南地区的南音乐社提供了一些资金援助，为中国南音复兴创造了条件。以新加坡湘灵音乐社为例，其成立于 1941 年，70 年代由于西风日盛，南音受到冲击而日渐式微，丁马成先生出任湘灵音乐社社长，提出改革南音、重振南音，主导一系列有关南音的传承和改革及与中国南音相关的交流活动，例如于 1977 年举办首届"东南亚南乐大会奏"，成立了"东南亚南乐联谊会"。② 在双方的交流活动中，东南亚海外华侨将南音的声誉推向国内外，而本土南音的复兴和发展也对东南亚海外南音乐社的发展予以支持，如派遣教师、提供教材乐器等。

在泰国，英歌舞的传承已有百余年历史并在此落地生根开枝散叶，堪称英歌舞"第二故乡"。泰国多个府已组建了数十支英歌队，是泰国官方认定的非物质文化遗产代表性项目，在中国日渐鲜见的英歌"后棚""打布马"在泰国都得到了更好的传承和保护。在泰国春武里府帕那尼空县，观众们可以买到英歌的周边产品并体验脸谱化装，跟演员们共同参与表演。③ 2023 年 5 月 5 日至 7 日，该地举办了为期三天的"Boon Klang Baan"（泰国丰收祭典民俗）节庆祝活动，英歌舞巡游是该活动的重要组成部分。对比国内，该地英歌舞的表演内容和装扮比较传统，上演的是"一百零八个梁山好汉

---

① 吴远鹏：《南音在南洋》，李翼平、朱学群、王连茂主编《泉州文化与海上丝绸之路》，社会科学文献出版社，2007，第 224 页。

② 龚佳阳：《试论泉州南音对南洋华侨华人的社会作用及其海外传承》，《大众文艺》2010 年第 2 期。

③ 《泰国英歌表演持续上新！专家：这一文旅结合发展模式值得借鉴》，南都即时，https://static. nfapp. southcn. com/content/202301/28/c7301468. html。最后访问日期：2025 年 3 月 16 日。

的传奇故事"，角色人物出场前会有一段介绍个人背景的独白，然后才进行正式表演，因此表演具有较强的故事性。该地在表演形式上也有创新之处，比如用荧光灯作为装饰，在夜晚看起来更为闪亮；在开幕式上用回收纸做的英歌雕塑作为礼品赠予现场嘉宾。①

列入学校课程是英歌舞在泰国当地的传播和传承的途径之一。当地有学校将英歌设置为政府规定的文化民俗课，并专门编写教材，名为《当地"英歌舞"表演技能》，每周五上课，一节课 50 分钟。2023 年在泰国旧罔县中秋节当晚，这个只有 12 万人的县城有 3 支英歌队参与了表演，其中两支由小学生组成。② 英歌舞全球"出圈"后，跨国合作和交流越发频繁，2023年 12 月广东普宁富美青年英歌与泰国帕那尼空县政府相关负责人和当地英歌队展开线上交流会。

马来西亚的柔佛古庙和中国潮州青龙古庙常有往来。2024 年，马来西亚的柔佛古庙游神拟与中国潮州青龙古庙游神一同申遗。新山中华公会会长何朝东表示，自国家遗产局去年建议联合多个国家游神申遗后，他们也就物色可共同申遗的游神活动，他透露将在古庙游神活动结束后，率领 9 人团前往潮州考察。③

从以上案例可见，以非遗为沟通载体，增进了华侨华人与故乡人民的沟通和友谊，促进了中华文化与侨居国文化的交流与融合。文化之间的互动消解了中心—边缘二元对立关系，事实上，全球文化动力包括海外的华人文化同样影响着国内地方文化，④ 呈现出海外华人与祖国间文化的双向互动和双向影响。

---

① 《泰国民俗节上的潮汕英歌：上演梁山好汉故事，市长穿唐装合影》，南都即时，https：//www. sohu. com/a/673479694_ 161795。最后访问日期：2025 年 3 月 16 日。

② 《中国英歌舞"出海"背后的故事》，《环球时报》，https：//baijiahao. baidu. com/s？id = 1791911799179957317&wfr = spider&for = pc。最后访问日期：2025 年 3 月 16 日。

③ 《柔佛古庙游神拟与中国青龙古庙共同申遗，新山中华公会 3 月赴潮州考察》，东方 online，https：//www. orientaldaily. com. my/news/south/2024/02/28/633777。最后访问日期：2025 年 3 月 16 日。

④ 陈志明：《迁徙、家乡与认同——文化比较视野下的海外华人研究》，商务印书馆，2012，第 16 页。

（四）在地融合，搭建文明互鉴桥梁

联合国教科文组织于 2015 年通过《保护非物质文化遗产伦理原则》，该原则第三条指出："相互尊重以及对非物质文化遗产的尊重和相互欣赏，应在缔约国之间，社区、群体和个人之间的互动中蔚成风气。"[①] 非遗是人们在生产生活中不断创造并保留下来的文化传统，在东南亚基于华人与当地居民混居呈现互嵌式社会结构，因此非遗项目在不断吸纳其他社群的文化传统和元素，呈现出地方性的文化传统。

福建的木偶戏（以泉州布袋戏为代表）于 17 世纪开始流行于西爪哇万丹和雅加达等地，布袋戏表演由中国传统乐器进行伴奏，如京胡、扬琴、小锣等，印尼的布袋戏大部分仍用闽南方言表演，并用"中华马来语"进行加工或再创造。1771 年三宝垄华人把观音亭的神像迁到新寺院时，按照闽南的习俗请来巴达维亚的戏班，进行了长达两个月的表演酬神。在雅加达、爪哇等地庙会或节日聚会时，常有布袋戏的戏班表演。[②] 表演的内容既有《三国演义》《薛仁贵西征》等中国故事，也有爪哇英雄达马尔乌兰（Damarwulan）的传奇事迹等。现如今，东南亚各国常共同举行有关木偶戏的研讨会，非物质文化遗产代表性项目在共融、共生中传承发展。

妈祖是沿海华人普遍信奉的神明之一，其传说及信俗更随华人的移民传播至世界各地，是海内外华人重要的民俗活动。值得注意的是，在东南亚地区，"妈祖信俗"被诸多非华人社群认同。在越南当地妈祖是保护神，会安古城的福建会馆香火鼎盛，吸引了大量越南人来此祭拜。海外对妈祖的信仰，"一是基于异质文化的契合点，求得'异中之同'，促使对方主动接受；二是通过改造仪式，进行文化调适，以消解文化冲突，打造仪式共同体。"[③]

---

① 巴莫曲布嫫，张玲译，联合国教科文组织：《保护非物质文化遗产伦理原则》，《民族文学研究》2016 年第 3 期。

② 孔远志：《中国印度尼西亚文化交流》，北京大学出版社，1999，第 214 页。

③ 许元振：《构建共同体：妈祖文化在东南亚华人社会中的独特价值》，《文化遗产》2021 年第 2 期。

妈祖文化传播到东南亚各国之后，扩大了信众范围，促进了当地社群构建信仰共同体，也推进了社会事务乃至国家事务的发展。

二十四节令鼓是 1988 年发源于马来西亚华人社团的一种鼓乐表演形式，该表演结合了二十四节气、书法和广东狮鼓表演①，在发展过程中融合了马来人、印度人的传统打击乐器，展现了色彩多元的马来西亚文化。1997 年马来西亚学生江劲渊在泉州华侨大学留学期间创办了中国第一支节令鼓队。目前，中国社区二十四节令鼓队的发展势头强劲，在厦门泉州圈及潮汕地区便有社区及中小学节令鼓队逾 50 支。近年来，二十四节令鼓纷纷亮相我国各大电视台。2023 年 12 月 31 日，浙江柯城立春鼓社亮相中央电视第 3 台《2024 跨年晚会》，与中国山西的绛州鼓及威风锣鼓、汕头的潮州大锣鼓等重要的中国传统鼓乐一起"和鸣"迎新；2024 年 2 月 3 日立春前夕，潮州的潮响鼓社联合湖南湘南学院鼓社亮相湖南卫视直播《春晚》，收视率过亿；随后 2 月 4 日立春日，柯城鼓社于浙江衢州的"九华立春祭"表演《迎春》，是节令鼓与廿四节气文化有机结合的典范例子；2 月 9 日除夕下午，潮州潮响鼓社亮相中国中央电视台 CCTV4 之《传奇中国节·春节》，鼓社首次结合潮汕英歌舞进行表演，呈现创新的鼓舞。② 这项来自马来西亚、蕴含中国文化色彩的鼓乐表演形式，立足于我国社区，并在我国各大媒体、社交平台中广为传播。

目前，全球累计鼓手约有四万名，鼓队超过 400 支。2009 年，二十四节令鼓成为马来西亚国家非物质文化遗产。如今每两年举办一次的二十四节令鼓国际观摩会暨大马精英赛，成为全球鼓队相聚、切磋的盛大节日，表演结束后鼓手都会聚在一起叫响同一个口号——"天下鼓手是一家"，世界各地的鼓手因二十四节令鼓而心脉相连。马来西亚旅游、艺术和文化部部长张庆信指出，二十四节令鼓等马来西亚华人文化近年来日益得到马来西亚其他

---

① 卓高鸿、蔡立强：《中华鼓乐在海外华人社会的传承与创新探究——以马来西亚二十四节令鼓为例》，《艺术教育》2016 年第 12 期。

② 《大马的骄傲！二十四节令鼓跃上中国节庆舞台》，《中国报》，https://www.chinapress.com.my/20240215/。最后访问日期：2025 年 3 月 16 日。

族群的参与和认可，中华传统文化的推广有助于增进马来西亚各社群之间相互尊重、包容和理解，促进马来西亚各族和谐共处。2024 年 3 月 29 日张庆信表示，该部将全力支持和协助二十四节令鼓争取列入联合国教科文组织相关名录名册。①

闽粤非物质文化遗产在东南亚当地的在地化，离不开对东南亚各国优秀文化的汲取，秉持开放与包容的态度，积极汲取东南亚各国优秀文化，闽粤非物质文化遗产在东南亚在地化，成为海外华人和当地社群沟通的一种对话方式。

四　对策、建议与展望

（一）发挥桥梁作用，推动海外侨胞参与人类命运共同体的建设

海外华侨与中华民族之间有着深厚的血缘关系和文化渊源。他们不仅通过组织文化活动来传承传统、提升社群形象，还积极促进各社群之间的交流，以增强当地文化的融合和促进社群的和谐。因此，海外华人是中华文化扬帆出海、落地生根的关键因素之一。

多年来，华侨华人是中马友谊与文化交流的有力亲历者、见证者、推动者。马来西亚的国家级和世界级非物质文化遗产中，有多个项目来自大马华人对母国文化的传承创新。近年来英歌舞火热"出圈"，马来西亚华人希望能在当地建立一支秧歌队，因此在潮州会馆、中马文化学者和潮阳当地的支持下，在 2024 年 6 月前往潮州学习英歌舞的槌法、阵型、背鼓和脸谱。团员希望在正确理解英歌的形式和内涵、特色和历史后，规范地向海外侨胞和外国友人表演、传习、推广英歌舞。可见，马来西亚华侨对英歌舞的推广，使英歌舞有可能成为全球性的文化。

---

① 《马来西亚政府支持二十四节令鼓"申遗"》，中新社，https：//baijiahao. baidu. com/s? id = 1795089316234370755&wfr = spider&for = pc。最后访问日期：2025 年 3 月 16 日。

2007 年，"三山国王祭典"被列入广东省第二批省级非物质文化遗产名录。该民间信仰文化发源于粤东地区，如今广泛传播至中国台湾地区和东南亚等地，其"护国庇民、国泰民安"的精神为历代民众所尊崇。柬埔寨铁桥头三山国王庙具有一百多年的历史，每逢元宵节都会举办的"游神"活动，总会吸引大量市民和游客围观，甚至有人从法国、美国、新加坡、马来西亚等地专程赶来观看，当地华人还在附近修建了华文学校，旨在传承、推广中华民族语言与文化，向主流社会展示和传播中华优秀文化。三山国王信仰在柬埔寨已逐渐成为中华文化智慧传承的精神纽带。①

2023 年 11 月 4 日，"两岸·三山·四海"三山国王学术研讨会在中山大学举行。来自中国台湾、福建、广东及马来西亚的 10 余位"三山国王"文化学者会聚一堂，共同探讨"三山国王"民间信仰文化的发展与现状，及其海内外传播的历史与路径。来自马来西亚的王琛教授指出，三山国庙可充当文化载体，吸引更多人群通过"三山国王"来更全面地了解中华民族，发挥全球影响力。

规模庞大、分布广泛和来源地众多的闽粤籍华侨华人，在海外传播中华文化具有明显优势，无论是从历史还是现实来看，华侨华人在参与构建人类命运共同体过程中都具有巨大潜力和优势。因此，如何充分发掘非物质文化遗产的内涵，加强华侨华人的共情与参与，将诗意的故土和民族历史融入华侨华人内心，使之客观理解与主动接受中华文化，并传播、讲好中国故事，② 将会是推动构建人类命运共同体实践过程中的重要课题。

（二）挖掘文化共性，促进海内外华人民心相通相知

有人提出"中国的文化输出"一词过于生硬，因此，如何让海外接受中国文化是值得思考的。大国输出和传播自己的民族文化时，有必要

---

① 《三山国王传说在柬埔寨：融入当地民俗活动，成为华人情感纽带》，《南方都市报》，https://baijiahao.baidu.com/s? id=1774167996123551247&wfr=spider&for=pc。最后访问日期：2025 年 3 月 16 日。
② 崔孝彬：《华侨华人参与传播中华文化的认知逻辑》，《华侨华人历史研究》2022 年第 4 期。

"用人类比较成熟的国际公认形式"，挖掘传统文化中适合国际传播的部分，实现特殊性和普遍性的统一。① 在通过闽粤非物质文化遗产传承传播中华文化、深化文明互鉴的过程中，有必要重视中国文化的特殊性与普遍性及其与世界秩序的关系，以全人类的共同价值观作为突破口进行价值的传播。

以大宋三忠王信仰为例，这一民间信仰源于粤闽侨乡对南宋三位名臣文天祥、张世杰和陆秀夫的纪念，是东南亚华人社会中具有重要代表性和影响力的神祇之一。如今马来西亚、新加坡、泰国、越南和印度尼西亚仍保留供奉大宋三忠王的庙宇，并举行相关祭典和活动，以弘扬这些神祇所代表的浩然正气与崇高品质。

表 1　东南亚地区大宋三忠王庙宇②

国家	庙宇名称	创建时间	庙宇名称	创建时间
马来西亚	马六甲三威宫	1991 年 7 月	马六甲普忠宫西亭	1950 年
	马六甲森马木三忠宫	1893 年之前	马六甲淡米沙里龙三宫	不详
	马六甲威显宫	1953 年之前	霹雳太平峇登福全宫	1838 年
	霹雳金宝市金宝古庙	1904 年或之前	雪兰莪巴生北辰宫	1967 年
	雪兰莪双溪毛糯福惠宫	20 世纪 50 年代	柔佛新山陈厝港灵山宫	
新加坡	灵山宫	不详	普忠庙	20 世纪 20 年代
	水显宫	不详	聚天宫	20 世纪初
泰国	普吉岛三忠庙	约 20 世纪 20 年代初	普吉府网寮斗母宫	1904 年
	甲米府兰达岛三忠王宫	不详	攀牙府佛参斗母宫	1917 年前后
越南	胡志明市凤山寺	19 世纪初		
印尼	廖内峇眼亚比庆宋宫	1913 年	廖内峇眼亚比三公宫	不详

---

① 郭树勇：《文化国际主义论析》，《世界经济与政治》2018 年第 9 期。
② 石沧金、李彦伏：《粤闽侨乡和海外华人的大宋三忠王信仰》，《世界宗教研究》2021 年第 4 期。

大宋三忠王信仰依托中国传统儒家思想，具有正气凛然、忠义英明、崇高气节等高尚的人格，因此深度解读、传播和弘扬大宋三忠王的精神内核，将有助于加深当地华人社群对中华文化精神内核的认知，深化华人对闽粤非物质文化遗产代表性项目内涵的了解。

武术是中华民族传统体育项目，其身体活动规律和理念蕴含着深刻的哲学思想，展现了中国人对生命和宇宙的参悟。中国"功夫"（Kongfu）在海外是最具代表性的中国文化符号。佛山咏春拳于 2021 年被评为国家级非遗项目，舞剧《咏春》于 2022 年由中共深圳市委宣传部、深圳市文化广电旅游体育局出品，深圳歌剧舞剧院创排演出，同时呈现国家级非物质文化遗产"咏春拳""香云纱"，将国家级非物质文化遗产与岭南民俗文化创新融合于剧中。该剧讲述了一个关于中国功夫的故事，相较于"唯技击论""你赢我输"的竞技观念，展示了中国文化传承、创新、和平、包容的精神底色。2023 年 9 月该舞剧亮相新加坡，2024 年赴英国、法国、俄罗斯等国演出。

基于上述案例，可见在关注闽粤非物质文化遗产代表性项目在海外存续情况的同时，需识别认同逻辑，从共性出发挖掘闽粤非物质文化遗产代表性项目所蕴含的精神底色，尝试通过这些非遗项目，让西方意识到中国以德治国、和平主义、天下为公的儒家文化，从人类共性寻找对话沟通的空间，建筑维系中外文化交流的"通道"。

（三）善用媒介，铸牢海外华人的中华民族共同体意识

"'认同'是有意图的行为体的属性，是个人或群体在情感上、心理上从异质逐渐走向趋同的过程。"[①] 新移民在融入当地过程中会有被排斥感，与本地居民产生沟通阻滞，进而引起结构性紧张。[②] 如今尊重文化多样性已

---

① 范磊、杨晓青：《族群与国家的互动：认同视角下的新加坡族群多层治理路径》，《亚非研究》2016 年第 1 期。
② 刘宏：《新加坡的中国新移民形象：当地的视野与政策的考量》，《南洋问题研究》2012 年第 2 期。

经成为文化、社会治理的新趋势，而闽粤非物质文化遗产代表性项目在东南亚当地的传播，一方面可以协助华人社群提升形象，另一方面通过一系列文化活动可推动不同社群之间的文化交流，避免因认同困境出现的冲突，达到各个社群和谐共处的目标。

成立于 1986 年的新加坡宗乡会馆联合总会在其发展愿景中提出："领导宗乡会馆；弘扬华族语文、文化与价值观；建立紧密联系的宗乡会馆网络；促进种族和谐与社会凝聚力；从事一切其他符合或有利于促进上述宗旨或其中一项宗旨的活动"。该会馆自成立以来，通过主办"春到河畔迎新年"、端午嘉年华等活动，以此增强凝聚力，促进社群间的互动。2024 年 4 月 28 日，新加坡宗乡会馆联合总会举办客家文化美食节，现场展示客家传统美食擂茶的制作过程，文化活动是沟通新移民和本土居民的重要桥梁。

2024 年 12 月，由新加坡、马来西亚、文莱、泰国和印度尼西亚五国联合申报的卡峇雅（Kebaya）正式列入联合国教科文组织《人类非物质文化遗产名录》。卡峇雅（Kebaya）是东南亚妇女传统服饰，上半身为精致上衣、下半身为纱笼，纱笼卡峇雅是土生华人重要的身份象征。新加坡国家文物局文化遗产政策高级司长杨克翔说，跨国申遗要强调卡峇雅在东南亚的文化凝聚力，促进彼此的文化认知与交流。[①] 从卡峇雅（Kebaya）的申报实践中可见，申报主体强调文化共享的观念，鼓励不同社群的交流对话，此类案例是整合东南亚各国闽粤华侨认同的良好媒介。我们需要动态追踪闽粤非物质文化遗产代表性项目在东南亚地区遗产化的过程，以非物质文化遗产为媒介，增进东南亚侨胞对中华民族这一共有身份的认同，促进海外侨胞铸牢中华民族共同体意识。

（四）拓宽渠道，增加闽粤非物质文化遗产在海外应用场景

非物质文化遗产的传承和延续，表现在它能参与民众的日常生活，因此

---

① 林方伟：《联手为卡峇雅（Kebaya）申遗穿出多元东南亚文化》，《联合早报》，https://www.zaobao.com/lifestyle/feature/story20230310-780191。最后访问日期：2025 年 5 月 23 日。

"生产性保护"是非物质文化遗产的保护方式之一。在此保护形式之下，可将其转化为经济效益和经济资源，"对非物质文化遗产中的经济资源加以合理开发，科学利用其经济价值，在市场化、商品化的时代背景下发挥其经济价值，实现文化保护与经济发展的良性循环互动，以保护带动发展，以发展促进保护。"① 在古代，以商贸活动为载体，中国的瓷器、丝绸通过古丝绸之路运往世界各地，文化交流在古丝绸之路沿线开展；现如今，非物质文化遗产传承人和非物质文化遗产代表性项目更应借助新平台、新市场、新传播方式，为非物质文化遗产产品在海外传播的过程添加更多的应用场景，让中国非物质文化遗产更全面地融入世界人民的生活。

泉州晋江国际机场采用"航空+非物质文化遗产"的传播模式。2024 年 6 月 15 日，泉州晋江国际机场恢复泉州至泰国曼谷的直航航线。以复航为契机，泉州晋江国际机场开展了"簪花围"活动，复航首日，一群头戴"簪花围"的旅客乘机飞往曼谷，也同时将泉州"簪花围"文化传播到东南亚。旨在让更多旅客了解"簪花围"背后的文化内涵，为选择航空出行的旅客提供了沉浸式体验泉州"非物质文化遗产"文化的契机，创新了"非物质文化遗产"的传播途径。②

祖籍佛山的冼卓衡是一名"80 后"香港青年，目前在运营佛山南海桂城叠滘墟的文旅项目。该项目于 2022 年启动，在文创销售领域，他们用数字化研发文创产品，对龙船的结构部件进行 3D 扫描，激光雕刻成一块块模型板，成为一组可以自行拼装的模型，让大家动手体验"造"龙船的乐趣。如今，这些非物质文化遗产文创已远销东南亚、美国、非洲等国家和地区。

5G、VR、AR 等技术的普及与广泛应用，数字科技得以与古老技艺相互碰撞，赋予非物质文化遗产更多元、时尚的表达方式，让中国非物质文化遗产焕发出新的生命力。近几年，中国国家级非物质文化遗产代表性项目广

---

① 汪欣：《对非物质文化遗产生产性保护理念的认识》，《艺苑》2011 年第 2 期。
② 《中国泉州至泰国曼谷复航首日出圈，非物质文化遗产"簪花围"再出海》，中国民航网，http://www.caacnews.com.cn/1/5/202406/t20240615_1379077_wap.html。最后访问日期：2025 年 3 月 16 日。

东醒狮省级代表性传承人赵伟斌与动漫科技公司合作，开发了 VR、AR 醒狮小程序和数字藏品，并推出全球首款醒狮体感机器人，戴上醒狮 VR 头套，就可以沉浸式体验舞狮，例如做高难度的踩梅花桩动作。

在传播闽粤非物质文化遗产的过程中，我们需重视提炼与中华文化相关的标识和符号，充分运用新技术、新形式，通过增添在实际生活中的应用场景，讲好中国非物质文化遗产故事，传播中国声音与中国形象，彰显中国非物质文化遗产的世界共享价值并推动其全球传播。

年 度 热 点 ▷

B.7
非遗保护助力共同富裕

—— 以浙江省非遗保护实践为例

张 翚 方雅丽*

摘 要： 实现共同富裕是社会主义的本质要求，非物质文化遗产是中华优秀传统文化的重要组成部分，其保护传承与经济发展紧密相连。"非遗+产业"等新模式，激活了乡村经济，丰富了民众文化生活，促进了共同富裕。浙江省通过政策支持、工坊集聚、人才汇聚等举措，有效提升了非遗保护传承的成效，为全国提供了可借鉴的经验，为其他地区推进非遗助力共同富裕提供了切实可行的路径和策略。

关键词： 共同富裕 非遗 乡村振兴 浙江经验

* 张翚、方雅丽，中山大学中国非物质文化遗产研究中心、中文系硕士研究生，研究方向为民俗学。

一 共同富裕的演进过程

"共同富裕"是中国式现代化历史进程中形成的重要概念，深刻体现了习近平新时代中国特色社会主义思想的精髓。习近平总书记在主持召开中央财经委员会第十次会议时明确指出："共同富裕是社会主义的本质要求，是中国式现代化的重要特征。"他强调："共同富裕是全体人民的富裕，是人民群众物质生活和精神生活都富裕，不是少数人的富裕，也不是整齐划一的平均主义，要分阶段促进共同富裕。"[①]

（一）物质生活共同富裕

"从一定意义上来说，马克思主义理论就是关于人类共同富裕的理论。"[②] 马克思主义认为实现共同富裕是一个历史渐进的过程，需要经历从阶级分化到共同富裕的过渡阶段。并非一蹴而就，而是需要经历一系列深刻的社会变革与发展阶段。

在中国特色社会主义建设的道路上，中国共产党作为马克思主义中国化的坚定践行者，在深入探索与实践的过程中，深刻认识到实现共同富裕的程度随社会生产力的发展阶段而有所不同。回溯历史，20 世纪 50 年代，毛泽东同志首倡"共同富裕"概念，为巩固工农联盟，通过农业合作化等举措缩小农民收入差距；[③] 至 20 世纪 90 年代，邓小平同志在"南方谈话"中强调："社会主义的本质是解放生产力，发展生产力，消灭剥削，消除两极分化，最终达到共同富裕。"[④] 步入新时代，习近平总书记集马克思主义共同富裕理论之大成，全面丰富、发展了马克思主义共同富裕理论，立足发展阶

---

① 《在高质量发展中促进共同富裕统筹做好重大金融风险防范化解工作》，《人民日报》2021 年 8 月 18 日。

② 邱海平：《共同富裕的科学内涵与实现途径》，《政治经济学评论》2016 年第 4 期。

③ 杨立雄：《概念内涵、路径取向与分配定位：对共同富裕关键理论问题的探讨》，《华中科技大学学报（社会科学版）》2022 年第 4 期。

④ 中共中央文献编辑委员会编《邓小平文选》（第 3 卷），人民出版社，1993，第 373 页。

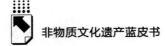

段新变化，深刻认识到逐步实现全体人民共同富裕的重要性，提出要采取有力措施保障和改善民生，彻底打赢脱贫攻坚战，全面建成小康社会，为促进共同富裕创造了良好条件。

党的十八大以来，学术界围绕"共同富裕"这一核心议题，展开了广泛而深入的研究与探讨，其焦点涵盖了概念内涵、现实背景以及实现路径的多元化探索。这些讨论紧密围绕基本经济制度、收入分配制度、脱贫攻坚、乡村振兴与区域协调发展等主题来展开，充分彰显了共同富裕研究在当代社会的重大价值与深远的理论意义。在概念内涵方面，黄晓娟认为中国共产党对"共同富裕"概念进行了历时性和共时性的阐释与运用，从理论渊源来看，既是对中国传统文化中的"小康"社会和"大同"理想的传承，也是对马克思主义经典著作中"共产主义"远大理想的初步实践；从发展脉络来看，经历了"平均分配""同步富裕""先富带后富""小康社会""全面建成小康社会""共同富裕"等发展历程；从内涵嬗变来看，"物质富裕""精神富裕""人的全面发展""社会全面进步"等成为不同时期凸显的概念内涵；从性质界定来看，"社会主义的本质要求""中国特色社会主义根本原则""中国式现代化的重要特征"等成为其概念属性的阶段定位。① 在具体实践方面，我国经过 8 年的持续奋斗，在 2020 年底打赢脱贫攻坚战，但依然面临居民整体收入水平不高、收入差距较大、基本公共服务均等化程度略低、分配制度不够科学等挑战。要想实现共同富裕，仍要依靠解放和发展生产力来夯实物质基础，以实施乡村振兴战略来缩小城乡差距，以推进区域协调发展战略来缩小区域差距，以完善收入分配制度来促进收入分配公平。②

（二）精神生活共同富裕

"共同富裕"这一理念，早已超越了单一的经济范畴，它深刻映射出中

---

① 黄晓娟：《中国共产党"共同富裕"概念的历史溯源与语义变迁——以党的历史文献为中心的文本考察》，《社会主义研究》2023 年第 5 期。

② 肖金成、洪晗：《共同富裕的概念辨析、面临挑战及路径探索》，《企业经济》2022 年第 4 期。

国从解决温饱问题、步入小康社会，再到追求更高层次富裕的壮阔历程。时至今日，人民对共同富裕的向往，已不再局限于获得物质生活的富足，转而提升为物质精神生活的全面富裕，要求生产资料充足的同时，也要求精神生活高水平、高质量。2021年8月，习近平主持召开中央财经委员会第十次会议，在会上指出"共同富裕是全体人民的富裕，是人民群众物质生活和精神生活都富裕"①，将精神生活共同富裕作为新时代中国特色社会主义的一大目标。

追求精神生活共同富裕的思想源远流长，自古以来，我国哲学便深刻认识到精神层面的幸福感对于人生理想的不可或缺。儒家、道家、释家等传统哲学流派，虽路径不一，却共同拥有超越物质层面的精神愉悦与和谐的价值旨归。儒家的悦乐源自好学、行仁和人群的和谐；道家的悦乐在于逍遥自在、无拘无碍、心灵与大自然的和谐；释家的悦乐则寄托在明心见性，求得本来面目而达到入世、出世的和谐，皆体现了对纯粹精神幸福的向往与追求。② 而今，在新时代中国特色社会主义精神文明建设的伟大实践中，新的时代内涵与使命使得精神生活共同富裕的理念更为深厚。在实践过程中，精神财富为中国社会发展提供了强有力的思想保证、智力支持和力量凝聚。为此，应进一步强调："推动文化事业全面繁荣、文化产业快速发展，不断丰富人民的精神世界、增强人民的精神力量，不断增强文化整体实力和竞争力，朝着建设社会主义文化强国的目标不断前进。"③

共同富裕是一个长期目标，需要在实践中不断丰富共同富裕的理念意涵。当前阶段，我们亟须将焦点集中于树立一批具有引领作用的典型示范，加速构建共同富裕示范区，以此激励各地依据自身独特的资源禀赋与条件优

---

① 《在高质量发展中促进共同富裕统筹做好重大金融风险防范化解工作》，《人民日报》2021年8月18日。
② 吴经熊：《内心悦乐之源泉》，台北：东大图书有限公司，1983。
③ 龙静云：《以文化强国目标引领公民道德建设的基本逻辑》，《光明日报》2024年9月23日。

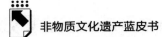
势，勇于开拓创新，探索出符合自身实际的发展路径。在这一过程中，我们应积极总结经验教训，形成可推广的模式，进而逐步将这一宏伟蓝图推向全国，让共同富裕的福祉惠及更广泛的人民群众。例如，浙江便作为改革示范的排头兵，设置了物质生活与精神生活双重富裕的示范区，作为先行试点，为实现高质量发展，2021年11月，文化和旅游部、浙江省人民政府印发了《关于高质量打造新时代文化高地推进共同富裕示范区建设行动方案（2021～2025年）》（文旅政法发〔2021〕110号，以下简称《行动方案》），文件规划了浙江如何发挥文化和旅游行业优势，在高质量发展中促进物质生活和精神生活共同富裕。①

习近平同志在党的二十大报告中指出："中国式现代化是物质文明和精神文明相协调的现代化。"② 如何将"两个文明"协调发展，是推进中国现代化进程的重要内容，而将非物质文化遗产与共同富裕相结合的思考，是向新时代交出的一份答卷。

（三）非遗与共同富裕

非物质文化遗产是中华优秀传统文化的重要组成部分，③ 是我国各族人民宝贵的精神财富，保留着中华民族文化身份的认同感，传承着中华民族的生活习俗、行为规范，承载着先民生产生活的经验、智慧和情感，具有跨越时空的独特魅力和审美价值。妥善保护、积极传承并有效利用非物质文化遗产，不仅是增强中华优秀传统文化生命力、传播效能与全球影响力的关键举措，对坚定文化自信、促进文化振兴、推动民族文化产业高质量发展具有重要意义，还能为乡村振兴注入强劲动力，推动实现共同富裕

---

① 蒙慧、赵一琛：《精神生活共同富裕：概念界划、内生逻辑及实践进路》，《广西社会主义学院学报》2022年第2期。

② 《习近平：高举中国特色社会主义伟大旗帜　为全面建设社会主义现代化国家而团结奋斗——在中国共产党第二十次全国代表大会上的报告》，中华人民共和国中央人民政府网，https://www.gov.cn/xinwen/2022-10/25/content_5721685.htm。

③ 《中共中央办公厅　国务院办公厅印发〈关于进一步加强非物质文化遗产保护工作的意见〉》，《中华人民共和国国务院公报》2021年8月30日，最后访问日期：2025年3月20日。

的目标，承载着深厚的文化价值和巨大的经济价值。非物质文化遗产作为特定历史时期生产力和文化发展水平的见证者，构架起乡村传统文化和现代生活之间的桥梁，具有鲜明的地域特征和文化属性，将其与乡村振兴有机结合，可以盘活乡村文化资源，推动其创造性转化和创新性发展，促使传统文化与现代消费有效对接，丰富乡村经济业态，带动乡村经济高质量发展，缩小城乡经济差距，进而促进城乡、区域均衡发展，为推动共同富裕创造条件。

非物质文化遗产可以通过发展"非遗+产业"的新模式，如"非遗+文旅""非遗+电商""非遗+数字""非遗+娱乐""非遗+项目"等，促使传统文化与现代消费有效对接，让非物质文化遗产"活"起来、"动"起来、"用"起来，激活其经济效益，丰富乡村经济业态。2018 年 6 月，文化和旅游部发布了《关于大力振兴贫困地区传统工艺助力精准扶贫的通知》，正式拉开了"非遗+扶贫"的序幕。深深根植于民间的传统工艺，宛如一根根细密而坚韧的纽带，紧密地连接着千家万户。这些传统工艺不仅仅是历史的沉淀，更是人民群众生产生活不可或缺的一部分。尤为显著的是，传统工艺凭借其独特的魅力与实用性，为贫困地区的群众铺设了一条就近就业、居家就业的共同富裕之路。

在此背景下，浙江省作为文化和旅游部非遗司"推动传统工艺高质量传承发展"和"非遗助力乡村振兴"的双试点省份，印发了《浙江省"非遗助力共同富裕"试点实施方案》①，发展协同各类项目资源，实现非遗的全面活化与可持续发展。

二　非遗保护助力共同富裕的浙江经验

习近平总书记曾作出重要指示，要扎实做好非物质文化遗产的系统性保护，更好满足人民日益增长的精神文化需求，推进文化自信自强。要推动中

---

① 《浙江：以非遗高质量发展助力共同富裕》，《中国文化报》2023 年 8 月 31 日。

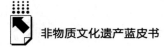
华优秀传统文化创造性转化、创新性发展。① 2021 年就共同富裕示范区建设问题颁布的行动方案指出"以社会主义核心价值观引领共同富裕"②，非物质文化遗产的系统性保护有利于弘扬社会主义核心价值观，加强教育引导、文化熏陶，从而推进共同富裕思想道德基础的建设。

浙江省是我国非遗保护实践开展较早的省份之一，保护成果居全国前列。③ 近年来，浙江省持续锚定"非遗助力共同富裕"，深化非遗保护实践与创新，推进传统工艺高质量传承与发展，探索非遗保护工作为乡村振兴、共同繁荣贡献力量的新路径。④

（一）政策引领，优化机制建设

通过制定相关政策法规，浙江省积极引领非遗保护实践，从而助力共同富裕。《行动方案》对非遗系统化保护作出如下指示："支持浙江推进非物质文化遗产系统性保护，推动符合条件的项目列入国家级非物质文化遗产代表性项目名录，开展国家级非物质文化遗产代表性项目存续状况评估、'非遗在社区'、非物质文化遗产传承群体、非物质文化遗产知识产权保护、传统工艺高质量发展等试点工作，建设高水平国家级文化生态保护区、国家级非物质文化遗产生产性保护示范基地、国家非物质文化遗产传承教育实践基地、非物质文化遗产特色景区等。"⑤

---

① 《习近平对非物质文化遗产保护工作作出重要指示强调　扎实做好非物质文化遗产的系统性保护　推动中华文化更好走向世界》，新华社百家号，2022 年 12 月 12 日，https：//baijiahao. baidu. com/s? id=1751978262786686964&wfr=spider&for=pc，最后访问日期：2025 年 3 月 20 日。

② 《文化和旅游部　浙江省人民政府关于印发〈关于高质量打造新时代文化高地推进共同富裕示范区建设行动方案（2021~2025 年）〉的通知》，中华人民共和国文化和旅游部，2021 年 11 月 3 日，https：//zwgk. mct. gov. cn/zfxxgkml/qt/202111/t20211124_ 929222. html。

③ 徐继宏、权紫晶：《浙江非遗奏响城乡"共富曲"》，《中国文化报》2022 年 6 月 24 日，最后访问日期：2025 年 3 月 20 日。

④ 《浙江：以非遗高质量发展助力共同富裕》，《中国文化报》2023 年 8 月 31 日。

⑤ 《文化和旅游部　浙江省人民政府关于印发〈关于高质量打造新时代文化高地推进共同富裕示范区建设行动方案（2021~2025 年）〉的通知》，中华人民共和国文化和旅游部，2021 年 11 月 3 日，https：//zwgk. mct. gov. cn/zfxxgkml/qt/202111/t20211124_ 929222. html，最后访问日期：2025 年 3 月 20 日。

因此，为了进一步落实《行动方案》的相关要求，浙江省文化广电和旅游厅开展"非遗助力共同富裕"试点工作，公布了40个"非遗助力共同富裕"试点县（市、区）①。为做好试点工作，浙江省文旅厅制定印发了《浙江省"非遗助力共同富裕"试点实施方案》，制定"非遗助力共同富裕"工作相关体系，强调各个项目的合作互联机制，如将省级文化传承生态保护区建设、省级传统工艺工作站建设、非遗工坊建设和深化非遗与旅游融合作为试点重要内容，以"非遗项目传承发展""赋能产业发展""助力共同富裕"为导向，策划实施一系列对话活动，还鼓励相关企业、不同地域间的紧密联结，围绕非遗项目提升品牌标识度，从政策引领、人才培养、品牌效应等全方位提升非遗助力社会经济发展的能力与成效。② 此外，浙江省还制定了《浙江省级文化传承生态保护区创建指标》、《浙江省传统工艺工作站创建指标》和《浙江省省级非遗工坊评价指标》，强化引导，明确"非遗项目传承发展"、"赋能产业发展"以及"助力共同富裕"的导向。

2024年8月29日，浙江省文旅厅颁布《浙江省非物质文化遗产传承薪火行动方案》，明确提出实施"六大行动"。其一，标识打造，树立人类非遗和国家级非遗系统性保护省域标杆，打造"文化传承生态保护区"矩阵，打响"浙江气派的非遗茶生活"品牌，激活"浙风古韵"文化基因，探索非遗场馆浙江样板，并形成浙江非遗IP集群。其二，产品培塑，涵盖迭代"传统工艺工作站+非遗工坊"机制，拓展"非遗+"新经济，推进跨门类联创等方面。其三，融合激活，主动融入重大战略，推动融入各类空间，加快推进业态融合。其四，制度护航，完善政策法规体系，加强知识产权保护，构建非遗标准体系。其五，数智赋能，建设非遗标准化数据库，协同攻关非遗大模型，构建非遗数智保护新生态。其六，人才培优，培育非遗传承

---

① 《40个！浙江省"非遗助力共同富裕"试点地区名单出炉！》，"浙江非遗"微信公众号，2023年2月9日，https://mp.weixin.qq.com/s/EV-62qloMxV9liztQmidmA。

② 《浙江：以非遗高质量发展助力共同富裕》，《中国文化报》2023年8月31日。

发展力量，构建"产学研"协同育人平台，打造非遗人才矩阵。① 浙江省力图到 2027 年，形成一批具有浙江辨识度的标志性成果，非遗带动就业（含灵活就业）不少于 50 万人。②

通过明确政策导向，浙江省有效地引领了机制创新与优化，为非遗保护工作和共同富裕示范区的建设提供坚实基础和方向。

（二）工坊集聚，赋能产业发展

非遗就业工坊的设立，有助于传承乡村文脉，赋能乡村振兴，进而实现共同富裕。传统工艺工作站、非遗工坊往往能够集研究、研发、研培于一体，并有非遗代表性传承人坐镇指导，每年培训、研学的成员可以高达几千人次；与此同时，通过比赛、研学活动、进社区等方式，非遗产品可以走出工作站，走出工坊，推动非遗的传播与传承。③

报道显示，浙江省立足传统工艺高质量传承发展，探索出"传统工艺工作站+非遗工坊"的模式，组织各大高校、研究机构与文创公司共建共创传统工艺工作站，实现产学研相互联动。同时，非遗工坊与传统工艺工作站互为支撑、协同发展，共同推进研究、研发、研培工作，提高传统工艺工作站与非遗工坊的创建水平和工艺水准。④ 2022 年，文化和旅游部、人力资源和社会保障部、国家乡村振兴局评选公布 66 个全国"非遗工坊典型案例"，浙江省的"新合索面"、"中泰竹笛"、"贝雕"以及"嵊州竹编"等 4 家工坊入选。⑤

---

① 《浙江发布非遗传承薪火行动方案》，中华人民共和国文化和旅游部，2024 年 9 月 5 日，https：//www.mct.gov.cn/preview/whzx/qgwhxxlb/zj/202409/t20240905_955080.htm。

② 《浙江非遗传承行动方案：到 2027 年带动就业不少于 50 万人》，澎湃新闻，2024 年 9 月 3 日，https：//new.qq.com/rain/a/20240903A00QUU00，最后访问日期：2025 年 3 月 20 日。

③ 《温州非遗来上分！23 家省级传统工艺工作站/非遗工坊，一起来看》，"温州文旅资讯"公众号，2024 年 2 月 2 日，https：//mp.weixin.qq.com/s？_biz＝MjM5MTA3OTQ0MA＝＝&mid＝2652955792&idx＝1&sn＝ec09f5c5c073227873fe3c06d0af987f&chksm＝bc4be35a5c476dab8a72cc9142706e3399e09f6a952d1c4408269fde9e2fd6ab6bae1f6fc8fb&scene＝27。

④ 《浙江：以非遗高质量发展助力共同富裕》，《中国文化报》2023 年 8 月 31 日。

⑤ 《文化和旅游部 人力资源和社会保障部国家乡村振兴局关于公布 2022 年"非遗工坊典型案例"的通知》，中华人民共和国文化和旅游部，2023 年 2 月 3 日，https：//zwgk.mct.gov.cn/zfxxgkml/fwzwhyc/202302/t20230203_938913.html，最后访问日期：2025 年 3 月 20 日。

为进一步指导各地创建非遗工坊，浙江省研究制定《浙江省省级非遗工坊评价指标体系》，把准方向、强化引导，以非遗保护传承与传统工艺振兴工作为基础，助推乡村振兴，助力共同富裕。同时，将非遗工坊建设纳入省厅"赛马"指标体系，并完善相关激励措施。

浙江省将持续推进非遗工坊建设，2023年5月，浙江省文旅厅下发了《关于开展第二批省级传统工艺工作站和非遗工坊创建的通知》，明确了第二批省级非遗工坊的建设主体、创建任务、创建方式。后期省内将举办专题培训和交流会，为工坊创建主体提供非遗保护、传承创新、知识产权、销售渠道、品牌建设等方面的专业培训和资源对接，推动非遗保护机构与高校开展合作攻关，开展优秀实践案例和创新案例遴选。

（三）人才汇聚，强化技能支撑

夯实人才基础是建设共同富裕示范区的重要保障措施，人才培养在非遗助力共同富裕上的重要性不言而喻。

据介绍，浙江省将建设省级高校非遗传习院5家，建成"非遗传承发展人才库"，切实推进非遗保护人才培养。[1] 传承人纳入"非遗传承发展人才库"，通过梯级管理建设人才队伍，帮助非遗传承人传道授业。

同时，浙江省非物质文化遗产保护中心坚持举办普及性讲座。"之江非遗大讲堂"致力于通过讲座活动等，建设优秀传统文化传播的新阵地，共享非遗保护成果。至于面向公众的研学活动，非遗馆打造"浙韵非遗，研学同行"品牌，向外拓展非遗空间。此举既锻炼非遗传承人的讲学能力，又在青少年心中种下一颗非遗文化的种子。

浙江省今后持续致力于加大非遗工坊人才的培养力度。一是贯彻落实《关于加强新时代高技能人才队伍建设的实施意见》，推进高质量打造"浙派工匠"金名片行动计划，开展包括非遗技能人才在内的相关技能品牌培

---

[1] 《浙江省文旅厅〈浙江省非物质文化遗产传承薪火行动方案〉》，顶端新闻，2024年8月30日，https://www.dingxinwen.cn/detail/4408DEE547BF4470BA68953FCF9F50，最后访问日期：2025年3月20日。

育行动，鼓励各地建设一批非遗技能大师工作室，加大非遗技能人才培养的支持力度。二是完善非遗工坊相关专项题库开发，拓宽特色乡土工匠技能人才培养新路径。三是构建"产学研"协同育人平台，携手高校培育非遗保护专业人才，引导技工院校积极开展"非遗进校园"等活动，通过加大非遗普及教育力度，提升学生的价值取向、思维方式和认知水平。

（四）民生融入，丰富文化生活

非物质文化遗产的保护与民生需求是紧密结合的，非遗保护实践可以丰富民众文化生活内容，提升民众的文化素养和幸福感，从而促进精神生活共同富裕。

浙江省力图将非遗融入民众日常生活之中。2024年8月29日，浙江省文化广电和旅游厅印发的《浙江省非物质文化遗产传承薪火行动方案》中明确提到"拓展'非遗+'新经济"。如"非遗+夜间经济""非遗+国潮经济""非遗+青年经济"等，深入细化到民众日常消费的方方面面，打造非遗视听新产品。[①]

与此同时，浙江省还连续多年举办"非遗购物节·浙江消费季"活动，作为非遗助力共同富裕示范区建设的重要抓手。2024年的"非遗购物节·浙江消费季"围绕"我为家乡非遗好物代言"主题，把非遗市集打造成"嘉年华"，可看、可品、可闻的非遗展示和非遗产品相结合，拉近民众与非遗的距离。[②] 线上网络直播同步推广，而直播达人也正是非遗人才培育的一部分。

浙江非遗通过展示展演的形式走进大众视野。2024年文化和自然遗产日浙江省主场城市（杭州）系列活动，以"大运河文化生态场景"为基调，展示了大运河文化传承生态保护区建设。活动中，非遗传承人相互学习交

---

① 《看"浙"里，如何点燃"非遗薪火"!》，"浙江非遗"公众号，2024年8月29日，https://mp.weixin.qq.com/s/89Tsx3fUXX3Gq1JxAoqULw，最后访问日期：2025年3月20日。

② 章璇：《把购物节办成嘉年华 浙江全方位展示非遗魅力》，《中国旅游报》2024年7月1日。

流、共享非遗资源，与观众一道讲好属于大运河文化的非遗故事。[①]

此外，浙江省还促进非遗资源和文化旅游高水平融合。2022 年，"杭州千年古都文脉非遗奇妙游"列入全国非遗特色旅游线路，该路线涵盖了 2 项人类非遗项目、8 项国家级非遗项目、3 项省级非遗项目，[②] 将千年宋韵文化深蕴其中，展示了杭州文化资源的地方性、历史性和审美性，是"非遗+旅游"的重要成果。

浙江省高度重视非物质文化遗产的保护和传承工作，持续推进浙江省传统工艺高质量发展，加强非物质文化遗产保护，支持乡村振兴和共同富裕。浙江省将传统工艺传承发展与非遗助力乡村振兴相结合，充分彰显非遗服务当代、造福人民的作用，提高非遗在浙江省共同富裕示范区建设中的参与度和贡献度，形成可向全国复制推广的工作经验、工作机制和工作模式。

三 从"浙江经验"看"中国方案"

优秀的文化艺术不仅可以满足人们的精神生活，更具备强大的经济赋能作用，是推动经济高质量发展的关键要素之一。当前，中国经济发展仍存在城乡与区域间显著不平衡的严峻挑战，区域经济发展水平的差异清晰可见，如东西部发展相对不平衡，而农村地区的发展尤为不充分，城乡之间的发展差距成为亟待解决的社会议题。然而，非物质文化遗产分布并未受到地域经济发展的显著影响，呈现出跨越地域的普遍性。截至 2023 年 12 月，中国共有 10 万余项非物质文化遗产代表性项目，其中国家级非遗代表性项目 1557 项，涵盖了传统手工艺、民间文学、音乐舞蹈、戏剧表演、民俗活动等多个

---

① 《浙江非遗在第六届大运河文化旅游博览会绽放光彩》，"浙江非遗"公众号，2024 年 9 月 16 日，https：//mp. weixin. qq. com/s/YudEJrthqAw7GoCG5Uf32A，最后访问日期：2025 年 3 月 20 日。
② 《全国仅 20 条，浙江这条非遗旅游线路上榜》，"浙江非遗"公众号，2023 年 9 月 25 日，https：//mp. weixin. qq. com/s/9-ecuud8fzcofak8OizZlQ，最后访问日期：2025 年 3 月 20 日。

方面，广泛分布于全国 34 个省、自治区、直辖市。① 值得一提的是，相较于城市，农村地区蕴含了更为丰富和深厚的非物质文化遗产。这一现象不仅揭示了非物质文化遗产与经济发展模式之间的独特关联，也为我们探索以文化促发展、缩小发展差距的新路径提供了宝贵的借鉴。

借鉴浙江省"非遗助力共同富裕"的实践，其成功的关键在于挖掘地方文化精髓，激活乡村文化资源，创新文化产业发展模式，并精准对接非遗与乡村旅游、乡村运营，促进城乡深度融合，如打造非遗精品旅游路线，既能有效结合旅游资源和传统文化，又能打造品牌特色、找准品牌定位，这个示范举措具备极高的实践可行性与现实意义，能够切实推动乡村经济的繁荣与社会的全面进步。

同时，我们在具体实践中还需要注意并强化人才培养的核心作用。推动"产学研"平台的建设，必须联动高校、企业等多方机构，纵向上培养梯级人才队伍，保护"非遗技艺"传承，横向上推动"非遗记忆""飞入寻常百姓家"，用"非遗+"经济的方式，让非遗文化焕新产品，走进民众生活消费视野里。让非遗可闻、可看、可感，浙江文旅非遗市集构建了充盈宋韵美学的非遗文化空间，让民众走入非遗世界，也让民众带走非遗产品。

最后，我们还需从政策扶持的坚实基石出发，从资金投入、宣传推广等多方面构建更为完善的机制，让当地的非物质文化遗产"破圈"而出，成为一种可活用的文化经济资源，进而形成独具魅力的品牌效应，深化民众对非遗文化的认识与情感认同。例如，浙江省的"非遗茶空间"深度挖掘了"茶文化"的品牌内涵，在一个空间中整合与"茶"相关的非遗项目，对公众进行集中展示、传播、体验、经营与交流等，形成了具有区域特色的"非遗茶生活"形态，丰富产品品类和服务方式，满足消费者高品质的需求。这需要各种关联的非遗产业深度叠加，形成完整的产业链，共同营造出

---

① 《文旅部：截至目前，我国共有各级非遗代表性项目 10 万余项》，中国新闻网，2023 年 12 月 14 日，http://www.chinanews.com.cn/gn/2023/12-14/10128195.shtml，最后访问日期：2025 年 3 月 20 日。

"浙江气派的非遗茶生活"全貌。① 浙江省"非遗传习空间"的设置诠释了如何从当地民众的日常生活中挖掘一套成体系的经验系统，并应用在空间呈现中，成为立体的品牌活动。这要求文化与旅游产业从业人员探索非物质文化遗产与当地产业相适配的要素，促进非遗文化活化利用，使其与乡村振兴有机融合、与共同富裕同频共振，形成传承有序、氛围浓厚的文化保护和活化体系。

非遗何以助力共同富裕？共同富裕不是同步富裕，而是先富带动后富、循序渐进、久久为功的共同奋斗，是物质生活和精神生活的双富裕，这恰恰需要我们激活非遗资源的潜力，逐步探索并实践"非遗+经济"的发展模式。"浙江经验"在这一领域树立了典范，通过政策的有力扶持、人才的积极引领、产业的集聚效应以及紧密贴合民生的策略，全方位地激发了"非遗+经济"的新生机与活力。这一模式不仅促进了非遗文化的传承与创新，还讲述着新时代浙江的生动故事，展现了其独特的文化魅力与经济活力。

展望未来，我们期待"非遗+经济"能够在更广阔的舞台上绽放光彩，继续为共同富裕的目标贡献力量，让每一个人都成为家乡非遗故事的讲述者，用声音、行动与情感，共同编织一幅幅生动、多彩的非遗文化画卷，让这份珍贵的文化遗产在新时代焕发出更加耀眼的光芒。

---

① 《解锁文旅消费新场景新业态！浙江首批省级"非遗茶空间"名单公布》，"浙江非遗"公众号，2024 年 5 月 15 日，https：//mp. weixin. qq. com/s/quuAcfe5mieYYm-5R9u-Uw，最后访问日期：2025 年 3 月 20 日。

B.8
非遗引领新国潮的发展与问题分析

武 静*

摘 要： 党的十八大以来，在系统性保护传承、创造性转化与创新性发展等非遗保护理念与政策的推动之下，非遗在现代生活中的地位日益凸显，非遗保护迈入了新的发展阶段。近年来，非遗在品牌建设、旅游开发、影视新媒体以及新技术等多个领域以更为开放与时尚的视野，引领着新国潮的蓬勃发展。新国潮作为一种具有时代特色的消费观念与当代性符号的构建，在一定程度上突破了圈层，渗透到文化、产业、科技、艺术等诸多领域，但也暴露出同质化、重内容轻产品、缺乏对文化内涵深入挖掘、过度依赖网络流量、海外竞争力弱等诸多问题。从长远来看，非遗是引领新国潮创新与品质提升的关键，它涉及产品内容、质量、品牌建设、社会认同等多个方面。借助非遗的赋能，助力新国潮这一"潮流"向着具有高社会美誉度、丰富内涵、过硬品质，并在国际上具有影响力的"顶流"发展。

关键词： 非物质文化遗产 新国潮 文化自信

自 2004 年我国正式加入联合国《保护非物质文化遗产公约》以来，非物质文化遗产（以下简称"非遗"）的保护工作取得了长足进展，实现了从初步阶段的"摸清家底"和"被动保护"向系统性保护阶段的"活态传承"和"主动发展"的跨越。① 2005 年，国务院办公厅印发的《关于加强

* 武静，中山大学中国非物质文化遗产研究中心，中山大学中文系博士研究生，研究方向为非物质文化遗产。

① 杨红、付茜：《将非遗系统性保护与"两创"实践紧密结合》，《中国艺术报》电子版，2024 年 1 月 22 日第 3 版，网址：https：//www. cflac. org. cn/zgysb/dz/ysb/history/20240122/index. htm? page＝/page_ 3/202401/t20240122_ 1298469. htm&pagenum＝3。

我国非物质文化遗产保护工作的意见》提出了"保护为主、抢救第一、合理利用、传承发展"① 的方针，强调在确保有效保护的前提下，促进非遗的合理利用。2011 年，《中华人民共和国非物质文化遗产法》正式施行，明确规定了"合理利用非遗代表性项目开发具有地方、民族特色和市场潜力的文化产品和文化服务"②。党的十八大以来，以习近平同志为核心的党中央对中华优秀传统文化的传承与发展给予了高度重视，中共中央办公厅、国务院办公厅印发的《关于实施中华优秀传统文化传承发展工程的意见》强调了"坚持中华优秀传统文化的创造性转化和创新性发展"③，为非遗保护的发展与创新指明了方向。2021 年，文化和旅游部发布的《"十四五"非物质文化遗产保护规划》明确指出："坚持守正创新。尊重非遗的基本文化内涵，弘扬其当代价值，推动非遗在人民群众的当代实践中实现创造性转化和创新性发展，不断增强非遗的生命力。"④ 综上，随着我国非遗保护的政策与实践的持续深化，非遗逐渐成为现代文化生活中不可或缺的组成部分。

近年来，伴随国潮的兴起，非遗的多维价值在文创、服饰、饮食、家居等国货潮品，以及影视、动漫、游戏、文旅等众多精神文化领域中不断被挖掘，出现独具时代消费观念与当代性符号构建的新国潮现象。当下，在城市化和现代化进程中一度濒临危机的非遗，正以年轻化的姿态引领新国潮，成为提升新国潮影响力和品质的重要途径之一。

---

① 《国务院办公厅关于加强我国非物质文化遗产保护工作的意见》，中华人民共和国文化和旅游部，https：//zwgk. mct. gov. cn/zfxxgkml/zcfg/gfxwj/202012/t20201204＿906065. html，最后访问日期：2024 年 3 月 16 日。
② 《中华人民共和国非物质文化遗产法》，中华人民共和国文化和旅游部，https：//zwgk. mct. gov. cn/zfxxgkml/zcfg/fl/202012/t20201214＿919523. html，最后访问日期：2024 年3 月 16 日。
③ 《关于实施中华优秀传统文化传承发展工程的意见》，中华人民共和国中央人民政府，https：//www. gov. cn/zhengce/2017-01/25/content＿5163472. htm，最后访问日期：2024 年3 月 16 日。
④ 《文化和旅游部关于印发〈"十四五"非物质文化遗产保护规划〉的通知》，中华人民共和国文化和旅游部，https：//zwgk. mct. gov. cn/zfxxgkml/fwzwhyc/202106/t20210609＿925092. html，最后访问日期：2024 年 3 月 16 日。

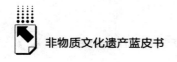

一 非遗引领新国潮的发展现状

　　国潮的兴起与 21 世纪初期"中国制造"国货品牌的发展紧密相关。[1]
在经济增长和全球互联背景下，融合传统文化元素且满足时代需求的国货品牌，赢得了全球范围内的广泛赞誉与青睐。2018 年，国货品牌李宁在纽约时装周展示"悟道"系列，引发国潮热，推动了国潮运动的传播。国潮现象深化，超越物质形态，扩展至意识形态，催生新国潮产业活动和社会文化症候。[2] 新国潮不仅仅代表了一种时尚和消费趋势，更是一种反映文化自觉和民族自豪感的文化现象，其影响已渗透至文化、产业、科技、艺术等多个领域。

　　2021 年"双 11"期间，天猫国潮与 CCTV-6 合作，推出了"潮起中国·非遗焕新夜"节目。节目邀请了先锋艺术家和潮流设计师对十种非遗技艺进行了创新设计，如凤翔木版年画、蓝印花布、北京面人、蔚县剪纸等。这些设计将传统技艺与现代潮流语境融合，以日常生活紧密相关的商品形式展现非遗魅力。[3] 业界认为这一系列创新标志着"非遗国潮"[4] 正式进入大众视野。

（一）非遗理念的发展，引领新国潮的消费认同

　　非遗生产性保护理念与"创造性转化与创新性发展"的倡导，推动了传统文化基因的时代性再创造，实现了其现代审美价值的升华。非遗引领新国潮发展的现象集中反映了民族记忆、时尚审美、现代消费、媒介科技等多

①　阿维纳什·阿卡哈尔：《设计力在"国潮"中生根发芽——访趋势研究专家黄晓靖》，《中国广告》2023 年第 4 期。
②　付茜茜：《新国潮：消费语境下中华传统文化的潮流形态》，《学习与实践》2023 年第 5 期。
③　蒋肖斌：《"双 11"非遗产品上"C 位"》，《中国青年报》电子版，2021 年 11 月 25 日第 4 版。网址：http：//qnsx. cyol. com/html/2021-11/25/nw. D110000qnsx_ 20211125_ 1-04. htm。
④　2021 年 9 月教育部中华优秀文化（顾绣）传承基地提出了"非遗国潮"概念，于 2022 年 11 月 21 日与上海师范大学影视传媒学院共同举办了"2022 非遗国潮学术研讨会"，http：//shekebao. com. cn/detail/16/24107，最后访问日期：2025 年 1 月 3 日。

重因素的综合影响，为人们提供了感知与体验传统文化的现代生活场景，从而构建了消费认同。文旅产业指数实验室发布的《2022 非物质文化遗产消费创新报告》显示，"2022 年，淘宝平台的非遗店铺数为 32853 家，较 2020 年增长 9.5%，非遗商品交易额较 2020 年增长 11.6%，非遗商品消费者规模已达亿级。"① 报告数据表明，"90 后"与"00 后"正逐渐成为非遗消费的主力军，中国 Z 世代人群数量已超过 3 亿，这一群体正展现出巨大的消费潜力。非遗商品的消费行为凸显了中国传统文化的复兴，以及年轻一代对非遗的认同。

2022 年 12 月，习近平总书记对非遗保护工作作出了重要指示，强调"要扎实做好非物质文化遗产的系统性保护，更好满足人民日益增长的精神文化需求，推进文化自信自强。"② 非遗源于人民群众生活的劳动实践，是历史进程中人民创造力、智慧以及对美好生活追求的生动体现。我国在非遗的保护与利用方面，始终坚持"以人民为中心"的原则，立足于服务人民群众的文化精神需求。同时，"见人见物见生活"的保护理念推动着非遗在人民现代生活中扮演着更为关键的角色，有效提升了人民群众的参与度、满足感和认同感。近年来，国家大力推动"文化和自然遗产日"宣传展示和非遗购物节、非遗品牌大会、中国成都国际非遗节、中国非遗博览会等活动，以及地方性的非遗宣传展示活动的举办，这些活动的开展也为新国潮更好地走向大众的生活提供了平台。如 2023 年粤港澳非遗生活节展示了 200 余项非遗项目和百余种"潮物"，传递了非遗生活新主张。③ 2023 年第六届大运河城市非遗展，汇集了运河沿岸近 100 项充满生活气息和地方特色的非

---

① 《2022 非物质文化遗产消费创新报告》，阿里研究院，http：//www. aliresearch. com/ch/information/informationdetails？ articleCode = 3940118062569922256&type = % E6% 96% B0% E9% 97%BB，最后访问日期：2024 年 3 月 18 日。

② 《习近平：扎实做好非物质文化遗产的系统性保护推动中华文化更好走向世界》，中华人民共和国文化和旅游部，https：//www. mct. gov. cn/whzx/szyw/202212/t20221212_ 938036. htm，最后访问日期：2024 年 3 月 18 日。

③ 《广东东莞文旅三字经：建、潮、盟》，中华人民共和国文化和旅游部，https：//www. mct. gov. cn/whzx/qgwhxxlb/gd/202306/t20230626_ 944688. htm，最后访问日期：2024 年 3 月 18 日。

遗项目，其中，一些具有国潮风格的美食和美物得到了广泛关注，共同构筑了一个现代美好生活的共享平台。[①]

（二）非遗高质量发展，赋能新国潮经济增长

"非遗广泛存在于人们的日常生产和生活实践中，构成了人民群众日常消费生活的重要组成部分，并彰显其生产属性与经济价值。"[②] 自党的十八大以来，我国不断探索与经济高速发展相适应的非遗保护方式，在 2017 年颁布的《中国传统工艺振兴计划》带动下，形成了一批具备传承基础和生产规模、具有发展前景、有助于带动就业的《国家传统工艺振兴目录》，传统手工艺品质得到进一步提升，经济效益不断凸显。2022 年，文化和旅游部联合其他九个部门颁布了《关于推动传统工艺高质量传承发展的通知》，明确指出"应深化推进中国传统工艺的振兴，促进其高质量的传承与发展"，"必须正确处理保护与利用、传统与创新之间的关系，激发手工艺者群体的创新与创造活力，寻找传统文化与现代生活之间的连接点，以推动传统工艺的传承发展、长期保护和持续利用"[③]。

传统工艺的传承与创新实践日益活跃，非遗工艺逐渐成为匠心精品的代名词，工艺师们将传统技艺挖掘和现代设计理念相融合，使非遗产品不仅在外观上更符合现代审美，在功能性和实用性上也得到了显著提升。在此背景之下，国潮产品也更加注重品质提升，不断满足消费者对高品质生活的追求。如美妆品牌花西子，将非遗的传统技艺引入了彩妆产品，推出诸如雕花口红、百鸟朝凤眼影盘以及何首乌眉笔等多款具有东方文化特色的彩妆产品，赢得了国内外消费者的喜爱和追捧。再如，运动品牌李宁也采取了类似

① 《第六届中国（淮安）大运河城市非遗展成功举办》，中华人民共和国文化和旅游部，https://www.mct.gov.cn/whzx/qgwhxxlb/js/202310/t20231024_949288.htm，最后访问日期：2024 年 3 月 18 日。

② 黄永林：《中国非遗保护的制度建构与实践创新》，《民俗研究》2023 年第 6 期。

③ 《关于推动传统工艺高质量传承发展的有关情况》，中华人民共和国文化和旅游部，https://www.mct.gov.cn/vipchat/home/site/2/379/abstract/2022062903094783.html，最后访问日期：2024 年 3 月 19 日。

的策略，将传统刺绣工艺融入运动服饰的设计。这种独特的设计使得李宁的运动服饰不仅满足了运动的功能性需求，更成为一种时尚潮流的象征。

《中国非遗及其产业发展年度研究报告（2018～2019）》显示，"2018年底，中国非遗产业规模超1.4万亿元。"[1] 在电商平台和社交媒体的推动下，非遗消费市场快速增长，《2023抖音电商助力非遗发展数据报告》指出，"2023年非遗传承人直播带货销售额同比增长194%，消费者数量上升62%，销量增加了162%，货架场景带动成交额增长370%"[2]。《2022非物质文化遗产消费创新报告》显示，"2022年淘宝非遗相关直播场次超100万场，交易额接近80亿元，翻倍增长"[3]。《2023快手非遗生态报告》显示，"2022年快手平台上的非遗与民间艺术直播场次超过2000万场，每日开播的主播人数超过4万人，覆盖非遗项目1535项，感兴趣的用户达2.06亿人，快手非遗板块直播收益显著"[4]。非遗凭借自身的文化价值与经济价值，不仅为国潮产品注入鲜明的文化底色，同时也为其带来巨大的消费市场。

（三）非遗数字化，促进新国潮多元发展

《"十四五"文化发展规划》提出，"要推动科技赋能文化产业，把先进科技作为文化产业发展的战略支撑，引导和鼓励文化企业运用大数据、5G、云计算、人工智能、区块链、超高清等新技术，改造提升产业链，促进内容生产和传播手段现代化，重塑文化发展模式"[5]。随着数字化时代的到来，数字化不仅是一种保护"遗产"的有效手段，同时也是非遗在年轻一代中

---

[1] 西沐：《中国非遗及其产业发展年度研究报告（2018～2019）》，中国经济出版社，2019。

[2] 《2023抖音电商助力非遗发展数据报告》，抖音电商，https：//mp. weixin. qq. com/s/ZnxTHudwu-ffKOIAZ2PIRA，最后访问日期：2024年3月19日。

[3] 《2022非物质文化遗产消费创新报告》，阿里研究院，http：//www. aliresearch. com/ch/information/informationdetails? articleCode = 394011806256992256&type =% E6% 96% B0% E9% 97%BB，最后访问日期：2024年3月19日。

[4] 《2023快手非遗生态报告》，快手，https：//mp. weixin. qq. com/s/5LCqL7KvqZYodPykHdiI0w，最后访问日期：2024年3月19日。

[5] 《"十四五"文化发展规划》，中华人民共和国中央人民政府，https：//www. gov. cn/gongbao/content/2022/content_ 5707278. htm，最后访问日期：2024年3月19日。

重新焕发新生和流行起来的重要途径。"在科技的助力下，可将更多的非遗精神内核嵌入当代各类新兴载体之中，生成新的文化形态和文化消费。"[1]在此背景下，新国潮向着数字化和科技化发展的趋势日益显现。

1. 非遗国潮数字展览

2022年，文化和自然遗产日期间，全国各地共举办了6200多项非遗宣传展示活动，其中近四成为线上活动。[2]如"云游非遗·影像展""非遗购物节"等系列非遗线上活动，借助互联网技术，以"云探店"、短视频营销、线上馆推介等年轻人喜爱的网络展示方式，讲述非遗文化、推荐非遗好物。此外，以非遗文化为核心资源的展馆、景区等也开通了数字展馆、VR展厅以及线上非遗馆。通过虚实展示空间相结合，以图文影像、全息投影、声光电技术、媒体交互等方式，用新潮的媒介语言更深层次地诠释非遗内涵与价值，让非遗展示空间变得更加鲜活。如中国大运河博物馆打造了500平方米的环形数字展馆，通过新媒体技术搭建数字场景，全流域、全时段、全方位为观众展示中国大运河的历史和文化，吸引众多游客，成为非遗网红打卡展示场馆。

2. 非遗国潮数字IP联名

非遗资源的产业化发展，IP化是其中一条关键路径。该路径为非遗的创新与应用提供了新的价值增长点。随着数字技术的迅猛发展和电子商务平台的日益成熟，非遗知识产权（IP）的影响力得到了进一步的扩大。通过社交媒体和移动短视频等传播媒介，这些媒介以其直观性和互动性，有效地促进了非遗与公众的连接，提高了非遗的触达效率。例如，在2021年，快手平台与多家品牌合作，推出了"非遗江湖"项目，该项目通过IP化手段讲述非遗故事，塑造了独特的"IP认知"，并促进了新国潮文化的影响力扩散。

---

[1] 杨红：《"非遗+科技"在当代中国》，公众号腾云，https：//mp. weixin. qq. com/s/c6PazzQ 7IYl9v4n3d0sn_ Q，最后访问日期：2024年3月19日。

[2] 《文化和自然遗产日将办6200多项活动》，中华人民共和国中央人民政府，https：// www. gov. cn/gongbao/content/2022/content_ 5707278. htm，最后访问日期：2024年3月19日。

游戏电竞产业也通过非遗数字 IP 的新颖表现形式，促进了国潮文化与数字消费的融合。以 2020 年贵州省文化和旅游厅与《QQ 飞车》游戏的合作为例，双方共同推出了以贵州科技成就和人文景观为主题的"一路向黔"赛道，该活动在首周吸引了超过 3.1 亿人次参与，引发了社会的广泛关注。

3. 非遗国潮数字藏品

随着元宇宙时代的来临，数字藏品的开发已成为非遗数字化领域中的热点问题。近年来，诸如景德镇制瓷、金陵皮影、琅琊剪纸、蜀绣等非遗项目纷纷推出了数字藏品，吸引了大量的消费者，这些消费者不但对相关非遗项目具有深入了解，而且成为当代非遗作品的收藏爱好者。《2022 非物质文化遗产消费创新报告》显示，2021 年中国数字藏品发行平台达 38 家，发行量约为 456 万份，总发行价值超过 1.5 亿元。在这些数字藏品中，以非遗为主题的国潮类型产品在发售期间经常出现瞬间售罄的现象。[1] 例如，2022 年，国内数字藏品平台鲸物发行的《美人图》《绶带图》《玉堂富贵双燕图》等"缂丝"非遗大师系列以及《断云剑》《玄天剑》等"龙泉宝剑"系列数字藏品，[2] 均以非遗为主题，深受藏家的青睐，这充分展示了非遗国潮数字产品开发的巨大潜力。

4. 电商平台

《2023 中国电商年度发展报告》显示，截至 2023 年 6 月，我国网络购物用户规模已达 8.84 亿，直播电商用户规模已达 5.26 亿，预计 2023 年底我国直播电商交易总额将超过 4 万亿元。[3] 互联网和人工智能技术创新，为非遗消费营造了更为生动化、生活化、社交化消费场景。非遗技艺从小众到

---

[1] 《2022 非物质文化遗产消费创新报告》，阿里研究院，http://www.aliresearch.com/ch/information/informationdetails? articleCode = 394011806256992256&type = % E6% 96% B0% E9% 97%BB，最后访问日期：2024 年 3 月 19 日。

[2] 吴晨茜：《数字化搭乘国潮热》，《华商报》电子版，2022 年 8 月 12 日第 C02 版。网址：http://ehsb.hspress.net/shtml/hsb/20220812/947477.shtml。

[3] 《2023 中国电商年度发展报告》，星图数据，http://www.syntun.com.cn/xing-tu-shu-ju-gun2023nian-dian-shang-fa-zhan-bao-gao.html，最后访问日期：2024 年 3 月 19 日。

大众，走进当代年轻人的日常生活，激发了他们的兴趣与热情。近年来，国内各大电商平台从不同维度为消费者提供更多便利、新鲜、有趣、科技感的消费体验。如抖音电商推出的"遇见新国潮"活动以短视频或直播形式推出近千款非遗好物，展现了传统手工艺的精美，吸引网友们纷纷走近国潮；① 2022 年非遗购物节，京东围绕"吃、穿、住、用、玩"等多元维度，将丰富多彩的非遗产品通过直播的形式让消费者更"近距离"地了解、体验非遗产品，同时，推出了非遗数字藏品作品，成功吸引了 Z 世代群体的关注，为新国潮带来更高的关注度。②

（四）非遗年轻化，助力新国潮更潮

传承人老龄化一直是非遗保护面临的普遍问题。随着近年来非遗保护实践不断推进，非遗热度持续升温，不仅贴近大众，更走入年轻人的生活。非遗呈现了"年轻化"趋势，成为推动新国潮发展的直接动力。

从非遗传承者与传播者来看，一批受过高等教育的青年回到家乡，传承家族技艺。文化和旅游部组织开展的黄河流域非遗调查工作数据显示，近几年传承人的年龄分布已经呈现出年轻化的态势。③ 我国不断加大对青年传承后备力量培养力度，文化和旅游部从 2015 年开始试行和实施中国非遗传承人群研培计划，发动全国百所高校积极参与，共培训非遗传承人 10 万人次，在研培计划带动下，非遗青年传承人群教育培训取得显著成果。这些年轻的传承人有着高度的文化自信，主动发掘并传播传统文化之美，能够把现代设计和时尚元素注入非遗产品的改良和创新中来，在传承非遗技艺的同时进行着创新。如佛山木版年画传承人刘钟萍，打造"解忧年画铺"品牌，设计

① 《非遗传承保护：从"养在深闺人未识"到"飞入寻常百姓家"》，中华人民共和国文化和旅游部，https：//zhuanti. mct. gov. cn/2022ycrxwjj_ detail/1823. html，最后访问日期：2024年 3 月 19 日。

② 《京东平台关于"非遗购物节"活动安排》，中华人民共和国文化和旅游部，https：//zhuanti. mct. gov. cn/2022ycrxwjj_ detail/1823. html，最后访问日期：2024 年 3 月 20 日。

③ 《非遗年轻化的"两会声音"越来越响》，中国青年网，https：//s. cyol. com/articles/2023-03/08/content_ MbQNjycn. html，最后访问日期：2024 年 3 月 20 日。

开发"诸神复活"系列年画,"脱单神器""逢考必过"等贴近现代生活的新年画,吸引了众多青年的喜爱与关注;①"面人郎"传承人郎佳子彧把传统技艺与时代热点相结合,创作出很多别出心裁的面塑作品,用作品引发共情,让面塑这门老手艺更加贴近年轻人的生活,贴近时代的发展。②

一批热爱非遗的年轻人参与到非遗的创新创业中,成为非遗店铺店主、非遗企业经营者。他们受过良好的教育且熟练掌握现代传播技术,和老一辈的非遗传承人、非遗手工艺人相比,他们更懂得市场和消费者的需求,善于运用直播等营销手段,不断创新和开拓非遗的传播渠道,为非遗发展提供有生力量和稳定的消费群体。

从非遗消费者来看,淘宝、京东、抖音电商、拼多多等国内几大电商平台近年来公布的非遗消费数据显示,年轻人已占据相当大的比例,不仅为非遗贡献了注意力资源与流量经济,同时也逐渐成为非遗电商消费的主力军,购买非遗产品成为 Y 世代与 Z 世代 的消费新潮流。TalkingData 发布的《2021 新消费人群报告》指出,"Y 世代和 Z 世代作为当前新消费市场的关键人群,其人口规模分别达到 3.15 亿和 2.33 亿;在消费规模方面,Y 世代的年消费额高达 6.68 万亿元,而 Z 世代则达到 4.94 万亿元"。这些数据揭示了非遗消费市场的巨大潜力。此外,报告还预测"国潮热"将持续升温,这将为年轻非遗从业者提供重要机遇,对新国潮的发展具有积极意义。

二　非遗引领新国潮的实践路径

《2021 国潮骄傲搜索大数据》对 2011~2021 年"国潮"相关热搜关键词的演变进行了统计分析,其研究结果揭示了国潮发展的三个阶段:在 1.0

---

① 《非遗与青年的"双向奔赴"》,光明网,https://feiyi.gmw.cn/2023 - 04/17/content_36501213.htm,最后访问日期:2024 年 3 月 20 日。
② 《郎佳子彧:"面人郎"第三代用传统技艺融汇古今》,北京日报网,https://news.bjd.com.cn/2022/09/05/10147283.shtml,最后访问日期:2024 年 3 月 20 日。

阶段，国潮尚处于萌芽期，主要集中在服装、食品、日用品等日常生活消费领域；进入 2.0 阶段，国货品质得到提升，品牌化运营成为主流，国潮开始扩展至手机、汽车等高科技消费品领域；至 3.0 阶段，国潮的内涵进一步扩大，中国品牌、中国文化以及大国科技共同引领了全新的国潮生活，其影响不仅限于实体商品，更涵盖了民族文化的传承与科技成就的展示。① 可见，非遗在推动新国潮发展中的实践路径，更倾向于通过展现非遗内涵，以创新的产品或服务满足社会文化消费需求，这一过程集中体现了社会、文化、产业、受众、技术等多重因素的综合影响。

（一）非遗国潮品牌打造

国潮的兴起与发展，其核心在于品牌的塑造。在非遗的引领下，国潮品牌的构建主要包含两个方面：其一，对于非遗老字号品牌而言，通过将传统非遗精神与现代时尚审美相结合，在现代消费场景中获得消费者的更多关注；其二，对于新品牌而言，通过借助非遗联名来丰富和拓展本品牌的文化内涵和价值，提升品牌形象。

1. 非遗老字号品牌创新

据《中华老字号品牌研究系列报告》② 统计，"新中国成立初期，我国被认定的中华老字号品牌数量约 16000 个，到 1990 年仅剩 10% 左右。2023年 7 月商务部最新公开信息显示，2006 年、2011 年先后认定的 1128 个中华老字号品牌中，55 个品牌未能通过新一轮复核，退出中华老字号品牌名录。我国现存中华老字号企业 1054 家、中华老字号品牌 1073 个。"数据表明，面对市场、消费、竞争等急剧变化的现代商业环境，老字号品牌数量从新中国至今呈急剧下降的趋势，在"振兴老字号工程"等保护政策影响下，老字号品牌数量减速放慢，反映了老字号品牌在现代消费环境的艰难处境：一

---

① 《2021 国潮骄傲搜索大数据》，人民网，https：//mp. weixin. qq. com/s/_ I4ZdOh3rcrgCh 20QOZErw，最后访问日期：2024 年 3 月 20 日。
② 《中华老字号品牌研究系列报告》，消费产业研究院增长实验室，https：//mp. weixin. qq. com/s/JKV_ pglD3sqMtw0rc-hngQ，最后访问日期：2024 年 3 月 21 日。

方面，从老字号品牌本身来看其呈现了形象老化、保守陈旧、人群流失、数字化脱节等显性问题；另一方面，从营销与消费环境来看老字号品牌呈现出与新消费场景脱离的现象。

《2023 中华非遗老字号品牌影响力报告》①数据显示，"商务部认定的1128 家老字号中，共有 127 项列入国家级非遗名录，列入地方非遗名录的 695 家，具有非遗要素的老字号为 822 家，占总体的72.9%"。绝大多数中华老字号承载着非遗项目，拥有独特的非遗技艺。随着国家对非遗保护与传承工作的重视，以及社会大众对非遗的关注，越来越多的老字号品牌以坚守非遗传统精神，开拓新消费市场，从而寻求品牌发展或创新。由此，非遗国潮成为激活老字号品牌的有效途径之一。同时，国家推动老字号发展的相关政策，为非遗老字号品牌的创新提出了指导性的意见。

2017 年《商务部等 16 部门关于促进老字号改革创新发展的指导意见》②指出，"促进老字号顺应消费需求新变化和'互联网+'新趋势"。移动互联网为老字号品牌带来了差异化的定制，优化了老字号产品的流通和营销渠道。如老字号品牌恒源祥，"从 2011 年还没有一家线上店铺，至 2019 年网络销售额已经达到了 30 亿元"。③

2022 年《商务部等 8 部门关于促进老字号创新发展的意见》强调了老字号品牌在构建自主品牌、推动消费增长和增强文化自信方面的重要性。④ 中华老字号企业通过挖掘新消费场景，如同仁堂开设融合传统草本元素的咖啡

---

① 《2023 中华非遗老字号品牌影响力报告》，世研指数，https：//mp. weixin. qq. com/s/e7W8ElIGdIeEviciSfVMOQ，最后访问时间：2024 年 3 月 21 日。

② 《商务部等 16 部门关于促进老字号改革创新发展的指导意见》，中华人民共和国中央人民政府，http：//www. mofcom. gov. cn/article/b/d/201702/20170202509727. shtml，最后访问时间：2024 年 3 月 21 日。

③ 《中国品牌："老字号"的全球"新机遇"》，湖南省政府，http：//swt. changsha. gov. cn/zfxxgk/zxzx_ 35631/gjzx/201905/t20190513_ 3337162. html，最后访问日期：2024 年 3 月 21 日。

④ 《商务部等 8 部门关于促进老字号创新发展的指导意见》，中华人民共和国中央人民政府，http：//www. mofcom. gov. cn/article/zcfb/zcgnmy/202203/20220303286657. shtml，最后访问日期：2024 年 3 月 21 日。

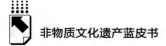

店，以及内联升推出京味冷萃咖啡，成功吸引了年轻消费群体，实现了创新发展。[1]《2023中华非遗老字号品牌影响力报告》显示，稻香村、全聚德、同仁堂、恒源祥、五芳斋、张小泉、东阿阿胶、回力、老凤祥、杏花楼TOP10榜单中的非遗老字号，通过与现代生活的结合，探索新消费场景，开辟了创新发展之路。[2]

2.非遗联名新品牌

与非遗跨界联名营销，是当下众多品牌热衷的营销方式，品牌在此过程中通过非遗本身的价值，拓展了品牌边界。在与各品牌共创的同时，非遗也逐步实现市场化、社交化，滋养着现代人的生活。

国潮品牌通过联名非遗，来打造热点，扩大其品牌的宣传，甚至有些国潮品牌将非遗作为其品牌塑造的一部分。如国货美妆品牌花西子将数十款中国传统工艺复刻于彩妆产品之上，非遗传统工艺之美在其品牌中得以诠释。特别是苗银系列产品，灵感来自苗族银饰工艺，苗银作为苗族的重要首饰品和婚嫁用品，对于苗族人民来说苗银是本民族在历史长河中保留下来的"时尚"之美，花西子将非遗IP苗银融入其品牌灵魂，让苗银背后所代表的非遗文化底蕴，成为其品牌文化的重要组成部分。[3]

此外，部分品牌通过与非遗传承人的合作，深入挖掘与品牌理念相契合的匠心精神，以更立体的方式传达其品牌价值观。例如，小米品牌曾邀请中国工艺美术大师、国家级非遗项目"龙泉青瓷"传承人徐朝兴，参与制作一部展现品牌探索精神的纪录片。徐朝兴大师六十年如一日的匠心精神与小米品牌的价值观高度一致。联想小新亦邀请了"面人郎"非遗项目传承人郎佳子彧，参与拍摄一部创意短片，在片中他讲述了自己如何继承并发扬家

---

① 《打卡"知嘛"品咖啡 解锁中医新时尚》，人民网，http：//sc. people. com. cn/n2/2022/1014/c346366-40160498. html，最后访问日期：2024年3月21日。

② 《2023中华非遗老字号品牌影响力报告》，世研指数，https：//mp. weixin. qq. com/s/e7W8ElIGdIeEviciSfVMOQ，最后访问时期：2024年3月21日。

③ 顾天娇：《中国品牌、世界共享，花西子受邀出席中国品牌日活动》，中国日报中文网，https：//caijing. chinadaily. com. cn/a/202105/12/WS609c8d0ca3101e7ce974eeac. html，最后访问日期：2024年3月21日。

族技艺的故事，通过非遗的年轻力量来传递品牌"实力与个性并重，展现多元自我"的价值观。

（二）非遗文旅新形式

党的二十大报告中提出了，"坚持以文塑旅、以旅彰文，推进文化和旅游深度融合发展"① 的方针。非遗与旅游产业的融合发展，具有内在的契合性，是文旅融合的必然趋势和关键组成部分。2023 年，《文化和旅游部关于推动非物质文化遗产与旅游深度融合发展的通知》② 印发，指导各地以非遗旅游体验基地、非遗主题旅游线路、非遗特色景区建设等为抓手，推动非遗与旅游的深度融合。非遗文旅不断开创新形式，如穿汉服、打卡非遗小镇、围炉煮茶等非遗国潮生活方式体验成为当前非遗旅游的热点。

1. 非遗乡村游

近年来，文化和旅游部对非遗在乡村振兴中的积极作用给予了高度重视，并通过乡村非遗资源为旅游业赋能。自 2020 年起，全国首批 12 条非遗主题旅游线路正式推出，各地亦相继推出了本地的非遗主题旅游线路，致力于打造具有地方特色的乡村旅游精品。乡村旅游以其独特的自然风光、丰富的民俗文化和深厚的非遗底蕴，吸引着大批游客体验。贵州省作为一个多民族聚居的地区，利用苗族飞歌、侗族大歌、布依族八音坐唱、锦鸡舞、蜡染、银饰等非遗资源，成功打造了村寨游的新业态。通过非遗旅游，将过去仅限于爱好者或仅在乡村销售的彝族漆器技艺、苗族蜡染、苗族刺绣等非遗产品，开发出一系列非遗旅游商品，实现了年销售额破亿元的佳绩。③ 2022

① 《习近平：高举中国特色社会主义伟大旗帜为全面建设社会主义现代化国家而团结奋斗——在中国共产党第二十次全国代表大会上的报告》，https://www.gov.cn/gongbao/content/2022/content_ 5722378. htm，最后访问日期：2024 年 3 月 21 日。
② 《文化和旅游部关于推动非物质文化遗产与旅游深度融合发展的通知》，中华人民共和国文化和旅游部，https://zwgk.mct.gov.cn/zfxxgkml/fwzwhyc/202302/t20230222_ 939255. html，最后访问日期：2024 年 3 月 22 日。
③ 《多维融合　贵州"非遗+旅游"不断"上新"》，中华人民共和国文化和旅游部，https://www.mct.gov.cn/whzx/qgwhxxlb/gz/202108/t20210823_ 927287. htm，最后访问日期：2024 年 3 月 22 日。

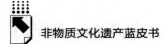

年，广东清远英德乡村以"乡村本土文化+国潮"为发展模式，成功打造了"乡潮中国年"活动，通过紧扣汉服、花灯巡游等主题化的传统艺术项目，打造了沉浸式的非遗国潮游。[①] 非遗不仅丰富了乡村旅游的内涵，也为国潮的体验提供了更广阔的空间。

2. 非遗场馆游

近年来，博物馆游悄然兴起，国内各大博物馆通过走亲民化、年轻化路线实现了快速破圈。同时，非遗场馆游成为推动公众近距离体验非遗的热潮。2021年，文化和旅游部印发的《"十四五"非物质文化遗产保护规划》提出了，"建设20个国家级非遗馆、传承体验中心（所、点）等在内的，集传承、体验、教育、培训、旅游等功能于一体的传承体验设施体系"[②]。随着各种类型非遗馆建设，以及众多非遗馆亮眼的文创产品、高质量的创意节目与沉浸式的场景体验，年轻人对非遗场馆游越来越"上头"。这股非遗场馆游热潮的背后，既反映了大众对非遗旅游需求的发展潜能，同时也得益于非遗文化资源价值导向、年轻客群文化消费需求、国潮消费的社会风向，以及非遗产业的市场化运作等诸多因素的综合作用。

3. 非遗街区、景区游

非遗所承载的文化意涵，在城市历史街区、旅游景区等特定空间中发挥着至关重要的精神价值，同时，它也与现代人日常生活方式的多样化紧密相连，成为当代社会记忆的组成部分。以西安大唐不夜城、大唐芙蓉园、城墙等著名景区为例，通过向现实空间注入传统文化的元素，形成了"沉浸式娱乐+国潮产品"相结合的新消费模式，成功吸引了大量游客。[③] 在广州永庆坊、北京路等非遗街区，通过老城的"微改造"、商业品牌、潮流艺术与非遗资源的有机整

① 罗昌玉：《广东英德：聚力乡村文化建设 喜迎"乡潮中国年"》，中国网，http：//guoqing. china. com. cn/2022-12/19/content_ 85018133. htm，最后访问日期：2024年3月23日。

② 《文化和旅游部关于印发〈"十四五"非物质文化遗产保护规划〉的通知》，中华人民共和国中央人民政府，https：//www. gov. cn/zhengce/zhengceku/2021-06/09/content_ 5616511. htm，最后访问日期：2024年3月23日。

③ 《陕西线上线下庆佳节》，中华人民共和国文化和旅游部，https：//www. mct. gov. cn/whzx/qgwhxxlb/sx_ 7740/202202/t20220218_ 931090. htm，最后访问日期：2024年3月23日。

合，结合 5G 云计算、全 3D 精细化沙盘、增强现实（AR）、虚拟现实（VR）等先进技术，构建了元宇宙场景，使得非遗以一种更贴近时代脉搏、更符合潮流趋势的形式，活跃并融入人们的日常生活。①

4.非遗研学旅行

非遗研学旅行作为一种新兴的文化旅游模式，不仅为旅游业注入新的发展动力、促进其转型升级，而且反映了当代教育消费的新趋势。在研学旅行与非遗的互动过程中，旅游者依托非遗项目的传承展示基地或主题景区，通过亲身体验的"在场性"互动，实现与非遗的深入交流，并对其价值进行深刻理解；同时，深入挖掘学生这一特定旅游消费群体，有助于非遗旅游产品拓展更广阔的市场空间。例如，贵州省近年来深度开发研学旅行和体验旅游的潜力，推出苗疆和百里侗寨的非遗研学旅行路线，以及苗年节庆、瑶族药浴、都匀毛尖茶制作、天龙屯堡人文等体验游活动，打造了具有地方特色的非遗体验。② 西安市打造的"丝路欢乐世界"引领了丝绸之路研学旅行的新潮流，通过主题游乐、旅游演艺、科技文化旅游体验、沉浸式互动创新演绎等多种形式，使游客在丝绸之路文化主题街区体验多样化的游乐设施，并与身着丝绸之路沿线各国特色服装的演员们进行互动共舞。③

（三）非遗文娱新体验

2021 年，中共中央办公厅、国务院办公厅印发的《关于进一步加强非物质文化遗产保护工作的意见》④ 强调，"加大非遗传播普及力度，适应媒

---

① 《广州"非遗在社区"》，中华人民共和国文化和旅游部，https：//www.mct.gov.cn/whzx/qgwhxxlb/gd/202301/t20230113_ 938631.htm，最后访问日期：2024 年 3 月 23 日。

② 《多维融合　贵州"非遗+旅游"不断"上新"》，中华人民共和国文化和旅游部，https：//www.mct.gov.cn/whzx/qgwhxxlb/gz/202108/t20210823_ 927287.htm，最后访问日期：2024 年 3 月 23 日。

③ 《"文化陕西"魅力足"三新"玩法受青睐》，中华人民共和国文化和旅游部，https：//www.mct.gov.cn/whzx/qgwhxxlb/sx_ 7740/202310/t20231013_ 949106.htm，最后访问日期：2024 年 3 月 23 日。

④ 《中共中央办公厅　国务院办公厅印发〈关于进一步加强非物质文化遗产保护工作的意见〉》，中华人民共和国文化和旅游部，https：//zwgk.mct.gov.cn/zfxxgkml/fwzwhyc/202108/t20210812_ 927120.html，最后访问日期：2024 年 3 月 23 日。

体深度融合趋势，丰富传播手段，拓展传播渠道"。近年来，借助新媒介、新技术，非遗展示传播方式不断创新，传播能力不断加强，同时也助推了非遗文娱的新体验。

1. 非遗演艺

2023 年，北京市积极推进"演艺之都"建设，不断拓展演艺新空间，推出了昆曲、评剧、河北梆子、杂技等"会馆有戏"系列演出，票房收入达到历史新高。在北京郎园 Vintage 虞社演艺空间，昆曲、古琴等非遗项目成为引领新时尚的先锋。自 2016 年起，作为北京市首批市级文创园区的郎园，以数据驱动文化内容运营，推出了昆曲 battle 大赛、"一人一出独角戏"系列演出、北昆名家演唱会等昆曲系列，充分挖掘昆曲文化和昆曲演员的影响力，使戏曲与新时代、新元素相结合，展现昆曲的独特魅力，在年轻观众中引发观演热潮。此外，在演艺产业数字化转型的浪潮中，云演播引领了线上演艺的新模式。例如 2021 年，在文化和旅游部产业发展司的指导下，国家京剧院与中国移动咪咕公司联合出品了云演播大戏《龙凤呈祥》，成为 5G 时代云演播行业的全新标杆。[①]

2. 非遗动漫

非遗与动漫的跨界合作，不仅拓展了非遗的应用空间和场景，也拉动了动漫的票房。近年来，诸如《哪吒之魔童降世》《西游记之大圣归来》《白蛇》《大鱼海棠》《姜子牙》等在票房和口碑上均取得了出色的成绩，且均取材于中华传统故事或传说。实际上，诸如皮影戏、剪纸、年画等众多非遗项目，均是动漫创作的资源。例如，剪纸动画《葫芦兄弟》、皮影动画《长恨歌》等许多深受观众喜爱的动画作品，均借鉴了非遗的表现形式。此外，非遗中的语言、动作、舞蹈、音乐等元素，也极大地丰富了动漫的表现手法。例如，中国动漫集团与抚州市联合制作的汤显祖戏剧节戏曲动漫《梦醉抚州》，融合了戏曲的造型、服饰、音乐等元素，既展现了戏曲的唯美，

---

① 《国家京剧院携手中国移动咪咕联合出品〈龙凤呈祥〉》，中国移动咪咕官网，https：//www. migu. cn/about/news/detail/11592. html，最后访问日期：2024 年 3 月 24 日。

又增强了动漫的生动性。① 相关统计显示，"2014~2020 年中国二次元用户规模由 1.5 亿人增长至 4.1 亿人"②。这表明，这部分人群有可能成为含有非遗元素的动漫产品和作品的潜在受众，成为非遗普及和传播的重要力量，同时也预示着非遗动漫在未来具有广阔的发展空间和市场潜力。

3. 非遗游戏

文化价值导向为电子游戏与社会文娱的融合开辟了新的路径。社会对电子游戏的态度经历了显著的转变，从最初的强烈反对逐渐转变为更加客观的评价。与此同时，源于电子游戏的电子竞技行业在全球范围内迅速崛起，成为具有巨大产业创新潜力和显著社会文化价值的新兴竞技体育项目。③ 在这一进程中，传统文化的影响力不容忽视。《2021 年中国游戏产业报告》显示，"2021 年我国游戏市场收入达到 2965 亿元，游戏用户规模达到 6.66 亿人。在收入排名前 100 的移动游戏中，以神话、传说、文化融合为题材的游戏占比达到 26.85%"④。其中，以非遗为主题的融合题材游戏尤其受到年轻一代的青睐。例如，《王者荣耀》这一国民级游戏，通过将传统舞蹈、戏剧、技艺、民俗等非遗项目形式在游戏中的表现，让年轻人在娱乐中体验到非遗的深厚底蕴。此外，游戏《原神》在传播中国传统文化方面也不断尝试创新，推出了以戏曲元素为原型的角色云堇和戏歌《神女劈观》，以及以皮影戏为设计灵感的益智类玩法"纸映戏"，成功吸引了全球玩家的广泛关注。⑤

---

① 《〈梦醉抚州〉喜揽第 17 届中国动漫金龙奖最佳应用动漫奖》，抚州人民政府，http://www.jxfz.gov.cn/art/2020/10/10/art_ 3826_ 3562882. html，最后访问日期：2024 年，3 月 24 日。

② 《虚拟偶像行业专题：次世代专题研究虚拟偶像市场》，西南证券，https://www.sgpjbg.com/baogao/54786. html，最后访问日期：2024 年 3 月 24 日。

③ 《挖掘"电竞文化"的正向价值（体坛走笔）》，人民网，http://gs.people.com.cn/n2/2022/0803/c183357-40065167.html，最后访问日期：2024 年 3 月 24 日。

④ 《2021 年中国游戏产业报告》，中国音数协游戏工委，http://new.cgigc.com.cn/details.html? id=08d9c37e-e046-495c-8348-3dd4185ab794&tp=report，最后访问日期：2024 年 3 月 24 日。

⑤ 《传统文化创新表达，〈原神〉推出非遗新项目、皮影戏风格新玩法》，中国日报中文网，http://cn.chinadaily.com.cn/a/202301/29/WS63d610e0a3102ada8b22cdc8. html，最后访问日期：2025 年 3 月 13 日。

4. 非遗影视媒介

《中国网络视听发展研究报告（2023）》的数据显示，"截至2022年12月，短视频用户规模达到10.12亿，占整体网民的94.8%"①。该报告统计指出，高等教育背景、一线及新一线城市的中青年群体在互联网视听使用方面占据主导地位，这也是近年来短视频文化赋能转型趋势显著的关键因素之一。借助短视频平台，越来越多的非遗主播进入直播间，讲述非遗的历史渊源和故事。

此外，纪录片、综艺节目、影视剧通过创新尝试，为非遗题材的创作开辟了更为广阔和生动的艺术表现空间。如《非遗里的中国》《非遗公开课》《指尖上的非遗》《大国匠人遇见非遗》等节目，通过新颖的视听手段，讲述了博大精深的中华文明和独具匠心的非遗传承故事，引发了收视热潮。如《长安十二时辰》《梦华录》《星汉灿烂·月升沧海》《苍兰诀》等作品，通过运用非遗工艺制作服装、道具、置景等手段丰富了影视制作；而《鬓边不是海棠红》《当家主母》等则是以非遗主题为叙事线索的影视剧，向公众展现了栩栩如生的影视故事。

5. 非遗节日新场景

我国的传统节日形式多样，内容丰富，涵盖了元旦、春节、元宵、端午、中秋等众多传统节日，以及壮族的三月三、苗族的花山节、彝族的火把节等具有民族特色的传统节日。非遗在传统节日的氛围中得到了充分的展现和传承，如春节期间的剪纸、年画、对联、舞龙舞狮等传统非遗项目，不仅增添了节日的喜庆气氛，也让人们在参与和观赏中感受到了非遗的魅力。同时，以此为基础的国潮为各地多彩的民俗节庆活动注入了新的活力，成为吸引游客的"打卡胜地"。例如，在2019年春节期间，山东省响应"就地过年"的号召，策划了一系列春节活动以促进文化旅游消费市场的复苏。在传统的"泰山、孔庙祈福游"和"尼山圣境春节民俗游"等民俗庙会的基

---

① 《中国网络视听发展研究报告（2023）》，四川省党委（党组）中心组网络学习平台，http://www.scllxx.cn/html/news/show-89354-1.html，最后访问日期：2024年3月25日。

础上，融入了"国潮"系列活动，使得春节假日成为消费的热点。① 再如河南卫视的《2023 清明奇妙游》《国风浩荡 2023 元宵奇妙游》等"中国节日"系列节目，以传统节日为主题，融合丰富的文化元素，延续国潮风格，为观众呈现了一场具有东方韵味的视觉盛宴。②

此外，随着我国消费结构的转型升级，一系列刺激消费的"人造节日"应运而生，如"双 11"、"双 12"、"6·18"以及"文化和自然遗产日"期间举办的"非购物节"等，虽然节日不尽相同，但群众对非遗国潮的消费热情始终不减，非遗让消费节日多了中国传统文化的风雅，口碑与热度持续升高，甚至不少地区已把"非购物节"办成了"非遗购物月"、"非遗购物季"和永不落幕的非遗购物活动。③ 此类活动的举办在助力文化消费的同时，也为非遗国潮的发展带来更为广阔的平台和市场潜力。

三 问题与建议

（一）避免同质化和"拿来主义"，提升创新能力

在非遗引领的国潮产品消费热潮中，其经济潜力的显著性不言而喻。然而，需对其中存在的问题保持警惕，如产品与品牌的同质化、因抄袭引发的版权争议等。在某些产品或品牌走红后，市场上常出现大量名称相似、包装雷同的同质化产品，甚至有品牌通过机械模仿或抄袭手段来蹭取热点，这严重损害了消费者对品牌和产品的正面感受与信任。同时，非遗与国潮品牌间

---

① 《山东："就地过年"催生文旅消费新趋势》，中华人民共和国文化和旅游部，https：//www. mct. gov. cn/whzx/qgwhxxlb/sd/202102/t20210223_ 921758. htm，最后访问日期：2024 年 3 月 25 日。

② 《中国歌剧舞剧院联手河南卫视制作〈国风浩荡 2023 元宵奇妙游〉》，中华人民共和国文化和旅游部，https：//www. mct. gov. cn/whzx/zsdw/zggjwjy/202302/t20230209 _ 938992. html，最后访问日期：2024 年 3 月 25 日。

③ 《"非遗购物节"：享文化 购好物》，中华人民共和国文化和旅游部，https：//zhuanti. mct. gov. cn/2022ycrxwjj_ detail/1825. html，最后访问日期：2024 年 3 月 25 日。

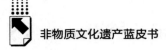

联名泛滥也是当前市场面临的重要挑战。尽管这些联名合作在一定程度上提升了品牌的知名度和市场影响力，但也带来了一系列问题。首先，过度的联名可能导致非遗的商业化和商品化，从而丧失其原有的内涵。其次，联名的泛滥亦容易导致产品同质化和市场混乱，使得消费者难以辨识真正具有文化价值的产品。因此，应审慎处理非遗与国潮品牌间的联名，并加强联名品牌的知识产权保护，建立有利于品牌公平竞争的市场秩序，注重保护和传承非遗的本质，避免过度商业化带来的负面效应。

此外，国潮产品同质化及"拿来主义"现象的出现，也反映了当前国潮品牌与产品在创意方面的不足，难以塑造品牌的差异化特征，形成其独特的标识价值。国潮品牌与产品的持续发展需重视创新和人才培养。首先，创新是推动国潮品牌与产品向更高层次发展的关键，只有深入挖掘与品牌特质相契合的非遗价值，拓展其在当代的消费场景，才能使品牌与产品脱颖而出，增强其市场竞争力和吸引力。其次，人才是推动国潮产品创新的核心。通过培养具有创新思维的相关非遗人才，推动国潮的创意与设计，才能提升品牌与产品的品质和价值。同时，亦需完善相关人才教育和培训的发展，鼓励和支持非遗技艺的传承与创新，培养具备非遗技艺和创新能力的专业人才，为国潮品牌与产品的创新提供源源不断的人才支持。

（二）应警惕肆意挪用与过度消费非遗资源，导致其价值的贬损与消耗

众多国潮品牌借力非遗成为市场焦点。诸多行业开始借助非遗提升其市场影响力，将非遗作为一种兑换高经济价值的营销手段，也暴露出内在品质与价值缺失等问题。一方面，部分国潮产品品质与价值的双重缺失，无疑对非遗的内在价值造成了贬损和消耗。一些现有的国潮产品仅限于对非遗元素的简单提取、色彩的复制以及结构的模仿等表层设计，或者仅仅利用非遗的名称和典故，而未深入挖掘非遗的深层核心价值。这种表层的"挪用"行为，可能导致非遗资源的过度消费和滥用，应引起足够的重视。另一方面，部分商家利用消费者对非遗的情感进行营销，导致产品溢价严重。他们过分

强调非遗的特质，却忽视了产品品质的提升，导致商品的营销符号价值与实际价值失衡，损害了消费者对非遗的信任。

这一现象的背后也反映出业界对非遗认识的不足，导致"非遗"与"非遗国潮"概念混淆。非遗具有无形性，例如刺绣、雕刻等非遗项目，其核心在于这种技艺与其内在的精神对人的文化价值，而非刺绣、雕刻作品本身。因此，在利用非遗资源推动国潮品牌发展时，我们必须明确非遗的核心价值和精神内涵，而非仅仅将其视为一种营销工具或产品元素。对于国潮产品而言，应加强对非遗的深入研究和理解，打造出真正具有文化内涵和市场竞争力的国潮品牌。对于国潮产品，应深化对非遗的学术研究和理解，避免将其简单化和商业化，从而确保非遗的真实性和完整性得到尊重和传承。同时，我们也应鼓励和支持更多的创新实践，将非遗技艺与现代设计理念相结合，以打造具有深厚文化内涵和市场竞争力的国潮品牌。

（三）应警惕互联网"瞬时"效应，减少对流量的依赖，提升品牌硬实力

国潮营销策略与传统线下营销模式存在较大差异，其核心在于利用互联网技术实现营销目标，主要涵盖内容裂变与流量推广两大策略。内容裂变策略通过低成本、广泛的信息传播，实现对目标用户的深度触及，进而达成广告宣传的目的。流量推广策略则致力于实现销售转化的快速与高效。这两种策略使得互联网营销在操作上更为灵活，且具备更大的发展潜力。因此，国潮产品往往能在短时间内迅速成为市场上的"爆款"。然而，需要高度警惕的是其"瞬时"效应[①]，即产品可能仅在短期内保持高销量，难以实现长期的销售高峰。同时，国潮品牌借助互联网的快速、低成本内容裂变，能够有效改变市场格局，实现社会关注度与销售业绩的双重提升，这导致部分国潮品牌过分强调内容的重要性，而忽视了产品与服务质量的提升，从而限制了品牌的可持续发展。对于国潮品牌而言，仅依靠短期的流行趋势进行高端化

---

① 付茜茜：《新国潮：消费语境下中华传统文化的潮流形态》，《学习与实践》2023 年第 5 期。

是不够的，研发创新与品牌建设才是品牌长远发展的关键。国潮品牌对线上流量的依赖性过于强烈，线上流量已成为其主要的增长动力和销售渠道，这不仅带来了高昂的流量成本，也限制了品牌的进一步发展。

因此，国潮品牌需在非遗中探寻提升的基因，以创造出蕴含独特文化韵味的产品。通过加强与非遗传承人的合作，引入传统手工艺，提升产品的文化附加值，从而在激烈的市场竞争中脱颖而出。同时，在品牌建设方面，应注重塑造品牌的差异化特征，强化品牌故事和文化内涵的传播，提升品牌知名度和美誉度，减少对流量的过度依赖，增强品牌的硬实力和市场竞争力。最后，国潮品牌的提升需要综合考虑内容、产品质量、品牌建设和服务质量等多个因素，并将其紧密结合起来，以实现良性互动，提升品牌的竞争力和可持续发展的能力，探索更多的销售渠道和增长动力，以确保品牌的长期发展。

（四）国潮从破圈到扩圈，从国内到海外，仍存在较大的差距

国潮在一定程度上实现了跨圈层的渗透，逐渐融入大众生活的各个领域。然而，从市场经济总量的角度审视，国潮对民族经济、人民品质化生活、社会持续发展的支撑作用仍然有限；在推动"中国制造向中国创造转型，中国产品向中国品牌转变"的进程中，与质量强国的目标相比，尚存在较大的差距；在应对国际复杂市场环境，扩大海外市场份额，提升全球市场美誉度等方面，亦面临重重挑战。长远来看，国潮需在巩固现有影响力的基础上，着力提升产品与品牌的质量；深入挖掘非遗的深层价值，以获得消费者的认同；并优化海外市场开拓路径。

首先，在品牌建设方面，单纯在营销活动中运用非遗符号是远远不够的，必须深入挖掘中华优秀传统文化的内在价值，在对非遗深刻理解的基础上，进行传统美学的现代化诠释，推动非遗在当代生活、消费场景的应用，从而扩大国潮的影响力。

其次，在消费层面，应重视差异化定位与市场细分，关注不同消费群体的文化与心理需求，开拓非遗在当代更为多元的表现形态。关注非遗的情感

价值，与消费者建立深层次的情感联系，促使消费者产生文化共鸣和认同。

最后，针对海外市场拓展的优化，在非遗中挖掘其适应海外的文化传播策略。在满足国内市场需求的同时，积极与海外文化进行互动，塑造国际高端品牌形象。此外，还应加强品牌自身的研发能力和知识产权保护能力，以适应国际市场复杂且激烈的竞争环境。

B.9

非遗"出圈"何以发生？

——基于英歌舞现象级传播的研究

张兆芫　蔡佳伟*

摘　要：　社交媒体兴起引发非遗项目的现象级传播，英歌舞即为典型案例。基于圈层理论，英歌舞"出圈"历程可被总结为圈层前期积累阶段、"出圈"阶段、共享阶段。本文通过分析英歌舞"出圈"各阶段关键事件与驱动因素，提炼其从本土文化到"出圈"并迈向可持续发展的模式，为非遗探寻现代多元环境下的可持续发展路径。

关键词：　英歌舞　"出圈"　圈层理论　非物质文化遗产

一　引言

现象级传播是一种具有较大渗透力、影响力和互动力，传播范围广、社会影响大的全媒体传播，非物质文化遗产（以下简称"非遗"）"出圈"实际上是关于非遗的现象级传播。[①] 小红书、抖音、快手等短视频传播平台的兴起使得非遗传播环境发生巨大变化，对跨时空、跨圈层现象级传播起到助推效果，许多非遗借助短视频打造热点话题，短时间内获得大量关注，迅速"出圈"。2023年春节期间，英歌舞相关视频播放量近两亿次，瞬间传播至大江南

---

* 张兆芫、蔡佳伟，中山大学中国非物质文化遗产研究中心、中文系硕士研究生，研究方向为非物质文化遗产学。

① 陈实、刘晓丽：《高品质作品的现象级传播路径：价值引领、融知发酵、辩证平衡》，《出版广角》2022年第14期，第48~52页。

北，形成了数个现象级传播事件，如潮汕青年街头跳英歌舞、小时迁跳英歌舞等热门话题。但英歌舞传播也一度呈现高开低走的态势，从一开始被大众津津乐道，到中期存在审美疲劳、热度下降、争议不断等问题，再到正确处理舆情危机之后，一次次博得了观众的称赞，持续"出圈"。因此，为探索非遗从"出圈"到"共享"的可持续发展模式，有必要系统探析英歌舞现象级传播的动因。

"圈"是一种松散的社会部落，具有排他性、同质性、秩序性。① 而"圈层"则是由"圈"形成的社会关系的集合，即突破了血缘、地缘的限制，以互联网为媒介，将分散在不同地域中拥有共同的兴趣、价值观的人们聚集在一起而形成的新形态的社群。② "出圈"则是更多社会关系的"共同关注"，将本属于小圈子内部的事件变成社会关注的公共事件。在现象级传播动因方面，学者分别从用户接受心理、内容逻辑、传播环境、技术工具、情感互动等方面分析了某些事物现象级传播的原因。③ 本文以"潮汕英歌舞"为例，通过梳理潮汕英歌舞"出圈"的时间脉络及发展态势，分析潮汕英歌舞不同传播阶段的核心驱动因素，从而提炼出非遗现象级传播的发展模式，以期为其他非遗实现"出圈"，保持非遗存续力，促进其可持续发展的实践路径提供有益借鉴及参考。

二 出彩的"圈层"：英歌舞的形态及其文化圈

（一）英歌舞的形态

潮汕英歌舞是潮汕地区的一种传统舞蹈艺术，起源于何时说法不一，但

---

① 陈帅：《论当代青年的圈层认同感的话语建构》，《中国青年研究》2020 年第 11 期，第 80~86 页。

② 黄文森、杨惠涵：《生态、圈层、可见性：社交网络舆情空间结构与平台逻辑》，《中国出版》2024 年第 6 期，第 21~27 页。

③ 陈实、刘晓丽：《高品质作品的现象级传播路径：价值引领、融知发酵、辩证平衡》，《出版广角》2022 年第 14 期，第 48~52 页；刘海涛、周晓旭、王宜馨：《贵州"村超"现象级传播的生成逻辑与传播效应——基于知识发酵理论的视角》，《体育与科学》2023 年第 5 期，第 15~21 页。

学者普遍认为该舞蹈形成于明代。英歌舞是一种糅合戏剧、体育、舞蹈、表演等艺术于一体的民间舞蹈，具有独特的步法、身法、槌法、阵法，使参与者的身体、精神、意志和品质等都得到和谐全面的发展，体现出崇高的形态美、情态美、意态美。[①] 隗苪认为英歌舞在发展过程中体现了传统与革新的统一。[②] 完整的英歌舞表演一般分为"前棚""中棚""后棚"三部分，前棚主要为男子群体舞蹈，中棚是化妆拉弦唱戏，后棚是武术表演。[③]

英歌舞是潮汕民俗文化孕育出来的，在当地极具表演性的大众文化活动。自古以来，潮汕地区流行多神崇拜，举办隆重的游神赛会与祭祀庆典，意在驱邪除恶、祈福迎祥。潮汕地区节日文化浓郁，春节有游神、游锣鼓、标旗和猜谜等传统活动，中秋有赏月、剥芋、烧塔等民俗活动。这里的村民信仰原始宗教，主要以自然崇拜、灵魂崇拜为主，并由此而形成一系列丰富多彩的民俗文化，如英歌拜年、营老爷、拜三山国王等。[④] 潮汕英歌舞的内容、题材与水浒传中的人物和故事情节相贴合，在各大仪式节日中进行表演，常常以刚劲雄浑的舞姿和磅礴豪迈的气势渲染仪式气氛，给人一种刚健的美感，因此也被大众称为"中华战舞"。

（二）英歌舞文化圈

英歌舞具有较强的族群性，它被当地群众看作英雄精神的化身，当地人认为跳英歌是"好彩头"。其文化圈最初依血缘与地缘形成，以村为单位，依靠族群之间的代际传播得以传承。据 1986 年普宁县文化馆不完全统计，全县有英歌舞一百五十多队，除个别小村落以外，几乎村村都有英歌队。[⑤]

---

① 冯卫、姚畅：《论潮汕英歌舞的审美价值》，《广州体育学院学报》2012 年第 3 期，第 44~46 页。

② 隗苪：《潮汕英歌舞的美学含量》，《广东艺术》2000 年第 4 期，第 48~50 页。

③ 蚁哲芸：《论英歌舞起源、表演形式、价值及其特性》，《体育科学研究》2008 年第 1 期，第 53~55 页。

④ 程新年、刘建其、何丽琴、张乐为：《非物质文化遗产普宁英歌存在状况与保护策略研究》，《体育研究与教育》2013 年第 5 期，第 76~82 页。

⑤ 李统德：《历久不衰的普宁英歌》，载广东舞蹈学校、普宁文化局编《英歌舞研究 广东省首届英歌（普宁）学术研讨会文集》，广东省舞蹈学校，1990，第 69 页。

强大的族群凝聚力还推动英歌舞传播至中国的台湾和福建以及东南亚、欧洲等地区。英歌舞最初的传播方式主要为传习式传播，如父传子、师徒制；后来，展演式传播逐渐成为英歌舞向外拓展影响力与受众范围的关键途径，如春节、元宵前后在潮汕地区随处可见的英歌舞表演等。在娱乐生活匮乏的农村社会，英歌舞成为凝聚族群力量的纽带，表演者和观看者都能在各自的宗族体系中获得认同感和归属感。英歌舞能把现在活着的人跟已经逝去的祖宗、前辈联结在一起，还把那些分散在世界各地的华侨、华裔团结在一起。① 在周期性的宗族活动中，朝气蓬勃的英歌舞也激励了一代又一代的潮汕青少年加入。

英歌舞的发展主要植根于当地的游神赛会活动，在祭祀活动中绵延发展。随着城市化的发展，英歌舞也慢慢融入都市文化。政府在场的游神赛会活动转变为都市日常庆贺性活动，英歌舞逐渐脱离固有的表演时空，转而服务城市文化建设的娱乐巡演，成为城市日常。这相较于之前，保证了稳定场次的活动以及露面的机会，如普宁富美英歌队在 2020 年之前平均每年商演活动超过 40 场。②

在英歌舞走向日常化的同时，社交媒介传播也走向了日常化。英歌舞不再是小众文化，而是具有参与感的大众文化，在"媒介即人的延伸"的时代，英歌舞不断被碎片化传播。用户在算法推荐下，逐渐形成了一个以"兴趣标签"划分为主的新文化圈。相较于旧文化圈的"强关系"——依赖于领队、教练等当地意见领袖，如今传播英歌舞的主动权落在了拥有大量粉丝的网络博主身上，如抖音"@双子星""@潮汕视界"等，并形成新的意见领袖群体，重新形塑了圈层结构。

在传统媒介时代，英歌舞受众局限于农村社会，以主流媒体报道为主。伴随着城市化和工业化的发展，英歌舞的形态、业态都发生了巨大的转变。

---

① 钟敬文：《民俗文化的凝聚力——为"增强中华民族凝聚力学术讨论会"作》，载《民俗文化学：梗概与兴起》，中华书局，1996，第 54 页。
② 周欣怡、朱绍杰：《普宁英歌开年火 舞出岭南精气神》，《羊城晚报》电子版，2023 年 2 月 4 日第 A11 版。https://ep.ycwb.com/epaper/ycwb/h5/html5/2023-02/04/content_11_551981.htm。

在社交媒体的加持下，英歌舞逐渐融入现代都市文化，表演阶层出现差异化，受众也完成了更新迭代。雷德蒙·威廉斯（R. Willians）发现，新一代人完全能理解前一代人的生活和文化，广泛存在着共同与连续的"情感结构"，即一种特殊的生活感觉和无须表达的共同经验。① 英歌舞的受众也正是在这样的代际传承中保持着原有的认同与基因的承续。此外，英歌舞的碎片化传播是适应当下短视频的必然趋势。媒介经验学派要求非遗"原汁原味"的传播，这实际上忽视了传播的偏向以及传播主体的自我意识，把传播主体封闭在过去的时空，将非遗作为当代人观望的他者。非遗的传播实际上是非物质观念的流动，即关于非遗的集体记忆、社会习俗、地方性知识、生活技艺、情感认同、审美趣味等非物质观念的传播。尽管英歌舞被碎片化、标签化传播，但英歌舞受众圈层也在多个非物质观念标签而联结形成的群体中得以生长，并逐步孕育"破壁"动力。

三 "出圈"：英歌舞的传播

2023年1月起，英歌舞在网络上强势走红，引爆期间热门话题不断，网红效应持续增强，英歌舞"出圈"成为2023年最热门的非遗传播事件之一。笔者将通过整理英歌舞"出圈"的重点事件，梳理英歌舞"出圈"脉络，探寻其从文化"出圈"到文化"共享"的内在本质。

（一）"圈层"前期积累阶段

1. 引爆前期关键事件分析（2017~2022年）

英歌舞一直在民间节庆文艺游行、展演活动中保持生机，并多次走出国门进行文化交流。2017年，普宁南山英歌队队长、国家级"非遗"传承人陈来发②在南山小学组建了南山少年英歌队；2019年9月，首部以英歌舞为

---

① 〔英〕雷蒙德·威廉斯：《漫长的革命》，倪伟译，上海人民出版社，2013，第56~57页。
② 陈来发，男，1957年生，普宁市流沙西街道南山社区人，国家级非物质文化遗产代表性项目英歌（普宁英歌）国家级代表性传承人。

主题的电影《英歌魂》登陆了全国院线；同年 12 月，西岐英歌队应邀前往泰国演出；2020 年 4 月，广东潮籍青年朱晓鹏以英歌舞为题材创作的手绘动画《英歌》先导片在网上获超 10 万点击量；2022 年 9 月，普宁泥沟英歌队凭借作品《盛世雄风》斩获了第十五届中国民间文艺山花奖。这都为英歌舞"出圈"奠定了良好的基础。

2. 关键驱动因素

圈层的活化与生长。非遗保护要求传统文化实现创造性转化、创新性发展，如此才能推动非遗可持续发展。《关于实施中华优秀传统文化传承发展工程的意见》（以下简称《意见》）指出，实施中华优秀传统文化传承发展工程要坚持"创造性转化、创新性发展"（以下简称"双创"）。《意见》强调要"不忘本来、吸收外来、面向未来"，即强调中华优秀传统文化的双创要"守正"与"创新"。① 英歌舞展现出蓬勃发展的生机与当地非遗保护措施紧密相关。一方面，自英歌舞在 2006 年被列入国家级非遗后，英歌舞就一直在尝试活态化传承，在舞蹈编排、服饰创新、展示形式、文创转化等方面做了一系列创新。这些属于不同圈层的文化符号拼接或融入英歌舞本体之上，使不同文化圈层实现相互碰撞与交流，圈层群体也变得复杂多样，圈层边界逐渐模糊。英歌舞也在城乡一体化发展的社会进程中，逐渐世俗化、商业化。另一方面，英歌舞是民族节庆之欢的有力代表。在乡村振兴战略、文化强国战略、全域旅游战略等一系列国家战略性发展规划下，英歌舞走出原有的文化圈层，活跃于旅游市场之中，拓宽了传承与传播的渠道，推动非遗与文旅的双向互动，迸发出更大的活力。

对于英歌舞来说，最受欢迎的并不是舞蹈本身，而是这种仪式表演所代表的文化体验和热闹的节日氛围。从街头走向影院、从宗祠走向舞台，英歌舞在"双创"发展上一直契合了城乡一体化发展的需要。在前期积累阶段，英歌舞持续的文化传承与传播实践为后续"出圈"奠定了坚实基础。

---

① 《中共中央办公厅国务院办公厅印发〈关于实施中华优秀传统文化传承发展工程的意见〉》，中华人民共和国中央人民政府网，https://www.gov.cn/zhengce/202203/content_3635257.htm，最后访问日期：2024 年 6 月 16 日。

（二）"出圈"阶段

1. 引爆时期关键事件分析（2023年1~2月）

2022 年 12 月，潮汕地区民俗节庆活动逐渐恢复。2023 年 1 月 17 日，一段潮汕青年街头跳英歌舞庆新年的视频爆火，原视频点击量近两亿人次。视频因展现了正能量精神以及浓厚的年味，填补了网民空缺的文化消费需求，迅速引爆网络。网民在网络交往与互动中完成对英歌舞深层次的解读，与之相关的知识接连被网友讨论，英歌舞的传播力度持续增加。群众、政府、媒体共同建构了这场盛大的狂欢仪式，产生了"中华战舞""中国优秀传统文化""文化传承"等话语议题。据巨量算数平台数据，英歌舞热潮时段为：2023 年 1 月 17 日（农历腊月二十六）至 2023 年 1 月 28 日（农历正月初七）。在此期间，共有 5 个波峰点，分别为：2023 年 1 月 15 日、2023 年 1 月 18 日（最高波峰）、2023 年 1 月 22 日、2023 年 1 月 24 日、2023 年 1 月 27 日。[①] 媒介平台的互文以及英歌舞极强的话题感，加上流量霸权的推动，使得全网在此期间被英歌舞植入。部分群众从被动注意到主动关注，实现了在这场文化消费中"知识植入—话语输出"的价值交换，从而助推英歌舞渗透至更大范围的圈层，引发关注与对话。

2. 关键驱动因素

（1）知识生产：文化转译与技术驱动

技术赋权改变了传统媒体时代传播者与受众简单的传与受的关系，传播者与受众在新媒体时代联合成为共同体，促成了去中心化、全民参与的内容生产模式。这一模式不仅改变了传统信息传播的方式，也为英歌舞等非遗的传播提供了新的契机。随着社会数字素养的提高，群体参与非遗数字化行动

---

① "英歌舞"的关键词指数，巨量算数，https：//trendinsight. oceanengine. com/arithmetic - index/analysis？keyword＝%E8%8B%B1%E6%AD%8C%E8%88%9E&appName＝aweme，最后访问日期：2024 年 2 月 3 日。

更加积极和乐观。① 在英歌舞"出圈"的过程中，短视频在英歌舞的知识生产中发挥了关键性作用。非遗短视频仪式传播在于建构共同体的象征意义，只有受众理解符号背后所表现的价值并产生情感认同，才能突破功能性的媒介接触，形成仪式化的习惯性接触。②

　　潮汕人对英歌舞拥有深厚的情感基础和文化认知，他们利用抖音、视频号等社交媒体平台，发布与英歌舞相关的内容，在实现自我表达的同时，影响了整个网络的内容生态。2023 年 1 月 17 日，一名潮汕地区的普通用户发布的英歌舞排练片段，成为"出圈"的引爆点。这段视频中，队员尚未穿着正式服装，却展现了对舞蹈的热情和投入。与前台的正式表演不同，后台的行为往往被视为"幕后"且不为公众所知的。③ 该视频展示了英歌舞后台排练中更为真实、接地气的一面，拉近了与观众的距离感，激发了网友的兴趣。这种将后台活动推向前台的信息生产策略，在传统"点对面"的传播模式下难以实现广泛传播。然而，在个体成为自媒体、拥有自我表达权后，更开放、多元的关系结构参与内容生产成为可能，这成为英歌舞"出圈"的一大重要驱动因素。

　　智能媒介时代，技术是非遗传播的核心驱动力，大数据、人工智能等技术加速了非遗知识生产的速度，能够实现在极短的时间内将非遗传播出去。在新闻生产参与活动中，新闻前线主动权移交至民众，群众通过自身的知识生产将最新活动情况发布在自媒体上，媒介内容在算法逻辑下被贴上标签推介给对应的流量池的受众。由此可见，视频"出圈"的关键在于用户的自主文化转译。如抖音"@林儿响叮当"的一段点击量近两亿次的潮汕英歌舞视频中，"潮汕英歌舞""潮汕过年的氛围提前来了""春节将至年味渐浓""弘扬和传承民俗文化"等标签作为文化转

---

① 权玺：《和而不同　异而相融：增能理论视域下"非遗新青年"的数字行动逻辑与价值共创体系》，《云南民族大学学报（哲学社会科学版）》2024 年版第 2 期，第 52~59 页。
② 薛文婷、胡华、康乔：《主体间性视角下的新媒体体育解说研究——基于王解说"出圈"现象的分析》，《当代电视》2023 年第 8 期，第 87~93 页。
③ 〔美〕欧文·戈夫曼：《日常生活中的自我呈现》，冯钢译，北京大学出版社，2008，第 20~22 页。

译的符号，记录广东普宁富美青年英歌队夜晚在街头排练的一个活动片段。文化转译准确地反映了英歌舞非遗内涵的部分属性，如"年味""传承民俗文化"，这种文化转译正与非遗的"见人、见物、见生活"的传播要求不谋而合。技术驱动下，英歌舞视频成功晋升更高的流量池，并进入飙升热榜，吸引更多的自媒体人进行知识生产，不同知识背景和文化素养的自媒体人由此生产出不同主题的话语和词条，部分主题词条在爆火之后又形成新的传播热度。

本次英歌舞传播热度在春节期间形成了 6 个波段，累计持续 40 余天，高峰期持续 11 天。在英歌舞高热度传播期间，知识生产经历了"先视频，后文章"的一个阶段。其中，主流媒体的报道对英歌舞"出圈"有重要推动作用。2023 年 1 月 28 日《南方日报》刊发了"英歌舞今年为何'火出圈'"一文，① 2023 年 2 月 3 日《新华每日电讯》发表了"为何被誉为'中华战舞'，潮汕英歌舞春节'霸屏'火出圈"的报道②等，不仅展示了英歌舞的广泛受欢迎程度，还引发了社会各界对英歌舞及其作为非遗活化创新的重要代表的深入讨论。主流媒体的权威性和广泛影响力为英歌舞的传播提供了有力支持，拓宽了其社会覆盖面，使英歌舞在短时间内迅速走红。在视频碎片化传播的同时，深化了英歌舞的传播效果，专业知识生产与业余知识生产交相辉映，延长了英歌舞"出圈"的周期。

（2）趣缘连接：文化跨界与精神认同

在互联网时代来临之前，非遗的传播主要受地域、亲缘、业缘等因素的束缚，认知与传承大多局限于特定的地域范围内。潮汕英歌队的传统传播模式高度依赖于地方性的社会结构和文化习俗。英歌队通常以村落为单位组建，尽管现代部分英歌队逐渐放宽招募标准，允许外村人加

---

① 余丹、张冰纯、李雨蔚：《英歌舞今年为何"火出圈"》，《南方日报》电子版，2023 年 1 月 28 日第 A04 版。https：//opinion. southcn. com/node_ 0244e664bd/98d1cfd84f. shtml。

② 詹奕嘉、洪泽华：《潮汕英歌"火出圈"，"中华战舞"闹岭南》，《新华每日电讯》电子版，2023 年 2 月 3 日第 9 版。http：//mrdx. cn/content/20230203/Page01DK. htm.

入，但传统上，英歌队队员大多为本地居民。英歌舞在潮汕地区享有极高的知名度，而广东地区以外的民众对其认知度较低，这种地域性限制显著缩小了英歌舞的传播范围和受众群体，难以实现广泛的社会共享和认知。

在流量逐利的网络社会中，一大批文化知识生产博主积极在微博、微信、抖音等社交媒介上宣传自己家乡的人文风味，唤起大众的文化记忆，传播非遗的价值及内涵。扬·阿斯曼认为，文化记忆是"通过代代相传的集体意识和历史意识，确保文化延续性，构建社会成员对个人身份的集体认同"。① 非遗的传播正是一种文化记忆的传播，这种传播是一种无形的意义表达，寄托于形式内容中的文化内涵，从而满足大量用户的精神需求。作为文化记忆的非遗，通过精神内容、价值观念的代代相传，在社群中产生一种历史感和身份认同感。在社交媒介上传播英歌舞能够放大英歌舞的艺术美感、民族气魄、精神内涵，从而建构用户的身份认同，加快趣缘社群的凝聚。

短视频是具有强交互性的一种媒介形式，在短视频的算法和媒介技术的搭建下，受众使用的应用趋同，② 不同平台的英歌舞"趣缘群体"具有高度的重合性，以此形成更大范围的交互空间。英歌舞受众圈层已逐渐转为趣缘社群，互联网社会弱化了人与人之间的社会关系，但是在弱关系的趣缘社群里，一个个标签属性可以强化用户的身份形象，促进社群的凝聚。不同的兴趣标签形成一个个排他性的符码，成为英歌舞圈层的准入门槛。大家以体验、欣赏、传播英歌舞为荣，从而为组织共同的传播事件提供可能。

相较于传统媒介时代英歌舞"一对一"的直线传播或以教学为主导的"一对多"式传播，如今新媒体时代是"多对多"的社区传播。吉登斯曾提

---

① 〔德〕扬·阿斯曼：《文化记忆：早期高级文化中的文字、回忆和政治身份》，金寿福、黄晓晨译，北京大学出版社，2015，第 12 页。
② 耿蕊、皮景婷：《非遗短视频仪式传播的表征及思考》，《当代传播》2023 年第 6 期，第 108~112 页。

出"脱域"这一概念，认为社会系统的"脱域"意味着社会关系和信息交流从具体的时间和空间情境中提取出来，并通过再嵌入机制重新组合和连接。① 在这一过程中，英歌舞通过短视频、自媒体等平台，从原本的地方性场景中"抽离"，在无限的网络时空中重新联合、组织和融合，传播至以网络为连接的全国各地，实现了地理意义上的"出圈"。非遗基于社区的认同感和凝聚感得以传承，在网络社区中，来自不同圈层的网民不断被英歌舞文化同化、收编或共处，形成了一大批认同英歌舞文化的潜在圈层。而"年味""精气神""正能量"本身就是各个群体共通的兴趣母题，这类文化具有巨大的感染力，能够超越不同圈层的兴趣界限，使民众产生民族文化的认同感。此外，非遗短视频在传播中华优秀传统文化的同时，也在深层次地传递非遗蕴含的核心价值观，并用受众喜闻乐见的方式，潜移默化地实现传统价值观创造性转化、创新性发展。② 英歌舞"出圈"还引发了各界对道德伦理、民族精神、主流意识形态等价值观念的讨论，如在 2023 年 1 月 23 日至 30 日期间，"英歌舞打人事件"舆论持续发酵。这实际上是一场不同圈层群体对英歌舞传递的价值观的"辩论"，以期在社会公允的环境下引起更大范围的共鸣。因此，非遗的跨界传播主要是通过这种超社群的民族归属感，激发大众对非遗中所蕴含的精神内容和价值内涵的认同。

（3）互动仪式：文化表达与情感共鸣

传播是一种仪式，而"出圈"正是一次因圈层群体的集体兴奋情绪或行动带来的仪式结果。仪式在传播的过程中有独特的物理、媒介和受众心理场域。③ 英歌舞的传播也有固定的时空场域——以话题词条为主的媒介场域，以及包含共同的信仰和情感的受众心理。圈层的凝聚推动了共同的传播

① 〔英〕安东尼·吉登斯：《现代性的后果》，田禾译，译林出版社，2018，第 18 页。
② 蒋建华、张涵：《非遗短视频对中华民族共同体意识的积极传播》，《民族学刊》2023 年第 8 期，第 13~20 页。
③ 耿蕊、皮景婷：《非遗短视频仪式传播的表征及思考》，《当代传播》2023 年第 6 期，第 108~112 页。

行动或事件的发生，这一切产生了英歌舞的"聚集效应"。社交媒体时代，"亲身在场"不再作为仪式发生的必要条件，社交媒体扩大了互动仪式发生的形式场所，如直播互动。英歌舞在巡演的过程中，以直播的方式扩大了仪式的触达场域，线上与线下群体依然可以因共同的兴趣指向而聚集，但"高卷入"的文化表演活动给局外人设置了参与的屏障。

在网络空间中，个体通过高度的相互关注与主体间构建了"互动仪式链"。① 个体在相互关注的活动事件中共享着情绪状态，进而获得情感能量。互联网多重场景的在线社交能够对个体实现超越人际传播的社交给予补偿，有效缓解现实中的焦虑情绪。英歌舞视频里精彩的表演与独特的文化吸引了大量关注，人们在分享、讨论中获得了更多的社交能量，这种围绕英歌舞产生的线上社交体验也无形中推动了非遗的数字化实践。② 此外，个体的转发等自发传播行为还推动了信息的广泛扩散，使符合圈层兴趣、具有独特价值的内容从信息海洋中凸显出来。2023 年 1 月，英歌舞在社交媒体上的热度持续上升，并在 1 月 22 日达到第 3 个高峰。在这一个体节点自发的、接力式的传播过程中，英歌舞的受众范围逐渐扩大，超越了潮汕地区的界限，吸引了越来越多的圈外人关注。潮汕当地具有一定影响力的自媒体，如抖音"@光动潮影"和"@潮汕视界"等，通过拍摄和发布与英歌舞相关的内容，引发了各地网友的积极转发和评论。这一自发的、跨地域的互动过程不仅促进了信息的有效流通，更在深层次上推动了文化的表达与认同。

基于圈层的文化认同，个体在传播时，通过英歌舞短视频配乐趋同、标签一致等一系列行为，不断塑造英歌舞圈层的文化表达话语体系。通过抖音关键词关联分析，可以发现在 2023 年 1 月 15 日至 2023 年 2 月 23 日期间，

① 〔美〕兰德尔·柯林斯：《互动仪式链》，林聚任、王鹏、宋丽君译，商务印书馆，2009，第 79～81 页。
② 权玺：《和而不同 异而相融：增能理论视域下"非遗新青年"的数字行动逻辑与价值共创体系》，《云南民族大学学报（哲学社会科学版）》2024 年版第 2 期，第 52～59 页。

"英歌舞"与"年味"、"震撼"、"传承"等词汇紧密相关。① 不同地域的网友通过关注、评论等互动形式，强化并扩大了以英歌舞为纽带的非遗趣缘群体。圈外人在文化表达的过程中不断趋同圈内人的文化表达话语体系，以获得集体狂欢的情感能量。以 2023 年 1 月 17 日抖音"@林儿响叮当"所发的视频为例，"年味""中华男儿气势""文化传承"等评论词获得了较高点赞。② 基于"认同—评价—情绪—行动"这一网络集体行动的心理机制，③该视频所引起的共鸣表明，用户对该视频内容的点赞、转发和评论既是对视频本身的认可，更是对英歌舞所承载的文化价值和审美性的肯定。因此，英歌舞作为一种文化符号，在社交网络分享和传播中满足人们娱乐消遣、提供社交谈资，以及塑造个人形象等多重需求，并且在网络中通过一系列转换和再生产机制，实现了文化价值的广泛认同和接受范围的扩大，形成"出圈"现象。

圈外人在共同的文化认知和情感共鸣中，成为推动英歌舞"出圈"的中坚力量。英歌舞是潮汕地区民俗仪式的组成部分，短视频媒介将仪式转化为表演，强调象征形象与"体现"它们的个体之间的张力，④ 实现了从神圣物到世俗物的转变。这将赋予观众一种与观看电影所相似的态度，深入理解表演者的情感和场景氛围。并且在共同参与传播的过程中，成员间高度的相互关注会形成情感连带和身份感，给参与者带来情感能量，使人们更加团结。⑤ 英歌舞春节期间在短视频平台上的传播，正是通过点赞、转发、评论

① "英歌舞"的关键词指数，巨量算数，https：//trendinsight. oceanengine. com/arithmetic － index/analysis？ keyword＝%E8%8B%B1%E6%AD%8C%E8%88%9E%2C%E5%B9%B4%E5% 91%B3%2C%E9%9C%87%E6%92%BC%2C%E4%BC%A0%E6%89%BF&tab＝heat ＿ index&appName＝aweme，最后访问时间：2024 年 2 月 3 日。
② 过年热闹了，https：//v. douyin. com/CVPj－crZGDk/，抖音：@林儿响叮当，发表日期：2023 年 1 月 17 日。
③ 彭兰：《新媒体用户研究 节点化、媒介化、赛博格化的人》，中国人民大学出版社，2020，第 92 页。
④ 〔法〕丹尼尔·戴扬等：《媒介事件 历史的现场直播》，北京广播学院出版社，2000，第 244 页。
⑤ 〔美〕兰德尔·柯林斯：《互动仪式链》，林聚任、王鹏、宋丽君译，商务印书馆，2009，第 85 页。

等一系列互动仪式，释放情感能量，借助"春节"这一意义生产场景，不断强化参与者的情感联系，实现情感共鸣，进而形成"机械的团结"。①

（4）资本重塑：文化消费与价值彰显

在当代文化消费语境下，个体对自我认同和社会地位的追求日益显著。消费行为不再单纯关注商品的物质功能，而是更多地为商品所代表的差异和象征意义所驱动。② 换言之，商品已经成为传播特定社会和文化价值的符号。在这一背景下，商品符号价值主导消费决策，文化消费成为个体积累文化资本、在社会互动中构建和巩固其社会秩序的关键。

非遗作为重要的文化资源，受到国家政策的保护和社会的广泛关注。在资本的支持下，非遗转化为文化资本，积极融入国家文化产业和社区、个体的发展进程。③ 数字革命通过信息技术改变了文化消费的行为和观念，电影、电视、广告等大众传播媒介以及个体化的网络空间成为文化消费的重要部分，特别是社交媒体平台，如微信、抖音、快手等，为非遗等文化资源的消费提供了丰富的资源。

英歌舞"出圈"便是信息消费与文化消费相结合的一个典型例子。英歌舞在网络文化场域的传播中成为文化资本形态转换的媒介，经流量资本的有效转化，以文化消费的形式"出圈"。2023 年 1 月 19 日，一位在泰国支教的老师上传了一条带有"寻年家乡的味道"标签的泰国街头英歌舞视频，引发广泛关注。英歌舞内容的受众，无论是在现场的人，还是客户端前的网络用户，都是有着深厚社会文化根基的个体。他们的观看行为实质上是一种基于社会文化背景的文化实践，将英歌舞的符号价值内化，形成一种实践的连贯性。英歌舞作为文化符号，其视频所传递的信息、价值观、象征意义等，都与个体身份、情感与记忆，乃至社会文化的整体框架

① 〔法〕丹尼尔·戴扬等：《媒介事件　历史的现场直播》，北京广播学院出版社，2000，第230 页。

② 〔法〕让·波德里亚：《消费社会》，刘成富、全志钢译，南京大学出版社，2006，第49 页。

③ 周茜茜、萧放：《遗产与资本：非物质文化遗产作为文化资本的当代实践》，《文化遗产》2023 年第 1 期，第 40~46 页。

紧密相连。也就是说，观看视频的行为，不仅是信息消费，更是一种社会文化的再生产过程。①

同时，英歌舞也将其影响力扩展至社会领域，形成社会资本，最终转化为推动其持续发展的经济资本。社会资本的形成，意味着英歌舞已经超越了非遗本身的属性，成为一种社会交流的媒介。布尔迪厄将社会资本定义为与群体成员资格和社会网络紧密关联的资源集合，这些资源基于相互认识和认知，通过集体拥有的资本为每个成员提供支持。② 英歌舞社会资本正是基于观众对英歌舞的热爱和认同，以及他们之间的社交网络传播和互动形成的。如《为何被誉为"中华战舞"，潮汕英歌舞春节"霸屏"火出圈》一文中报道的，吉林游客张学萍在观看英歌舞后的积极反馈，以及她孩子对英歌舞的模仿，均展示了英歌舞在社会领域的影响力，证明了英歌舞作为一种社会交流媒介的有效性。这种影响力不仅吸引了大量的观众，提高了英歌舞在社会中的地位，更为其转化为经济资本奠定了基础。一方面，英歌舞吸引了越来越多的观众，为旅游业、文化产业等带来了可观的收益。而且通过制作高质量的表演视频、教学课程等方式，英歌舞的文化资本从内化形态转换成客观化形态的文化商品，进一步推动了其经济价值的提升。另一方面，英歌舞的知名度日益提高，吸引了更多的资本注入。科尔曼认为，行动者为了实现自身的利益，会通过交换甚至单方转让资源控制权来形成这样的社会关系。③ 例如商家开业邀请英歌舞进行表演，以及跨地域邀请英歌舞交流、演出等，都是资本通过英歌舞的社会关系资源获取与其相关的商业利益。

因此，英歌舞的"出圈"现象，实则是非遗文化资本借助文化消费机制，形成了一个良性的动力循环，实现价值的再创造与反哺的传播过程。这不仅提升了英歌舞的社会文化影响力，也推动了其价值的持续增值与传播。

---

① 〔英〕迈克·费瑟斯通：《消费文化与后现代主义》，刘精明译，译林出版社，2000，第183页。

② 周红云：《社会资本：布迪厄、科尔曼和帕特南的比较》，《经济社会体制比较》2003年第3期，第46~53页。

③ 田凯：《科尔曼的社会资本理论及其局限》，《社会科学研究》2001年第1期，第90~96页。

（三）共享阶段

1. 关键事件分析（2023年3月~2024年4月）

自 2023 年春节期间英歌舞"出圈"以来，其影响力持续扩大。人们通过现场观看英歌舞演出、发布或分享英歌舞相关视频等方式，积极参与、传承这一文化，推动了地方文化认同向国家文化自觉的提升。2023 年 12 月 5 日至 6 日在 CCTV4《走遍中国》播出了《英歌舞起来》探访与报道了朝阳英歌队；2024 年春节，汕头潮阳西门女子英歌队因清秀飒爽而火爆全网，并登上了央视《新闻周刊》人物回顾节目；2024 年 4 月 7 日，5 岁小女孩庄思琪在路边与英歌队员互动，经《人民日报》抖音号转发引发了热潮。以上"出圈"事件都进一步推动了英歌舞成为家喻户晓的地方文化标识。

2. 关键驱动因素

扬·阿斯曼认为文化记忆强调了一个群体或社会利用符号、仪式、文本等方式传承和再现过去的历史、传统和经验，构建和维系群体认同与连续性；文化记忆深受历史变迁的影响，而这种变迁在很大程度上由媒介技术的革新所驱动。[①] 文化记忆不仅是对现实意义的记录，更是对被遗忘内容的唤醒，对传统价值的重塑，以及对被压抑内容的释放。英歌舞的"出圈"即是媒介技术发展对文化记忆的存储、传播和重构具有深远影响的一个典型案例。短视频等新媒体技术的普及，使英歌舞的舞蹈、服饰等元素得以直观、生动地展现给广大受众，受众再通过转发分享、重新剪辑等方式对英歌舞的文化记忆进行重新解读和构建。这种文化记忆的重构与传承，不仅增强了英歌舞从地方至国家层面的文化认同，还促进了其文化创新与经济价值的双向转化，展现了文化作为经济发展"助推器"的重要力量。此外，英歌舞的国际化进程，在提升国民对自身文化的自信心与自豪感的同时，也为海外华侨维系民族认同提供了文化纽带。

[①] 〔德〕扬·阿斯曼：《文化记忆：早期高级文化中的文字、回忆和政治身份》，金寿福、黄晓晨译，北京大学出版社，2015，第 12~17 页。

（1）文化认同

文化记忆理论强调每种文化都会形成一种"凝聚性结构"，这一结构是文化信息传播和共享的核心。在时间层面，它连接过去与现在，固定了重要的经验和回忆，使其保持现实意义；在社会层面，它构建了一个"象征意义体系"，将个体凝聚成一个社会集体。① 这种结构是规范性和叙事性的结合，构成个体归属感和身份认同的基础，使个体能够共享知识、形成共识，并与集体文化认同相连接。英歌舞常见于游神赛会、商户开业、楼宇落成等各类庆典活动②——不仅是一种文化表达，也是一种传播媒介。它通过独特的表演形式强化社区成员之间的联系，成为连接过去与现在、维系地方文化认同的重要纽带。

在时间层面上，英歌舞在潮汕地区的长期传承实践中，形成了一种基于"重复"和"现时化"的"凝聚性结构"。其舞蹈活动中的击槌、脚步、锣鼓节奏等，都遵循着特定规范和次序，这种重复性巩固了当地人对这一非遗项目的认同，更在潜移默化中完成了知识传达与文化传承。英歌舞的"出圈"又凸显了其文化意义的"现时化"特质，即通过必要的阐释和说明，使后代明白其文化意义。③ 英歌舞的"出圈"有其新的时代意义。英歌舞的传播与增强文化自信以及弘扬传统文化政策相呼应，其所展现的"驱邪辟害、保家卫国的内涵和激昂气势"也与当下社会氛围相契合。④ 这种历史记忆与现实的紧密关联，赋予英歌舞现代的意义和重要性。

在社会层面上，英歌舞的"出圈"现象构建了一个象征意义体系，即"共同的经验、期待和行为空间"。⑤ 英歌舞拥有深厚的社会和群众基础，无

① 〔德〕扬·阿斯曼：《文化记忆：早期高级文化中的文字、回忆和政治身份》，金寿福、黄晓晨译，北京大学出版社，2015，第6页。
② 董上德：《岭南文学艺术》，广东人民出版社，2019，第228页。
③ 〔德〕扬·阿斯曼：《文化记忆：早期高级文化中的文字、回忆和政治身份》，金寿福、黄晓晨译，北京大学出版社，2015，第7页。
④ 余丹、张冰纯、李雨蔚：《英歌舞今年为何"火出圈"》，《南方日报》电子版，2023年1月28日第A04版。https：//opinion. southcn. com/node_ 0244e664bd/98d1cfd84f. shtml。
⑤ 〔德〕扬·阿斯曼：《文化记忆：早期高级文化中的文字、回忆和政治身份》，金寿福、黄晓晨译，北京大学出版社，2015，第6页。

论是在新中国成立前的游神赛会，还是新中国成立后的春节、元宵等传统节日，英歌舞都扮演着举足轻重的角色，① 成为官方认可并推动的文化活动。英歌舞"出圈"后，尽管外界对其历史及民俗文化了解有限，但其内核——基于《水浒传》中梁山好汉营救卢俊义的故事，却为中国人所熟知。表演者通过歌舞展现了 108 位梁山英雄的风采，颂扬了扶正压邪、团结拼搏的英雄精神，体现了中华民族大义凛然、威武不屈的积极品质。英歌舞作为一种文化符号，其普适性的精神文化价值成为连接不同地域、文化背景人群的纽带。通过参与英歌舞的传播与实践，人们共享相似的情感体验，进而形成共同的文化记忆。

英歌舞的"出圈"现象在社会层面构建了一种跨越时空的"凝聚性结构"，英歌舞不仅是潮汕地区的文化标识，承载着地域特色，更成为一种普遍的文化记忆，即使脱离地方文化语境，仍能引发广泛共鸣与认同。这一"出圈"效应激发了公众对英歌舞的兴趣与热爱，还在无形中构筑了潮汕地区的自我形象与中华民族的整体面貌，将人们对英歌舞艺术形式的认可和潮汕地区历史文化、风土人情的感知，深化为对中华优秀传统文化与民族精神的弘扬。

（2）文化赋能

文化记忆是一个民族或社群共有的历史经验和知识积累，它通过符号、仪式等形式被不断编码和传承。这种文化记忆编码所形成的文化意义还可以为城市建设提供丰富的文化资源。然而，文化意义的循环与再生产实则是一个依赖外力驱动的过程，在此过程中，外力是文化赋能的对象。英歌舞"出圈"所形成的文化记忆，借助资本、政策等外力，在城市建设中得到展现和延续，从而实现文化意义的再生产。

制造业转移后，西方国家城市为应对衰败和经济转型挑战，将文化与艺术融入城市更新策略，通过文化政策推动经济多元化和文化旅游发展。有学

---

① 李统德：《历久不衰的普宁英歌》，载普宁文化局编《英歌舞研究　广东省首届英歌（普宁）学术研讨会文集》，广东省舞蹈学校，1990，第 68~71 页。

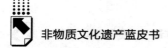
者总结，根据 Frith 的分类，经济学视角下西方城市文化政策主要涵盖产业性、旅游性和装饰性三类。① 英歌舞的"出圈"现象对城市建设的赋能作用，正符合这一策略的实践路径。

在产业性方面，英歌舞的"出圈"促进了文化产业发展与经济增长。普宁地区紧跟英歌舞热潮，积极探索"英歌+景区"融合模式。2023 年，潮汕民俗实景演出《英歌情》项目立项，规划构建演艺中心、民俗体验区及特产美食区等多元化功能板块，旨在将英歌舞打造成普宁的文化名片。② 这种在特定区域集聚与英歌舞主题相关的文化生产与服务企业的模式，有助于形成具有规模效应的文化产业集群，为当地创造就业机会并吸引外部投资。此外，英歌舞作为一个具有鲜明文化标识的 IP，吸引大量设计师、艺术家和文创企业关注、参与文创产品的研发与创新。如普宁市非遗保护中心尝试结合地方文化元素，推出印有英歌图样的红包和纸扇等产品。③ 这一过程不仅满足了消费者多样化、个性化的需求，也拉动了相关产业链的发展，推动了文化产业的经济增长。

在旅游性方面，英歌舞的"出圈"为潮汕城市旅游业注入了新的活力。一方面，英歌舞吸引了众多机构和企业的商演邀请。例如 2023 年 3 月，海门和睦英歌队成功签订了首份常态化商演合同，每周末在潮阳莲花峰风景区演出，为期一年。④ 另一方面，英歌舞在各大平台获得广泛关注，吸引了大量国内外游客前往潮汕观看英歌舞，潮汕因而成为文化旅游的新热点。广东省文化和旅游厅发布的数据显示，2023 年春节假期，潮汕市接待来潮游客人数达到了 285.30 万人次，同比增长 44.1%，多个景区迎来客流高峰，经

① 黄鹤：《文化政策主导下的城市更新——西方城市运用文化资源促进城市发展的相关经验和启示》，《国外城市规划》2006 年第 1 期，第 34~39 页。
② 《揭阳市 2024 年重点建设项目计划表》，揭阳市人民政府网，http：//www.jieyang.gov.cn/jyfg/zwgk/zfxxgk/content/post_ 834264.html？phlfcbiecjmgdjmo？aimglfcbaimohlfc，最后访问日期：2024 年 6 月 16 日。
③ 吴育珊：《人文经济学视角下英歌舞的创新发展》，《羊城晚报》电子版，2024 年 5 月 10 日第 A6 版。https：//baijiahao.baidu.com/s？id=1798631657573075955&wfr=spider&for=pc。
④ 吴育珊：《人文经济学视角下英歌舞的创新发展》，《羊城晚报》电子版，2024 年 5 月 10 日第 A6 版。https：//baijiahao.baidu.com/s？id=1798631657573075955&wfr=spider&for=pc。

济收入显著提升。① 2024 年第一季度，抖音平台还借助"潮汕中国年"活动，将英歌舞融入特色旅游线路。可见英歌舞已成为潮汕城市的文化新名片，对于城市旅游业的发展具有积极的促进作用。

在装饰性方面，英歌舞的"出圈"为潮汕城市环境增添了新的文化元素，推动了相关文化空间的建设与发展。文化空间承载着城市的历史、传统和文化，通过建筑外形、空间构造等手段，人们在感知和体验中将其物理形式转化为深层的文化意义。例如 2024 年 1 月，普宁南山英歌传承基地新馆的落成启用，② 为市民和游客提供了一个学习和欣赏英歌文化的窗口。所以，英歌舞的传播和展示融入人与空间的互动中，英歌舞的文化元素得以被深入解读与诠释，进而为城市的可持续发展提供了坚实的文化支撑。

（3）文化自信

文化认同作为文化传承的核心内容，在英歌舞"出圈"的过程中，经历了从个体层面的认识向集体层面的认同的转变。这种文化认同基于中华传统文化深厚的历史底蕴，通过跨越时间维度的连续性想象，进一步转化为坚定的文化自信。非遗的传承，实则源于群体对其存在价值的深刻认知与坚定捍卫，更是对族群历史记忆与文化身份的坚守与弘扬。

英歌舞"出圈"后，年轻一代对英歌舞的学习与传承在网络平台上频频引发热议。2024 年 4 月，"小女孩遇见英歌队表演，自信大方互动"的视频引发了广大网友的热烈反响。这个视频展示了传统文化在年轻群体中的传承，人们不仅看到了青少年对英歌舞的热爱与投入，更看到了传统文化在新生代的内心深处扎根生长。

英歌队在传统基础上的创新是文化自信的重要体现。在 2024 年普宁南山英歌传承基地揭牌仪式现场，普宁英歌国家级代表性传承人陈来发提到了南山英歌的三大转折，其中一个是 2023 年英歌舞"出圈"后，南山英歌打

① 《春节假期潮州积极打造多彩文旅市场》，广东省文化和旅游厅网，https：//whly.gd.gov.cn/special_newzt/2023xc/content/post_4086850.html，最后访问日期：2024 年 6 月 16 日。
② 《传承英歌风采，普宁多了一处文旅打卡点》，普宁市人民政府网，http：//www.puning.gov.cn/xwzx/pnxw/content/post_827791.html，最后访问日期：2024 年 6 月 16 日。

破了"传内不传外，传男不传女"的传统。① 这一向更广泛群体开放传统艺术形式的举措，反映了人们对其文化核心价值的坚定自信。这种自信源于人们对英歌舞和中华传统文化内涵的深刻理解与坚守，以及在现代社会背景下对传统文化发展的积极探索。

英歌舞视频评论区内容的转变，也反映出社会日益增强的文化自信。在英歌舞视频的评论区，人们的留言从最初对英歌舞热血激情的赞叹，逐渐转向对本地区非遗的宣传与弘扬。这种话语的转变不仅反映了观众对英歌舞文化的深刻认同，更突显了他们对身边非遗的自信与自豪。以 2024 年 2 月 11 日抖音"@潮汕视界哥哥"发布的"来潮汕总要看一次属于中国人自己的舞蹈"视频为例。该视频评论区中"陕北秧歌申请出战""青海高跷申请出战""甘肃社火申请出战"等评论获得了大量点赞，体现了英歌舞"出圈"现象对激发人们关注身边、地方非遗的积极作用。

此外，英歌舞在国内"出圈"后，更是跨越国界"出海"。英歌舞的表演形式与内涵深刻反映了潮汕地区的历史文化与中华民族精神，对海内外华侨来说，具有无可替代的文化价值。近年来，英歌舞国际交流活动日益频繁。2023 年 12 月 8 日至 9 日，泰国春武里府旧罔县游维屏市长率领的文化旅游交流团访问了潮汕普宁市，就两地英歌文化和旅游教育等内容开展深入的交流。② 2024 年春节，英歌舞在伦敦也展现出独特的艺术价值与深厚的文化内涵。③ 这一系列的国际交流活动，强化了海外华侨的民族认同，推动中华文化走向世界，为非遗融入国际交流创造了新格局。作为传统文化的重要载体，英歌舞寄托了华人华侨对祖国的深情。它既是艺术展现，又是文化符号和精神桥梁，紧密联结海内外华人社群，促进了他们对中华传统文化的认知与传承。同时，这些活动也为海外华侨提供了展示自身文化传统和艺术造

---

① 《传承英歌风采，普宁多了一处文旅打卡点》，普宁市人民政府网，http：//www. puning. gov. cn/xwzx/pnxw/content/post_ 827791. html，最后访问日期：2024 年 6 月 16 日。

② 《市委常委会召开会议》，普宁市人民政府网，http：//www. puning. gov. cn/xwzx/pnxw/content/post_ 818448. html，最后访问日期：2024 年 6 月 16 日。

③ 余颖：《普宁英歌舞动伦敦》，人民网，https：//baijiahao. baidu. com/s? id=179086309289 4245366&wfr=spider&for=pc，最后访问日期：2024 年 6 月 16 日。

诣的舞台，推动了跨文化交流与合作，助力中华传统文化"走出去"。

文化自信是一个民族、一个国家走向强盛的重要支撑，英歌舞的"出圈"现象正是当代社会文化自信的生动体现。通过英歌舞的"出圈"现象，我们得以窥见全球化背景下本土文化的坚守与传承。在这一过程中，文化自信不断增强与巩固，成为推动民族文化发展与创新的重要动力。

四　英歌舞"出圈"余思

英歌舞的"出圈"并非偶然，而是长期的积累，是恰当时机的现象级传播。面对络绎不绝的流量，英歌舞接受了民众全方位的检验，这说明非遗的"出圈"不应存在侥幸心理、功利心理，而应回归生活化的日常，走可持续发展之路。

（一）驱动之思：民众自发与政府营造

非遗"出圈"的关键在于民众自发的生活性实践。英歌舞的流行与潮汕地区民众的认同感和支持密不可分，蕴含着潮汕人民对于驱邪避害、祈愿平安的共同愿景和朴素信仰。潮汕地区民众在年复一年的民俗活动中自发地利用本地的民俗文化资源。在民俗巡游活动中，英歌舞作为开路先锋，引领巡游队伍，承载了祈求顺遂平安的寓意。然而，英歌舞的生活性远非如此。随着它渐渐独立于巡游活动之外，英歌舞依然延续了吉祥的象征，逐渐超越了最初的宗教仪式，成为潮汕人民情感共鸣的载体，并融入节日庆典、商业活动、社交场合等社会生活的各个方面。潮汕民众通过民俗活动的集体参与，不断强化对英歌舞的文化认同感，从而产生传承与弘扬英歌舞的自发实践。

一项非遗与民众、生活相贴近，它便会展现出强大的生命力，创造出源源不断的"出圈"素材。英歌舞受到广泛喜爱的原因还在于其在群众心目中的崇高地位。英歌舞者通过诠释梁山好汉的形象，弘扬了正义、团结战斗与勇敢拼搏的英雄精神。它在寄托美好愿景之外，更为个体提供了现世的精神支撑——对正义的坚守和对英雄精神的追求。所以，在潮汕地区，加入英歌队是一种荣誉。舞者视之为自我完善之途，家长亦鼓励子女参与以培养正直品德。① 因此，英歌舞根植于潮汕人民共同的信仰体系之中，激发人们的传承热情，这为英歌舞的广泛传播提供了坚实的社会基础和强大的内在动力。

政府在英歌舞的传承与保护中起到了主导作用。但这并非要求政府包揽非遗实践活动的一切，其营造的非遗活动也有可能导致非遗的"失真"与"仿真"问题。在非遗"出圈"活动中，政府应更多扮演的是支持与管理的角色，只有充分尊重非遗民众的主体地位，才能让非遗"出圈"更有效果。

（二）实践之思：抓住机遇与持续积淀

英歌舞的"出圈"看似突如其来，但深入了解其背后的发展历程，便会发现这一"偶然"的成功实则早已在量变的积累中悄然孕育。长期以来，当地政府和民间组织致力于非遗的传承与跨界融合，通过一系列举措推动了英歌舞的广泛传播与深度发展。以普宁为例，当地曾两度举办盛大的普宁英歌（民俗）文化节，并从 2017 年开始积极推动英歌舞进校园活动，培养青少年对英歌舞的兴趣和热爱。② 此外，2019 年上映的首部潮汕非遗电影《英歌魂》，更以艺术形式扩大了英歌舞的社会影响力，促进了其在全国乃至国际范围内的认知与接受。这些举措共同构成了英歌舞"出圈"的重要推动力，使其在 2023 年春节大放异彩。

英歌舞从量变到质变的跨越，并非孤立发生，还离不开外部环境的激发和催化。随着新冠疫情防控政策的调整，以及春节喜庆氛围的烘托，英歌舞迎来了质变的关键时刻。在这特殊的时代背景下，英歌舞所蕴含的正能量以及驱瘟逐疫、保平安的寓意，恰好契合了人们对新生活的期许和对传统文化

---

① 杨美琦：《普宁人心目中的英歌舞者》，载普宁市文化局编《英歌舞研究：广东省首届英歌（普宁）学术研讨会文集》，广东省舞蹈学校，1990，第 65~67 页。

② 郑乔慧、罗凯瀚：《做好普宁英歌"出圈"后半篇文章》，《揭阳日报》电子版，2023 年 5 月 4 日第 1 版。http：//jyrb. jynews. net/sjb/content/20230504/detail318654. html？tb＝1。

回归的向往。

深厚的文化积淀与基础是非遗在短暂"爆火"后持续"长红"的关键所在。非遗"出圈"后的可持续发展，便需要在其文化底蕴的基础上，敏锐捕捉社会动态中的传播机遇，借助多元化创新传播手段，强化公众的文化记忆与认同，进而推动非遗的传承并扩大其影响力。

（三）传播之思："碎片化"与"完整性"

个人门户模式的信息传播为非遗"出圈"提供了新途径。英歌舞前棚因其舞蹈动作和鲜明的鼓点节奏特色，在媒介平台上易于进行二次剪辑和传播，从而相较于中棚和后棚更受大众欢迎和关注。然而，这种碎片化传播方式所带来的挑战亦不可忽视。英歌舞作为一种复合形态的非遗，融合了人物造型艺术、武术技术技巧、舞蹈姿态韵律、锣鼓乐艺术等艺术形式。[①] 在碎片化传播中，英歌舞的呈现易被片面化、零碎化。特别是中、后棚作为英歌舞的重要组成部分，在其"出圈"现象中却鲜少被提及和了解。媒介对英歌舞前棚的过度聚焦而忽视中、后棚部分，使公众对英歌舞的认知呈现出一种不完整的状态。这不仅影响了非遗传播的完整性和准确性，也削弱了公众对非遗的深入认识和理解。

此外，英歌舞"出圈"还凸显出非遗传播标准化与规范化的紧迫性问题。如今主流媒体对"非遗文化"等术语的过度使用，实际上忽略了非遗概念本身已包含的文化属性，从语用层面上显得冗余。同时，媒介平台还存在夸大英歌舞历史等问题，对非遗的传播造成了一定的负面影响。所以，作为翻译而来的概念，非遗的理解、解读和校正仍需时间沉淀。[②] 确立明晰的非遗标准，是保障非遗精准传承之基石，非遗名称的规范与统一，有助于增强公众对非遗的认知。在媒介平台传播非遗时，应强化保护意识，谨防历史信息的误传与误导，以确保非遗的真实性与完整性得以维系。

---

① 杨明敬：《英雄礼赞 潮汕英歌舞》，广东教育出版社，2011，第 3 页。
② 项兆伦：《对非物质文化遗产名词审定工作的几点思考》，《民间文化论坛》2024 年第 1 期，第 8~9 页。

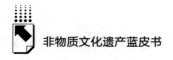
五 结语

本文循着英歌舞现象级传播事件，深入分析了英歌舞的圈层形成以及"出圈"传播的生成机理。研究发现，英歌舞传播经历了由"小众"到"大众"的过程，英歌舞在融入都市文化的阶段伴随着媒介环境的变革，而代际间对英歌舞的认同并不因时代变革而割裂。相反，英歌舞受众始终保持着情感团结，逐渐稳固英歌舞圈层；英歌舞"爆火"虽然有一定的偶然性，但从"非物质"文化传播的角度来看也有一定的必然性，英歌舞在社交媒介上传播的符号、图像不再是实物的物质，而是对受众的意识和自由的身份的一种解构。当大家对英歌舞"非物质"文化传播所呈现的知识翻译出现一致时，这种知识便感官化、情绪化了。在富有喜庆氛围的时空里，受众得以抛弃偏见、冲破束缚，平等交流对话，主动参与、介入英歌舞传播活动，从而呈现出一种非中心化、非统一化、非层级化的传播形态，即英歌舞的"出圈"。

非遗"出圈"核心在于受众的认同感和凝聚感。这份情感终究需要回归日常生活，无论媒介环境、非物质、身体在场、时代叙事、展示艺术如何变化，非遗始终在日常生活中汲取养分而保存生命力。世俗化、商业化、大众化不过是现代多元生活状态的一种体现，而消解传统与现代的割裂感、非遗与生活的距离感、非物质文化表达的权威性等才是非遗"出圈"之道。因此，本文为非遗"出圈"的可持续发展模式提供了一定的参考意义，而在平衡非遗标准化与个性表达、非遗走向生活叙事的路径等问题上仍有待学者进一步研究探讨。

非遗保护如何助力京津冀区域协同发展

杨　镕*

摘　要： 非物质文化遗产是传统文化的代表形式。京津冀三地同属燕赵大地，具有相似的文化背景和地理位置，三地非遗项目亦传递着相似的文化记忆，这成为三地非遗保护协同发展的基础。京津冀三地非遗具有同源性和共生性，存在交叉传承情形。京津冀协同发展战略为三地提供了区域整体性保护非遗的可能。京津冀区域协同发展战略实施以来，三地非遗协同保护在文旅融合和区域公共文化服务等方面取得了显著成绩，但也存在发展困境。要突破三地非遗协同发展的瓶颈，促进三地非遗助力区域协同发展，需要转变思维方式，针对堵点探索新发展模式，以非遗保护助力京津冀区域协同发展。

关键词： 京津冀　区域协同　文旅融合

非物质文化遗产（以下简称"非遗"）的区域协同发展与整体性保护联系紧密。本文旨在以京津冀地区的非遗为研究对象，从区域协同发展的角度出发，探讨非遗保护推动区域协同发展的背景和现状。同时，本文还期望通过探索区域文旅融合的发展机制以促进非遗的保护和传承，进一步促进文旅融合，加强文化在推动区域协同发展中的重要作用。

---

* 杨镕，中山大学中文系，中山大学中国非物质文化遗产研究中心博士生，研究方向为非物质文化遗产及民间艺术。

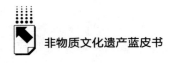

一 京津冀非遗保护协同发展的优势与背景

协同理论，亦称"协同学"，自 20 世纪 70 年代起，在多学科研究的基础上逐渐形成并发展，成为系统科学领域的一个重要分支理论。该理论由物理学家赫尔曼·哈肯（Hermann Haken）提出。1976 年，哈肯系统性地阐述了协同理论，并出版了《协同学导论》一书，主要研究开放系统如何通过内部协同作用实现时间、空间和功能上的有序结构。协同论提出之后很快从物理学影响到化学、生物学等自然科学领域并逐渐应用到经济学等社会科学领域，特别是在组织系统相关领域得到充分重视。协同效应是协同理论的重要内容，指复杂开放系统中大量子系统相互协同作用而产生的整体效应或集体效应。在协同理论的帮助下，可以帮助我们认识京津冀三地非遗保护得以协同发展的背景和优势。

（一）京津冀文化和非遗项目的交融共生

当下京津冀区域在春秋战国时期属于燕、赵两国辖地，因此这一区域也常被称为"燕赵大地"，金元以来燕赵大地独特的政治区位优势，增强了京津冀地区的文化聚集效应，也使这里的传统文化有了深厚历史积淀。京津冀三地非遗是当地优秀传统文化的结晶，具有源远流长的内在关联性和互通性。总体上，京津冀非遗项目具有以下几个方面的相似性。

1. 自然资源造就了相似的京津冀非遗项目

华北地区泥塑技艺广泛分布，这与华北地区黏土资源分布广泛，类型丰富（高岭石黏土矿、水云母黏土矿和蒙脱石黏土矿都有分布）紧密相关。由于土壤黏性适合，具有可塑性的物质特性，精湛的泥塑技艺同时分布于三地，其中最突出代表就是泥人张彩塑技艺。泥人张彩塑在清代道光年间发展于天津，其创始人是张长林（或说张明山）（1826~1906），因技术高超被人称为"泥人张"。在之后几代传人中，泥人张技艺得到了不断发展和完善。早在 1915 年"泥人张"就走出国门，以 16 件作品参加在美国举行的巴拿马万国博览会，并获得名誉奖。20 世纪 50 年代，天津"泥人张"第三代传人张景祜将"泥人张"泥彩塑艺术带进京城并培养了一大批彩塑人才，泥人张彩塑技艺也从天津传到北京，发展出北京泥人张分支。2006 年，"泥人张"彩塑技艺因进入了第一批国家级非遗名录迎来了新的发展阶段。除去"泥人张"彩塑之外，北京的兔儿爷、玉田泥塑都是华北地区泥塑的突出代表，三地地理位置相近，运用自然赋予的黏土资源造就了变化万千的泥塑技艺。

2. 自然气候条件孕育了相似的游艺文化

华北地区春秋两季风力强劲且风向相对稳定，这一特点催生了当地放风筝的传统习俗，进而形成了独具地域特色的风筝制作技艺。北京风筝又称京燕风筝，代表是大字形"沙燕儿"，即在风筝两翼用两根横竹条形成构架，两翼不能折叠和拆卸，属硬翅风筝。这种风筝制作简单且性能好，在全国很有影响力。天津风筝制作技艺精湛，造型独特，多采用轻盈柔软的材料如蒲草或芦苇制作，以软翅风筝为主。天津制作的风筝线条流畅、色彩鲜艳，特别适合制作禽鸟或者昆虫，如鹰、蝴蝶、燕子、蜻蜓等造型。在北京和天津之间的廊坊还发展出一种"第什里"风筝，"第什里"风筝制作技艺将北京和天津风筝制作技艺相交融，既制作北京沙燕风筝，也制作软翅风筝。

3. 自然物产和地理环境造就了相似的生活习性

华北地区人民自古以来就喜食面食，老北京的炸酱面、天津喜面，还有改革开放后来自安徽当下却广泛流行于华北的安徽板面，都显示了当地人爱吃面食的生活习性。在日常生活之外，华北地区还出现了众多以面粉为原料的精湛的面食制作技艺，尤以馅饼最多。如驴肉火烧，本起源于保定和河间一带，后逐渐在北方地区流行，两地火烧在外形上多有不同，分别是圆形和方形。此外，还有香河肉饼、唐山棋子烧饼等在京津冀三地都有流传的面食特产。

从宏观视角审视，京津冀三地的文化纽带使非遗项目交错融合，呈现了你中有我、我中有你的独特格局。目前公布的五批国家级非物质文化遗产代表性项目名录共 3610 项，申报地区为京津冀的共计有 329 项，占全国总数的 9.11%。这些非遗项目在文化根源上一脉相承，同时又各自形成了鲜明的特色。正如李烨、李跃总结出北京的非遗项目"既有皇家文化的体现，也有融合文化的表达"①。天津则因运河的修建而兴，地理位置临近海洋，位于海河流域下游，天津非遗项目彰显出明显的"海洋文化和漕运文化特征"②。河北地理上距离京津较近，部分项目呈现出与北京和天津的相似性，如风筝技艺和面食制作技艺。但河北地域辽阔，又根据地域形成不同特色，如民间舞蹈就有井陉拉花、沧州落子、昌黎秧歌等不同代表。同时，京津冀也有不少流传于三地、具有较好群众基础的传统戏剧类非遗项目，如河北梆子、西河大鼓、评剧等，这些项目的一艺传三地、同根不同枝的现象非常普遍。这充分表明京津冀地区诸多非遗项目，在自然地理环境、文化根源以及传承与发展的各个层面，均已跨越地域。这些项目之间展现出深远的内在联系和交流互鉴的特质，为京津冀地区非遗保护的协同进步奠定了坚实基础。

（二）京津冀区域协同发展战略的实施

京津冀地区作为环渤海经济圈的核心组成部分，其地理邻近性与文化同源性为区域协同发展提供了坚实基础。当前，京津冀协同发展战略已被确立为国家层面关键战略之一。该战略的核心目的在于通过促进三地间的资源共享与优势互补，推动环渤海经济区的繁荣发展，促进北方内陆地区的经济增长。2014 年 2 月，习近平总书记在北京主持召开了座谈会，指出实现京津冀协同发展是一个重大国家战略。北京、天津、河北三地人口总量超过一亿，土地面积达到 21.6 万平方公里，在人口资源和地理空间上具有广阔的发展空间。三地协同发展的提出对打造环首都城市圈、发挥各自比较优势、促进环渤海经济区发展有重要意义。2015 年 4 月 30 日，中共中央政治局会

---

① 李烨、李跃：《京津冀"非遗"旅游区域协同发展机制研究》，载《2021 中国旅游科学年会论文集：新发展格局中的旅游和旅游业新发展格局》，第 947 页。
② 李烨、李跃：《京津冀"非遗"旅游区域协同发展机制研究》，载《2021 中国旅游科学年会论文集：新发展格局中的旅游和旅游业新发展格局》，第 947 页。

议审议通过了《京津冀协同发展规划纲要》（以下简称《纲要》），《纲要》明确了京津冀整体以及京津冀三省市的功能定位。北京是我国超大城市之一，人口规模巨大，其常住人口数量接近 2200 万，超出了北京可承载人口数量，因此有序疏解北京非首都功能是京津冀协同发展的核心。《纲要》深刻体现了京津冀协同发展是我国改革的进一步深化，三地的协同发展是全方位的，经济、交通、环保、文化等多方面议题都纳入其中。通过行政法规的先导，推动政府治理能力建设，促进三地统一市场的形成和发展模式的转型，其中环保、交通和产业升级转移是三个重点领域。2023 年 5 月 11 日至12 日，习近平总书记在河北考察，主持召开深入推进京津冀协同发展座谈会并发表重要讲话，对京津冀协同发展明确提出了新定位。

京津冀区域协同发展不能忽视文化的作用，在《关于推进京津冀文化协同发展有关问题的请示》中提出，推进京津冀文化协同对于实现三地文化资源统筹、优势互补和打造区域文化特色具有重要意义。[①] 此后，京津冀区域协同中文化协同的重要性得到重视，文化协同发展逐渐提上日程。需要说明的是，京津冀文化协同立足于京津冀区域协同的发展战略，为实现更高质量的区域协同整体发展服务。非遗保护作为文化事业的关键一环，通过对其细致的学术探究、保护和恰当利用，不断完善保护制度与工作机制，是深化《京津冀协同发展规划纲要》的关键实践，也是促进文化资源共享、推动区域协同发展的关键步骤。2014 年 8 月，北京、天津、河北三方在天津签署了《京津冀三地文化领域协同发展战略框架协议》，主要包括区域文化一体化、现代公共文化服务体系建设、演艺文化交流合作等八个领域的合作内容。通过沟通和对接，坚持优势互补、共建共享、统一开放的原则，发挥出文化协同的最大效益。[②] 得益于中央政府及三地政府的共同努力，当下京津冀协

---

① 《京津冀三地深入推进文化协同发展》，中华人民共和国文化和旅游部官网，https://www.mct.gov.cn/whzx/qgwhxxlb/bj/201507/t20150703_778463.htm，最后访问日期：2025 年 3 月13 日。

② 《〈京津冀三地文化领域协同发展战略框架协议〉签署》，中华人民共和国文化和旅游部官网，https://www.mct.gov.cn/whzx/qgwhxxlb/hb/201408/t20140828_779002.htm，最后访问日期：2025 年 3 月 13 日。

同发展稳步推进，京津冀三地的非遗保护在区域协同发展的大势下取得了较多喜人的成绩。

二　京津冀非遗协同保护的现状

京津冀三地非遗同源共生，和而不同，京津冀协同发展战略为三地的非遗保护提供了一种地区尺度的区域整体性保护经验和制度支持，"去边界化"的地方联动模式，有利于形成三地非遗保护工作的合力。① 在京津冀协同发展战略框架下，京津冀地区在非遗的协同保护方面不断探索新的发展模式与路径，在资源整合、保护和利用等方面，取得的成果日渐丰硕。

（一）非遗保护促进京津冀非遗文旅融合

当下文化产业与旅游产业的深度融合受到了国家的高度关注。文旅融合也为非遗的传承发展提供了宝贵机遇。2009 年国家旅游局发布了《文化部　国家旅游局关于促进文化与旅游结合发展的指导意见》，将文化和旅游结合发展看作扩大内需，满足民众文化消费需求的重要举措。指导意见中提出十条推进文化与旅游结合发展的措施，其中特别提到要"利用非物质文化遗产资源优势，开发文化旅游产品。坚持保护为主、合理利用的原则，既要保留非物质文化遗产的原生态和本真性，又要通过旅游开发向外界宣传推广。"② 2014 年国务院发布的《关于推进文化创意和设计服务与相关产业融合发展的若干意见》，提出了提升旅游发展内涵是文旅融合的重要举措。2018 年文化和旅游部的正式成立是在国家层面推动文化与旅游产业深度整合的战略性举措。

非遗与旅游融合为非遗开辟了新的舞台和生存方式，舞台展演、互动交

---

① 马知遥、常国毅：《非遗保护融入区域发展的需求与趋势——"京津冀协同发展与非遗区域整体性保护"研讨会综述》，《文化遗产》2023 年第 6 期。

② 《文化部　国家旅游局关于促进文化与旅游结合发展的指导意见》，中国政府网，https：//www.gov.cn/zwgk/2009-09/15/content_ 1418269.htm，最后访问日期：2025 年 3 月 13 日。

流、技艺体验和制作等方式使非遗项目的活态传承成为可能。① 在合理利用原则下的创造性转化和创新性发展有助于非遗进一步融入旅游发展。不少旅游景区通过对接非遗资源丰富了景区文化产品，但对于不同地区不同类型的非遗进景区则需要各自讨论。其中技艺类非遗可以创造体验空间和非遗表演空间；饮食类非遗则可以融入景区的美食街区；对于民间文学类非遗则可以通过营造相应景观和展板介绍进行展示。对于地方特色文化 IP 要合理利用，如唐山市丰润区以曹雪芹这一文化 IP 打造主题公园，《红楼梦》的知名度和深厚的红学文化使其成为主题鲜明、景观独特的公园，有望在主题公园的运行过程中促进非遗活化和可持续发展。

非遗与旅游产业的结合，不仅有助于非遗保护和传承，还能推动旅游业的持续繁荣，从而实现非遗与旅游共同发展的双重效益。京津冀地区共同构建文化旅游品牌可以立足于三地拥有的丰富非遗资源，而三地的区域协同发展为这一设想提供了实践的平台。基于这一天然优势，三地正积极拓展文化旅游市场，并涌现了一些先行案例，如北京延庆和张家口崇礼借助 2022 年冬奥会的契机，打造了以体育、文化和旅游产业为优势产业和特色产业的京张体育文化旅游带。自 2015 年北京联合张家口成功申办 2022 年冬季奥运会以来，聚焦冬奥产业链，京张体育文化旅游带范围内企业数量快速增长，大量体育、文化、旅游相关企业加快集聚，逐渐形成体育—文化—旅游三位一体的特色产业带。2022 年北京冬奥会前夕，文化和旅游部等部门联合印发了《京张体育文化旅游带建设规划》，成为指导京张体育文化旅游带建设的纲领性文件。京张体育文化旅游带是以举办冬奥会为契机而发展起来的，在 2022 年冬奥会成功举办后继续作为当地文旅融合的重要抓手成为持续性的文化旅游项目，进入深化发展阶段。为配合冬奥会的举办，北京与张家口之间已经建成京礼、京新等高速公路，京张高铁也投入使用，甚至两地有公交线路直达，交通十分方便。张家口赛区承担了 2022 年冬奥

---

① 李烨、李跃：《京津冀"非遗"旅游区域协同发展机制研究》，载《2021 中国旅游科学年会论文集：新发展格局中的旅游和旅游业新发展格局》，第 944 页。

会大部分的雪上项目比赛，共有 9 个场馆，其中包含 4 个竞赛场馆，这些场馆在赛后都可持续利用。冬奥会的举办为京张体育文化旅游带打了坚实基础，区域内包括 6 项世界文化遗产、61 项国家级非遗代表性项目、56 个高等级旅游景区成为京张体育文化旅游带产业业态多样化发展的丰厚资源。京张文化旅游带突出冰雪运动特色，拥有 21 个大众滑雪场，在满足外来游客旅游需求的同时也有助于惠及当地民众，有利于促进冰雪运动融入全民健身，满足人民群众的健身需求。未来，京张体育文化旅游带将充分发挥冬奥品牌效应，立足当地特色冰雪资源助推京张沿线体育、文化、旅游的融合发展。

以运河和长城为代表的国家公园建设亦是京津冀文旅融合发展的重要抓手。2019 年 7 月 24 日，在中央全面深化改革委员会审议通过了《长城、大运河、长征国家文化公园建设方案》，国家文化公园建设是《国民经济和社会发展第十三个五年规划纲要》《国家"十三五"时期文化发展改革规划纲要》确定的国家重大文化工程。国家文化公园建设立足于长城、大运河、长征沿线具有突出影响的文物资源和文化资源，是在大文化遗产理念下进行的将物质文化遗产和非物质文化遗产统一保护的战略决策。建设方案出台之后，国家很快就确定了建设的五个关键领域实施基础工程，其中包括保护传承工程、研究发掘工程、环境配套工程、文旅融合工程、数字再现工程。①

2019 年 12 月，北京市发展和改革委员会正式印发了《北京市大运河文化保护传承利用实施规划》（以下简称《规划》）。该《规划》针对大运河文化的保护、传承与利用制定了从中长期视角出发的阶段性目标，规划内容广泛，包括文物保存、生态环境、旅游发展、景观建设以及区域协同等多个领域。其中 2025 年、2035 年以及 2050 年是三个重要的时间点。北京段的大运河河道总长约 80 公里，已丧失漕运功能，大多数为景观与排水河道，涉及面积约 77.8 平方公里。《规划》确立了北京段大运河的主线是白浮泉

---

① 《中央有关部门负责人就〈长城、大运河、长征国家文化公园建设方案〉答记者问》，中国政府网，2019 年 12 月 5 日，https：//www.gov.cn/zhengce/2019-12/05/content_ 5458886. htm，最后访问日期：2025 年 3 月 13 日。

引水沿线、通惠河、坝河和白河（今北运河）一线河道，对运河内的物质文化遗产和非物质文化遗产进行了筛选和价值评估，特别重视遗产与大运河的联系。《规划》通过挖掘、确定遗产点的方式将北京段大运河串联起来，进而推动大运河文化遗产保护和构建大运河文化带。此外，大运河河道的环境保护也是《规划》突出的重点内容，控制河道与湖泊污染，改善水质，对已经受到破坏的河道、湖泊驳岸进行整治等都是北京段运河保护的组成部分。

天津红桥区也在 2021 年 4 月 5 日印发了《红桥区关于大运河文化保护传承利用工作落实意见》，确定了"强化文化遗产保护传承、推进河道水系治理管护、加强生态环境保护治理、推动文化和旅游融合发展"① 四个重点任务；明确了各单位的职责分工，在区发展改革委的总体统筹下，与区文化和旅游局、区委宣传部、区住房建设委等各级部门相互协调，共同推动大运河文化保护传承利用工作。红桥区是大运河天津段的核心节点，其中南北运河和子牙河于三岔河口汇入海河。三岔河口位于红桥与河北区交界处，是天津市著名景点。在历史上三岔河口作为水旱码头和商品集散地见证了天津的诞生和发展，对天津具有重要的文化意义，因此在红桥区的通知中特别强调了"讲好运河故事"。与北京一样，天津也明确提出要提升运河生态环境，推进水环境污染防治。

在大运河流经的河北段，2022 年 3 月 30 日通过了《河北省大运河文化遗产保护利用条例》（以下简称《条例》）专项法规。《条例》立足于大运河的文化遗产保护，专设"大运河文化遗产利用"一章，认为大运河文化遗产利用应当坚持科学、适度、持续、合理的原则，以不破坏大运河文化遗产及其环境风貌为前提。该《条例》提出文化遗产利用应与大运河文化遗产的文化属性和承载力相适应，提出建立一个集文物展览、非遗展示、科学普及教育、文化推广等功能于一身的大运河文化遗产博物馆（展示馆），以

---

① 《天津市红桥区人民政府印发〈红桥区关于大运河文化保护传承利用工作落实意见〉的通知》，天津市红桥区人民政府网，2021 年 4 月 5 日，http：//www.tjhq.gov.cn/zwgk/zcwj/hongqiaozhengce/qzf80/202104/t20210416_ 5427646.html，最后访问日期：2025 年 3 月 13 日。

提高大运河文化的整体展示水准。《条例》还提出以大运河为载体，在沿线地区开展沧州武术、吴桥杂技、黑陶制作等非遗保护传承活动，并依托重要传统节日开展非遗展演和传统戏曲、音乐、舞蹈等非遗进农村、进社区、进校园、进企业等活动。① 大运河在古代是重要的交通枢纽，人员的流动创造了丰富多彩的运河文化，也为各地文化传播创造了条件。在京津冀区域内，大运河流经区域主要为北京通州，天津，河北廊坊、沧州、衡水、邢台、邯郸等地，基本串联起京津冀三地的主要城市，京津冀三地在大运河国家文化公园建设的背景下，分别发布了与大运河文化遗产利用相关的法律法规，显示了三地政府对建设大运河文化带的高度重视。

大运河文化带之外，京津冀三地还共享着长城文化带，其贯穿了北京，天津，河北唐山、承德、张家口等城市，相较于大运河的纵向沟通，长城实现了京津冀主要城市的横向沟通。2019 年 7 月，在中央全面深化改革委员会第九次会议中审议通过了《长城、大运河、长征国家文化公园建设方案》，对长城国家文化公园的建设进行了战略性规划与部署。2021 年 6 月 1 日，《河北省长城保护条例》正式颁布实施，主要针对长城作为文物资源的保护。该条例明确长城保护范围包括长城墙体、壕堑、界壕、单体建筑、关堡及其相关设施等各类遗存。为了避免长城遗址的破坏，《条例》提出长城所在县级政府或文物主管部门可以聘请长城保护员进行长城文物资源的巡察和看护，以做好长城养护。这一建议对整个长城沿线的保护都有一定借鉴意义。为促进长城国家文化公园建设，河北制定了一系列相关法律法规。其中值得注意的是河北省文化和旅游厅联合省交通运输厅于 2021 年 9 月 30 日颁布的《长城旅游风景道建设指南》，该指南成为国内首个针对地方性旅游风景道建设的规范性文件，为其他地区风景道建设提供了一定借鉴。《长城旅游风景道建设指南》根据长城河北段的实际情况对长城风景道的道路主体设施、慢行系统、游憩设施、景观环境建设等方面提出技术标准，具有较强规范性和可操作性。为

---

① 鲁婧：《让大运河"活起来"〈河北省大运河文化遗产保护利用条例〉正式施行》，人民网，http://ent.people.com.cn/n1/2022/0603/c1012-32437904.html，最后访问日期：2025 年 3 月 13 日。

了更有效促进长城沿线非遗保护，河北省专门制定了《河北省长城沿线非物质文化遗产保护传承弘扬协同机制工作方案》，将长城河北沿线 9 市 1 区的非遗项目与长城国家文化公园建设相结合，实现文化遗产的保护与传承。[①] 这一工作方案提出建设以秦皇岛、滦平为重点的文旅融合示范区。秦皇岛市长城资源丰富，东自山海关老龙头，西至青龙满族自治县杏树岭，其间包括海上长城、山岭长城和河道长城，种类多样。山海关老龙头是明长城的入海口，依附于山海关，还有孟姜女传说、戚继光传说等民间文艺资源，对这些长城资源进行统筹，能进一步提高秦皇岛的旅游特色。秦皇岛还拥有以长城文化为主要内容的专题博物馆——山海关长城博物馆。该馆以展板介绍和实物陈列等方式促进了大众对长城历史的认识，吸引了众多青少年及家长群体。滦平县境内的金山岭长城建于明代，全长十余公里，宽约 5 米。因位于金山岭上，该段长城建筑形式依山而异，敌楼变化多样，有方形、长方形、扁形、圆形等多种形制，展现了我国古代长城建筑的高超技艺，体现了长城资源的精华。同时，河北段长城国家文化公园建设与京张体育文化旅游带形成共建关系，张家口市体现明显。张家口同时推进京张文化体育带和长城国家公园建设，在长城国家建设方面，张家口利用长城关堡等特色资源，通过建设长城沿线特色民俗小镇，如花楼沟村、北营子村、白羊峪村等推动文旅融合赋能乡村振兴。以花楼沟村为例，该村位于金山岭长城脚下，是游客上下长城的必经之路，成为多数游客落脚的地方，依托长城旅游得到发展契机。游客和摄影爱好者的到来也推动了村民对长城摄影的热衷，在摄影爱好者的带动下，花楼沟村村民也参与到长城日出和云海等景观的拍摄中，成为远近闻名的"长城摄影艺术村"。此外，金山岭段的长城保护员基本由花楼沟村村民担任，由此形成花楼沟村村民与长城旅游发展的良好互动。随着花楼沟村旅游业的发展，收入的可观也吸引着当地年轻人回乡创业，开民宿、当导游、网络直播以及其他旅游相关行业等成为村民的就业方向，这也进一

---

① 高越、苑潇卜：《河北：聚焦八个一打造长城国家文化公园建设示范样板》，《中国旅游报》电子版，2021 年 12 月 22 日第 10 版。网址：https://www.ctnews.com.cn/paper/content/202112/22/content_61701.html。

步促进了花楼沟村的旅游业和服务业的高质量发展。张家口市依托长城文化公园的特色文物资源和文化资源达到了创业增收的良好效果，实现了地方政府和民众的双赢。2022 年 4 月，由文化和旅游部资源开发司牵头编制的《长城文化和旅游融合发展专项规划》以及《长城沿线交通与文旅融合发展规划》正式以国家文化公园建设工作领导小组办公室的名义发布。长城河北段国家文化公园的建设与规划体现了"文旅融合"的协同发展精神，成为地区弘扬优秀传统文化的重要载体，同时也推动着长城沿线地区的经济社会发展。

（二）非遗协同促进三地公共文化服务共建共享

享受公共文化服务是广大人民群众的基本文化权益，通过均等化的公共文化服务，可以有效缩小城乡、区域、不同社会群体之间的文化差异，促进社会的和谐与稳定。杨凤云、马中红认为"区域公共文化服务协同发展是中国式现代化进程中健全公共文化服务体系的必由之路，是推动区域经济社会发展的重要力量，能够保障人民群众的基本文化权益，形成文化合力，促进区域政治、经济、文化、人才的一体化发展"[①]。在京津冀区域协同发展战略的推进过程中，三地在实现区域经济联合发展的同时，也将公共文化服务整合进协同发展的战略框架内。

2014 年，习近平主持召开座谈会听取京津冀协同发展工作汇报，京津冀三地代表提出公共文化服务共建共享的设想和建议；2014 年 4 月，北京、天津及河北三地文化部门于北京举行了加强文化协同发展座谈会，并在此基础上确立了三地文化部门联席会议制度；2014 年 8 月《京津冀三地文化领域协同发展战略框架协议》（以下简称《协议》）签署，明确了八个方面的合作内容。其中强调要推进京津冀三地公共文化服务的协同发展，推动跨区域文化交流。如以天津合唱节、运河文化艺术节、河北民俗文化节为依托举

---

① 杨凤云、马中红：《区域一体化背景下我国公共文化服务协同发展研究》，《图书与情报》2023 年第 5 期。

办群众文化的展演展示活动。加强艺术院团的交流与合作，打造精品舞台艺术，支持京剧、评剧、曲剧等戏曲艺术和大鼓、说书等曲艺艺术的三地巡演。为促进三地公共文化资源流动和共享，该《协议》还提出鼓励三地的艺术院团进行惠民演出，实现文化惠民。《协议》细则基本涉及公共文化服务的各个方面，它的签署开启了京津冀公共文化服务协同共建的序幕。2015年3月，专门针对演艺领域的《京津冀演艺领域深化合作协议》，"明确在政府采购协作机制、共享品牌项目、共建演艺资讯推广平台和演艺资源统筹平台等项目积极开展合作，今后将在三地各自主办的展演活动中相互采购和吸纳优秀剧目参与，每年采购两地各不少于 3 台剧目用于公益性演出；三地轮流举办京津冀优秀剧目展演活动，并统筹演出资源进行剧目合作；建立京津冀演艺资源统一发布平台，定期举办推介会，整体打包优秀剧目；建设京津冀演艺网络平台并成立京津冀剧院联盟，实现人才和剧院等资源的统筹协调。"[①] 2015 年 10 月京津冀公共文化服务示范走廊发展联盟成立，该联盟主要由京津冀三省市的国家公共文化服务体系示范区构成。其核心目标在于促进京津冀地区公共文化服务领域的协同发展，通过整合各示范区的文化资源优势，构建跨区域的文化战略合作机制。截至目前，联盟成员单位已经发展至 14 个，分别为北京市东城区、海淀区、朝阳区、石景山区，天津市河西区、和平区、滨海新区、北辰区、津南区，河北省秦皇岛市、廊坊市、沧州市、唐山市以及张家口市崇礼区文化和旅游行政主管部门。[②]

京津冀三地由于地缘相近，一直保持着良好的文化交流传统。如中国评剧艺术节自 2000 年开始在唐山举办，至今已经连续举办了 12 届，"吸引了全国各地尤其是京津冀地区的评剧爱好者汇聚于此，也使之成为博览评剧艺术精华的大舞台，艺术节以展演、比赛、研讨等形式，促进了评剧艺术的交

① 《〈京津冀演艺领域深化合作协议〉签订》，中华人民共和国文化和旅游部官网，https：//www.mct.gov.cn/whzx/qgwhxxlb/hb/201504/t20150430_779005.htm，最后访问日期：2025年 3 月 13 日。

② 李木子：《"京津冀公共文化服务示范走廊"发展联盟会议在天津召开》，华商经济网，https：//www.gcbep.com/newsinfo/1754209.html？templateId=1133604，最后访问日期：2025 年 3 月 13 日。

流和发展，弘扬了燕赵大地的戏曲文化。"① 21 世纪初开展非遗保护运动以来，借助于非遗保护的契机，三地的文化交流进一步紧密。在非遗名录中三地就有同一非遗项目跨越多地的情况，如评剧、河北梆子等，此外同类型的非遗技艺也在三地共存，如面食、泥塑、风筝等制作技艺。文化共享为三地之间的非遗交流和联合保护奠定了基础。即使是具有地方特色的非遗项目，在京津冀区域协同发展的背景下，三地文化的交流合作进一步加深了民众对文化的理解，拓展了文化见识，有助于相互之间的尊重理解。如昌黎地秧歌本是冀东秧歌的代表，在 2006 年入选第一批国家级非遗项目，在京津冀协同发展的战略下，昌黎地秧歌有了更多走出去表演的机会，通过参与北京、天津举办的三地联合非遗展演，昌黎地秧歌走向了更为广阔的天地。通过共同的文化活动、文化交流和文化项目，京津冀民众能够更加深入地了解彼此的文化特色和历史背景，从而增强彼此之间的文化认同感，从而消除地域间的隔阂，进一步提高整个京津冀地区的文化凝聚力。

（三）非遗促进三地文化交流和产业合作

《京津冀文艺事业协同发展合作框架协议》签订之后，三地文联陆续开展了众多舞台演艺项目的协作与交流活动，不断拓宽合作领域，助推京津冀地区文艺事业协同发展。2015 年 11 月，北京月坛体育馆成功举办了京津冀"非遗"舞蹈与民间传统舞蹈展示活动，全面呈现了京津冀地区的舞蹈文化特色。在 16 个精选舞蹈节目中，既有霸王鞭、狮舞、京西太平鼓等列入国家级或省级"非遗"名录的节目，也有《京竹声声》《汉沽飞镲》等富有地方特色和风情的京津冀民俗舞蹈节目。其中井陉拉花和沧州狮舞两种传统舞蹈后来被选送到 2016 年京津冀市民新春联欢会上进行表演，进一步扩大了影响力。除了舞台展演，河北的"非遗"舞蹈类节目还进入景区，面向大众现场表演，如北京龙潭庙会曾邀请河北井陉拉花和沧州狮舞为观众表

---

① 赵书红：《搭乘京津冀协同发展快车，促进河北"非遗"保护全面提速发展》，《文化月刊》2016 年第 Z3 期。

演，秦皇岛秦皇小巷邀请昌黎地秧歌团队为观众表演，这些演出一方面为民间艺人提供了就业和展示自己的机会，另一方面也促进了河北舞蹈类非遗的传播和交流。

为了使非遗传承与保护充满活力，必须融入时代元素，即在传承的基础上创新。京津冀三地文艺事业的协同发展促成了地方文化品牌的打造和成熟，吴桥杂技便是典型案例。吴桥杂技是流传在吴桥县域及其周边的民间表演艺术，是中国杂技艺术的代表。吴桥杂技演出使用的道具多来自日常生活，如锅碗瓢盆桌椅板凳等，演出主要包括道具杂耍、动物驯化、魔术等门类。吴桥当地培养了众多杂技演艺人才，立足于吴桥杂技文化资源，从1987年开始每两年举办一届中国吴桥国际杂技艺术节，成为"中国规模最为宏大、历史最为悠久的杂技艺术活动，还是当今世界杂技艺术最具有影响力的交流窗口之一。"① 在举办国际杂技艺术节的同时，1992年吴桥县政府与香港国旅合资修建了杂技大世界，集表演、娱乐、度假等功能于一体，已经成为吴桥县主要景点。文化助力京津冀协同发展离不开文化品牌的塑造和成熟的商业运营，吴桥杂技作为京津冀的代表性非遗项目或许能为更多非遗品牌的塑造提供一定经验。

联合举办非遗展是推动京津冀文旅市场一体化的另一重要举措。2016年6月8日至12日，首届京津冀非遗精品联展暨第四届廊坊特色文化博览会在廊坊举行，此后分别在天津、北京、河北廊坊、河北沧州、河北曹妃甸等不同地方举行了京津冀三地非遗联展。京津冀非遗联展截至2023年底已经顺利举办了七届，基本形成了由京津冀三地的文旅部门轮流主办、其他两地配合的惯例。2023年8月18日晚，京津冀甘黔湘非物质文化遗产创新创意大联展暨首届西岸京津冀非遗文化嘉年华在天津市文化中心正式开幕，这次联展融合了京津冀甘黔湘六地非物质文化遗产的精品项目。在以景泰蓝、宫毯、花丝镶嵌、京绣、杨柳青剪纸等高质量非遗展品为代表的市集之外，

---

① 韩京助、曹学珍：《协同保护视角下京津冀非物质文化遗产法制保障研究》，《河北企业》2021年第12期。

还有国风二次元文化、潮玩酷物文化等潮流市集，并首次设置了大学生文创精品专区，展现非遗在当代的创新。在非遗联展期间，专业文艺院团以及非遗传承人还推出京剧、天津曲艺、河北梆子，以及彝族、苗族歌舞等特色精品节目，① 给游客带来难忘体验。京津冀三地非遗项目通过非遗联展平台，促进了三地非遗项目的交流，也为三地文化产业的合作提供了机会和平台。

三 京津冀非遗保护协同发展的困境及改进路径

在京津冀一体化战略的推动下，三地非遗的协同保护工作实现了显著突破，为区域非遗协同保护积累了宝贵经验。但是，我们也不能忽略在非遗保护协同发展过程中遇到的难题和阻碍，这些因素正制约着三地非遗协同保护工作的进一步发展和可持续性。

（一）京津冀非遗保护协同发展现存困境分析

1. 区域发展力量悬殊与地区本位意识较重

我们必须承认，从行政划分到非遗的项目分布，再到政策和制度的保障，京津冀三地之间存在着显著差异，即北京、天津、河北发展实力呈现出逐步减弱趋势。作为国家文化中心的北京，不仅重视非遗的保护，还具备雄厚的物质基础、政策扶持和人才资源，其发展条件明显优于天津和河北。在三地的文化遗产保护与传承方面，北京占据着核心位置，拥有显著优势；而天津和河北则相对处于从属地位，特别是河北作为服务区域的角色定位，加剧了三地在非遗保护协同发展方面的差异。区域发展力量的悬殊也滋生了地区本位意识，造成推动京津冀协同发展过程中地区本位意识较重的情况，进而导致三地协同发展的步伐不一致。随着市场经济的蓬勃发展，民间手工艺、民间文艺活动以及一些具有悠久历史的老字号品牌的价值日益凸显。相

---

① 《天津市第五届西岸哪吒杯京津冀甘黔湘非物质文化遗产创新创意大联展暨首届西岸京津冀非遗文化嘉年华启动》，天津市人民政府网，https://www.tj.gov.cn/sy/zwdt/gqdt/202308/t20230822_6382914.html，最后访问日期：2025 年 3 月 23 日。

比之下，北京和天津作为历史文化名城，在非遗品牌方面积累了丰富经验，具备了独特优势，京津地区的非遗品牌不仅赢得了市场的广泛关注，还成为文化传承和创新的重要载体。因非遗品牌多集中在传统技艺类非遗项目，民间艺术作为非遗品牌的出现仍然相对较少，因此河北在非遗品牌建设方面相对处于劣势。这也表明河北对非遗的整体价值挖掘还不够充分，今后可以加强对民间艺术的关注和支持，推动其成为更具影响力和市场竞争力的非遗品牌。在区域公共文化服务的协同发展中，文化差异和心理上的排斥阻碍了共同文化认同感的建立。各地区以自身文化为核心，对其他地区文化存在一定的排斥倾向。由于区域历史发展的不同，京津冀三地在人才培育和政策体系上存在显著差异，北京和天津展现出了更高的主动性和开放性，而河北则显得较为保守，这种不协调的人才培育和政策制度限制了三地更深层次的合作。

2. 京津冀没有形成统一的非遗法律措施

国家层面关于非遗保护的法律是自 2011 年 6 月起实施的《中华人民共和国非物质文化遗产法》。随后，河北、天津和北京分别制定了《河北省非物质文化遗产条例》、《天津市非物质文化遗产保护条例》和《北京市非物质文化遗产条例》。这些地方性法规的出台，意味着地方非遗保护工作在法律层面取得了重要进展。然而，在京津冀一体化发展的大背景下，三地的非遗项目尚未形成统一的管理机制，这使得它们难以适应该地区非遗项目的独特性和多样化需求，以及在协同保护过程中遇到的实际挑战。特别是对于那些"一种技艺，三地共认"的情况，建立一个统一的协同管理机制显得尤为迫切。2006 年，河北省申报的河北梆子进入第一批国家级非遗名录，之后北京市河北梆子剧团以及天津市河北梆子剧院同样以河北梆子进入 2008 年第二批国家级非遗名录的拓展项目，也就是说，2008 年之后，河北、北京、天津均有"河北梆子"这一非遗项目。三地的河北梆子分别成为国家级非遗项目之后通过加强三地河北梆子剧团的交流与合作才能真正实现河北梆子的传承保护，如开展三地剧团人员的交流学习、合作演出等，这不仅能够促进河北梆子流派、风格等多方面的融合，也能够给当地观众带来更多样

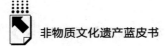
的体验。但因为三地没有形成统一的管理机制，较难实现三地剧团人员的长时段交流学习，加之"以河北梆子为代表的民间文艺存在版权所属不明确的问题"①，也会对河北梆子的区域协同发展产生消极影响。

3. 非遗项目开发路径单一

京津冀三地在非遗利用中，存在开发路径单一的问题，这限制了非遗的创新性发展，也使其难以适应现代社会的多元需求。以唐山皮影戏为例，这种艺术形式在当地历史悠久，根据流传区域的不同也被称为"滦州影"或"乐亭影"，通过驴皮制作的人物剪影来讲述故事。表演时，艺人在影帘后面操纵影人，并采用独特的掐嗓子唱腔讲述故事，配以乐器伴奏。传统的皮影戏演出往往出现在节庆、庙会等特定场合，观众群体也相对固定，但改革开放以来，皮影戏演出的传统场合大大减少，观众群体萎缩，皮影戏艺人因收入骤减而纷纷转行。同时，由于皮影戏的制作和唱腔技艺复杂，传承难度大，许多年轻人对这门艺术望而却步，皮影戏传承面临较大困难。当下唐山皮影的利用基本是通过景区售卖皮影纪念品或请皮影艺人在景区表演，路径较为单一。相较之下，陕西皮影戏的开发路径则显得多样。在政府层面，通过举办皮影戏文化节、建设皮影戏博物馆、推广皮影戏进校园等活动，提高了皮影戏的社会认知度和影响力。在传承人层面更涌现了适合现代社会的创新。如以汪海燕为代表的传承人积极探索皮影戏与现代社会的融合。2017年，汪海燕与爱马仕合作设计品牌门店橱窗，此后，汪氏皮影开展了大量联名合作，使众多国际知名品牌和国内公司、赛事与皮影艺术发生了奇妙碰撞。汪海燕还促成了皮影与二次元的跨界融合，如与《狐妖小红娘》联名制作苏苏，甚至将皮影带进网络游戏中，通过皮影制作游戏人物，让更多年轻人接触到这一艺术，拓宽了皮影戏的市场前景。② 而陕西动漫艺术家王裕民则是将陕西皮影动画搬上了短视频平台，他的作品多次获得国际大奖，向

---

① 张艳奎：《京津冀文化协同发展与非遗保护制度机制创新研究》，《美与时代（城市版）》2016年第6期。

② 王佳祯：《汪海燕：老皮影 焕新生》，陕西新闻网，https：//toutiao.cnwest.com/data/sxtt/share/news/2023/03/03/content_ 2561405.html，最后访问日期：2025年3月13日。

世界展示了这一独具魅力的中国传统艺术。目前其团队发布在抖音等平台上的主题作品有《三英战吕布》《白蛇传》《关公耍大刀》《孙悟空三打白骨精》等。① 陕西皮影戏通过明确市场定位、塑造品牌、跨界合作等方式实现了非遗项目的多元开发，拓展了皮影戏受众群体，取得了良好的传承效果。

（二）京津冀非遗保护协同发展的改进路径

京津冀地区非遗保护的协同发展是区域协同发展战略的关键部分。在区域合作的大框架下，未来三地非遗保护将继续探索三地共享的历史文化资源，寻找多方合作和多样发展途径，以推动三地非遗保护的共同进步。

1. 以空间联动促进文旅融合和非遗保护协同发展

京津冀三地的文化遗产形成了"一轴两带四廊多点"的空间结构，非遗项目也分布于这一空间中。"这种空间结构，以太行山东麓为主轴，以长城遗产带为横向，以大运河遗产带为纵向，以京西古道、居庸关大道、古北口大道、燕山南麓大道四条大道为走廊，其间遍布多个城市点。"② 凭借这一空间格局，三地就能够通过文化旅游带、文化走廊等途径整合资源，促进沿线众多节点的发展，增强沿线非遗的文化展示能力。同时，利用著名城镇、村落来安排相应的服务功能，推动民生进步和经济增长。在三地的空间联动构建中应以文旅业作为产业融合的内核和黏合剂，通过"旅游+其他产业"实现多产业的融合发展。

在推进三地文旅公共服务共建共享方面，北京市政协的建议具有一定可操作性，特别是"搭建智慧文旅平台，加强三地政务、旅游、交通等信息互联互通、资源共享，推动景区联票，打通交通'最后一公里'。加大文旅市场监管力度，健全三地文旅市场信用信息网站和信用监管平台，完善京津

---

① 胡春萌：《王裕民从"闪客"到"皮影动画王"》，中工网，https://new.qq.com/rain/a/20230516A058X200，最后访问日期：2025年3月13日。
② 《京津冀一体化之下如何保护文化遗产》，新浪地产网，http://news.dichan.sina.com.cn/2016/04/28/1191626_all.html，最后访问日期：2025年3月13日。

冀文旅信用管理制度。深化安全应急协调机制，提高三地对危机事件的应急反应速度、反应能力和协调能力，完善应对大规模游客滞留应急预案和处置流程。"① 此外，三地也要注意完善干部人才交流挂职机制，推动人才的交流和流动。

2.确立协同保护管理制度标准推进区域协同保护

京津冀区域协同发展为建立三地非遗的协同保护提供了可能。只有明确各自职责和权限，才能确保合作顺利推行。加强立法工作可以为合作提供法律保障，确保各项措施能够依法实施。京津冀三地在文化协同发展方面具备得天独厚的条件，为了实现三地非遗协同保护，对已公布的国家级、省级、市级非遗名录进行专项规划，明确保护目标、措施和责任，确保各项保护工作有序推行。此外，还可以采用多种方式进行宣传推广，提高公众对非遗的认识和重视程度，增强社会保护非遗的意识。或者通过塑造区域文化品牌，进一步提升三地非遗的知名度和影响力，吸引更多关注和支持，为非遗的传承和发展创造更好的环境。赵书红以河北传统舞蹈类非遗项目为例，提出"需要与京津联合建立多维度的传承方式，才能获得理想的传承效果与更广阔的发展空间。如跨区域开展'非遗'舞蹈传承基地建设，扶持和完善代表性传承人制度，三地协作大力开展'非遗'舞蹈进校园活动，把'非遗'舞蹈纳入三地高校课堂教学体系等，通过多种方式建立长效的人才培养机制"② 等措施。

为了确保非遗项目的有效保护和管理，需要深挖非遗项目之间的内在联系，采取联合行动进行保护。可以依托《中华人民共和国非物质文化遗产法》，进一步制定和出台《京津冀非物质文化遗产保护条例》，通过顶层设计和合理规划将京津冀三地非遗保护明确纳入统一的制度标准，进行更加高效和系统的管理与研究。三地协同保护首先需要转变思想观念，摒弃地方保护主义和文化圈地主义。京津冀区域协同发展需要三地政府达成共识，形成

---

① 北京市政协：《打造京津冀文旅融合精品线路》，《北京观察》2023 年第 8 期。
② 赵书红：《搭乘京津冀协同发展快车，促进河北"非遗"保护全面提速发展》，《文化月刊》2016 年第 Z3 期。

合力，特别关注那些经济相对落后地区的非遗保护和发展工作，以缩小地区间差异。为了实现这一目标，或许可以建立一个共同出资、共同参与、共同利用、共同推广的联合保护研究机制。通过这种机制，三地政府可以共同投入资源，共同开展研究工作，共同分享研究成果，并共同推广非遗的保护成果。

3. 搭建京津冀三地公共服务平台

非遗保护是公共文化服务的一部分，通过搭建京津冀公共服务平台能够有效促进三地非遗保护协同发展。从京津冀协同发展战略实施以来，三地政府不断加大财政投入促进三地公共服务资源的均衡发展。公共服务协同包括教育协同、公共卫生协同、养老服务协同、文旅一体协同等多个方面。在教育协同方面，北京、天津的优质学校通过结对帮扶等形式已经与百余所河北中小学开展合作。在公共卫生方面，京津冀三地推动优质医疗资源共享互通，特别是在雄安新区的建设中北京、天津多家医院落户河北。在文旅一体化方面，京津冀三地通过搭建统一平台推动文化和旅游高质量协同发展。其中，"乐游京津冀一码通"成为亮点，"乐游京津冀一码通"是由京津冀三地旅游协会共同搭建的旅游软件，于2023年4月29日正式上线，微信小程序中也可以使用。上千家文旅企业单位的进驻大大统合了京津冀三地的旅游资源，也为游客提供了便捷服务，"这么近、那么美，周末到河北"的旅游口号深入人心。通过京津冀三地公共服务平台的协同发展，更好地满足人民群众对美好文化生活的需求，推动文化产业的繁荣发展，为区域经济社会的进步提供文化支撑。

公共文化服务为非遗保护提供平台，不仅可以在传统节日、文化遗产日等重大节庆活动中联合举办非遗保护相关活动，也可以尝试以比赛促交流，通过比赛提高民众的参与热情，同时也能让相关从业者、爱好者得到更多的社会关注。将非遗项目与传统节日文化活动进行良好衔接，一方面能够营造节日氛围，另一方面可以提高社会对非遗的认可，拓宽交流渠道，促进非遗项目的活态传承。

在非遗保护促进京津冀文旅融合的基础上，京津冀三地应借助"旅游文化带"形成集群效应。相关文化企业已经在致力于打造一条具有"京津冀非遗游"特色的文化消费路线，以为游客提供深度的文化体验。文化企业通过与京津冀地区的旅行社合作，不仅能够吸引更多的游客前来参观和体验，促进京津冀地区的文化旅游产业发展，还能够进一步推动京津冀地区的非遗保护和传承工作。

4. 促进非遗人才培养和传播

人才是促进三地协同发展的重要力量，要发挥非遗人才的主观能动性。为加强京津冀三地非遗人才的培养，全国人大代表侯湛莹在 2022 年提出了"创新机制，实现京津冀地区传统工艺美术人才可持续、高质量发展"的建议。具体从"加强京津冀地区职业教育协作及高质量发展，为非遗及传统工艺美术行业培养高技能人才""创新校企合作机制，建立"人才孵化"模式，提升校企合作质量""加强对京津冀地区非遗及传统工艺美术从业人员服务保障水平，提升其综合待遇"[①] 等三方面入手促进助力三地工艺美术文化和技艺的传承，以及产业发展。非遗人才同时肩负着沟通政府与民众的桥梁作用，一方面对接民众需要，另一方面促进非遗保护。非遗人才也是非遗创造性转化和创新性发展的主体，他们拥有非遗知识和技艺，能够利用微信、快手、抖音、哔哩哔哩等互联网新媒体进行传播，从而提升某一具体非遗项目的影响力，扩大传播范围。

非遗人才的培养为非遗传播奠定了坚实基础，京津冀三地非遗还可以通过联合建立非遗传承保护基地促进非遗相关人才培养。通过建立非遗保护基地，有组织、有计划、有目标地开展非遗传承实践、展览展示活动，积极探索和实践非遗保护、传承，激发非遗的内在活力，形成良性传承发展。同时可以在深入研究的基础上，通过基地向公众宣传、传播非遗知识和保护成果。非遗基地还可以通过与中小学合作，开设专门课程和组织相关课外活动，进行非遗知识的普及教学，从而增进青少年对非遗的了解和情感，培养

---

① 侯湛莹：《创新机制，实现京津冀地区传统工艺美术人才可持续、高质量发展》，《中国艺术报》电子版，2022 年 3 月 7 日第 7 版。网址：https://www.cflac.org.cn/zgysb/dz/ysb/history/20220307/index.htm? page＝/page_ 7/202203/t20220306_ 585251.htm&pagenum＝7。

一批具有非遗保护传承潜质的后备人才。①

在传统传播方式之外，亦不能忽视以抖音、快手等视频平台为代表的互联网数字化传播。据《2023 中国网络视听发展研究报告》，"截至 2022 年 12 月，我国网络视听用户规模达 10.40 亿，超过即时通信（10.38 亿），成为第一大互联网应用。"② 该报告还指出短视频用户的人均单日使用时长为 168 分钟，远高于其他应用。2019 年初，快手和抖音两大短视频平台分别推出了"非遗带头人计划"和"非遗合伙人计划"，以激励非遗相关内容短视频的创作。两个平台都开通了相应的非遗账户并且吸引了大量非遗传承人入驻，使得用户能通过短视频看到各种与非遗相关的内容：从基础知识介绍，到非遗传承人的生命讲述，再到非遗项目的制作、演出等内容，为展现中国传统之美提供了舞台。即使是一些没有特定传承人的民俗类"非遗"项目如"花会""庙会""游神"等活动，部分参与者通过拍摄短视频介绍活动中蕴含的民俗文化，在抖音、快手等媒体上广受好评，大大提高了普通人对非遗的认知。

四　结语

京津冀地区人文底蕴深厚，非遗资源丰富，三地文化和非遗项目的交融共生是实现区域协同发展的前提。自实施京津冀协同发展战略以来，京津冀三地通过将非遗保护与旅游融合、非遗保护促进区域公共文化服务和非遗保护促进文化产业发展的方式，推进了区域协同发展，但也存在区域发展力量悬殊、未能形成统一的法律规范、非遗项目开发路径单一等问题。将来可以从以下两方面拓宽京津冀三地非遗的融合路径。一方面将京津冀地区的非遗

---

① 王伟利：《京津冀文化协同发展与非遗保护制度机制创新研究》，《文化纵横》2019 年第 1 期。

② 《我国短视频用户超 10 亿人均单日刷短视频超过 2.5 个小时》，《扬子晚报》电子版，2023 年 3 月 30 日第 A6 版。网址：https://epaper.yzwb.net/pc/layout/202303/30/node_ A06. html#content_ 1180373。

资源与旅游新业态结合，如近年来兴起的非遗研学、文化康养等，深入挖掘非遗的内在文化价值进而实现非遗的经济价值。另一方面也要加快促进三地公共文化服务的融合，积极推进三地群众文化活动的交流，让非遗成为民众日常生活中享用的文化。期待将来三地非遗保护在京津冀区域协同国家战略推动下，立足共同区域和历史条件，走面向现代生活、现代都市、现代产业三位一体的发展道路。

B.11
非遗保护与旅游融合热点问题分析

陈 熙[*]

摘 要: 非遗与旅游融合是历史发展的产物,更是制度性的国家发展战略和发展方向。自文化与旅游两部门合并开始,非遗与旅游的融合得到强化。从单方面将非遗作为资源进行旅游产品的开发,到"以文促旅以旅彰文"理念下非遗保护与旅游相互成就的融合,各级相关政府单位出台了一系列政策和办法,在实践中不断积累经验,促进二者深度融合。2023 年,文旅单位在短视频自媒体推广文旅资源方面积极作为,出现了现象级网红文旅 IP,甚至一些往昔较为冷门的文化景点也出圈,游客量大增。文旅单位和领导正在立网红 IP 的道路上实现从管理到服务的职能转变。需要注意的是,融合并非简单的事项叠加,而是各利益主体之间协商互惠的结果。只有这样,非遗与旅游融合才可持续发展。

关键词: 非遗与旅游 融合 文旅网红 IP 利益相关者

2023 年,博物馆、非遗研学等成为我国热点消费潮流;因"村 BA"出圈的贵州榕江积极利用丰富的非遗资源带动当地旅游经济,成为地方消费热点 IP;山东淄博烧烤出圈成为网红城市,带动文旅消费;哈尔滨"花式宠客",鄂伦春人牵驯鹿游街,冰雪游火出圈。[①] 这些现象与国家推进非遗保

---

* 陈熙,法学博士(民俗学),中山大学中国非物质文化遗产研究中心研究人员,研究方向为非物质文化遗产学、戏曲民俗。

① 人民网研究院,《2023 年度消费热点观察报告》,人民网,http://yjy.people.com.cn/GB/458508/index.html,最后访问日期:2024 年 3 月 20 日。

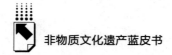
护与旅游融合密不可分，是历史发展的产物，更是制度性的国家发展战略和
发展方向。

一 国家战略部署中的非遗保护与旅游融合

（一）国家政策的演进

2009 年文化部和国家旅游局共同颁布了《关于促进文化与旅游结合发
展的指导意见》，肯定此前几年"文化、旅游相互融合、相互促进，取得了
一定的经济效益和良好的社会效益"，同时指出还应"在新形势下促进文化
与旅游深度结合……推动社会主义文化大发展大繁荣"，具体措施包括"利
用非物质文化遗产资源优势，开发文化旅游产品。"①

2017 年 2 月，国家发展改革委和国土、住房城乡建设、文化、新闻出
版广电、林业、旅游、文物等部门研究制定了《"十三五"时期文化旅游提
升工程实施方案》，要求"把遗产与改善民生结合起来，保持真实性、完整
性和当地生产生活的延续性"，提出"支持具备与旅游开发、生产经营、展
示利用等进行有效结合的保护传承项目，探索非物质文化遗产活态保护的方
式和途径"。② 同年 5 月，《国家"十三五"时期文化发展改革规划纲要》
明确提出要"发展文化旅游，扩大休闲娱乐消费"。③

2018 年 3 月 21 日，国务院机构改革，"统筹文化事业、文化产业发展
和旅游资源开发，提高国家文化软实力和中华文化影响力，将文化部、国家

---

① 《文化部　国家旅游局关于促进文化与旅游结合发展的指导意见》，中国政府网：https：//
www. gov. cn/zwgk/2009－09/15/content＿1418269. htm？eqid＝8a9bcc49000620c7000000046461b114，
访问日期：2024 年 3 月 20 日。

② 《关于印发〈"十三五"时期文化旅游提升工程实施方案〉的通知》，国家发展改委网站，
https：//www. ndrc. gov. cn/fzggw/jgsj/shs/sjdt/201703/t20170307＿1121819. html，访问日期：
2024 年 3 月 20 日。

③ 《中共中央办公厅　国务院办公厅印发〈国家"十三五"时期文化发展改革规划纲要〉》，
中国政府网，https：//www. ndrc. gov. cn/xxgk/zcfb/tz/201703/t20170307＿962923. html，访
问日期：2024 年 3 月 20 日。

　　从上述政策颁布时间、颁布主体和关涉的单位可以看出，非遗保护与旅游融合工作不是简单的叠加，而是国家多部门分工协作、共同推进，涉及社会文化经济发展方方面面的整体性、战略性融合工作。更高目标是推动经济社会可持续发展、更好满足人民日益增长的精神文化需求，造福人民。

　　各省市政府的非遗保护与旅游融合进程和国家层面的推进基本同频，而不同省市因非遗资源的不同、经济发展水平的差异以及旅游发展情况的差别，融合情况不尽相同，但方向一致。

（二）各级政府积极推动非遗保护与旅游融合

　　各省市地区根据地方实际情况相继公布了相关地方政策。例如浙江省文旅厅于 2022 年底印发了《关于推进文化和旅游产业深度融合高质量发展的实施意见》，"促进产业融合升级"任务之一是将非遗纳入旅游线路。① 2023 年，2 月 15 日，浙江省政府办公厅发布了《浙江省文旅深度融合工程实施方案（2023~2027 年）》，包含"培育 300 个非遗体验点、200 个非遗特色镇和民俗文化村"等计划。②

　　2023 年 9 月，江苏省文旅厅出台了《关于推进非物质文化遗产与旅游深度融合发展的实施意见》，明确"挖掘不同门类非遗蕴藏的价值与内涵，找准非遗与旅游融合发展的契合处、联络点，建立并向社会公布非遗与旅游融合发展推荐项目。推动地方民俗文化与传统节日有机结合。支持各地在景区景点举办节庆赛事活动，依托民俗类特色非遗项目，让游客体验当地风土人情。支持地方戏曲项目进入旅游场所开展演出活动，扩大非遗社会影响力。支持省级非遗创意基地、非遗旅游体验基地以及无限定空间非遗进景区示范项目与旅游景区加强合作交流，积极开发非遗文创产品，丰富旅游商品内涵"。③

---

① 《关于推进文化和旅游产业深度融合高质量发展的实施意见》，浙江文旅政府微信公众号，发布日期：2022 年 12 月 6 日，访问日期：2024 年 4 月 3 日。
② 《全文来了！浙江省文旅深度融合工程实施方案（2023~2027 年）》，浙江文旅政府微信公众号，发布日期：2023 年 2 月 15 日，访问日期：2024 年 4 月 3 日。
③ 《江苏推进非遗与旅游深度融合》，中共江苏省委新闻网，http：//www.zgjssw.gov.cn/yaowen/202309/t20230908_ 8077788.shtml，访问日期：2024 年 4 月 1 日。

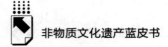

同时也从加强组织领导、健全工作机制、做好总结评估三方面提出了保障措施和监督管理机制。①

广东省在2020~2022年加快推进文化和旅游融合发展的三年行动计划中已开始推动非遗与旅游资源的对接，打造广东非遗周、非遗旅游线路。② 广州市出台了时间跨度从2022~2035年的《广州市关于进一步加强非物质文化遗产保护工作的实施方案》，明确将非遗保护工作纳入政府考核评价体系，还提出要推动非遗"五在"工程、实施跨界融合，同时将非遗进景区、进博物馆、进校园、进商场、进社区提升到新阶段，实现非遗在景区、在博物馆、在校园、在商场、在社区，厚植非遗传承土壤。③ 2023年5月，河南郑州市文旅局公布了《黄河流域（郑州段）非物质文化遗产保护传承弘扬规划》，对"非遗与旅游深度融合发展"做出具体计划。④

2023年10月，由人力资源和社会保障部、农业农村部等单位共同主办的"全国劳务协作暨劳务品牌发展大会"在宁夏银川举行。文化旅游类劳务品牌位列其中。展会上的"西吉绣女"就是国家级非遗代表作宁夏刺绣的劳务品牌，已带动就业2000余人，累计创造经济效益1800万元。⑤ 2024年1月，江苏省人力资源和社会保障厅公布了该省2023年度省级劳务品牌55个，包括徐州汴塘煎饼美食人、常州长荡湖蟹师傅、苏州藏书羊肉制作

① 《江苏〈关于推进非物质文化遗产与旅游深度融合发展的实施意见〉正式印发》，中国非物质文化遗产网，https：//www. ihchina. cn/art/detail/id/27898. html，最后访问日期：2024年4月1日。

② 《中共广东省委宣传部 省文化和旅游厅关于印发〈广东省加快推进文化和旅游融合发展三年行动计划（2020~2022年）〉与〈广东省关于进一步提升革命老区和原中央苏区公共文化服务水平三年行动计划（2020~2022年）〉的通知》，广东省文旅厅网站，https：//whly. gd. gov. cn/open_ newjcgk/content/post_ 2890140. html，访问日期：2024年4月1日。

③ 《广州出台加强非遗保护新方案 各区要设不少于1000平方米综合性非遗集中展示场所》，广东省人民政府网，https：//www. gd. gov. cn/gdywdt/dsdt/content/post_ 3929477. html，访问日期：2024年4月1日。

④ 《黄河流域（郑州段）非物质文化遗产保护传承弘扬规划》，郑州市文旅网，https：//public. zhengzhou. gov. cn/D280805X/7448716. jhtml，访问日期，2024年3月20日。

⑤ 马照刚：《宁夏6大劳务品牌亮相全国劳务协作暨劳务品牌发展大会服务展》，宁夏日报客户端，https：//www. nxrb. cn/nxrb/template/displayTemplate/news/newsDetail/8297/8068973. html，访问日期，2024年4月3日。

技艺艺师、扬州仪征绿杨春茶农等 11 个文化旅游类劳务品牌。[①] 以苏州藏书羊肉制作技艺艺师品牌为例，江苏、上海、浙江等地已有藏书羊肉店1700 多家，从业人员 7000 余人。[②]

二　非遗保护与旅游融合的实践概况

在非遗整体性保护和全域旅游指导思想的引导下，各省市县已经做过大量非遗的保护性旅游开发，以"非遗+节庆"、"非遗+研学"、"非遗+民宿"、"非遗+文创"和"非遗+演艺"等形式出现。

前期经验为非遗与旅游融合奠定了基础，取得了初步的成绩。例如大运河文化旅游博览会、大运河非遗旅游大会的持续举办、大运河沿线非遗旅游的持续布设；[③] 再如江苏省于 2022 年、2023 年相继公布了第一、第二批"无限定空间非遗进景区"示范项目名单，作为"江苏经验"收获好评。[④]其他有规律在做的项目还有成都国际非遗博览园、中国成都国际非遗节、广州塔"岭南之窗"、绍兴非遗客厅、"扬州486"非遗集聚区等，都已产生较好的社会影响力。推进非遗与旅游的深度融合正合时机。

（一）文旅单位推进非遗旅游深度融合实践概述

政府及相关机构的工作主要体现在积极落实国家相关政策并以此为原则

---

① 《全省第一！苏州 8 个品牌成功入选"2023 年度省级劳务品牌"》，苏州市人力资源和社会保障局网，https：//hrss. suzhou. gov. cn/jsszhrss/zxdt/202401/a7a39044ea8748dbb3f21471dee10923. shtml，访问日期：2024 年 4 月 3 日。

② 《擦亮劳务品牌　带动增收致富　江苏评出 55 个省级劳务品牌》，新华报业网，https：//www. xhby. net/content/s65e7d683e4b05f85c7ec3a89. html，访问日期：2024 年 4 月 3 日。

③ 参见《泱泱运河流淌千年文脉　看齐鲁黄金水道非遗璀璨》，汶上县人民政府网，http：//www. wenshang. gov. cn/art/2023/10/24/art_ 72506_ 2762904. html，访问日期：2024 年 4 月 5 日；《东平县：讲好大运河里的非遗故事》，大众日报百家号，https：//baijiahao. baidu. com/s？id=1772073094146783919&wfr=spider&for=pc，访问日期：2024 年 4 月 5 日。

④ 《江苏〈关于推进非物质文化遗产与旅游深度融合发展的实施意见〉正式印发》，中国非物质文化遗产网，https：//www. ihchina. cn/art/detail/id/27898. html，最后访问日期：2024 年 4 月 1 日。

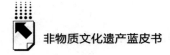

制定适应当地的地方政策和工作任务，推进非遗与旅游的深度融合。各项任务有侧重的同时也交错叠加。

1. 开发非遗主题或特色旅游线路

文化和旅游部于 2023 年推出了 10 条长江主题国家级旅游线路，"以文化场景化、场景主题化、主题线路化"为思路，串点成线，设计了包括"长江文明溯源之旅""长江乡村振兴之旅""长江非遗体验之旅"等 10 条主题线路，塑造长江国际黄金旅游带的整体形象。①

云南省文旅厅于 2020 年推出了 10 条主题鲜明的非遗主题旅游线路，既有非遗与旅游空间的衔接，也有与各级文化生态保护区的结合，并在沿途提供具有地方特色的非遗体验项目和非遗商品。2023 年 9 月，云南省文旅厅、云南省红河哈尼族彝族自治州政府、中国旅游报社等单位在红河州元阳县哈尼小镇公布展示了 20 条"2022 全国非遗特色旅游线路"，云南"大理苍洱毓秀非遗之美体验游"榜上有名。中国旅游报将红河州作为全国"非遗与旅游融合发展观察基地"之一。②

2023 年 12 月底，山东省文旅厅评选出了"博山陶琉非遗特色旅游线路"等 17 条山东省非遗特色旅游线路，并且认定了"淄博市陶琉国艺馆"等 13 个山东省非遗旅游体验基地。③ 以博山陶琉线路为例，它包括：爱美琉璃非遗工坊（琉璃烧制现场体验）→陶瓷琉璃艺术中心（4A 级景区、琉璃艺术品展示、住宿餐饮、伴手礼选购）→颜神古镇（非遗旅游点，内有 44 个非遗项目入驻，包含非遗街区、体验基地、非遗工作室等）→雨点釉研究所（现场拉坯，伴手礼购买）→金祥琉璃非遗传习所（琉璃烧制全环节观摩、研学旅游、古今琉璃博物馆）→康乾琉璃博物馆（鸡油黄琉璃博

---

① 《文化和旅游部推出 10 条长江主题国家级旅游线路》，环球网：https：//go. huanqiu. com/article/4CmOHdt4ld9，最后访问日期：2024 年 4 月 2 日。

② 《20 条！全国非遗特色旅游线路发布》，云南文旅厅网，https：//dct. yn. gov. cn/html/2309/25_ 31526. shtml，访问时间：2024 年 4 月 2 日。

③ 《山东省文化和旅游厅关于公布山东省非遗特色旅游线路和非遗旅游体验基地的通知》，山东省文旅厅网，http：//whhly. shandong. gov. cn/art/2023/12/29/art_ 100579_ 10333978. html，访问时间：2024 年 4 月 2 日。

物馆）→老颜神美食古街（传统博山美食小吃、糕点伴手礼）→金益德非遗观光工厂（非遗工厂、方言文化体验、糕点伴手礼）。① 同年，江苏宿迁市也公布了首批非遗旅游体验基地名单，沭阳县文化馆、筑梦小镇、袁家村等 10 家单位入选。②

同年安徽省文旅厅发布了具有地方特色的"安徽非遗主题旅游十大精品线路"③；山西省发布了具有代表性、可操作性、舒适休闲性和互动参与性兼具的 10 条非遗旅游主题线路;④ 内蒙古自治区文旅厅推出了 12 条非遗特色精品旅游线路，让国内外游客在饱览草原风光的同时享受非遗文化的熏陶。自治区各盟市也开发出 24 条非遗旅游路线。⑤

2. 非遗旅游空间的建设与功能融合

各省根据地方特色逐渐展开非遗旅游空间建设与功能融合的工作。例如江苏省《关于推进非物质文化遗产与旅游深度融合发展的实施意见》鼓励用好大中小型戏曲园，面向游客开展传统戏剧、传统音乐、舞蹈、曲艺类非遗项目的展演、教学和培训等活动；探索非遗曲艺书场建设标准和扶持政策；支持省级非遗创意基地、非遗旅游体验基地以及无限定空间非遗进景区省级示范项目与旅游景区加强合作；鼓励在旅游景区、休闲街区、乡村旅游重点村镇、文化生态保护实验区等空间场所建立非遗工坊、展示馆（厅）、传承人体验所（点）和传承人工作室。⑥

---

① 丁兆云：《淄博市新增省级非遗特色旅游线路和非遗旅游体验基地》，淄博会展网，https：//boftec. zibo. gov. cn/cec/news/detail？newsid＝1339，访问时间：2024 年 4 月 2 日。

② 《宿迁市公布首批非遗旅游体验基地名单》，江苏省文旅厅网，https：//wlt. jiangsu. gov. cn/art/2023/8/18/art_ 695_ 10988666. html，访问时间：2024 年 4 月 25 日。

③ 《安徽省文化和旅游厅关于发布"安徽非遗主题旅游十大精品线路"的公告》，安徽文旅厅网，https：//ct. ah. gov. cn/zwxw/tzgg/8773491. html，最后访问日期：2024 年 4 月 25 日。

④ 《山西发布 10 条非遗旅游主题线路》，文化和旅游部网，https：//www. mct. gov. cn/preview/whzx/qgwhxxlb/sx/202306/t20230613_ 944448. htm，最后访问日期：2024 年 4 月 25 日。

⑤ 阿勒得尔图、王慧：《十二条旅游线路尽现内蒙古非遗风采》，文化和旅游部，https：//www. mct. gov. cn/preview/whzx/qgwhxxlb/nmg/202305/t20230519_ 943880. htm，访问时间：2024 年 4 月 25 日。

⑥ 《推进非物质文化遗产与旅游深度融合发展，看看江苏怎么做？》，江南时报百度号，https：//baijiahao. baidu. com/s？id＝1776285772298990500&wfr＝spider&for＝pc，最后访问日期：2024 年 4 月 25 日。

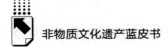

贵州省于 2023 年 8 月印发了《贵州省非遗旅游体验空间认定与管理办法（试行）的通知》，对非遗旅游体验空间开展的体验活动进行了界定，支持认定的空间纳入贵州省旅游线路、非遗研学线路推广。① 贵州丹寨县的万达小镇被认为是非遗文化旅游空间的典例，不仅推进了非遗与旅游融合，而且起到了助力乡村振兴的作用。在丹寨，每年都会举办中国丹寨非遗周，不仅吸引了大量游客，还吸引了附近卡拉银匠村积极与之合作——项目联建、活动联办、路线联通、宣传联营，二者都已是国内知名的网红旅游胜地。银匠村还被誉为集合丹寨县非遗项目的创新高地。②

江西省崇义县作为该省全域旅游示范区，建成了 8 所非遗传习所、1 个非遗传播基地和 2 个非遗技艺工坊，积极将非遗融入景区、街区、乡村和民宿。③ 婺源县全县 4A 级以上景区均有非遗项目、传承人常驻展示，游客在旅游观光的同时能感受到浓厚的非遗文化。④

在四川省文化和旅游发展大会上，崇州市、绵阳市安州区、射洪市、南充市高坪区、兴文县、万源市、雅安市名山区、理塘县获正式授

---

① 《贵州省文化和旅游厅关于印发〈贵州省非遗旅游体验空间认定与管理办法（试行）〉的通知》，贵州省人民政府网。http://www.guizhou.gov.cn/zwgk/zdlygk/jjgzlfz/whly/whzc/202308/t20230817_81822910.html，最后访问日期：2024 年 4 月 25 日。

② 参见《5 年旅游营收超 247 亿元，丹寨万达小镇成为振兴乡村新典范》，爱企查网，https://aiqicha.baidu.com/yuqing? yuqingId = 03d3fb3115ce9e05c4a8c7e35b5e4ba0&type = report；《第三届中国丹寨非遗周｜丹寨：盛装巡演展非遗 载歌载舞迎客来》，天眼新闻，https://baijiahao.baidu.com/s? id = 1772455875503784857&wfr = spider&for = pc；《丹寨县 2023 年国民经济和社会发展计划执行情况与 2024 年国民经济和社会发展计划草案报告》，丹寨县人民政府网，https://www.qdndz.gov.cn/zwgk/zdlygk/fzgh/ghjh/202403/t20240308_83900656.html；熊茜雯：《丹寨县"三个结合"打造卡拉非遗银匠村》，多彩贵州网，https://baijiahao.baidu.com/s? id = 1777383121009812611&wfr = spider&for = pc；陆青剑：《一个"村中村"的非遗出圈记》，新华网贵州频道，http://www.gz.xinhuanet.com/20230817/7f309e7b8 a964f01bcb32730ad171fbe/c.html，访问日期：2024 年 4 月 25 日。

③ 《崇义"非遗+旅游"让文旅更出圈》，崇义县人民政府网，http://www.chongyi.gov.cn/cyxxxgk/cy10074/202306/e8e244043c3d4a978db99e26735a1cde.shtml，访问日期：2024 年 4 月 2 日。

④ 《非遗进景区"景"上更添花我省推行"非遗+旅游"深度融合吸睛指数越来越高》，崇义县人民政府网，http://www.chongyi.gov.cn/cyxxxgk/cy8905/202207/b432d43009d14 ad1a27 b3843476c8c4f.shtml，访问日期：2024 年 4 月 2 日。

牌，成为第五批天府旅游名县，将非遗体验、乡村旅游等作为宣传的重点。①

3. 打造非遗旅游节

广东东莞自 2022 年起开始举办"江湖山海"非遗系列活动，打造特色龙舟月、采香节、麒麟节和腊味节，串联优质非遗资源，推进全市文旅融合。2023 年，联动全市 33 个镇街园区，通过全市范围征集相关非遗资源，举办了如下节庆活动："潮涌东江"2023 东莞龙舟月，水乡各镇举办龙舟邀请赛、游龙趁景、端午节庆活动，通过整合水乡人文资源和自然资源，建设水乡文化生态圈；"最是女儿香"2023 东莞采香节，举办小雪采香日、沉香博览会等活动，通过整合莞香文化资源与产业资源，构建"松湖文化生态圈"；第七届东莞凤岗客侨文化节，举办广东省民歌会、省麒麟舞邀请赛、省客家新民歌大赛、东莞市青少年龙狮麒麟大赛、东莞市客家山歌大赛等系列非遗活动，通过整合客侨人文资源与文旅资源，构筑东莞"山区文化生态圈"；2023 岭南开腊日暨腊味嘉年华、腊味行业论坛、"最受百姓欢迎腊味品牌"评选等非遗品牌系列活动，通过整合疍家人文资源与非遗品牌资源，努力打造"海洋文化生态圈"。②

4. 非遗与旅游融合培训活动

有关非遗与旅游融合的培训进一步将相关主体都纳入双向培训中。

2023 年 7 月山西省文旅厅在晋城举办了全省非遗与旅游融合专题培训班。参会人员为来自省文旅厅、非遗研究院以及 11 个市文旅局的非遗工作人员代表。培训班课程内容为：非遗的活化利用、非遗与旅游融合理论与实

---

① 《第五批天府旅游名县来了》，四川省人民政府网，https：//www.sc.gov.cn/10462/10749/10750/2023/9/28/0555138a8e4d4bd380ab30b2346b2ba4.shtml，访问日期：2024 年 4 月 2 日。

② 参见《东莞这 200+活动，一整年都玩不够》，澎湃新闻百家号，https：//m.thepaper.cn/baijiahao_17989938；《2022 年东莞"江湖山海"非遗系列活动——16 条文旅体验路线话你知》，网易，https：//www.163.com/dy/article/H8MJ91OF05148OSJ.html；《2023 年东莞"江湖山海"非遗系列活动暨第七届客侨文化节启动》，羊城派百家号，https：//baijiahao.baidu.com/s？id=1764165210596844303&wfr=spider&for=pc，访问日期：2024 年 4 月 6 日。

践探索、江苏省"无限定空间非遗进景区"案例分享等。① 10 月 23 日至 27 日，由文化和旅游部非遗司主办、重庆市文旅发展委员会承办的非遗与旅游融合发展培训班在重庆开班。参会人员为来自 31 个省（区、市）文旅厅（局）、新疆生产建设兵团文化体育广电和旅游局以及部分景区的代表。会议旨在进一步增强非遗保护工作者、旅游行业从业人员推动非遗与旅游融合发展工作的意识和能力，提升非遗系统性保护水平、促进旅游业高质量发展。② 11 月，西宁市文旅广电局主办了为期一周的非遗与旅游深度融合发展培训班，参会人员来自西宁市五区两县文体旅游局、文化馆和西宁市部分乡村旅游景点。本次培训班让参训的非遗工作管理者、工作者、传承人和旅游从业者从管理思维、工作思路和传承融合发展路径等多维度进行体验和感知。③

（二）其他社会主体积极参与非遗保护与旅游融合实践

对于非遗保护与旅游融合，越来越多旅游企业表现出积极的态度。新冠疫情前，携程、去哪儿网、途牛旅游、马蜂窝平台、驴妈妈旅游网等旅企已经注意到，非遗日益受到大众的认可和追捧，非遗旅游持续走热，年轻游客对非遗的关注度也在不断提高。他们认同非遗能增加旅游产品的文化内涵，让产品更多样化和个性化，二者相互补充。这些旅企都在尝试设计出售相应的非遗旅游线路、旅游产品。④

社会个体的实践参与浮出水面。例如，程颢发起和组织的、由 8 对父母组成的"父子壮游大运河"研学项目邀请了城市文化名人、非遗传承人合作，挑选出京杭大运河沿线的一些自然景观和人文景点，设计出高质量的带

---

① 《我省举办非遗与旅游融合专题培训班》，山西省文旅厅网，http：//wlt. shanxi. gov. cn/xwzx/wlxx/202307/t20230731_ 9034469. shtml，访问日期：2024 年 4 月 2 日。

② 《非遗与旅游融合发展培训班重庆开班》，中国文旅部网，https：//www. mct. gov. cn/preview/whzx/qgwhxxlb/cq/202310/t20231027_ 949369. htm，访问日期：2024 年 4 月 2 日。

③ 《非遗与旅游融合发展培训班在西宁开班》，青海文旅网，http：//whlyt. qinghai. gov. cn/dffc/20268. html，访问日期：2024 年 4 月 2 日。

④ 张宇：《非遗线路开发 融合是关键》，《中国旅游报》2019 年 7 月 9 日 A1 版。

有探究性质的旅程：从杭州京杭大运河博物馆出发，行经苏州、扬州、曲阜、泰安等城市，终点为北京。他们问道龙井茶文化、了解丝绸制作技艺、动手缫丝、体验雕版印刷、学做扬州炒饭、参与祭孔仪式、探访通州的汉代路县古城遗址、最后结营于长城。2023 年，该项目招募到了 100 人。①

社会基金相继流入非遗与旅游融合的相关事业。

中国非遗基金是全球首只针对中国非遗保护的开放式基金，已用于武汉"非遗小镇""非遗学院""云旅游客厅"等系列项目建设。该基金明确提出，通过切割、整合非遗元素，嫁接到旅游的各个环节，将传统非遗融入旅游产业中，以非遗公司为平台，与传承人、投资机构、文化机构、金融机构建立全方位的合作体系，在非遗产品创新的研发、生产、销售等环节合理分工，密切合作，实现双赢互利，促进非遗保护、传承有机统一和可持续发展。②

陕西华夏文化艺术发展基金会是陕西首家非遗创新发展基金会和专业委员会。在非遗旅游方面，该基金会与其他相关单位将各地代表性非遗项目进行旅游线路串联，增加游客在传统旅游中的文化体验，同时开发非遗文创产品、非遗集市和景区中的非遗项目体验。③

由深圳市青苔旅行社有限公司发起的深圳市社会公益基金会·青苔非遗公益基金用于支持构筑"中国非遗拼图"项目，如建立非遗工作坊、非遗

---

① 参考《"父子壮游大运河"活动圆满收官：传承千年文化　砥砺成长心智》，国际在线百家号，https：//baijiahao. baidu. com/s？id = 1607415071653757178&wfr = spider&for = pc，简宏妮：《与父亲一道研学》，新华社客户端百家号，https：//baijiahao. baidu. com/s？id = 17761593872 29665851&wfr＝spider&for＝pc，访问日期：2024 年 4 月 5 日。

② 参见《全球首只针对中国非物质文化遗产的开放式基金》，百度百科，https：// baike. baidu. com/item/%E4%B8%AD%E5%9B%BD%E9%9D%9E%E9%81%97%E5%9F% BA%E9%87%91/19929115？fr＝ge_ ala；《全球首只非遗保护专项基金在香港正式发行》，文化和旅游部网，https：//www. mct. gov. cn/whzx/qgwhxxlb/hb_ 7730/201607/t20160725_ 803400. htm，访问日期：2024 年 4 月 20 日。

③ 《陕西省首创非遗创新发展基金昨日成立》，凤凰网，https：//sn. ifeng. com/a/20190411/7360474_ 0. shtml？_ share＝sina&tp＝1487606400000，访问日期：2024 年 4 月 20 日。

研学基地、非遗手工艺品活化等。①

与上述基金（会）不同，"十八数藏"公司是一家专业的一站式数字藏品电商平台，在 2023 年成立了"'新生'非遗传承专项基金"，声称在打造优质非遗典型的同时，以在地"非遗工坊"为基础，设立非遗体验、研学基地，邀请在地非遗传承人、平台进行合作，开展系列活动。②

三　短视频等新媒体③促进非遗旅游融合发展

（一）文旅单位、干部立文旅网红 IP

2023 年，从山东淄博烧烤出圈、带动地方文旅消费，到春节前后哈尔滨冰雪游火出圈、英歌舞短视频播放量达 45 亿次，不仅是国内文化旅游升温的表现，更是各地文旅单位积极利用新媒体助推非遗等文化内容与旅游融合的正向结果。

从外部看，2023 年各地文旅单位和文旅局局长"卷"了起来。截至 2024 年 4 月，抖音话题中，"抖音上的文旅局长"播放量 2 亿余次，"文旅局长们卷起来了"的播放量 13 亿余次，"文旅局长说文旅"的播放量 3 亿余次。以火爆出圈的四川甘孜州文旅局局长刘洪的视频号为例，2022 年发出的两条有关彝族火把节的视频点赞分别为 20 万次和 30 万次以上，一条在藏彝走廊采茶的视频点赞达 100 余万次、评论 3 万多条。2023 年一条高原丝路文化走廊丹霞小镇的视频点赞超过 25 万次，评论超过 1.5 万条；参加第八届中国成都国际非遗节推广甘孜非遗的视频点赞超过 2.5 万次，评论近千条。

---

① 参见深圳市社会公益基金会网站之"文化艺术基金"栏简介，http://jijin.szscf.org.cn/projects-17-80-125.html，访问日期：2024 年 4 月 20 日。

② 《助力非遗可持续发展，十八数藏成立"新生"非遗传承专项基金》，中国日报中文网，https://ex.chinadaily.com.cn/exchange/partners/82/rss/channel/cn/columns/6ldgif/stories/WS6497d63ba310ba94c5613487.html，访问日期：2024 年 4 月 20 日。

③ 本报告所涉及的新媒体及新媒体案例主要以抖音平台为例。

刘洪局长的爆火和出圈有偶然性，也有必然性。2020 年底，因邀请现象级网红丁真拍摄为家乡代言的视频，刘洪被网友发现并被要求"看局长的世界"；次年，被网友称为"最帅文旅局长"的他又因为保护丁真而冲上话题热搜。面对巨大的流量，不想凑热闹的刘洪被州领导推了出来，"这个网红，你必须当"。接受任务后，刘洪和同事策划和推出的每个视频和话题都旨在用心宣传甘孜魅力，吸引游客，给当地老百姓带来收入。为提高效率，他们总是先拟定拍摄主题和大致日程，出差走到哪个县市，工作之余见缝插针地拍摄视频。[①] 刘洪不仅会抽空回复粉丝留言，还会积极处理粉丝反馈的问题——比如与当地交警沟通交通保障问题、解决旅游地物价问题。[②] 2023 年他在甘孜州跑了 7 万公里，足迹遍及全州 18 个县（市）。这一年，甘孜州游客接待量首次突破 4000 万人次，实现旅游综合收入 452.63 亿元，创历史最高水平。[③]

刘洪局长的走红和甘孜州文旅事业的发展引发全国文旅单位的关注和学习。湖北随州文旅局局长解伟发现，请大 V 网红宣传当地文旅不仅成本高，而且效果不尽如人意，于是效仿刘洪局长开启抖音号"解局长带你游随州"，凭武侠扮相宣传随州文化旅游，一炮走红网络。"哪游客多，我就去哪推荐家乡"是解伟宣传工作的指导思想。哈尔滨爆红，他就到哈尔滨中央大街跳"科目三"，在街头向游客展示青铜编钟模型，到饭店炒随州菜给游客品尝。不出差，他也拍摄本地文化旅游资源视频，例如采茶制茶体验游的视频获点赞 1.2 万次，评论 1400 多条。面对流量，解伟认为，做文旅不是出风头，但一定要抢风口（如自媒体短视频），否则难以做好宣传营销，终究会被市场淘汰。2023 年，随州市旅游收入比前一年增长了 30%，以炎帝神农故里景区为例，半年就完成了全年的旅游业绩目标。这一年，解伟因

---

① 参见《"出圈"刘洪：为甘孜文旅"打 call"的人》，新华社百家号，https：//baijiahao. baidu. com/s？id=1795744225549971458&wfr=spider&for=pc，访问日期：2024 年 5 月 1 日。
② 参见刘洪的抖音短视频内容。
③ 参见《"出圈"刘洪：为甘孜文旅"打 call"的人》，新华社百家号，https：//baijiahao. baidu. com/s？id=1795744225549971458&wfr=spider&for=pc，访问日期：2024 年 5 月 1 日。

工作缘故到访了哈尔滨、成都、西安、淄博和青岛，每到一处都将自己代入一个普通游客的角色去思考：离家旅游，我需要哪些服务，需要满足哪些诉求，不同城市到底应该怎样做。最后他的总结是，好的旅游城市具备一个共同点：上下同欲者胜。同时，解伟认识到，游客的认同就是地方文旅成功的表现，游客会做出实际选择支持你。①

除了以干部个人为主导的网红 IP，以单位为主导的流量 IP 也竞相出现。2024 年 1 月 9 日，因为抖音博主"朱之窝"发视频质疑"整个河南一亿人，河南文旅抖音账号仅 15.6 万粉丝一起喊话河南文旅局@河南省文化和旅游厅，河南文旅，你到底中不中！实在不行就找个 00 后运营账号，拜托咱赶紧出招吧。"引发网友火热关注。"河南省文化和旅游厅"官方抖音号迅速回应，主打"听劝+不服输"，一天发布 24 条视频，晒文旅家底。各大景区也齐齐发力，晒文化、美食、美景等内容。短短几天时间，河南文旅厅抖音号涨粉到近 200 万。截至 1 月 14 日，全网河南文旅相关话题总浏览量超 27.05 亿次。暴涨粉丝后，河南文旅部门清醒意识到，必须在旅游体验和服务上"放大招"，实施了一系列诚意热情的措施，吸引全国游客纷至沓来。② 3 月 26 日，河南"全省文化和旅游系统新媒体传播能力提升推进会"在郑州举行。"省域联动""积极回应网友关切""协调网红和明星代言""加强区域合作"等举措得到肯定和推行。③

目前，通过抖音短视频进入人们视野的文旅领导和文旅单位越来越多，例如山东、山西、河北、甘肃、天水文旅等。这种转变正在吸引越来越多的粉丝和游客。

---

① 叶珠峰：《最先"丑"出圈的文旅局长，还在"抢风口"》，中国新闻周刊搜狐号，https://www.sohu.com/a/757207215_ 220095，访问日期：2024 年 5 月 1 日。

② 温小娟：《复盘"河南文旅"火爆出圈，三大"秘籍"在这里》，大河网百家号，https://baijiahao.baidu.com/s? id=1788358472108891847&wfr=spider&for=pc，访问日期：2024 年 5 月 1 日。

③ 《全省文化和旅游系统新媒体传播能力提升推进会明确下步宣传推广工作重点》，河南省文化和旅游厅百家号，https://baijiahao.baidu.com/s? id=1794736786435627575&wfr=spider&for=pc，最后访问日期：2024 年 5 月 1 日。

（二）其他个人网红短视频助阵非遗旅游

根据《2023 抖音旅游行业白皮书》，截至 2023 年 3 月 31 日，抖音旅游达人超 3.8 万人，同比增长 30%。[①] 除上述文旅局局长外，更多来自不同背景的个人因各种原因成为文化旅游达人，通过短视频吸引巨大流量，助推非遗旅游的发展。

首先，有社会影响力的名人敏锐觉察到文旅融合的发展前景，较早进入该领域。2023 年，自带光环的新东方俞敏洪势不可当地成为网红。从教培领域转向文旅行业，俞敏洪以个人旅游的视角，在抖音平台推广旅游线路和包括非遗项目在内的旅游内容，迅速吸粉。截至 2024 年 5 月，俞敏洪抖音粉丝超 1400 万人，总获赞超 6000 万次。他西藏自驾游的视频，每一条获赞都是万级的数量，评论也都在千条以上；其中"补交作业：西藏自驾之旅结束篇"更是获赞 42 万多次，评论 3 万多条。影视明星高亚麟一条探寻潮汕粿条汤的短视频获赞 9.5 万多次；在潮汕喝功夫茶、聊英歌舞、观英歌舞的视频获赞 1 万余条。

其次，选择做线上线下结合的旅游达人。较早从传统旅游转型到"云旅游"导游模式的"探店达人"、旅游专业毕业的庄道海（@普陀山小庄）走在了自媒体新赛道的前端，赢得了大量的粉丝和游客。[②] 普陀山小庄一条介绍广州陈家祠的视频获赞 2.4 万次，评论区就有广州和外地网友表示想去参观的意愿，甚至有网友（如"木芳"）希望他讲解广州其他景点："我就在广州，居然没有去看。先听你讲解！什么时候讲解光孝寺？"被指定为"中国'非遗'推荐官""省文旅推荐官""乡村振兴优秀创业青年"的抖音博主乐小牛总获赞 2300 万余次，他的有关平江传统制茶过程的短视频获 2 万次点赞。

---

① 《〈2023 抖音旅游行业白皮书〉发布，聚焦旅游业复苏和迭代》，"浙江新闻频道微信公众号，2023 年 6 月 6 日发布"，访问日期：2024 年 5 月 26 日。
② 该信息内容主要取自@普陀山小庄的自述视频"利用抖音平台传播发酵……为导游以'云'为介打造乡村新名片提供了借鉴与示范"。

　　此外，还有年轻的非遗传承人利用短视频爆红，引起国内外关注，带动地方旅游。峨眉武术传承人凌云曾因一条下楼丢垃圾顺手耍剑的视频在网上走红。2023年她与古筝才女"碰碰彭碰彭"联动创作了短片《巴黎中国红》，被外交部新闻司副司长汪文斌转发宣传，全网流量超3.5亿。① "凌云"抖音号粉丝超千万，获赞超2亿次。2023年一条表现春节年俗的视频获赞28万次；一条问道武当、介绍武当山武术的视频获赞超40万次，网友"等风也在等你"直接@湖北文旅，希望可用此条视频作为武当山的宣传片。抖音话题"全国各地武侠dna动了"吸引了全国各地的武术爱好者，视频播放量截至2024年10月已超过4000万次。

　　2024年，抖音推出"#百young非遗计划"，截至12月初，有近4万人参与，播放量超37亿次。除了超级网红李子柒两条点赞过千万次的非遗视频，其他获赞过百万次、数十万次的视频已超80条，种类繁多，从彝族火草衣、剪纸、缠花、徽墨、驯鹰、漓江渔火、二十四节气，举不胜举。这些视频并不符合短、新、奇的特点，却因内容精良而获赞无数。

　　综上，一方面，文旅领导干部抓住风口机遇积极运用短视频，为地方文化旅游代言。通过用心制作的短视频以及与网友的互动，部分领导个人和单位吸引了大量粉丝关注。另一方面，一批个人创作者也乘机遇之风为家乡的文化旅游、非遗旅游创作了大量吸引眼球、引发共鸣的短视频，推广文化旅游的同时获得流量变现的能力。

四　小结与建议

　　正如本文开篇提到，非遗保护与旅游融合是制度性的国家发展战略和发展方向，自上而下的政策制定与实践布局既旨在保护传承非遗、升级旅游事业，又意在改善民生，推动经济社会可持续发展。非遗与旅游的融合实践在

---

① 刘克洪：《峨眉武术非遗传承人凌云：跨界给了我传播非遗武术的灵感》，羊城派百家号，https：//baijiahao. baidu. com/s？id=1790148038135228980&wfr=spider&for=pc，访问日期：2024年5月26日。

政策支持鼓励下展开，逐步吸引了更多社会力量的关注、投入与参与，正在走向深度融合。

在国家出台非遗与旅游融合的政策文件前，非遗与旅游的结合实践，将非遗作为旅游资源来进行保护和利用，关注点在于如何利用，利用的模式、类型和非遗产品以及旅游开发与非遗本真性、非遗过度商业化等问题。随着文化与旅游部门的融合，从部领导强调"推动非遗与旅游融合发展的问题"，到"推动非物质文化遗产与旅游融合发展、高质量发展"，直至对非遗与旅游深度融合主要任务的工作部署，"以文塑旅 以旅彰文"的理念得到强化。非遗保护与旅游互为影响、相互成就。此前二者之间的融合实践经验为后续深度融合奠定了多方面的基础。本文认为，文旅单位积极运用短视频等自媒体呈现非遗与旅游融合相关内容，粉丝对此的持续关注也是推进非遗与旅游的深度融合的重要力量。此外，鼓励有关非遗与旅游所涉利益主体间协同协作关系的研究，将利于二者融合工作的顺利展开和推进。

（一）各地文旅局和文旅局长"卷"起来，争网络流量、推动地方文旅发展

1. 视频发布短频快、追热点、制造话题梗、与网红共创作的文旅单位视频号得到较大关注，产生效益

2024 年开年，哈尔滨文旅出圈。1 月中旬，河南文旅抖音号粉丝破百万，"山河四省互不内卷条约结束"。山西、山东、河北三省文旅视频号，或熬夜发视频，或喊麦，或一日发 70 多条视频，很快粉丝量也都过百万。年底，这四省的抖音号粉丝量分别约 220 万、140 万、190 万和 180 万，总获赞最少为3600 万次。在文旅单位里面，他们算是成绩优异者。他们不仅持续发布内容丰富的文旅短视频，而且利用其他文旅热点或"梗"吸引热度。例如山东文旅有"都是东"的梗（"都是东，同根东！有说有笑去东北，有欢有喜回山东！"），获赞 119 万次，粉丝留言 63 万余条；山西文旅便出"我姓山"的梗（"到点了，铁子们是不是已经猜到晋宝要喊麦啦！《我姓山》来咯"），获赞近 30 万次，粉丝留言 4 万多条。此外，与百姓日常生活密切相关的文化事项、网红讲解当地文化资源等视频往往能获得大量关注。

大量关注与互动意味着可观的流量，而文旅流量"变现"的结果之一便是景区游客量的增加，无论该景区过去热门与否。2024 年 3 月，甘肃"天水文化旅游"抖音号（粉丝 3 万多，总获赞 60 万次有余）的一条名为"来天水吃麻辣烫啊。"的短视频获赞 11.4 万次，粉丝留言超 1.5 万条。天水麻辣烫出圈，天水文旅引发大量关注。6 月，一条"大家都说来天水必去麦积山石窟，我来啦!"的视频获赞 6.5 万次有余。该视频中讲解员说，以前这里的旅游分淡季和旺季，而从 2024 年 3 月天水麻辣烫火了后，就只有旺季和旺旺季了。网红"新闻姐"（共创作者）在视频中评论道:"四大石窟中存在感最低的麦积山石窟因为天水被更多人看到，它被严重'低估'的实力正在绽放无比璀璨的光芒"。

2. 文旅局局长立 IP，从"管理者"到"服务者"的职能转变

大多数情况下，政府领导代表政府权威和公信力，同时也意味着"疏离感"。然而，文旅局局长通过个人抖音号设立 IP 后，这种刻板印象正在发生变化。

抖音号"甘孜文旅刘洪"拥有粉丝数 245 万有余，总获赞 4900 余万次;"解局长带你游随州"拥有粉丝 31 万有余，总获赞 393 万次有余。根据蝉妈妈数据分析，这两个抖音号的粉丝基本是新一线粉丝占比大，其他粉丝数量以递减的方式分布于四线到一线城市。① 换言之，这些视频在全国层面都有不同程度的影响，起到引领粉丝关注文化旅游等作用。从视频内容上看，二者虽都宣传和推广当地文旅资源，但各有不同。大概是因为甘孜州原本就有较多优质的景区旅游资源——A 级旅游景区就有 128 个，刘洪局长的视频多以个人身临甘孜州自然美景的视角呈现旅游资源，视觉效果美不胜收。同时，他还因能较为及时地回应粉丝留言和旅游投诉，而备受粉丝喜爱。解伟局长除了介绍随州旅游景点，还尝试制作非常"接地气的"、有一定表演情节的、与当地其他政府部门、企业协作推动乡村振兴的视频，甚至在炎帝故里景区直播销售随州农文旅产品——粉丝评论区既有乡愁，如

---

① 相关数据可参看蝉妈妈官网。

"@Nancy. 我在荆州很想家""@NING×2 在武汉上大学好久没回随州了，想要随州的特产了"，也有对随州文旅干部的夸赞，甚至有评论说"解局越看越好看了"。

两位局长发视频的频率较高，视频各有特色。同时，他们都重视粉丝留言并且有回应，甚至解决粉丝的相关问题。这些特质都弱化了政府官员与人民之间的"疏离感"，局长的官威少了，服务力变强了，增加了赞许和认可。从某种程度上来说，正是这些特质和职能的转变使局长们得到粉丝助力文旅融合。

3. 文旅视频号内容应更多体现非遗旅游

卷到爆的山河四省文旅单位在短视频输出上以传统旅游景区的推广为多，呈现方式多样，但体现非遗的内容较少。相较之下，山西文旅有较多非遗输出。例如"七个一百文旅计划"从 2022 年更新至今，已有 900 多集，内容涵盖"百个旅游目的地、百个网红打卡地、百名非遗传承人、百种风味美食、百件文创好物、百个乡村旅游示范村"，播放量已达 2.7 亿次。

需要指出的是，没有快速涨粉的文旅视频号其实也在内容上持续耕耘。例如浙江文旅抖音号，粉丝不过 80 万，获赞 1700 多万次，但是以合集形式推出了六大类内容，其中"来浙里过大年"共 28 集，呈现了地方非遗事项，播放量近 300 万次；"小百花组团来上分"共 12 集，播放量640 多万次。非遗与旅游相关的视频"一瓷一剑，与听泉一起走进龙泉"获赞 73 万次，评论 4.7 万条。有实质性内容的积累，浙江文旅抖音号前景可期。

（二）深度融合要求各利益主体之间有良好的协同协作关系，以期达成项目目的，使项目具有可持续性

从政策层面来说，非遗与旅游融合工作似乎面面俱到，然而具体项目则仍需有较好的机制助力协同协作工作有序进展。以 2007～2008 年云南"大理—丽江铁路区少数民族文化保护研究和技能培训项目"为例，由于受亚洲开发银行资助，在选择具有代表性的民族文化进行示范培训期间，在与专家学者、地方政府部门、社区群众之间，"亚行"一直居于项目的主导方，其在非遗保护的认识上与专家学者大体一致——提升当地人民保护民族文化的意识和能力，与政府"以旅游投入带动经济发展"的理念相悖，与当地群众希望获赞助力修缮戏台的诉求有出入。但是由于项目组存在一个贯穿始终的"多元主体平等对话的工作机制"，利益主体各方最后基本达成了一致意见，促成了项目获得资助且成功实施。①

上述案例发生在 2007~2008 年，"亚行"、学者与政府之间的分歧反映了当时旅游开发与非遗"本真性"之矛盾争议。另一个直接关涉非遗与旅游融合的案例则涉及旅游企业、当地政府、非遗传承人、游客、村民、专家学者、非政府组织、新闻媒体和周边社区居民等。相关研究以前四者为非遗旅游核心利益相关者，发现一些冲突。（1）云南勐景来非遗旅游景区内传承人对旅游企业的绝对运营权不满——他们的一些建议无法得到企业采纳。（2）企业希望政府能继续出资对村寨内的非遗传承人进行培训，进一步丰富傣族非遗活动，而政府认为自己已从软硬件方面扶持勐景来发展旅游，因此未能给予资助。（3）政府从游客安全角度出台了一些管制规则，如禁止外地游客自驾到边境地区游玩等，损害了企业部分利益。（4）游客因没有便利的旅游设施、非遗讲解力量不足等问题对企业不满。（5）在傣族村寨中，有些游客因不顾当地民风民俗，进入禁地或触碰禁止触碰的物品，与傣族本地人发生冲突。游客向景区投诉，信息同时被关联到当地文旅局，后者向企业问责，这就形成各利益方之间的矛盾。该研究认为云南勐景来非遗旅游属于不稳定的非对称间歇共生模式，各利益相关者容易发生矛盾，不利于长久和谐发展。应通过利益的补偿、协调、表达和保障等方式完善共生机制。②

简言之，非遗旅游融合项目，各利益主体之间的诉求应得到表达，尽可

---

① 此例参见杨田华《非遗保护中的多元主体博弈探析——以彝族"白依人"唢呐保护为例》《贵州民族研究》2015 年第 4 期。

② 具体内容参见石海涛《西双版纳勐景来非遗旅游利益相关者共生机制研究》，云南大学 2020 年硕士学位论文。

能通过协商协调达到某种平衡。只有这样才可能协同地推动非遗保护与旅游的深度融合，带动地方经济，持续发展。

最后，非遗保护与旅游深度融合，刺激经济增长，帮扶非遗传承人及相关人群，也许正在实现，也许还需努力。唯一肯定的是，研究者和相关人员需要多做调查研究，为进一步的融合工作提供真实可靠的信息和数据，乃至可行的建议。

B.12
非遗保护与铸牢中华民族共同体意识

高 萍[*]

摘 要： 非遗保护与传承为铸牢中华民族共同体意识提供了丰富资源与生动见证，铸牢中华民族共同体意识为非遗保护与传承提供了精神滋养与实践方向。近年来，全国各地在铸牢中华民族共同体意识背景下，开启了一系列实践探索，如加大非遗宣传教育力度，凝聚民族团结进步思想共识；展现各族非遗独特魅力，共绘多元灿烂民族文化图景；善用典型非遗文化符号，构建中华民族共有精神家园；举办地域特色非遗活动，营造民族互嵌共融社会氛围；释放非遗经济社会效益，带动各族群众奔向共同富裕。为推动铸牢中华民族共同体意识背景下非遗保护迈上新台阶，建议完善非遗保护传承方案，确保中华文化瑰宝得到全面有效保护；加强非遗与"五个认同"研究，守住中华文化基因底色与精神血脉；推动非遗融入国家发展战略，彰显中华文化使命担当与时代风采；激发非遗保护多方潜能，夯实中华文化永续发展社会基础；扩大非遗国际社会影响，增进对中华文化的认同感和自豪感。

关键词： 非遗保护 中华民族共同体意识 民族文化

习近平总书记在中央民族工作会议上强调，"铸牢中华民族共同体意识是新时代党的民族工作的'纲'，所有工作要向此聚焦"[①]。中华优秀传统文

---

[*] 高萍，博士，陕西省社会科学院社会学研究所助理研究员，主要研究方向为民族社会学、文化人类学。

[①]《习近平出席中央民族工作会议并发表重要讲话》，中华人民共和国中央人民政府，https://www.gov.cn/xinwen/2021-08/28/content_5633940.htm，最后访问日期：2025年3月13日。

化是中华民族在漫长历史发展过程中积累下来的宝贵财富，是铸牢中华民族共同体意识的文化根基和有力支撑。非物质文化遗产（以下简称"非遗"）涵盖口头传说、表演艺术、传统技艺、民间传统知识以及民俗活动等，是中华优秀传统文化的重要组成部分，其保护与传承为铸牢中华民族共同体意识提供了丰富资源与生动见证，而铸牢中华民族共同体意识也为其保护与传承提供了精神滋养与实践方向。

一　铸牢中华民族共同体意识视域下非遗保护的生动实践

近年来，全国各地充分意识到在铸牢中华民族共同体意识背景下开展非遗保护工作的重要性，并开启了一系列符合当地实际、富有文化特色的生动实践探索，为推动新时代党的民族工作高质量发展和非遗保护工作贡献了智慧和力量。

（一）加大非遗保护宣传教育力度，凝聚民族团结进步思想共识

习近平总书记在中央民族工作会议上强调，"要深入开展民族团结进步创建，着力深化内涵、丰富形式、创新方法。"近年来，全国多地积极开展非遗宣传教育活动，借非遗之水浇灌民族团结进步之花，以文化育人、以文化润心、以文化铸魂，不断推动民族团结进步工作向纵深发展。

一是深入贯彻落实重要会议和文件精神，各级政府及派出机关等大力组织非遗宣传教育活动。比如，山西和顺县以习近平文化思想为指引，在政府广场举办 2024 年"文化和自然遗产日"宣传展示活动时，通过摆放《中华人民共和国非物质文化遗产法》宣传展板、悬挂非遗保护横幅、发放非遗宣传资料等形式，让广大群众走近非遗、了解非遗。江苏省无锡市锡山区东亭街道以"非遗+统战"为抓手，开发民族服饰、民族美食、民族习俗等"民族团结教育元素"，将民族团结教育与文化教育相融合，以此推动中华

优秀传统文化创造性转化和创新性发展。① 以上对非遗宣传教育以及增强中华民族凝聚力大有裨益。

二是紧抓民族团结进步宣传月、重要节日等时间节点，学校、社区等积极举办非遗宣传教育活动。比如，2023 年 9 月 20 日，呼和浩特民族学院举办"传承非遗文化　促进民族团结"非遗进校园暨第 40 个民族团结进步活动月宣传活动；② 近年来，桂林兰田瑶族乡以"我们的节日"为载体，精心打造各族群众共享共庆中华民族传统节日活动。③ 以上活动或特邀非遗传承人现场授艺，或进行非遗作品展示，或口头宣讲非遗知识，这些不仅增进了各族师生和群众对非遗的了解，也强化了其对中华文化的认同感和归属感。

三是依托常态化非遗保护和传承工作，非遗展示馆、非遗传习中心等文化场所或机构积极开展非遗宣传教育活动。比如，湖南雨花非遗馆自觉担负传承非遗和深化民族团结进步教育双重使命，结合全国中小学生研学实践教育基地优势和自身非遗特色，常态化开展民族团结进步活动。攀枝花市盐边县傈僳族非遗传习中心以"传承非遗文化之根　筑牢民族团结之根"为宗旨，将静态非遗展示与活态文化传承相结合，让非遗文化迸发新的生机和活力。④ 以上促进了非遗保护和传承，也汇聚了民族团结奋斗的强大合力。

非遗是实现民族团结进步的"黏合剂"。通过丰富多彩的非遗宣传教育活动，各民族群众深刻感受到中华优秀传统文化的可贵之处，达成了促进民族团结进步的思想共识，也激发了各民族共同保护非遗的行动力。

① 《"艺"路有"泥"塑民族团结之魄》，无锡统一战线，https：//tzb. wuxi. gov. cn/doc/2024/06/17/4331623. shtml，最后访问日期：2025 年 3 月 13 日。

② 《传承非遗文化　促进民族团结》，新华网，http：//nmg. news. cn/20230921/3d976fac1b1c4680830ae9787049bbf0/c. html，最后访问日期：2025 年 3 月 13 日。

③ （记者）秦丽云、（通讯员）黄勇丹：《兰田瑶族乡：民族团结一家亲　共制月饼享团圆》，《桂林日报》电子版，2024 年 9 月 11 日第五版，https：//epaper. guilinlife. com/glrbpc/glrb/20240911/Articel05002NR. htm。

④ （记者）彭春梅：《传承非遗文化之根　筑牢民族团结之根》，《攀枝花日报》电子版，2024 年 5 月 30 日第 2 版。http：//pzhrb. pzhkai. com/html/2024-05/30/content_ 81673_ 17466883. htm。

（二）展现各族非遗独特魅力，共绘多元灿烂民族文化图景

习近平总书记在中央民族工作会议上指出，"要正确把握共同性和差异性的关系，增进共同性、尊重和包容差异性是民族工作的重要原则。"近年来，全国多地正确把握中华文化和各民族文化的关系，看到"各民族优秀传统文化都是中华文化的组成部分"，将"和而不同""美美与共"观念融入非遗保护和传承中，以此铸就中华文化发展新辉煌。

以青海黄南藏族自治州为例，2024 年 7 月底，"贡"享其美——2024 年国家级热贡文化生态保护区建设成果展示季开幕式在同仁市热贡文化广场举行。[①] 黄南藏族自治州为国家级热贡文化生态保护区和藏羌彝文化走廊核心节点，拥有"热贡艺术""黄南藏戏"等为代表的 701 项人类和国家、省、州、县级非物质文化遗产代表性项目。[②] 本次成果展示季集中举办热贡文化生态保护区第二届非遗大集、第五届藏戏艺术展演周、第五届安多民歌艺术展演周等活动，[③] 为热贡文化的进一步繁荣发展带来了无限活力和勃勃生机。

以内蒙古莫力达瓦达斡尔族自治旗为例，达斡尔族传统曲棍球竞技是一项古老而富有活力的运动，也是国家的非遗代表作。该旗素有"曲棍球之乡"的美誉，曾创造出"一个自治旗，半支国家队"的辉煌。当地公园的曲棍球雕塑、围栏上的曲棍球球杆、曲棍球造型的路灯，无不体现出曲棍球的重要地位。目前，该旗已建成国际标准化曲棍球训练场地，设立 30 多所曲棍球后备人才学校。[④] 曲棍球竞技展现了达斡尔族深厚的民族文化底蕴，成为该旗各族人民的共同骄傲。

---

① （通讯员）黄南宣：《"贡"享其美！热贡文化享誉世界》，《西宁晚报》电子版，2024 年 8 月 1 日第 A11 版。http：//www. xnwbw. com/html/2024-08/01/content_ 308813. htm。

② （记者）汪晓青：《"贡"享其美 青海黄南精彩呈现热贡文化艺术盛宴》，央广网，https：// www. cnr. cn/qhfw/gstjqh/20240730/t20240730_ 526822215. shtml，最后访问日期：2025 年 3 月 13 日。

③ （通讯员）黄南宣：《"贡"享其美！热贡文化享誉世界》，《西宁晚报》电子版，2024 年 8 月 1 日第 A11 版，http：//www. xnwbw. com/html/2024-08/01/content_ 308813. htm。

④ 《莫旗曲棍球 传统"波依阔"焕发新生机》，莫力达瓦达斡尔族自治旗人民政府，http：// www. mldw. gov. cn/Elderly/News/show/1211516. html，最后访问日期：2025 年 3 月 13 日。

以粤港澳大湾区为例，2024 年 6 月 9 日至 11 日，"湾区同心　时代新彩——广东省非物质文化遗产项目展演"在广东省非物质文化遗产馆非遗剧场举办。该展演以弘扬、传播粤港澳大湾区特色非遗项目为核心，精选多个人类非遗代表作名录项目和国家级非遗代表性项目，涵盖歌舞、器乐、戏曲、服饰展示等表演形式，由"广东非遗焕新彩""湾区同心叙情缘""美美与共齐发展""生生不息向未来"四个篇章组成。[①] 该展演精彩呈现了大湾区各地非遗串珠成"线"，再融合发展连线成"面"，继而向外辐射和传播的过程，让中华民族优秀非遗项目展现出了迷人的风采。

非遗为中华文化的形成和发展做出了独特而重要的贡献。通过尽显各民族非遗交相辉映的美，中华文化大观园更加熠熠生辉。又因"中华文化是主干，各民族文化是枝叶，根深干壮才能枝繁叶茂"[②]，历久弥新的中华文化也将为各民族非遗的繁荣发展带来无穷的感召力和向心力。

（三）善用典型非遗文化符号，构建中华民族共有精神家园

习近平总书记在中央民族工作会议上指出，"必须构筑中华民族共有精神家园，使各民族人心归聚、精神相依，形成人心凝聚、团结奋进的强大精神纽带"。近年来，全国多地深入挖掘中华民族共有非遗文化符号，用心用情讲好中华民族共同体故事，共建共享中华民族共有精神家园。

以中华民族传统节庆类非遗为例，在春节期间，人们蒸年糕、贴门神、放爆竹、逛庙会，以此唤醒中华民族共同的历史记忆，汇聚起共同体成员最浓郁的情感、最温暖的期盼和最美好的祝愿。在清明节期间，人们扫墓祭祖、踏青春游、植树插柳，以此寄托悼念先辈、慎终追远、亲近自然、催护新生的情思。在端午节期间，人们吃粽子、赛龙舟、挂艾草、喝雄黄酒，以

---

① 《湾区同心　时代新彩——广东省非物质文化遗产项目展演圆满落幕》，广东省文化和旅游厅，https：//whly. gd. gov. cn/news_ newzwhd/content/post_ 4439187. html，最后访问日期：2025 年 3 月 13 日。

② 《习近平出席中央民族工作会议并发表重要讲话》，中华人民共和国中央人民政府，https：//www. gov. cn/xinwen/2021−08/28/content_ 5633940. htm，最后访问日期：2025 年 3 月 13 日。

此坚定至诚报国的理想信念，展示积极向上的拼搏精神，强化驱邪避害的健康思想。在中秋节期间，人们祭月、拜兔爷、吃月饼、赏桂花，以此表达祈求五谷丰登、团圆幸福、吉祥富贵之意。以上文化符号广泛融入中华儿女精神血脉之中，成为联结个体与中华民族共同体的精神纽带。

以中华民族祭祀典礼类非遗为例，每年清明节，陕西黄陵县都会举办盛大的公祭轩辕黄帝典礼，来自世界各地的中华儿女会共同祭奠黄帝，追思中华民族栉风沐雨、披荆斩棘、锲而不舍铸就辉煌的奋斗历程。每年中元节，山西洪洞大槐树都会举办祭祖大典，通过"敬献供品""奠酒献礼""敬致祝文"等传统仪式，全国各地来自大槐树的移民后裔深刻感受到"根祖孝道""家国情怀""民族认同"等精神内涵。每年9月底，山东曲阜都会举办公祭孔子大典，通过开城、开庙、典礼等传统仪式，向海内外展示儒家思想文化的魅力。无论是黄帝陵作为中华文明的精神标识，还是大槐树作为祖先记忆中的"家园"象征，抑或孔子作为儒家思想文化的代表，其祭典仪式作为重要的文化符号，都充分展示了非遗在构筑中华民族共有精神家园中的重要作用。

非遗是中华民族共有的精神财富和智慧结晶。通过树立和突出各民族共享的非遗文化符号，中华民族光辉形象得以形塑，中华文化精神气质得以彰显，各民族群众共同的身份得以唤醒、共同的思想得以强化，人们正确国家观、历史观、民族观、文化观的形成也将获得助益。

（四）举办地域特色非遗活动，营造民族互嵌共融社会氛围

习近平总书记在中央民族工作会议上强调，"要促进各民族交往交流交融。"近年来，全国多地坚定守护非遗文化根脉，隆重举办特色非遗活动，积极推动各族群众尽享非遗文化韵味，全力营造民族互嵌共融和谐社会氛围，生动呈现"你中有我、我中有你，谁也离不开谁"的多元一体格局。

比如，"花儿"是在甘肃、青海、宁夏广为流传的民歌，由汉族、回族、藏族、东乡族、保安族、撒拉族、土族、裕固族、蒙古族等共享共创，被西北各族人民称为"心上的话"。除了日常劳作时即兴漫唱，各地还会定

期举办多民族共同参与的"花儿会"，像莲花山"花儿会"、二郎山"花儿会"和老爷山"花儿会"等都在西北地区颇负盛名。"花儿会"期间，各民族"花儿"歌手结伴而行，游山赏景，尽情对唱，以歌抒怀；周边市县群众也会赶来参加，人们聚集在一起，聆听"花儿"，相互交流。"花儿会"宛如当地民间的"狂欢节"，各民族因"花儿"相互了解、相互尊重、相互包容、相互欣赏、相互学习、相互帮助。

又如，泼水节是傣族的传统节日，同时也流传于阿昌族、布朗族、佤族、德昂族等少数民族。泼水节期间，各民族同胞尽情泼洒象征幸福吉祥的水，在互相祝福中增进了解、强化认同。除了泼水活动，德宏傣族景颇族自治州各民族同胞一起欣赏歌舞、展示才艺、品尝美食，在欢声笑语中加深感情、深化交流。西双版纳傣族自治州通过打造"泼水节"民族节庆活动，构建互嵌式旅游环境，以旅游促进各民族交往交流交融。据西双版纳傣族自治州景洪市文旅部门统计，2024 年 4 月 13 日至 14 日，景洪市接待游客约 80 万人次，同比增长 16%。①

再如，"三月三"是壮族、黎族、瑶族、苗族、布依族等多个民族的传统节日。以 2024 年海南黎族苗族传统节日"三月三"节庆为例，主会场成功举办黎祖祭祀、"唱响三月三"民歌大赛、"锦绣非遗"技艺大赛、民族传统体育竞技、"寻味三月三"黎苗好食节等民族风情浓郁、地方特色突出、群众喜闻乐见的活动，分会场精心安排黎族苗族传统手工艺品展示、传统琼剧演出、黎族苗族特色婚庆体验、竹竿舞互动大赛、黎族苗族服饰展示展销等系列活动。在节庆活动的参与中，各民族同胞相互之间更加熟悉，更能接纳对方。

非遗是促进各民族交往交流交融的重要载体。通过举办地域特色非遗活动，不同民族之间的生活联系、文化联系和情感联系得以巩固和增强，各民族也在广泛交往、全面交流基础上，实现了个体之间、局部空间内的和谐共处。

---

① （记者）张勇、徐鑫雨，（通讯员）张澄澄：《泼水送吉祥 共叙团结情——云南西双版纳各族人民共庆泼水节》，《光明日报》电子版，2024 年 4 月 17 日第 9 版。https://epaper.gmw.cn/gmrb/html/2024-04/17/nw. D110000gmrb_ 20240417_ 4-09. htm。

（五）释放非遗经济社会效益，带动各族群众奔向共同富裕

习近平总书记在中央民族工作会议上指出，"支持各民族发展经济、改善民生，实现共同发展、共同富裕"。近年来，全国多地立足非遗资源禀赋，结合发展条件和比较优势等实际，力求找准促进各民族共同富裕的切入点和发力点，充分释放非遗社会经济效益。

比如，浙江初步形成省、市、县（区、市）三级非遗工坊体系。截至2023年12月，全省建成省级非遗工坊87家、市级非遗工坊292家、县级非遗工坊1274家，开办非遗技能培训班875次，培训人数达2万余人，吸纳就业（含灵活就业）人数超过42万人。2023年12月，省级非遗工坊销售额达到15.53亿元，其他非遗工坊销售额159.29亿元。非遗工坊建设经验入选文化和旅游部发布的《浙江文化和旅游赋能高质量发展建设共同富裕示范区第一批典型经验》。①

又如，贵州用心打造特色非遗产业。以黔西市新仁苗族乡化屋村为例，该村非遗资源丰富，民族特色、地域特色和文化特色鲜明，被命名为"中国民间文化艺术之乡"。该村重点发展苗绣、蜡染特色产业，2023年苗绣、蜡染销售额达到3000余万元。依托苗绣产业发展优势，多彩贵州苗绣产业园项目落户黔西，园区企业年产值可达2亿元至3亿元，每年带动工人收入约1.45亿元。②

再如，黑龙江积极探索非遗与旅游深度融合发展路径。同江市作为黑龙江非遗与旅游融合试点市，依托国家级非遗代表性项目赫哲族婚俗、乌日贡大会及柳蒿芽节、开江节等民俗节庆，以特色民族风俗体验为切入点，打造主题民俗游路线，带动当地经济发展。另外，不断丰富非遗产品内涵，并在

---

① 《非遗工坊促进乡村物质富裕精神富有》，中国农村网，https：//www.crnews.net/zt/jjzjx/nmncgtfy/964326_20240701014906.html，最后访问日期：2025年3月13日。
② 《贵州省毕节市黔西市："非遗+文旅"融合"实招"频出》，黔西市人民政府，https：//www.gzqianxi.gov.cn/ztzl2022/mztjjbsfs/mt/202404/t20240408_84156911.html，最后访问日期：2025年3月13日。

各大景区设立展示展销点，为游客提供具有当地特色非遗产品。仅 2024 年 1~4 月，同江市鱼皮技艺产品和赫哲族沙陶制品及鱼皮衍生品等销售产值大约 1000 余万元。①

非遗是推动经济社会发展的重要资源。通过建立非遗工坊、打造非遗产业、探索"非遗+旅游"路径等方式，非遗不断满足人民日益增长的美好生活需要，各族群众在享受非遗带来的经济红利时，地方社会高质量发展也获得了新的活力和动力。

二 铸牢中华民族共同体意识背景下非遗保护面临的问题与挑战

铸牢中华民族共同体意识是一项长期性的系统工程，这对非遗保护工作提出了更高的要求。目前，紧扣铸牢中华民族共同体意识时代背景，全国各地非遗保护与传承工作已取得阶段性成效，但同时也应看到部分工作在推进过程中面临的问题和挑战。

（一）非遗保护系统性考量略显不足

开展非遗系统性保护工作有助于留存中华民族共同文化记忆以及推动中华优秀传统文化可持续发展。近年来，通过建立非遗保护制度、传承人名录制度以及文化生态保护区等，非遗系统性保护水平不断提升。然而，在多数非遗项目得到良好保护的同时，仍有部分与经济发展关联相对较弱的项目，如神话传说、民间故事、地方小戏等保护不尽如人意。以地方小戏为例，目前更多关注主要行当优秀演员的保护，而未能兼顾各个演出行当；更多侧重人的保护，而未能顾及演出场所及其配套设施以及珍贵文献的修复、维护和整理。另外，受其他文化消费方式挤压，部分非遗项目赖以生存的文化生态

---

① 《同江市非遗与文旅融合，推动共同现代化建设》，黑龙江省民族宗教事务委员会，http://mzw.hlj.gov.cn/mzw/c104293/202404/c00_ 31727828. shtml，最后访问日期：2025 年 3 月 13 日。

环境日渐式微，发展趋于边缘化境地。非遗系统性保护考量不足极可能制约民族文化及记忆的传承与延续。

（二）非遗文化内涵与价值亟待深挖

深挖非遗文化内涵与价值有助于发现更多能够体现民族根性、民族智慧、民族精神与民族气魄的元素与因子。近年来，许多非遗项目中蕴含的中国人特定的思维方式、价值取向、审美选择、行为准则等为铸牢中华民族共同体意识提供了思想基础和心理支撑。然而，目前仍有部分非遗项目文化内涵与价值尚未得到深入挖掘和阐释，融入其中的各民族对伟大祖国、中华民族、中华文化、中国共产党和中国特色社会主义的认同仍可为铸牢中华民族共同体意识提供重要依据和宝贵资源。

（三）非遗助力高质量发展尚有空间

推动非遗融入高质量发展大局有助于促进经济社会健康持续发展以及提升中华文化软实力。近年来，多个非遗项目以国家重大发展战略实施为契机，现已在促进经济稳健向好、增加就业创业机会、重塑乡土文明以及坚定文化自信等方面取得较好成效。但同时也应看到，目前仍有部分群众对非遗认识不足，且部分非遗项目与当地产业发展结合也不够紧密。另外，部分邻近省份或城市文脉相亲、经济社会发展程度相似，然而，在开展非遗保护工作时仍存在各自为政的现象，协同性、联动性和整体性欠佳导致非遗项目在联络和带动区域发展方面发挥的作用尚不明显。此外，现代科技手段使用不足影响了非遗的保护与传承效果，这也间接制约了中华文化根脉的守护和中华文明薪火的传承。

（四）非遗保护主体力量仍显单薄

动员多方力量参与非遗保护有助于最大限度地发挥不同领域非遗保护优势和提升公众对中华文化的认同感。非遗传承人作为非遗保护的核心主体，近年来已在非遗保护与传承工作中发挥了极其重要的作用，是非物质文化遗产的守护者、引领者和创新者。但同时也发现，受非遗项目属性、经济社会效益以及传承人生活背景、自身能力不同等影响，目前仍有部分非遗项目发展不尽如人意。虽然鉴于非遗本身的公共文化属性以及保护与传承的复杂性等特点，目前已有很多其他力量加入非遗保护与传承中来，但受制度规范缺失、创新意识不足以及参与程度不够等因素影响，非遗保护与传承效果仍然具有很大提升空间。当前，如何建强非遗保护队伍是非遗保护与传承亟须关注的重要问题之一。

（五）非遗对外交流与传播有待强化

加强非遗对外交流与传播有助于面向世界展现可信、可爱、可敬的中国形象，是形成同中国综合国力和国际地位相匹配的重要文化举措。近年来，我国 44 项非遗在联合国教科文组织申遗成功，诸如京剧、昆曲、香云纱等非遗项目在国际社会备受关注。然而，中国非遗门类众多，目前仍有许多具有较高艺术水准的非遗项目还未走进国际视野。另外，由于国内外文化差异，一些国外受众对中国传统工艺、音乐、舞蹈等非遗出于一种猎奇心理，而对其中的符号、语言和表演风格等缺乏深度认知。中国非遗是具有中国特色的文化表达，如何运用更为快捷高效的方式向不同国家和地区传递中国非遗之声也是当前面临的重要问题。

三 铸牢中华民族共同体意识背景下非遗保护的对策建议

在铸牢中华民族共同体意识背景下，为更好地开展非遗保护工作，从担负时代使命、牢抓问题意识和系统应对解答的总体思路出发提出如下建议，以期促进各民族在中华民族大家庭中像石榴籽一样紧紧抱在一起。

（一）完善非遗保护方案，确保中华文化瑰宝得到全面有效保护

一是优化非遗传承人遴选思路。一些非遗项目具有群体性、综合性特征，比如演出一台地方戏曲需要导演、演员、伴奏等数十人，这就要求在"非遗"传承人认定上充分考虑戏曲表演艺术的特性，将综合了多元行当、多个演职人员的表演团体、班社整体纳入传承人保护范围，以此最大限度地确保中华文化瑰宝保护与传承的丰富性、完整性和可持续性。

二是加快经典文献整理与出版。各级文化部门应尽快成立专门团队，运用数字化技术等多种记录手段，协助老艺人完成叙事诗文本、曲谱本、剧本、影像照片、艺人回忆录等濒危非遗资料的抢救和整理工作。同时，应尽快结集公开出版濒危非遗项目丛书，一些非遗项目爱好者和学者基本完稿，但因种种原因尚未问世的成果也应纳入出版范围。通过珍贵文献整理与出版，以期中华文化瑰宝得到更好的留存与展示。

三是厚植非遗文化生态沃土。摸清非遗保护与传承场所及其配套设施基本面，投入一定经费进行修缮与维护。整合和美乡村建设、传统村落保护、乡村文化振兴等资源，促进非遗项目与其他文化资源互补互滋，协同发展。举办非遗艺术节，实施戏曲、歌舞等非遗项目送乡亲工程，用足新媒体资源，强化非遗传播效应，扩大非遗保护"朋友圈"。通过深耕非遗文化生态土壤，让中华文化瑰宝焕发蓬勃生命力。

（二）加强非遗与"五个认同"研究，守住中华文化基因底色与精神血脉

一是在非遗研究中推动各民族坚定对伟大祖国的高度认同。以铸牢中华民族共同体意识为主线，深入挖掘和阐释民间美术、传统音乐、民间舞蹈等非遗项目中蕴含的各民族抵御外敌、保家卫国、不屈不挠、顽强奋斗的爱国主义精神，让各族群众更加清醒地认识到我国自古以来就是一个统一的多民族国家，各族群众共同缔造了伟大祖国，共同捍卫了祖国统一，要将对伟大祖国的认同深深根植于心中。

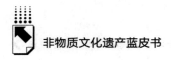

二是在非遗研究中推动各民族坚定对中华民族的高度认同。以铸牢中华民族共同体意识为主线，深入挖掘和阐释民间故事、神话传说、史诗、歌谣等非遗项目中蕴含的"向内凝聚""民族团结""融为一体"等精神，让各族群众更加深刻地认识到各民族都是中华民族大家庭的一分子。共同的历史记忆、共同的经济生活及共同的民间信仰等促进各民族在理想、信念、情感、文化上的团结统一，守望相助、手足情深。

三是在非遗研究中推动各民族坚定对中华文化的高度认同。以铸牢中华民族共同体意识为主线，深入挖掘和阐释皮影、剪纸、昆曲、太极拳、制茶技艺等非遗项目中潜在的生活观、审美观、哲学观、价值观等，让各族群众更加深刻地认识到中华民族文化的丰富性、多样性与独特性，力争在相互了解风俗民情、相互尊重学习的基础上互补共生、增强情感，进而强化对中华文化精神追求与气质禀赋的认同。

四是在非遗研究中推动各民族坚定对中国共产党的高度认同。以铸牢中华民族共同体意识为主线，深入挖掘和阐释口头传统类、表演艺术类等非遗项目中讲述中国共产党带领各族人民过上幸福美好生活的伟大事迹，让各族群众更加深刻地认识到中国共产党为各民族发展指明了前进方向，在各族群众的感恩、歌颂与祝福中强化对中国共产党的认同。

五是在非遗研究中推动各民族坚定对中国特色社会主义的高度认同。以铸牢中华民族共同体意识为主线，深入挖掘和阐释各类非遗项目中反映社会主义保障人民当家作主、推动生产力发展以及促进共同富裕的重要事迹，让各族群众更加深刻地认识到中国特色社会主义制度的优越性，进而树立坚决拥护中国特色社会主义制度的信心与决心。

（三）推动非遗融入国家发展战略，彰显中华文化使命担当与时代风采

一是以人民至上为理念，推动非遗融入乡村振兴。弘扬非遗历史价值与当代意义，激发农民保护与传承的责任感与使命感，为村落规范与秩序的形塑提供内生动力。将能够体现时代声音、旋律与脉搏的元素与因子融入非遗

保护与传承中，确保在承继非遗文化传统的同时，让其焕发时代风采与永久魅力。深化"非遗+"模式，拓展非遗与旅游、科技、教育等多领域融合发展的广度和深度，依托非遗推进农村持续增能、农业持续增效、农民持续增收。采用多种形式推动非遗在现代生活中的应用，比如在农产品包装上融入一些非遗元素，不断提高农民的参与感、获得感与认同感。

二是以共同体思维为指引，推动非遗融入区域发展。建立健全京津冀、长江经济带、粤港澳大湾区、长三角、黄河流域等区域非遗保护工作联席制度，凝聚共同理念、遵循共同目标、融汇共同利益、担负共同责任，形成非遗保护共建共治共享"一盘棋"格局。发挥区域内高校相关学科与专业优势，通过举办学术论坛、开展联合攻关、成立保护智库等方式，实现非遗保护工作资源共享、优势互补、共同发展。推进区域非遗主题游路径建设，将散落在区域内关系紧密、内涵相同的非遗资源串珠成链，使其共同展示区域文化特质和文化交融性。汇聚区域内特色非遗项目，选取一地进行固定展览或在区域内举办巡回展览，打造文化与视觉的双重盛宴。

三是以数字科技为抓手，推动非遗融入文化强国建设。推进非遗数字化进程，如加强知识图谱技术在非遗展览策划中的应用、AR与VR技术在非遗展示中的应用、3D打印技术在藏品巡展中的应用以及全息投影技术在非遗创意舞台剧中的应用，等等。为契合现代人生活习惯和审美方式，在推进非遗数字化建设中，尤其要突出非遗展示与传播的便捷性、沉浸式和互动化，力争全面、生动展示非遗时代风采。当然，在为非遗项目注入数字科技活力的同时，也要警惕其在数字化建设中可能出现的失真现象。

（四）激发非遗保护多方潜能，夯实中华文化永续发展的社会基础

一是强化非遗传承人群队伍建设。加强各级非遗传承人铸牢中华民族共同体意识教育，引导其从政治、经济、社会、生态的眼光看待非遗、保护非遗和传承非遗。培养非遗传承人群推陈出新、合作经营和电子商务等方面的能力，使其既能满足优秀传统文化保护需要，又能契合人民群众审美需求，还能适应现代市场经济发展形势。完善非遗保护专业技术职称评审制度，解

决非遗传承人群在日常生活和项目发展中遇到的急难愁盼问题，确保其在社会层面和经济层面获得民众的认可和尊重。结合非遗保护和传承工作需求，支持非遗传承人群与当地高等院校、中等职业学校等联合办学，尤其是一些紧缺的非遗人才，要倾斜政策和单列计划，加快其培养。

二是深化非遗"进校园"活动。持续推动非遗项目及其传承人走进大中小学校园，以上好"开学第一课"、举办特色节庆活动等形式，让学生了解非遗知识，感受非遗风采。针对中小学生，尽可能开设非遗特色课程，举办非遗知识讲座、特色体验和文化竞赛等活动，还可建立一些"非遗"特色学校，按年龄、分兴趣对学生进行专门化培养，力争实现"教育一个孩子，带动一个家庭，影响整个社会"的目标。针对大学生，可将非遗纳入中华优秀传统文化课程教学内容，通过深入讲解和阐释一些非遗项目的历史渊源、文化内涵和时代价值等，增强其对中华文化的认同感和传承使命感。

三是优化非遗展示场所服务品质。充分发挥非遗馆、非遗保护中心等作用，注重非遗作品内容与形式的创新表达，力争非遗保护与传承做到旧中有新、新中有根。在非遗馆、非遗保护中心等非遗展示场所，积极开展爱国主义教育、民族团结进步教育、海峡两岸文化交流等活动，深化社会各界对中华优秀传统文化的认知。加快"流动非遗馆"建设，通过制作宣传展板、赠送书籍手册、播放教育视频等形式，推动非遗播散到社区、商场、景区、地铁、机场、火车站等日常生活空间。抓住文化馆、博物馆、美术馆等举办非遗相关展览、培训、讲座、学术交流等活动机会，展示更多承载中华文化和中华民族精神的非遗作品。

（五）扩大非遗国际社会影响，增进对中华文化的认同感和自豪感

一是加大非遗国际学术交流与保护合作。搭建非遗国际高端学术研究平台，参与国际非遗保护与传承工作，分享中国在非遗保护与传承方面的优秀成果与经验结晶，提升中国非遗保护与传承在国际专业领域的话语权与行动力，以此更进一步坚定各族群众守护中华优秀传统文化的信心与决心。

二是拓展非遗对外展览与传播渠道。依托国际会议、国际比赛、国际节庆等平台，组织开展非遗出境展示展演活动，持续扩充展示展演项目与展出范围，提升中国非遗在国际社会中的知名度与美誉度。与海外旅游组织、文化机构以及高校建立合作关系，或在入境旅游中引入非遗项目，或联合策划和举办非遗推广活动，或积极采用合作办学模式，不断扩展中国非遗展示平台与对话空间，持续扩大中华文化影响力。

三是创新非遗对外展览与传播方式。拍摄更多关于非遗题材的纪录片、电影，将非遗元素融入短视频、游戏、综艺、动漫等创作中，打造"数字篆刻""数字皮影""数字瓷器""数字太极"等极具代表性的"数字非遗"品牌，以极强的故事感、体验感、科技感赋予非遗多元化、生动化、时尚化的表达方式，以此提升中国非遗的国际社会传播力，进而在国际社会对中国非遗的赞赏和推崇中彰显中华文化风采。

四是夯实非遗传播"国际语言"基础。加快非遗线上展览多语种翻译与推介，增进国际社会对中国非遗的理解，推动中国非遗更好地走向世界。依托国内外高校非遗相关学科与专业，加强非遗国际传播人才培养，提高非遗国际传播人才专业素养和跨文化沟通能力，让国际社会更加真切、准确、生动地感受中华文化中"真、善、美"的表达。在中国非遗得到国际社会青睐的同时，中华民族成员会更加珍视自己的文化传统，进而激发其对非遗更深层次的热爱和保护。

附　录
2023年非遗大事记

蔡佳伟 *

习近平的非遗足迹

4月7日　国家主席习近平在广东省广州市松园同法国总统马克龙举行非正式会晤，两国元首在广东省广州市松园白云厅欣赏古琴演奏。（来源：新华社）

4月10~13日　习近平总书记在广东考察调研，其间来到茂名高州市根子镇柏桥村，了解当地荔枝种植产业和文旅产业等情况，他强调当地是荔枝之乡，荔枝种植有历史传承和文化底蕴，特色鲜明，优势明显，市场空间广阔，要进一步提高种植、保鲜、加工等技术，把荔枝特色产业和特色文化旅游发展得更好。（来源：新华社）

4月25日　习近平主席向亚洲文化遗产保护联盟大会致贺信。他强调亚洲文化遗产保护联盟的成立，有利于加强亚洲文化遗产保护，深化亚洲文明交流，繁荣世界文明百花园，为人类文明进步贡献力量。中国愿在联盟框架下，同亚洲各国携手加强文化遗产保护经验交流，积极推动文化遗产领域国际合作，构建全球文明对话合作网络，促进各国人民相知相亲，共同推动人类文明发展进步。（来源：新华社）

---

* 蔡佳伟，中山大学中国非物质文化遗产研究中心、中文系研究生，研究方向为非物质文化遗产学。

5月11~12日　习近平总书记在河北考察调研，其间来到石家庄市国际生物医药园规划展馆，察看医药产品展示，了解药品研发生产情况。他强调要坚持人民至上、生命至上，研发生产更多适合中国人生命基因传承和身体素质特点的"中国药"，特别是要加强中医药传承创新发展。（来源：新华社）

5月16日　习近平总书记在山西考察调研，其间来到山西运城博物馆，参观展陈并详细了解运城有关人类起源和中华文明早期历史发展等。他强调博物馆有很多宝贵文物甚至"国宝"，它们实证了我国百万年的人类史、一万年的文化史、五千多年的文明史，要深入实施中华文明探源工程，把中国文明历史研究引向深入。要认真贯彻落实党中央关于坚持保护第一、加强管理、挖掘价值、有效利用、让文物活起来的工作要求，全面提升文物保护利用和文化遗产保护传承水平。（来源：新华社）

5月23日　习近平总书记给中国美术馆的老专家老艺术家回信。他希望中国美术馆坚持正确政治方向，坚持人民至上办馆理念，践行社会主义核心价值观，在高质量收藏、高水平利用、高品质服务上下功夫，努力打造新时代人民群众欣赏美术佳作、提升文化素养的国家级乃至世界级艺术殿堂，为繁荣发展中国美术事业、推进文化自信自强、铸就社会主义文化新辉煌作出更大贡献。（来源：新华社）

6月2日　习近平总书记在文化传承发展座谈会上强调中国文化源远流长，中华文明博大精深。只有全面深入了解中华文明的历史，才能更有效地推动中华优秀传统文化创造性转化、创新性发展，更有力地推进中国特色社会主义文化建设，建设中华民族现代文明。（来源：新华社）

6月7日　习近平总书记向首届文化强国建设高峰论坛致贺信。他强调要更好担负起新的文化使命，坚定文化自信，秉持开放包容，坚持守正创新，激发全民族文化创新创造活力，在新的历史起点上继续推动文化繁荣、建设文化强国、建设中华民族现代文明，不断促进人类文明交流互鉴，为强国建设、民族复兴注入强大精神力量。（来源：新华社）

7月5~7日　习近平总书记在江苏考察调研，其间来到苏州市平江历史文化街区，步行察看古街风貌，观看苏绣制作，体验年画印刷，观赏苏州评弹表演。他指出中华优秀传统文化代代相传，表现出的韧性、耐心、定力，是中华民族精神的一部分。平江历史文化街区是传承弘扬中华优秀传统文化、加强社会主义精神文明建设的宝贵财富，要保护好、挖掘好、运用好，不仅要在物质形式上传承好，更要在心里传承好。（来源：新华社）

7月25~27日　习近平总书记在四川考察调研，其间来到广元市剑阁县翠云廊，听取古蜀道发展历程、翠云廊整体情况介绍。他强调要把古树名木保护好，把中华优秀传统文化传承好。（来源：新华社）

7月29日　习近平总书记在陕西省汉中市考察调研，其间参观汉中市博物馆有关历史文物展陈，了解汉中历史文化、文物保护情况。他指出汉中藤编等非物质文化遗产久负盛名，要发展壮大特色产业，更好带动群众增收致富。（来源：新华社）

9月6~8日　习近平总书记在黑龙江考察调研，其间来到大兴安岭地区漠河市北极村，仔细了解当地结合地域优势发展特色旅游、将生态优势转化成发展优势等情况。他强调要坚持林下经济和旅游业两业并举，让北国边塞风光、冰雪资源为乡亲们带来源源不断的收入。（来源：新华社）

9月14日　习近平主席向2023北京文化论坛致贺信，他指出中华民族具有悠久的优秀传统文化，自古就有开放包容、兼收并蓄的文化胸怀，中华文明历来赞赏不同文明间的相互理解和尊重。（来源：新华社）

9月20~21日　习近平总书记在浙江考察调研，其间来到金华市义乌市后宅街道李祖村，在"共富市集"、扎染商铺等场所了解李祖村发展变化情况。随后来到绍兴市浙东运河文化园，步行察看古运河河道和周边历史文化遗存，他强调大运河文化是中华优秀传统文化的重要组成部分，要在保护、传承、利用上下功夫，让古老大运河焕发时代新风貌。（来源：新华社）

9月24日　习近平总书记在山东省枣庄市考察调研，其间来到峄城区冠世榴园石榴种质资源库，察看石榴树种，了解当地石榴种植历史、种质资源收集保存和产业发展情况。他指出人们生活水平在提高，优质特产市场需求在增长，石榴产业有发展潜力。要做好品牌、提升品质，延长产业链，增

强产业市场竞争力和综合效益，带动更多乡亲共同致富。（来源：新华社）

10月7~8日　中共中央总书记、国家主席、中央军委主席习近平对宣传思想文化工作作出重要指示，指出宣传思想文化工作事关党的前途命运，事关国家长治久安，事关民族凝聚力和向心力，是一项极端重要的工作。习近平强调，要坚持以新时代中国特色社会主义思想为指导，全面贯彻党的二十大精神，聚焦用党的创新理论武装全党、教育人民这个首要政治任务，围绕在新的历史起点上继续推动文化繁荣、建设文化强国，坚定文化自信，秉持开放包容，坚持守正创新，着力加强党对宣传思想文化工作的领导，着力建设具有强大凝聚力和引领力的社会主义意识形态，着力培育和践行社会主义核心价值观，着力提升新闻舆论传播力引导力影响力公信力，着力赓续中华文脉、推动中华优秀传统文化创造性转化和创新性发展，着力推动文化事业和文化产业繁荣发展，着力加强国际传播能力建设、促进文明交流互鉴，充分激发全民族文化创新创造活力，不断巩固全党全国各族人民团结奋斗的共同思想基础，不断提升国家文化软实力和中华文化影响力，为全面建设社会主义现代化国家、全面推进中华民族伟大复兴提供坚强思想保证、强大精神力量、有利文化条件。（来源：新华社）

10月10~13日　习近平总书记在江西考察调研，其间在景德镇市陶阳里历史文化街区考察时，同陶瓷制作技艺非遗传承人等亲切交流，不时赞赏他们的手上功夫和工匠精神，鼓励他们秉持艺术至上，专心致志传承创新。他指出中华优秀传统文化自古至今从未断流，陶瓷是中华瑰宝，是中华文明的重要名片。随后来到上饶市婺源县秋口镇王村石门自然村，了解当地发展特色旅游、茶产业等情况。他指出，优美的自然环境本身就是乡村振兴的优质资源，要找到实现生态价值转换的有效途径，让群众得到实实在在的好处。（来源：新华社）

10月18日　国家主席习近平夫人彭丽媛邀请出席第三届"一带一路"国际合作高峰论坛的外方领导人夫人参观中国工艺美术馆（中国非物质文化遗产馆）。彭丽媛和来宾们参观了《四海腾欢》馆藏珍品展厅，观赏一件件精美绝伦的玉雕、织绣、竹编木雕等工艺精品。非遗传承人现场展示刺绣、花丝镶嵌、苗银錾刻等精湛技艺，来自贵州侗族大歌之乡的少年儿童欢快地唱起《阳雀歌》，纯净的天籁回荡在大厅，深深打动了各位来宾。彭丽媛还同来宾们听取了中华戏曲文化和古琴艺术介绍，并共同欣赏文艺演出。彭丽媛表示，文化是共建"一带一路"国家团结合作的精神纽带。文化因交流而多彩，文明因互鉴而丰富。期待我们进一步密切人文交融，传承世代友好，实现共同发展。（来源：外交部官网）

12月14~15日 习近平总书记在广西考察调研，其间来到南宁市良庆区蟠龙社区党群服务中心文体活动室，观看社区居民习练书法、合唱民歌，并同大家亲切交流。随后来到来宾市，考察糖料蔗基地，了解制糖工艺和作业流程，他强调大家要不断学习新技术、采用新工艺，为糖业发展作出新贡献。（来源：新华社）

文化和旅游部及其相关部门

1月5日 全国文化和旅游厅局长会议在北京召开。会议涉及继续推进国家级文化生态保护区建设，深入实施中国非遗传承人研修培训计划、中国传统工艺振兴计划，加强非遗工坊建设等非遗领域内容。（来源："中国文化报"微信公众号、央视新闻客户端）

1月6日 商务部、文化和旅游部、国家市场监督管理总局、国家文物局、国家知识产权局联合印发了《中华老字号示范创建管理办法》，对中华老字号示范创建的总体要求、基本条件、申报认定、动态管理等内容作出明确规定和要求。（来源：商务部官方网站、"文旅之声"微信公众号）

1月14日 文化和旅游部非遗司、中央网信办网络传播局在山东潍坊举办2023年"文化进万家——视频直播家乡年"活动启动仪式。（来源："文旅之声"微信公众号、中国非物质文化遗产网）

1月19日 文化和旅游部、人力资源和社会保障部、国家乡村振兴局联合发布通知，公布了2022年"非遗工坊典型案例"，共计66个。（来源：文化和旅游部官方网站）

1月22日~3月22日 由中华人民共和国文化和旅游部国际交流与合作局、沙特阿拉伯王国文化部国际文化关系司等单位主办的"物以载道——中国与沙特非遗数字展"在中沙两国数字平台正式上线。（来源：中国民族博物馆）

1月28日 文化和旅游部公布了国家级文化生态保护区名单，它们是黔东南民族文化生态保护区、客家文化（梅州）生态保护区、大理文化生态保护区、陕北文化生态保护区（陕西省榆林市）、晋中文化生态保护区（山西省晋中市）。（来源：文化和旅游部官方网站）

2月16~20日 由文化和旅游部指导，中国非遗保护协会主办的中国非物质文化遗产保护年会在陕西省榆林市举办。（来源："文旅之声"微信公众号）

2月17日 《文化和旅游部关于推动非物质文化遗产与旅游深度融合发展的通知》发布，《通知》分总体要求、重点任务、组织实施三个部分，对推动非遗与旅游深度融合发展作出了具体部署。（来源：文化和旅游部官方网站）

2月21日 由文化和旅游部非遗司指导、光明日报社主办、光明网承办的2022"中国非遗年度人物"推选宣传活动，在北京公布了2022"中国非遗年度人物"100人候选名单。（来源：《光明日报》）

3月2日 "非遗工坊典型案例"发布活动在北京举办，共有66家非遗工坊获评2022年"非遗工坊典型案例"。（来源：中国非物质文化遗产网）

3月4~25日 由中国艺术研究院与中国工艺美术馆、中国非物质文化遗产馆联合主办，中国艺术研究院舞蹈研究所承办的"身体在场——传统舞蹈类非遗学术讲座与展示"系列活动在中国工艺美术馆（中国非物质文化遗产馆）举办。（来源：文旅中国客户端）

4月7日 文化和旅游部非遗司与中央民族大学在北京签署非遗保护工作战略合作协议，双方将围绕推进文化自信自强在非遗领域开展全面合作。（来源：中央民族大学新闻网）

4月11~12日 文化和旅游部非遗司在江苏省扬州市举办非遗与旅游融

合发展工作现场交流活动。（来源：中国旅游新闻客户端）

4月22日 由中国农业博物馆和海峡两岸农业交流协会共同主办的2023年二十四节气保护传承工作年会暨海峡两岸节气文化传承发展学术研讨会在福建厦门召开。（来源：全国农业展览馆官方网站）

4月26日~5月15日 由中国艺术研究院主办，中国艺术研究院篆刻院、中国工艺美术馆（中国非物质文化遗产馆）承办的"入古出新——首届全国高等院校篆刻教学成果展暨篆刻学科建设与教育论坛"在中国工艺美术馆（中国非物质文化遗产馆）举办。（来源：文旅之声）

5月4日~6月9日 由文化和旅游部、中国驻比利时使馆、中国驻欧盟使团共同举办的"茶和天下"·雅集活动在布鲁塞尔中国文化中心举办。（来源：中国日报）

5月5日 《文化和旅游部办公厅关于开展2023年"文化和自然遗产日"非遗宣传展示活动的通知》发布，《通知》公布了2023年"文化和自然遗产日"的主题、口号、相关活动安排及工作要求。（来源：文化和旅游部官方网站）

5月9~11日 文化和旅游部非遗司在云南昆明举办中国非遗传承人研修培训计划现场交流活动。活动期间，文化和旅游部发布了中国非遗传承人研修培训计划2021~2022年度绩效考核结果，50期研培班获评优秀。（来源："文旅之声"微信公众号）

5月15日 由文化和旅游部主办的"茶和天下"·雅集活动启动仪式在北京恭王府博物馆举行。（来源："文旅之声"微信公众号、中国文化网）

5月19日 由荣宝斋与国家大剧院联合推出的"木版水印非遗体验周"活动在国家大剧院举办。（来源：中国新闻网）

6月9日 2023年"文化和自然遗产日"非遗宣传展示活动启动仪式暨《保护非物质文化遗产公约》通过20周年纪念活动在北京举行。（来源：文化和旅游部官方网站）

6月9日 由文化和旅游部恭王府博物馆、中国昆剧古琴研究会主办的第十六届"良辰美景·恭王府非遗演出季"在恭王府大戏楼举办。（来源：

中国旅游报）

　　6月10日~7月9日　"年华易老，技·忆永存——第五届国家级非物质文化遗产代表性传承人记录工作成果展映月暨中国列入联合国教科文组织非物质文化遗产名录、名册项目传承人记录成果特展"在国家图书馆举办。本次展映月由文化和旅游部非遗司指导，国家图书馆联合全国220余家各级各类图书馆共同主办。（来源："国家图书馆"微信公众号）

　　6月26日　由文化和旅游部非物质文化遗产司和教育部高等教育司、学位管理与研究生教育司、职业教育与成人教育司共同指导，北京师范大学、中央文化和旅游管理干部学院主办的2023全国高校非遗保护政策与实务培训班在北京举办。（来源：中央文化和旅游管理干部学院官网）

　　6月28日　由中国珠算心算协会、中国非物质文化遗产保护中心联合举办的"中国珠算——活态的非遗"保护交流研讨会暨中国算盘捐赠仪式在北京举办。（来源：中国非物质文化遗产网）

　　6月29日　文化和旅游部批准公布《非物质文化遗产数字化保护　数字资源采集和著录》（WH/T 99-2023）文化行业标准。该系列标准明确了非遗数字资源采集和著录的总体要求，规定了各门类非遗代表性项目数字资源采集方案编制、采集实施和著录要求，共11部分。标准自2023年9月29日起实施。（来源：文化和旅游部官网、中国非物质文化遗产保护中心）

　　6月30日　由文化和旅游部、澳门特别行政区政府社会文化司主办，澳门特别行政区政府文化局、海南省旅游和文化广电体育厅承办的2023年"根与魂——海南省非物质文化遗产展演"在澳门举办。（来源：海南省旅游和文化广电体育厅官方网站）

　　7月5日　文化和旅游部、国家文物局、国家发展改革委联合印发了《长江文化保护传承弘扬规划》。《规划》在保护好、传承好、弘扬好长江文化等方面作出安排部署，并提出挖掘弘扬长江文化内涵，全面推进长江文物和文化遗产系统保护等七个方面的主要任务。（来源：中国文化报）

　　7月11日　由文化和旅游部主办，中国对外文化交流协会、江苏省文化和旅游厅、巴黎中国文化中心承办的"茶和天下·苏韵雅集"活动在巴

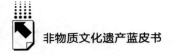
黎联合国教科文组织总部举办。（来源："新华社"客户端）

7月26日 文化和旅游部发布公告，5个国家级文化生态保护实验区通过验收，公布为国家级文化生态保护区，分别是客家文化（赣南）生态保护区、铜鼓文化（河池）生态保护区、迪庆民族文化生态保护区、格萨尔文化（果洛）生态保护区、羌族文化生态保护区（陕西）。（来源：文化和旅游部官网）

8月8~13日 中国工艺美术馆（中国非物质文化遗产馆）举办了为期一周的"天籁侗音——侗族传统音乐"社教活动。（来源：文旅中国）

8月21日 由文化和旅游部恭王府博物馆主办的"榫卯里的东方智慧——国家级非物质文化遗产传统家具制作技艺精品展"在恭王府博物馆西一区开幕。（来源：恭王府博物馆官网）

8月22日~9月10日 由中国工艺美术馆（中国非物质文化遗产馆）、中国民间文艺家协会、中国工艺美术学会等部门联合主办的"青出于蓝：吴元新蓝印花布收藏暨设计作品展"在北京举行。（来源：文旅中国）

9月2日~11月30日 由故宫博物院主办的"茶·世界——茶文化特展"在故宫博物院举办。（来源：中国文化报）

9月3~4日 由文化和旅游部非遗司、财务司主办，浙江省文化广电和旅游厅承办的非物质文化遗产馆建设工作座谈会在杭州市上城区召开。（来源："浙江非遗"微信公众号）

9月20日 文化和旅游部民族民间文艺发展中心在北京举办"《保护非物质文化遗产公约》在中国的实践经验"专题研讨会。（来源：文化和旅游部民族民间文艺发展中心官网）

9月26日 由中国社会科学院民族文学研究所主办的"中国三大史诗创造性转化与创新性发展"国际论坛在北京召开。（来源：中国非物质文化遗产网）

10月17日 由文化和旅游部非遗司主办，重庆市文化和旅游发展委员会承办的2023年度长江沿线国家级非物质文化遗产代表性传承人研修班在重庆开班。（来源：文旅中国）

10 月 24 日　由文化和旅游部非遗司主办，重庆市文化和旅游发展委员会承办的非遗与旅游融合发展培训班日前在重庆开班。（来源：中国旅游报）

11 月 1 日　根据《国家级非物质文化遗产保护与管理暂行办法》等有关规定，文化和旅游部组织开展了国家级非物质文化遗产代表性项目保护单位履职尽责情况评估和调整工作。（来源：文化和旅游部官方网站）

11 月 17~20 日　由文化和旅游部与江西省人民政府共同主办的 2023 中国原生民歌节在江西婺源举办。（来源：江西省文化和旅游厅官方网站）

11 月 22~24 日　由中国非物质文化遗产保护中心、联合国教科文组织亚太地区非物质文化遗产国际培训中心、联合国教科文组织东亚多部门地区办事处共同启动的《保护非物质文化遗产公约》中国师资培训班（第一期）暨中国高校《公约》专项培训在中央文化和旅游管理干部学院开班。（来源：中国非物质文化遗产网）

11 月 23 日　《文化和旅游部关于评选表彰全国非物质文化遗产保护工作先进集体和先进个人的通知》发布，对评选范围、表彰名额、评选条件、组织领导、评选程序、评选要求等几个方面进行了详细的规定。（来源：文化和旅游部官方网站）

11 月 27 日　文化和旅游部启动了国家级非物质文化遗产生产性保护示范基地的推荐认定工作。经各地推荐、材料审核、专家评审等工作程序，公示了 2023~2025 年国家级非物质文化遗产生产性保护示范基地推荐名单。（来源：文化和旅游部官方网站）

11 月 28 日　文化和旅游部民族民间文艺发展中心发布《首届全国非遗传播活动创新案例征集公告》，《公告》对申报条件、申报方向、申报资格等征集工作内容进行了详细说明。（来源：文化和旅游部民族民间文艺发展中心网站）

11 月 29 日~12 月 1 日　"非遗在社区"全国工作经验交流活动在深圳举办。会上公布了全国 22 个"非遗在社区"试点地区典型案例。（来源：文旅中国）

12 月 1 日　由中国非物质文化遗产保护中心主办、《中国非物质文化遗

产》编辑部承办的"非物质文化遗产系统性保护学术研讨会"在北京召开。（来源：中国非物质文化遗产网）

12月2日 由中央民族大学法学院、文化法研究中心、国家安全研究院，联合国教科文组织文化遗产法教席联合主办的"文化遗产法治论坛之非物质文化遗产保护跨学科对话"学术研讨会在中央民族大学举办。（来源：文旅中国）

12月4~8日 联合国教科文组织保护非物质文化遗产政府间委员会第18届常会在博茨瓦纳卡萨内举行。会议通过了将55个新项目纳入联合国教科文组织非物质文化遗产名录（名册）的决定。这些新增项目的提名国家共72个。其中，6项列入急需保护的非物质文化遗产名录；45项列入人类非物质文化遗产代表作名录；4项列入保护非物质文化遗产优秀实践名册。同期，我国2010年列入急需保护的非遗名录的麦西热甫、中国活字印刷术、中国水密隔舱福船制造技艺等三个项目的第三次履约报告顺利通过委员会审议。（来源：文化和旅游部官方网站、"联合国教科文组织"微信公众号）

12月5日 由中国艺术研究院、中国非物质文化遗产保护中心主办，《中国非物质文化遗产》编辑部承办的"国际公约与国内法规视域下的中国非遗学术研讨会"在北京举办。（来源：中国非物质文化遗产网）

12月7日 文化和旅游部办公厅印发《关于公布2024~2025年度中国非物质文化遗产传承人研修培训计划参与院校名单的通知》（办非遗发〔2023〕197号），全国130所院校入选。其中，本科院校100所，专科院校1所，职业院校28所，技工学校1所。（来源：文化和旅游部官方网站）

12月19日 文化遗产保护传承座谈会在北京召开。中共中央政治局常委、中央书记处书记蔡奇出席会议并讲话。他强调，要坚持以习近平新时代中国特色社会主义思想为指导，深入贯彻党的二十大精神，认真学习贯彻习近平文化思想，全面加强文化遗产保护传承，更好担负起新的文化使命，为以中国式现代化全面推进强国建设、民族复兴伟业注入强大文化力量。（来源：新华社）

12 月 23 日　国家艺术基金项目"苏绣艺术文献展（1949~2019）"在中国工艺美术馆（中国非物质文化遗产馆）举办。（来源：文旅中国）

安 徽

3 月 8 日　安徽省文化和旅游厅发布"安徽非遗主题旅游十大精品线路"。（来源：安徽省文化和旅游厅官方网站）

4 月 8~9 日　由安徽省文化和旅游厅、淮北市人民政府共同主办，安徽省非物质文化遗产保护中心、淮北市文化旅游体育局承办的"运河寻梦"2023 年中国（淮北）大运河文化带非遗展暨非遗进景区——安徽省传统戏剧扶持项目会演比赛在淮北市隋唐运河古镇举办。（来源：安徽省文化和旅游厅官方网站）

5 月 15~16 日　由安徽省文化和旅游厅主办，省非遗保护中心、滁州市文化和旅游局承办的全省国家级非遗代表性传承人培训班在安徽省滁州市全椒县举办。（来源：安徽省文化和旅游厅官方网站）

6 月 19 日　安徽省文化和旅游厅发布《关于开展第七批省级非物质文化遗产代表性传承人推荐申报工作的通知》，《通知》要求，关注代表性传承人技能艺能、传承实践等相关情况，重视部分省级非遗代表性项目中省级非遗代表性传承人空缺、队伍老化等问题，着力加强省级非遗代表性传承人梯队建设。（来源：安徽省文化和旅游厅官方网站）

7 月 21 日　安徽省文化和旅游厅发布通知，启动 2024 年非遗保护资金申报工作，对申报范围及申报要求进行了详细规定。（来源：安徽省文化和旅游厅官方网站）

10 月 20 日　由安徽省文化和旅游厅、宣城市人民政府共同主办，安徽省非遗保护中心、宣城市文化和旅游局承办的第四届长三角城市非物质文化遗产特展在宣城举办。（来源：文旅中国）

11 月 10 日　由安徽省人民政府主办，安徽省文化和旅游厅、黄山市人民政府承办的第六届中国非物质文化遗产传统技艺大展在安徽省黄山市举

办。（来源：文旅中国）

11月22日　由安徽省非物质文化遗产保护中心、蚌埠市文化体育旅游局主办的"皖风徽韵　共享瑰宝"2023安徽省非物质文化遗产传统技艺大展在蚌埠开展。（来源："安徽省非物质文化遗产保护中心"微信公众号）

澳　门

1月19日～4月23日　由澳门特别行政区博物馆主办的"福地祥凝——澳门土地信俗"专题展览在澳门举办。（来源：澳门文化遗产网）

6月10日　为响应"中国文化和自然遗产日"，澳门特别行政区政府文化局在多个场所设有公众坊供公众参观，展现非物质文化遗产的魅力，包括澳门博物馆礼品店"端午香囊制作"、鲁班先师木工艺陈列馆"鲁班锁"等。（来源：澳门文化遗产网）

6月10～24日　澳门特别行政区政府文化局组织澳门非遗团体到内地多个省市巡展，以促进内地与澳门在非遗保护成果上的交流。（来源：澳门文化遗产网）

8月26日　澳门特别行政区博物馆举办"龙须糖制作技艺亲子工作坊"，通过亲子活动形式，进一步向公众推广澳门非物质文化遗产技艺。（来源：澳门文化遗产网）

9月26日　澳门特别行政区政府文化局联同广东省立中山图书馆（广东省古籍保护中心）联合举办的"纸上留声——粤剧粤曲文化展"在何东图书馆举办开幕仪式，现场邀请粤剧资深演员即席演出粤剧选段。（来源：澳门文化遗产网）

10月26～30日　由澳门特别行政区政府主办的"福建·厦门澳门周"在厦门市思明区中山路步行街举行，现场展示广彩制作工艺，助力澳门非物质文化遗产"走出去"。（来源：澳门文化遗产网）

11月25～26日　澳门特别行政区博物馆举办"葡萄牙瓷砖画制作工艺工作坊"，持续推动市民认识各项本澳非物质文化遗产。（来源：澳门文化

遗产网）

12月18日　为便利公众发起申请项目列入非物质文化遗产清单、申请成为非物质文化遗产保护单位，以及申请成为非物质文化遗产代表性传承人，澳门特别行政区政府文化局根据《文化遗产保护法》和《非物质文化遗产的管理指引》的相关规定，编制规范的申请表格和文件，增设网上申请服务，加强公众参与非物质文化遗产的保护工作。（来源：澳门文化遗产网）

北　京

5月19日　《北京市关于进一步加强非物质文化遗产保护工作的实施意见》正式发布，《意见》从系统完善非遗保护传承体系、整体提升非遗保护传承水平、保障措施等方面进行了详细的规定。（来源：北京市文化和旅游局官网）

10月22~25日　由文化和旅游部、北京市人民政府共同主办的首届北京国际非遗周在北京举行。（来源：北京日报）

11月10日　由北京市文化和旅游局指导，北京市工艺美术高级技工学校主办的北京市实施"中国非物质文化遗产代表性传承人研修培训计划"成果联展在北京工艺美术博物馆开幕。（来源：北京市文化和旅游局官方网站）

12月5日　北京市文化和旅游局发布《北京市级非物质文化遗产代表性传承人认定与管理办法》的通知，办法共二十七条，对传承人认定与管理相关细节做了详细说明。（来源：北京市文化和旅游局官方网站）

12月8日　北京市文化和旅游局发布关于开展第五批北京市级非物质文化遗产代表性传承人推荐申报工作的通知，通知从总体要求、推荐申报标准、推荐申报范围和数量、推荐申报材料、推荐申报程序、组织保障等方面做出了详细说明。（来源：北京市文化和旅游局官方网站）

重 庆

6 月 10～11 日 由重庆市文化和旅游发展委员会、重庆市商务委员会、长寿区人民政府主办的"非遗购物节·第八届重庆非物质文化遗产暨老字号博览会"在重庆市长寿区时代广场举行。

6 月 20 日 由重庆市文化和旅游发展委员会指导,万盛经开区党工委、管委会主办的"第二届巴蜀非遗英雄会暨 2023 年文化和自然遗产日主题活动"在重庆万盛老街举行。

11 月 30 日 重庆市文化和旅游发展委员会发布通知,取消杨德贵、周秀霞、向瑞玺、荆世勇、刘华、唐榜西、欧宗海等 7 人市级非物质文化遗产代表性传承人资格。(来源:重庆市文化和旅游发展委员会官方网站)

12 月 28 日 由重庆市非遗保护中心、成都市非遗保护中心、重庆市非遗保护协会、沙坪坝区文旅委主办的"匠心独具——成渝双城漆艺展"在重庆市沙坪坝区文化馆举办。(来源:中国非物质文化遗产网)

福 建

5 月 8 日 由福建省文化和旅游厅、省民族与宗教事务厅、省第十批援藏工作队主办的"雪域之光 山海交响"——闽藏唐卡漆画精品创作系列活动启动仪式在福州举行。(来源:福建省文化和旅游厅官方网站)

5 月 19～22 日 由文化和旅游部、福建省人民政府主办,福建省文化和旅游厅、福州市人民政府承办的 2023 年"茶和天下 共享非遗"主题活动主会场活动在福建省福州市举办。(来源:文化和旅游部官方网站)

7 月 14～17 日 由福建省文化和旅游厅组织的"福建文化宝岛行"活动在台北成功举办。(来源:福建省文化和旅游厅官网)

8 月 15 日 福建省文化和旅游厅发布通知取消李凤强、方阳航、陈官铁、叶云飞 4 人省级非遗代表性传承人资格。(来源:福建省文化和旅游厅

官网）

9月1日　《福建省文化和旅游厅推动非物质文化遗产与旅游深度融合工作方案》正式印发。（来源：福建省文化和旅游厅官网）

10月17日　中国木拱桥传统营造技艺保护工作座谈会在福建省宁德市寿宁县召开。（来源：福建省文化和旅游厅官方网站）

11月25日　由联合国教科文组织驻华代表处、福建省文化和旅游厅、泉州市人民政府联合主办的"东亚木结构建筑保护与利用国际学术交流会"在福建省泉州市举办。（来源："联合国教科文组织"微信公众号）

11月27日~12月1日　由福建省文化和旅游厅主办，福建省艺术馆（福建省非物质文化遗产保护中心）、漳州市文化和旅游局承办的2023年福建省非遗保护工作队伍培训班在福建省漳州市长泰区举办。（来源：福建省文化和旅游厅官方网站）

12月9日　由福建省文化和旅游厅、泉州市人民政府、中国对外文化集团有限公司联合主办的"丝路拾珍——第三届海上丝绸之路非物质文化遗产展"在福建省泉州市非物质文化遗产馆举行。（来源：文旅中国）

甘　肃

3月22日　甘肃省文化和旅游厅发布通知，公布第五批省级非物质文化遗产代表性传承人名单141人。（来源：甘肃省文化和旅游厅官方网站）

6月26日　由中共甘肃省委宣传部指导，甘肃省文化和旅游厅、中共酒泉市委、酒泉市人民政府共同主办的甘肃省非遗展示展销暨全省非遗文创大赛系列活动在敦煌市举办。（来源：甘肃省文化和旅游厅官方网站）

6月30日　由甘肃省文化和旅游厅、兰州市人民政府共同主办的"如意甘肃·多彩非遗"全省非遗展演季、甘肃省非遗大集在兰州市启动。（来源：甘肃省文化和旅游厅官方网站）

9月7日　第六届丝绸之路（敦煌）国际文化博览会期间，由联合国教科文组织、世界银行、甘肃省人民政府共同举办的非物质文化遗产促进可持

续发展专题论坛在敦煌市顺利举办。（来源：甘肃省文化和旅游厅官网）

9月13日　由文化和旅游部非遗司指导，黄河流域非物质文化遗产保护传承弘扬协同机制秘书处支持，甘肃省文化和旅游厅主办的"黄河之滨也很美——黄河流域非物质文化遗产论坛"在兰州市举办。（来源：甘肃省文化和旅游厅官网）

11月15日　由甘肃省文化和旅游厅主办，省人力资源和社会保障厅、省乡村振兴局支持的甘肃省非遗工坊管理人员培训班在兰州市开班。（来源：甘肃省文化和旅游厅官方网站）

广　东

1月19日　广东省文化和旅游厅发布公告，公布2021年省级非遗代表性项目保护单位履职评估结果，本次共530家省级项目保护单位纳入评估。（来源：广东省文化和旅游厅官方网站）

2月25日　"非遗新活力　粤传粤精彩"——2022广东省"非遗进校园"经验交流会暨优秀作品展演活动在广东省文化馆举行。（来源：广东省文化和旅游厅官方网站）

2月28日　广东省文化和旅游厅公布"2022年度十大优秀非遗工坊建设案例"，在各地市推荐基础上，经评审和公示，确定了百匠园非遗工坊、宰相粉制作技艺非遗工坊、光德陶瓷烧制技艺非遗工坊等十大优秀非遗工坊建设案例名单。（来源：广东省文化和旅游厅官方网站）

6月9日　广东省文化和旅游厅推出"粤见非遗·潮玩岭南"10条非遗旅游精品线路。（来源：中国旅游新闻网）

7月19日　广东省文化和旅游厅发布公告，2家省级文化生态保护实验区通过验收，公布为省级文化生态保护区，分别为侨乡文化（江门）生态保护区和潮汕文化（湘桥）生态保护区。（来源：广东省文化和旅游厅官网）

9月20日　由广东省文化和旅游厅主办，广东省非物质文化遗产保护中心承办的"2023 年广东省非物质文化遗产传承人群种子计划"启动仪式在广州美术学院（大学城校区）举办。（来源：广东省文化和旅游厅官方网站）

10 月 28 日　2023 粤港澳大湾区非物质文化遗产交流大会在珠海举行。（来源：南方 Plus 客户端）

11 月 1~5 日　由广东省文化和旅游厅、佛山市人民政府联合主办的"品味佛山·秋醉岭南"2023 年广东非遗周暨佛山秋色巡游活动在广东省佛山市祖庙历史文化街区举办。（来源：文旅中国）

11 月 15 日　广东省文化和旅游厅发布 2022 年度省级非物质文化遗产代表性项目保护单位履职评估结果，482 家省级项目保护单位 2022 年度履职评估结果为：优秀 47 家、合格 434 家、不合格 1 家。（来源：广东省文化和旅游厅官方网站）

11 月 24~26 日　由文化和旅游部非遗司指导，中山大学中国非物质文化遗产研究中心、中山大学中国语言文学系联合主办的"非遗保护与国家战略"学术研讨会在中山大学中文堂举办。（来源：文旅中国）

12 月 8 日　广东省文化和旅游厅发布公告，2022 年度广东省省级非遗代表性传承人传承活动评估结果为优秀 52 人、合格 483 人、不合格 6 人、丧失传承能力 5 人。（来源：广东省文化和旅游厅官方网站）

12 月 19 日　《广东省文化和旅游厅开展第七批省级非物质文化遗产代表性传承人推荐申报工作的通知》发布，《通知》从认定标准、推荐申报范围、推荐申报名额、认定程序等多个方面进行了详细的规定。（来源：广东省文化和旅游厅官方网站）

12 月 20 日　广东省文化和旅游厅发布国家级非遗代表性传承人 2022 年度传承活动评估结果为：优秀 18 人、合格 69 人、丧失传承能力 1 人。（来源：广东省文化和旅游厅官方网站）

12 月 27 日　广东省文化和旅游厅发布关于开展新一批省级文化生态保护区申报工作通知，对申报条件、申报区域及数量、申报材料、设立程序及工作要求等方面作出明确规定。（来源：广东省文化和旅游厅官方网站）

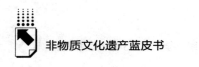

广　西

4月21日　以"潮起三月三　奋进新时代"为主题的2023年"壮族三月三·八桂嘉年华"在广西南宁举办。（来源：广西壮族自治区文化和旅游厅官方网站）

4月22~28日　由中国非物质文化遗产保护中心、中国对外文化集团、广西壮族自治区文化和旅游厅、南宁市人民政府主办的中国—东盟（南宁）非物质文化遗产周在广西壮族自治区南宁市举办。（来源：中国非物质文化遗产网）

6月22日　2023广西·桂林（临桂）东盟城市龙舟邀请赛在临桂区环城水系的月光岛水域擂鼓开赛，吸引了中国、马来西亚、文莱、新加坡近30支龙舟队伍赛龙舟、叙友谊。（来源：新华网）

7月4日　2023年广西壮族自治区非物质文化遗产保护工作座谈会在南宁市举行。（来源：广西壮族自治区文化和旅游厅官方网站）

10月6日　广西壮族自治区人民政府发布通知，公布第九批自治区级非物质文化遗产代表性项目名录，共计201项。（来源：广西壮族自治区文化和旅游厅官方网站）

11月17~20日　由广西壮族自治区文化和旅游厅、南宁市人民政府主办的"旗袍盛典　闪耀邕城"2023年中国（南宁）旗袍文化艺术盛典在南宁市三街两巷举办。（来源：广西壮族自治区文化和旅游厅官方网站）

贵　州

1月10日　贵州省确定设立"武陵山区（黔东）文化生态保护区"、"黔西南布依族苗族自治州文化生态保护区"和"黔西北文化生态保护区"3个省级文化生态保护区，进一步加强非遗区域性整体保护。（来源：人民日报）

4月24~28日　2023贵州非遗季"璀璨乌江寨·非遗嘉年华"活动在

贵州乌江寨举行。百余名非遗传承人、60多个非遗项目现场进行展示展演。（来源：贵州省文化和旅游厅）

7月21~26日　由中国非物质文化遗产保护协会、贵州省文化和旅游厅及黔东南州人民政府主办的第三届中国丹寨非遗周在贵州省黔东南州丹寨县举办。（来源："文旅之声"微信公众号）

11月10日　贵州省文化和旅游厅发布通知，决定取消刘衍敏、赵双宁、吴德光等3人省级非遗代表性传承人资格。（来源：贵州省文化和旅游厅官方网站）

河　北

4月1~2日　由河北省文化和旅游厅主办，河北省群众艺术馆（河北省非物质文化遗产保护中心）、河北博物院等承办的"2023年'乐享河北非遗会客厅'系列活动——'风和日丽过清明'非遗展演展示活动"在河北博物院举办。（来源：长城网·冀云客户端）

7月22日~8月13日　由河北省文化和旅游厅主办，河北省群众艺术馆（河北省非物质文化遗产保护中心）、河北博物院、河北新闻网承办的2023年"寻梦非遗　暑期有约"展示体验系列活动在河北博物院非遗会客厅举办。（来源："河北非物质文化遗产"微信公众号）

9月21~23日　由文化和旅游部非遗司指导，河北省文化和旅游厅、秦皇岛市政府主办的2023年第三届"长城脚下话非遗"活动在秦皇岛市山海关区举办。（来源：河北省文化和旅游厅官网）

10月20日　由河北省文化和旅游厅主办，河北省群众艺术馆（河北省非物质文化遗产保护中心）、河北博物院等承办的2023年"乐享河北　非遗会客厅"系列活动——"九九重阳"非遗展演展示活动举办。（来源：文旅中国）

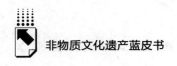

海　南

4 月 27 日　2023 海南锦·绣世界文化周非遗传统织绣印染技艺项目精品展在海南省图书馆举办。（来源：阳光海南网）

8 月 3 日　海南省旅游和文化广电体育厅印发《海南省省级文化生态保护区管理办法》。《办法》共四章三十三条，从总则、申报与设立、建设与管理、附则等四个方面进行了详细规定。（来源：海南省旅游和文化广电体育厅官网）

12 月 23 日　由海南省旅游和文化广电体育厅主办的 2023 年（第二十四届）海南国际旅游岛欢乐节非遗巡游活动在海口骑楼老街举办。（来源：海南省旅游和文化广电体育厅官方网站）

12 月 28 日　海南省人民政府公布第六批省级非物质文化遗产代表性项目名录 21 项，省级非物质文化遗产代表性项目名录扩展项目名录 18 项。（来源：海南省旅游和文化广电体育厅官方网站）

河　南

2 月 21 日~3 月 24 日　第十三届"中原古韵——中国（淮阳）非物质文化遗产展演"活动在周口市淮阳区伏羲文化广场举办。（来源：河南省文化和旅游厅）

8 月 1 日　由河南省文化和旅游厅、河南省非物质文化遗产保护和智慧化中心、百度、河南一百度联合打造的"河南非遗一张图"正式上线。（来源："河南非遗"微信公众号）

11 月 27~29 日　河南省第五批省级非物质文化遗产代表性项目及传承人培训班在河南省平顶山市举办。（来源："河南省文化和旅游厅"微信公众号）

12 月 19~20 日　由河南省非物质文化遗产保护和智慧化中心主办、淇

县文化旅游和广电局承办的"河南非遗数字化专题培训班"在鹤壁淇县举办。（来源："河南非遗"微信公众号）

黑龙江

3月28日　黑龙江省文化和旅游厅召开2023年全省非遗保护工作会议，会议总结了2022年全省非遗工作并部署2023年工作任务。会议强调，要做好非遗系统性保护工作会议要求，加强保障，切实落实非遗系统性保护各项任务。（来源："文旅龙江"微信公众号）

4月4日　《黑龙江省文化和旅游厅关于推荐申报第七批省级非物质文化遗产代表性项目的通知》发布，《通知》从申报条件、申报数量、申报程序、申报材料、工作要求、材料报送等几个方面作了详细说明。（来源：黑龙江省文化和旅游厅官方网站）

9月12日　"齐聚文都　多彩非遗"东亚文化之都城市特色非遗展示活动在哈尔滨举办。（来源："文旅龙江"微信公众号）

湖　北

4月8日　由广西壮族自治区文化和旅游厅、湖北省文化和旅游厅、南宁市人民政府主办的桂鄂文化旅游联合推广会、桂鄂非遗精品艺术展演暨"潮玩三月三·相约游广西（南宁）"活动在湖北省武汉市汉口江滩举行。（来源：文化和旅游部官方网站）

4月6~9日　由湖北省非遗保护中心主办的湖北省国家级省级非遗代表性传承人新媒体推广运营培训班在武汉举办。（来源："湖北省群众艺术馆"微信公众号）

5月6日　湖北省公布了叶开泰中医药文化园"国医+文旅"融合发展实践、醉美茶乡龙王垭、江城非遗坊——武汉非遗的数字化保护传承及社教美育等20个案例为湖北省"非遗+旅游""非遗+互联网"优秀案例。（来

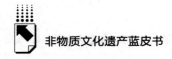

源：湖北省文化和旅游厅官网）

6月9日 由文化和旅游部、湖北省人民政府主办，文化和旅游部非遗司、文化和旅游部艺术司、湖北省文化和旅游厅、武汉市人民政府承办的"2023全国非遗曲艺周"在武汉举办。（来源：文旅中国）

6月21日 "中国端午 诗意宜昌"2023屈原故里端午文化节在湖北省宜昌市秭归县屈原故里文化旅游区举办。（来源：中国文化报）

7月12~14日 湖北省非物质文化遗产档案工作专题培训班在潜江成功举办。（来源："湖北省群众艺术馆"微信公众号）

湖 南

3月4日~4月27日 "茶和天下 湘茶传韵——茶文化专题展"在湖南省文化馆（湖南省非物质文化遗产保护中心）举办。（来源："湖南非遗"微信公众号）

3月15日 湖南省文化和旅游厅发布关于开展2022年度国家级非物质文化遗产代表性传承人传承活动评估工作的通知。通知从评估对象、评估周期、评估方式、评估内容、评估程序、评估结果及工作要求等几个方面做出了详细说明。（来源：湖南省文化和旅游厅官方网站）

3月16日 湖南省文化和旅游厅发布通知组织申报第五批省级非遗代表性传承人。通知从推荐条件、推荐范围、申报名额、申报程序、工作要求等几个方面做出了详细说明。（来源：湖南省文化和旅游厅官方网站）

3月24日 湖南省文化和旅游厅发布关于申报第六批省级非物质文化遗产代表性项目的通知。通知从申报条件、申报数量、工作要求等几个方面做出了详细说明。（来源：湖南省文化和旅游厅官方网站）

4月10日 湖南省文化和旅游厅发布关于推荐湖南省非遗保护工作专家库专家人选的通知，通知从工作职能、推荐条件、推荐程序等几个方面做出了详细说明。（来源：湖南省文化和旅游厅官方网站）

6月9日 2023年湖南省非遗工作座谈会在娄底市召开。（来源：文旅

中国）

9月15~17日　由湖南省文化和旅游厅、郴州市人民政府主办"非遗画卷　美好相见"第二届湖南非遗博览会在湖南省郴州市举办。（来源："文旅湖南"微信公众号）

吉　林

2月3日　吉林省文化和旅游厅发布通知启动第五批省级非遗传承基地、传习所申报工作，通知从申报条件、申报程序、申报材料、工作要求等四个方面做出了详细说明。申报材料报送截止日期为2023年3月31日。（来源：吉林省文化和旅游厅官方网站）

2月10日　吉林省文化和旅游厅发布了第六批省级非遗代表性传承人申报和推荐工作的通知，《通知》从总体要求、认定标准、推荐申报范围、申报名额、申报材料、申报程序、组织保障等七个方面做出了详细说明。（来源：吉林省文化和旅游厅官方网站）

6月10日　吉林省暨长春市2023"文化和自然遗产日"系列活动在长春莲花岛影视休闲文化园启幕。（来源：吉林省文化和旅游厅官方网站）

11月8日　吉林省文化和旅游厅公布第五批省级非物质文化遗产传承基地、传习所评定结果，拟认定省级非物质文化遗产传承基地16家，省级非物质文化遗产传习所22家。（来源：吉林省文化和旅游厅官方网站）

11月21日　吉林省文化和旅游厅公布第六批省级非物质文化遗产代表性传承人评审结果，拟认定省级非物质文化遗产代表性传承人83人。（来源：吉林省文化和旅游厅官方网站）

江　西

4月21日　2023年江西省非遗工作会暨非遗工坊培训班在江西省浮梁县召开。（来源：江西省文化和旅游厅官方网站）

5月27日 江西省文化和旅游厅举办2023年江西省非遗与旅游融合发展活动周启动仪式。同期，2023年江西省非遗与旅游融合发展研讨会在湖口召开。（来源："江西省非遗研究保护中心"微信公众号）

9月8~11日 由江西、湖南、湖北、安徽四省文化和旅游厅、南昌市人民政府共同主办的第六届湘鄂赣皖非物质文化遗产联展在南昌市举办。（来源："江西省非遗研究保护中心"微信公众号）

9月20~23日 江西省基层非遗保护工作培训班在瑞金举办。（来源："江西文旅发布"微信公众号）

11月7~8日 由江西省文化和旅游厅主办的2023年"冬日温情"江西省非遗宣传展示活动在南昌举办。（来源：江西省文化和旅游厅官方网站）

11月22日 江西省文化和旅游厅发布《关于公布2023年江西省省级非物质文化遗产代表性传承人传承活动评估结果的通知》，本次评估参评省级代表性传承人共451人，其中评估优秀90人、合格355人、不合格3人、丧失传承能力3人。（来源：江西省文化和旅游厅官方网站）

12月4日 由中国非物质文化遗产保护协会、江西省文化和旅游厅、赣州市人民政府主办，赣州市文化广电新闻出版旅游局承办的2023中国客家非遗大会在江西省赣州市举办。（来源：人民网）

11月27日 由江西省文化和旅游厅主办的2023年江西省傩文化展演展示活动在抚州市南丰县举办。（来源：江西省非物质文化遗产网）

江 苏

2月28日 江苏省文化和旅游厅举办江苏省文化生态保护实验区建设工作线上培训讲座。（来源：江苏省文化和旅游厅官方网站）

3月3日 2023年大运河非物质文化遗产保护传承利用工作现场交流活动座谈会在江苏省无锡市举办。（来源：江苏省文化和旅游厅官方网站）

3月31日 江苏省文化和旅游厅发布《关于做好2023年度江苏省级非

物质文化遗产保护专项资金项目申报工作的通知》，《通知》规定，主要支持省级非遗代表性传承人自主开展收徒传艺、教学、交流、宣传等各种传习项目。（来源：江苏省文化和旅游厅官方网站）

6月10日　江苏公布20条"水韵江苏"非遗主题精品旅游线路。（来源：中国旅游报）

6月13日　江苏省文化和旅游厅发布江苏省中华优秀传统文化传承育人示范基地和地方戏曲（濒危剧种）抢救性保护专业点遴选工作的通知，通知从申报条件、工作程序、其他事项几个方面做出了详细的说明。（来源：江苏省文化和旅游厅官方网站）

7月5日　江苏省文化和旅游厅会同省人力资源和社会保障厅、省乡村振兴局联合印发《关于建设非遗工坊助力乡村振兴的实施意见》，《意见》从广泛吸纳就业、培养优秀人才、提升创新能力、拓宽营销渠道、加强宣传推广等方面对建设非遗工坊提出具体要求。同步印发《江苏省级非遗工坊申报设立指南》，明确省级非遗工坊设立条件、标准、程序等内容。（来源："江苏文旅"微信公众号）

7月17日　由江苏省文化和旅游厅、淮安市人民政府主办的2023年首届大运河流域（江苏段）民歌会演在金湖县文化艺术中心精彩上演。（来源：江苏省文化和旅游厅官网）

8月3日　由江苏省非物质文化遗产保护中心、江苏凤凰文艺出版社主办的"江苏省国家级非遗代表性传承人口述史丛书"（第一卷、第二卷）发布座谈会在江苏省文化馆举行。（来源：江苏非物质文化遗产官网）

9月2日　江苏省文化和旅游厅印发《关于推进非物质文化遗产与旅游深度融合发展的实施意见》，《意见》包括三大部分，共12条，从培育推荐非遗项目、发挥传统民俗文化特色等9个方面明确工作内容和方向。（来源：江苏省文化和旅游厅官网）

9月27日　由中国非物质文化遗产保护协会、江苏省文化和旅游厅、无锡市人民政府主办的2023中国大运河非遗旅游大会暨惠山泥人文化艺术节正式启动。（来源：江苏省文化和旅游厅官方网站）

10 月 20 日　由江苏省文化和旅游厅、淮安市人民政府共同主办的第六届中国（淮安）大运河城市非遗展暨淮安文化旅游（港澳）推介活动启动。（来源："江苏非遗"微信公众号）

11 月 3 日　江苏省人民政府印发《关于公布第五批省级非物质文化遗产代表性项目名录的通知》，共有 421 个项目入选第五批省级非物质文化遗产代表性项目名录，分别为新增项目 145 项（164 个项目），扩展项目 99 项（257 个项目）。（来源：江苏省人民政府官方网站）

11 月 21 日　江苏省文化和旅游厅发布《关于公布第五批江苏省文化生态保护实验区入选名单的通知》，确定江南文化（苏州片区）生态保护实验区、水晶文化生态保护实验区为第五批江苏省文化生态保护实验区。（来源：江苏省文化和旅游厅官方网站）

12 月 4~6 日　江苏省非遗保护工作管理队伍培训班暨省级非遗代表性传承人培训班在连云港市举行。（来源：江苏省文化和旅游厅官方网站）

12 月 11 日　江苏省文化和旅游厅、江苏省人力资源和社会保障厅、江苏省乡村振兴局联合发布江苏省首批省级非遗工坊名单，确定雨花茶制作技艺非遗工坊等 60 个项目为江苏省首批省级非遗工坊。（来源：江苏省文化和旅游厅官方网站）

辽　宁

3 月 6 日　辽宁省文化和旅游厅发布《关于开展非物质文化遗产进校园、进社区公益惠民活动的通知》，《通知》从总体要求、主要任务、组织实施等三个方面做出说明。（来源：辽宁省文化和旅游厅官方网站）

3 月 3 日　辽宁省印发《辽宁省省级非物质文化遗产代表性传承人认定与管理办法》。（来源：辽宁省文化和旅游厅官方网站）

3 月 8 日　辽宁省发布《关于开展第四批辽宁省省级非物质文化遗产代表性传承人推荐申报工作的通知》，《通知》从指导思想、认定标准、推荐申报范围、申报名额、申报材料、申报程序、材料报送、工作要求等几个方

面做出了全面的说明。（来源：辽宁省文化和旅游厅官方网站）

7月6日　辽宁省文化和旅游厅、辽宁省人力资源和社会保障厅、辽宁省乡村振兴局3部门公布了首批辽宁省非遗工坊名单，17家非遗工坊榜上有名。（来源：辽宁省文化和旅游厅官网）

8月14日　辽宁省文化和旅游厅发布通知，认定第四批辽宁省省级非物质文化遗产代表性传承人139名。（来源：辽宁省文化和旅游厅官网）

10月17日　由辽宁省文化和旅游厅、大连市人民政府主办的"和美·渔火"——2023海岛非物质文化遗产交流展示周活动在大连开幕。（来源：央广网）

内蒙古

3月23日　内蒙古自治区文化和旅游厅公布19个3A级以上旅游景区入选为首批自治区级非遗旅游体验基地。（来源：内蒙古自治区文化和旅游厅官方网站）

5月25日　内蒙古自治区文化和旅游厅正式出台《内蒙古自治区级非物质文化遗产旅游体验基地认定与管理办法》。《办法》涵盖自治区级非遗旅游体验基地概念、申报条件、认定与管理、奖惩标准等内容。（来源：内蒙古自治区文化和旅游厅官网）

7月23日　由内蒙古自治区文化和旅游厅、锡林郭勒盟行政公署主办，锡林郭勒盟文体旅游广电局和锡林浩特市人民政府承办的内蒙古自治区第33届旅游那达慕在锡林郭勒盟锡林浩特市举办。（来源：中国旅游报）

7月29日　由中国非物质文化遗产保护协会主办，中共扎鲁特旗委员会、扎鲁特旗人民政府、中国数字文化集团、中国非遗保护协会非遗数字专业委员会联合承办的第二届非遗数字论坛在内蒙古通辽市扎鲁特旗举行。（来源：内蒙古自治区艺术研究院官网）

8月4日　内蒙古自治区文化和旅游厅组织开展非遗特色村镇、街区创建评选工作。（来源：内蒙古自治区文化和旅游厅官网）

9月3日 由文化和旅游部非遗司、内蒙古自治区文化和旅游厅主办的"畅游北疆 多彩非遗"——"非遗+旅游"体验展在内蒙古自治区兴安盟阿尔山市举行。（来源：兴安日报）

9月16~17日 由内蒙古自治区文化和旅游厅主办，内蒙古自治区展览馆、锡林郭勒盟文体旅游广电局、苏尼特左旗人民政府承办的内蒙古自治区传统工艺与现代创意展在锡林郭勒盟苏尼特左旗举行。（来源："内蒙古自治区艺术研究院｜自治区非遗保护中心"微信公众号）

9月22日 内蒙古自治区文化和旅游厅发布《自治区文化和旅游厅关于公布自治区级非遗传承教育实践基地的通知》，《通知》公布了内蒙古自治区展览馆等44个文旅企事业单位和社会组织认定为首批内蒙古自治区级非遗传承教育实践基地。（来源："内蒙古自治区文化和旅游厅"微信公众号）

12月27日 内蒙古自治区文化和旅游厅发布《内蒙古自治区级文化生态保护区建设成效评估实施细则》，《细则》共十二条，附《内蒙古自治区级文化生态保护区建设成效评估指标（试行）》。（来源：内蒙古自治区文化和旅游厅）

12月29日 "打造北疆文化、助力乡村振兴"——内蒙古自治区非遗工坊建设及非遗传承人研修培训计划实施成果展在内蒙古展览馆开展。（来源：内蒙古展览馆信息平台）

宁　夏

5月16日 由宁夏回族自治区文化馆（自治区非遗保护中心）、福建省艺术馆（福建省非物质文化遗产保护中心）主办的春雨工程"不忘初心情牵闽宁"——宁夏非遗走进福建展演展示系列活动在福建省非遗博览苑举办。（来源："福建省非遗博览苑"微信公众号）

5月31日~6月3日 由宁夏回族自治区文化和旅游厅主办的"2023年黄河流域非物质文化遗产保护论坛"在宁夏举行。（来源：宁夏回族自治区文化和旅游厅官网）

6月12日　由宁夏回族自治区文化和旅游厅、宁夏回族自治区教育厅、共青团宁夏回族自治区委员会主办的"倾听非遗声音　凝聚文化力量"2023年宁夏黄河流域非遗讲解进校园巡讲活动走进宁夏大学，为广大师生带来了一场别开生面的文化盛宴。（来源：宁夏回族自治区文化和旅游厅官方网站）

7月19日　由宁夏回族自治区文化和旅游厅主办，北方民族大学承办的2023年全区非物质文化遗产政策理论培训班顺利开班。（来源：宁夏回族自治区文化和旅游厅官网）

青　海

2月16日　青海省政府印发《关于公布青海省第六批省级非物质文化遗产代表性项目名录的通知》，拟认定97项省级非物质文化遗产代表性项目。（来源：青海省文化和旅游厅官方网站）

3月17日　青海省文化和旅游厅印发《2023年青海省非遗保护工作要点》，全面部署2023年非遗保护重点工作，进一步夯实基础，扎实做好非遗系统性保护。（来源：青海省文化和旅游厅官方网站）

6月23日　青海省国家级、省级非物质文化遗产代表性传承人2022年度传承活动评估结果公示，经传承人自评、市州文化和旅游行政部门初步评估、省非遗保护中心实地抽查、省文化和旅游厅综合评定，拟评定43名非遗代表性传承人优秀，321名非遗代表性传承人为合格。（来源：青海非遗在线官网）

9月13日　由青海省文化馆主办、尖扎县文化馆承办的"2023全省非遗藏族民歌培训班"在黄南州尖扎县坎布拉镇藏家大院正式开班。（来源："青海文旅"微信公众号）

12月18~22日　青海省非遗保护传承高质量发展培训班在西宁举办。（来源：青海省文化和旅游厅官方网站）

12月27日　由中共黄南藏族自治州委员会、黄南藏族自治州人民政府、中国工艺美术馆（中国非物质文化遗产馆）、中国轻工业联合会中国工艺美术大师工作委员会、中国工艺美术协会主办的"青海省黄南藏族自治州成立七十周年·人类非遗热贡艺术保护成果展"在中国工艺美术馆（中国非物质文化遗产馆）举办。（来源：文旅中国）

山　东

1月10日　山东省文化和旅游厅发布公告，取消王金勇、秦玉峰省级非遗代表性传承人资格。（来源：山东省文化和旅游厅官方网站）

3月25日　由山东省文化馆（山东省非物质文化遗产保护中心）、济南市文化和旅游局主办，济南市文化馆（济南市非物质文化遗产保护中心）承办的春暖"画"开——莱芜木版年画专题艺术展在济南市文化馆开展。（来源：文旅中国客户端）

4月15日　由中共潍坊市委宣传部、潍坊市文化和旅游局共同主办的首届中国（潍坊）"世界好手艺"交流推广大会在潍坊召开。（来源：中国非物质文化遗产网）

4月22日　由中国非物质文化遗产保护中心、山东省文化和旅游厅、威海市人民政府作为指导单位，荣成市人民政府主办的"2023中国·荣成海洋民俗文化月暨渔民节"在山东省荣成市举办。同期，中国·荣成海洋民俗文化学术交流会、山东省非遗创新突破现场会暨全省非遗和旅游融合培训班也同步举办。（来源：中国非物质文化遗产网）

7月31日　由山东省台港澳事务办公室、山东省文化和旅游厅及潍坊市人民政府共同主办的第二届海峡两岸非物质文化遗产展演大会暨"孙膑拳杯"第二届山东省非物质文化遗产武术项目展演大会在山东省潍坊市安丘市举办。（来源：山东省文化和旅游厅官网）

9月7~10日　由山东省文化和旅游厅、潍坊市人民政府主办，潍坊市文化和旅游局承办的"河和之契"2023黄河流域、大运河沿线非物质文化遗产交流展示周活动在山东省潍坊市举办。（来源：文旅中国）

9月17日　由中国非物质文化遗产保护中心指导，潍坊非物质文化遗

产保护协会组织举办的"潍坊非遗·齐鲁风韵"非遗展在山东省潍坊市寿光市历史文化中心开展。（来源：中国非物质文化遗产网）

11月6~10日　由文化和旅游部非遗司主办，山东省文化和旅游厅承办的2023年度黄河流域大运河沿线国家级非遗代表性传承人研修班在山东省威海市举办。（来源：文旅中国）

11月4日　由文化和旅游部非遗司指导，山东大学、山东省文化和旅游厅主办的"以非物质文化遗产系统性保护促进可持续发展"学术论坛在山东大学举办。（来源：文旅中国）

11月16日　山东省文化和旅游厅部署开展了2022年度山东省非遗保护十大亮点工作、十大模范传承人的评选活动。（来源：山东省文化和旅游厅官方网站）

11月27日　山东省文化和旅游厅、山东省人力资源和社会保障厅、山东省乡村振兴局联合发布第二批省级非遗工坊名单，认定山东省第二批省级非遗工坊30家。（来源：山东省文化和旅游厅官方网站）

12月15日　山东省文化和旅游厅公布省级文化生态保护实验区名单，确定博山陶瓷琉璃文化生态保护实验区等4个实验区为省级文化生态保护实验区。（来源：山东省文化和旅游厅官方网站）

12月20日　山东省文化和旅游厅公布了第六批省级非物质文化遗产代表性传承人名单，确定第六批省级非遗代表性传承人329人。（来源：山东省文化和旅游厅官方网站）

12月29日　山东省文化和旅游厅发布通知，公布了"泉·民艺"非遗特色旅游线路等17条山东省非遗特色旅游线路和淄博市陶琉国艺馆等13个山东省非遗旅游体验基地。（来源：山东省文化和旅游厅官方网站）

山　西

3月23日　山西省文化和旅游厅办公室发布《关于开展省级非物质文化遗产旅游体验基地推荐工作的通知》，通知发布了《省级非物质文化遗产旅游体验基地推荐工作法案》，《方案》要求优先推荐具有特色和代表性、市场成熟度高的对象作为首批省级非遗旅游体验基地。（来源：山西省文化和旅游厅官方网站）

4月11~13日 山西省非遗中心举办全省国家级非遗代表性传承人记录工作培训班，统筹推进2022年度传承人记录工作。（来源："山西省非物质文化遗产保护中心"微信公众号）

5月11日 山西省人民政府公布第六批省级非物质文化遗产代表性项目名录，共计226项，其中新入选项目59项、扩展项目167项。（来源：山西省人民政府官方网站）

5月19~25日 由山西省文化和旅游厅、中共晋中市委市政府主办，以"推进非遗创新发展·铸就文化产业繁荣"为主题的第三届山西非物质文化遗产博览会暨工艺美术产品博览交易会在平遥开展。（来源：山西省文化和旅游厅官方网站）

5月30日 山西省文化和旅游厅办公室发布关于开展第六批省级非遗代表性传承人推荐申报工作的通知，《通知》要求推荐申报省级非遗代表性传承人须居住或长期工作在山西省并从事该项省级非遗代表性项目传承实践连续10年以上，并已被认定为市级的非遗代表性传承人。（来源：山西省文化和旅游厅官网）

6月6日 山西省文化和旅游厅发布了10条非遗旅游主题线路。（来源：中国旅游报）

6月6~7日 由山西省文化和旅游厅主办，山西省非物质文化遗产保护中心承办的"山西省传统武术类非遗青年传承人调演暨二十四节气芒种养生展演活动"在太原古县城举办。（来源："山西省非物质文化遗产保护中心"微信公众号）

6月22~24日 由山西省非物质文化遗产保护中心主办的"山西省曲艺类非遗青年传承人调演暨沁州书会系列活动"在山西省沁县举办。（来源："山西省非物质文化遗产保护中心"微信公众号）

7月1~2日 山西省文化和旅游厅与团省委联合主办的2023年山西

省大学生"非遗正青春"校园演说大赛在山西大学举行。（来源：山西新闻网）

7月20日　由山西省文化和旅游厅主办、中央文化和旅游管理干部学院承办的山西省长城国家文化公园建设保护专题培训班在河北省秦皇岛市举办。（来源：山西省文化和旅游厅官方网站）

7月21日　山西省文化和旅游厅公布第六批省级非遗代表性项目保护单位名单，老大同故事保护单位平城区文化馆等231家单位在列。（来源：山西省文化和旅游厅官网）

7月23~27日　山西省非遗与旅游融合专题培训班在晋城举办。（来源：山西省文化和旅游厅官网）

7月26日　山西省文化和旅游厅正式发布全省第一批省级非遗旅游体验基地、2022年全省非遗保护十大优秀实践案例及2022年全省非遗工坊十大典型案例。（来源：山西省文化和旅游厅官网）

10月27日~11月13日　由中国工艺美术馆（中国非物质文化遗产馆）、山西省文化和旅游厅、晋中市人民政府、太原市人民政府、吕梁市人民政府共同主办的"我从'晋'中来—晋中文化生态保护区走进中国非遗馆专题展览"在北京举行。（来源：文旅中国）

10月27日　山西省文化和旅游厅发布通知，公布第六批省级非遗代表性项目代表性传承人名单，共计318名。（来源：山西省文化和旅游厅官网）

11月7日　由文化和旅游部、山西省人民政府共同主办的2023黄河非遗大展在山西省太原市潇河国际会展中心举办。（来源：山西省人民政府官方网站）

陕　西

4月13日　由陕西省文化馆、陕西省非遗保护中心主办，渭南市华州区委、华州区人民政府承办的"陕西省青年非遗传承人扶持计划——非遗

产品营销专题培训班"在渭南市华州区开班。(来源:"陕西省文化馆"微信公众号)

8月29日 陕西省文化和旅游厅、陕西省乡村振兴局发布通知启动第三批省级非遗工坊申报工作,通知强调,通过设立第三批省级非遗工坊,进一步推动各地非遗统筹指导、规范管理、有序发展,有力带动传统工艺振兴发展。(来源:陕西省文化和旅游厅官网)

9月11日 陕西省发布《陕西省文化和旅游厅 陕西省教育厅关于组织开展2023～2025年度陕西省非物质文化遗产研究基地、传承教育实践基地以及中小学优秀传统文化教育社会实践基地申报工作的通知》,正式启动相关基地申报工作。(来源:陕西省文化和旅游厅官网)

10月16日～11月15日 由陕西省文化和旅游厅主办的"旷古遗音·和合之美"丝绸之路非遗器乐精品展在西安开展。(来源:文旅中国)

10月27～30日 由陕西省文化和旅游厅、延安市人民政府主办的"黄河记忆"——2023年黄河非遗大展在陕西省延安市举办。(来源:"陕西省非遗保护中心"微信公众号)

11月12～17日 由陕西省文化馆、陕西省非物质文化遗产保护中心主办的陕西省非遗专干茯茶专题培训班暨黄河流域非遗保护工作队伍培训班在陕西省文化馆曲江馆区举办。(来源:文旅中国)

11月21日 由陕西省文化馆、陕西省非物质文化遗产保护中心主办,西安市未央区方新小学承办,陕西演艺集团·陕西省民间艺术剧院承担演出的非遗进校园主题活动在西安市未央区方新小学举办。(来源:"陕西省文化馆"微信公众号)

12月6日 陕西省文化和旅游厅、陕西省乡村振兴局联合下发《关于支持设立第三批省级非遗工坊的通知》。(来源:陕西省文化和旅游厅官方网站)

12月13日 陕西省省级非物质文化遗产生产性保护示范基地(2023～2025年)名单发布。(来源:陕西省文化和旅游厅官方网站)

12月27日 由中国工艺美术馆(中国非物质文化遗产馆)、中共榆林市委、榆林市人民政府主办，中共榆林市委宣传部、榆林市文化和旅游局承办的国家级陕北文化生态保护区（陕西省榆林市）"榆林·陕北民歌展"在中国工艺美术馆（中国非物质文化遗产馆）举办。（来源：文旅中国）

上　海

3月16日　上海市文化和旅游局发布了《上海市非物质文化遗产代表性项目和传承人认定保护管理办法》。《办法》共分五章三十条内容。从总则、认定、保护、管理、附则等几个方面做出了详细说明。（来源：上海市文化和旅游局官方网站）

4月23日　上海市文化和旅游局发布《关于开展推荐申报第七批上海市非物质文化遗产代表性项目工作的通知》。（来源：上海市文化和旅游局官方网站）

6月8日　由上海市文化和旅游局、上海市人民政府外事办公室、上海市长宁区人民政府指导，上海艺术品博物馆、上海工艺美术职业学院、上海市非物质文化遗产保护中心主办的第十一届国际（上海）非物质文化遗产保护论坛在上海举行。（来源："上海非遗"微信公众号）

9月21日　由巴黎中国文化中心携手上海市群众艺术馆（上海市非物质文化遗产保护中心）与上海市奉贤区文化和旅游局共同举办的"国风华彩—上海非遗日"活动在法国巴黎举办。（来源：新华网）

11月17日　上海市文化和旅游局印发《上海市关于进一步加强非物质文化遗产保护工作的实施意见》，《意见》明确了健全非物质文化遗产保护传承体系、构建非物质文化遗产保护发展体系、构建非物质文化遗产保护发展体系三个方面的主要任务。（来源：上海市文化和旅游局官方网站）

12月27日　由上海、江苏、浙江、安徽等地的非遗保护中心，以及上海市浦东新区文化艺术指导中心、上海市浦东新区三林镇人民政府联合主办的长三角江南丝竹保护传承联盟迎新音乐会在上海浦东新区群众文化艺术馆成功举办。（来源："上海非遗"微信公众号）

12 月 28 日 上海市非物质文化遗产保护中心发布了关于启动"上海市非物质文化遗产与旅游深度融合发展"优秀实践案例征集工作的通知。该通知对组织机构、征集范围、申报要求、工作安排及申报方法等方面进行了详细阐述。（来源："上海非遗"微信公众号）

四 川

4 月 3 日 中共四川省委宣传部等多部门联合发布通知启动第二批四川省非物质文化遗产保护传承基地遴选工作。（来源：四川省文化和旅游厅官方网站）

4 月 4 日 四川省人民政府发布第六批省级非物质文化遗产代表性项目名录，其中第六批省级非遗代表性项目名录 207 项，省级非遗代表性项目名录扩展项目名录 127 项。（来源：四川省人民政府官方网站）

4 月 28 日 由四川省文化和旅游厅、省知识产权服务促进中心指导，省非物质文化遗产保护中心、省非物质文化遗产保护协会和省知识产权发展研究中心共同主办的 2023 年四川非遗大讲堂暨非遗领域知识产权保护宣传活动在四川省非物质文化遗产馆举行。（来源："四川非遗"微信公众号）

5 月 15～17 日 2023 年四川省非遗工作推进会暨川茶传承发展培训会在四川雅安举办。（来源："四川非遗"微信公众号）

10 月 9～11 日 由文化和旅游部非遗司主办，四川省文化和旅游厅、阿坝州人民政府承办的"西部地区国家级文化生态保护区建设经验交流活动"在四川省阿坝藏族羌族自治州举行。（来源："四川非遗"微信公众号）

10 月 12～16 日 第八届中国成都国际非物质文化遗产节成功举办，来自国内和全球 47 个国家（地区）的 900 多个非遗项目、1800 余名传统手工艺传承人、3000 余名表演人员和 1800 余名中外嘉宾共同参加。（来源：中国非物质文化遗产网）

11 月 21～24 日 由浙江非物质文化遗产保护中心、四川省非物质文化遗产保护中心共同主办的"蜀风宋韵——川浙非物质文化遗产保护传承交

流系列活动"在四川省非物质文化遗产馆举办。（来源："四川非遗"微信公众号）

12月5日 四川省文化和旅游厅派专家工作组赴省非遗保护中心开展研学旅行实践基地验收检查。（来源："四川非遗"微信公众号）

12月7日 四川省文化和旅游厅发布通知公布第六批省级非遗代表性项目保护单位名单，其中第六批省级非遗代表性项目保护单位209家，第六批省级非遗代表性项目名录扩展项目保护单位128家。（来源：四川省文化和旅游厅官方网站）

12月15日 由文化和旅游部、四川省人民政府共同主办的第十届中国京剧艺术节在四川成都开幕。（来源：中国文化报）

12月22日 四川省文化和旅游厅印发《四川省非遗大师工作室管理办法》，《办法》共七章二十二条，涵盖职能与职责、申报与评审、实施与管理、经费与使用、考核与监督等内容。（来源：四川省文化和旅游厅官方网站）

12月29日 2023四川文旅公共服务和非遗保护年度发布仪式在四川广播电视台举行，现场揭晓2023文旅公共服务高质量发展优秀品牌、优秀案例、优秀团队以及四川非遗年度人物和非遗保护传承优秀案例。（来源："四川非遗"微信公众号）

台 湾

5月10日 由台湾文化主管部门举办的"112年蒙古民族纪念仪典 成吉思汗仪典"在台北福华大饭店举办。（来源：台湾文化主管部门官网）

5月17~20日 台湾"荣兴客家采茶剧团"在柏林东德博物馆、立陶宛民俗历史博物馆巡演。（来源：台湾文化主管部门官网）

6月3~4日 由台湾传统艺术中心组织的"北管潮112年北管艺术大汇演"在宜兰蒋渭水演艺厅举办。（来源：台湾文化主管部门官网）

6月16~17日 由台湾文化主管部门举办的"原住民族文化资产保

存工作坊"在莲花光复糖厂举办。（来源：台湾文化主管部门官网）

7月20~21日 由台湾文化主管资产部门举办的"重要传统表演艺术国小教师研习营"在台北市大同国民小学举办。（来源：台湾文化主管部门官网）

9月16日 台湾文化主管部门举办"在生活中遇见文化资产"活动，结合传统与创新表演、传统工艺手作坊等，让民众认识文化资产的美好。（来源：台湾文化主管部门官网）

11月8日 台湾博物馆联合北部6所地方文化馆展出"当代转生 北区原文馆联合策展行动"。（来源：台湾文化主管部门官网）

11月17~26日 由台湾文化主管部门指导，新竹生活美学馆主办的112年"巢漾潮聚"社区营造及村落文化成果展举办。（来源：台湾文化主管部门官网）

天 津

2月27日 天津市文化和旅游局启动了市级非遗传承体验基地申报评选工作。（来源：天津市文化和旅游局官方网站）

6月10日 由天津市非物质文化遗产保护中心、西青区文化和旅游局主办的首届"天津大运河文化带建设与非遗系统性保护"学术研讨会，在天津市西青区杨柳青古镇举办。（来源："天津非遗中心"微信公众号）

8月10日~9月4日 天津市第五届西岸"哪吒杯"京津冀甘黔湘非遗创新创意大联展暨首届西岸京津冀非遗文化嘉年华在天津举办。（来源：天津非物质文化遗产网）

12月14日 天津市文化和旅游局发布《关于公布第一批市级非物质文化遗产传承体验基地名单的通知》，经各区和有关单位推荐、专家评审、征求意见、公示等环节，共确定56家市级非物质文化遗产传承体验基地。（来源：天津市文化和旅游局官方网站）

西　藏

1月10日　西藏自治区文化和旅游厅发布《关于西藏自治区国家级非物质文化遗产生产性保护示范基地推荐名单公示》，经相关单位推荐申报、专家评审等程序，拟推荐国家级非物质文化遗产保护示范基地共5个。（来源："文化西藏"微信公众号）

4月7日　西藏自治区群艺馆（自治区非遗保护中心）组织召开2022年度区直国家和自治区级非遗代表性传承人考核评估及座谈会。（来源："西藏自治区群众艺术馆"微信公众号）

5月22日　由西藏自治区文化和旅游厅主办、西藏自治区罗布林卡管理处协办的"2023年区群艺馆（自治区非遗保护中心）文化馆服务宣传周"活动启动仪式成功举办。（来源："西藏自治区群众艺术馆"微信公众号）

6月10~15日　由西藏自治区文化和旅游厅、文物局主办，西藏自治区群艺馆（自治区非遗保护中心）、西藏自治区罗布林卡管理处、西藏自治区博物馆承办的2023年"文化和自然遗产日"系列活动在拉萨罗布林卡举办。（来源："文化西藏"微信公众号）

香　港

8月4日　由文化和旅游部、香港特别行政区政府文化体育旅游局主办，浙江省文化广电和旅游厅、香港特别行政区政府康乐及文化事务署承办，浙江省非物质文化遗产保护中心（浙江省非物质文化遗产馆）、香港特别行政区政府康乐及文化事务署非物质文化遗产办事处执行承办的2023"根与魂——茶和天下·雅集"浙江茶文化生活主题展演活动在香港中央图书馆举办。（来源："浙江非遗"微信公众号）

11月19日　由广东省文化和旅游厅、香港特别行政区政府文化体育及旅游局和澳门特别行政区政府文化局联合主办，康乐及文化事务署策划的"粤港澳粤剧群星会"在沙田大会堂演奏厅举行。（来源：香港特别行政区政府新闻网）

新　疆

3月13日　新疆维吾尔自治区文化和旅游厅发布《关于开展第六批自治区级非物质文化遗产代表性项目申报工作的通知》，《通知》从推荐申报条件、申报程序、申报材料、工作要求等几个方面做出了详细说明。（来源：新疆维吾尔自治区文化和旅游厅官方网站）

4月18~23日　由新疆非遗保护研究中心和塔城地区文化体育广播电视和旅游局主办的哈萨克族阿依特斯传承人群培训班在新疆维吾尔自治区额敏县开班。（来源：新疆维吾尔自治区文化和旅游厅官方网站）

6月21日　新疆维吾尔自治区文化和旅游厅发布《关于推荐自治区非物质文化遗产保护工作专家库专家人选的通知》，《通知》从工作职责、推荐条件、推荐程序和推荐时间等几个方面做出了详细说明。（来源：新疆维吾尔自治区文化和旅游厅官方网站）

8月23日　由文化和旅游部、新疆维吾尔自治区人民政府共同主办的2023"新疆是个好地方"对口援疆19省市非物质文化遗产展在新疆维吾尔自治区阿克苏地区阿克苏市举办。（来源：中国非物质文化遗产网）

云　南

1月18日　云南省文化和旅游厅发布公告，决定取消罗扎母省级非遗代表性传承人资格。（来源：云南省文化和旅游厅官方网站）

2月10日　由云南省文化和旅游厅主办，云南省非遗保护中心和临沧市非遗保护中心联合承办的2023年云南非遗公开课·红茶制作技艺（滇红茶制作技艺）专场在滇红茶的故乡凤庆县开讲。（来源："云南非遗"微信

公众号）

3月21日　云南省文化和旅游厅发布通知取消杨本雷省级非遗代表性传承人资格。（来源：云南省文化和旅游厅）

3月21日　云南省财政厅、云南省文化和旅游厅联合印发《云南省非物质文化遗产保护专项资金管理办法》，《办法》共分六章二十五条，明确了专项资金使用范围与支出标准、申报与审批、资金管理与使用、绩效管理与监督等内容。（来源：云南省财政厅官方网站）

3月23日　云南省印发《云南省省级非物质文化遗产代表性项目认定与管理办法（试行）》。《办法》从总则、认定、保护、管理等几个方面做出了详细的说明。（来源：云南省文化和旅游厅官方网站）

3月23日　云南省文化和旅游厅发布通知同意程贵华放弃省级非遗代表性传承人资格。（来源：云南省文化和旅游厅）

3月31日　云南省文化和旅游厅召开2023年全省非遗保护工作会议，会议分析总结了2022年全省非遗保护工作，部署2023年重点工作任务，传达学习了文化和旅游部关于非遗保护工作的重要文件及会议精神。（来源："云南非遗"微信公众号）

4月18~21日　由云南省文化和旅游厅主办，云南省非物质文化遗产保护中心承办的2023年"七彩云南·非遗购物节"培训班在昆明安宁市举办。（"云南非遗"微信公众号）

8月18日　2023年度云南省非遗保护业务骨干田野调查培训在云南省昭通市开班。（来源："云南非遗"微信公众号）

8月20日　云南省文化和旅游厅发布《关于开展第七批省级非物质文化遗产代表性传承人推荐申报工作的通知》，《通知》详细规定了认定标准和推荐申报范围。（来源：云南省文化和旅游厅官网）

8月21~24日　云南省2023年专业技术人才知识更新工程"非物质文化遗产保护工作高级研修班"在腾冲市举办。（来源："云南非遗"微信公众号）

9月10~11日　由云南省非物质文化遗产保护中心主办、剑川县文化和旅游局承办的 2023 年云南省非物质文化遗产代表性项目传承人——"非物质文化遗产赋能乡村文化振兴"木雕专题培训班在云南省大理白族自治州剑川县举办。（来源："云南非遗"微信公众号）

9 月 22 日 由云南省文化和旅游厅、云南省红河哈尼族彝族自治州政府、中国旅游报社主办，红河州文化和旅游局承办的 2022 全国非遗特色旅游线路发布活动在红河州元阳县哈尼小镇举办。（来源：中国旅游新闻客户端）

10 月 22~26 日 由云南省文化和旅游厅、云南省民族宗教事务委员会、德宏州人民政府主办，云南省非物质文化遗产保护中心、德宏州文化和旅游局、德宏州民族宗教事务局承办的云南省第十三届民族民间歌舞乐展演在云南省芒市举办。（来源："云南非遗"微信公众号）

浙　江

1 月 9 日 浙江省文化广电和旅游厅公布大运河文化传承生态保护区等 11 个省级文化传承生态保护区名单。（来源："浙江省文化广电和旅游厅"微信公众号）

1 月 16 日 浙江省人民政府发布通知，公布了第六批省级非物质文化遗产代表性项目名录，共计 110 项。（来源：浙江省人民政府官方网站）

2 月 10 日 浙江省文化广电和旅游厅公布"非遗助力共同富裕"试点地区名单，共计 40 个。（来源："浙江文旅"微信公众号）

2 月 23~24 日 浙江省文化广电和旅游厅在建德市召开全省"非遗助力共同富裕"试点工作会议。（来源：文旅中国）

3 月 8~10 日 由浙江省非遗保护中心（省非遗馆）主办、乐清市文化和广电旅游体育局承办的"2023 年全省非遗保护业务培训班"在温州乐清举办。（来源："浙江非遗"微信公众号）

3 月 22 日 "中国传统制茶技艺及其相关习俗"浙江省保护发展联盟在杭州成立。（来源："浙江非遗"微信公众号）

3月31日~4月2日　由浙江省文化广电和旅游厅主办，浙江省非物质文化遗产保护中心（馆）承办的第17届中国义乌文化和旅游产品交易博览会"非遗生活馆"展览活动在义乌国际博览中心B2馆举办。（来源：来源："浙江非遗"微信公众号）

4月22日　浙江省文化广电和旅游厅公布第一批省级传统工艺工作站、省级非遗工坊名单，正式命名第一批10个省级传统工艺工作站、87个省级非遗工坊。（来源：浙江省文化广电和旅游厅官方网站）

5月13日　由浙江省文化广电和旅游厅主办，余杭区人民政府、余杭区径山茶发展领导小组承办的"浙江气派的非遗茶生活"——2023"茶和天下　共享非遗"主题活动浙江省主会场活动在杭州市余杭区西溪印象城启幕。（来源："浙江非遗"微信公众号）

5月16日　浙江省非物质文化遗产保护协会茶文化专业委员会在杭州正式成立。（来源：浙江日报）

6月3日　2023浙江省"非遗薪传"传统体育展演展评活动在诸暨城市广场举行。（来源：文旅中国）

6月27日　由浙江省文化广电和旅游厅主办的"茶和天下"茶文化展在澳门举办。（来源："浙江文旅"微信公众号）

7月6~9日　由浙江省文化广电和旅游厅、绍兴市人民政府主办的第十五届浙江·中国非物质文化遗产博览会在绍兴市柯桥区举办。（来源：浙江省文化广电和旅游厅官方网站）

7月20~21日　浙江省文化广电和旅游厅在桐庐县举办全省"非遗助力共同富裕"工作培训和交流活动。（来源："浙江非遗"微信公众号）

8月24日　浙江省文化广电和旅游厅发布通知，启动2023浙江"非遗茶生活"传统工艺联创大赛。（来源："浙江文旅"微信公众号）

8月29日　浙江省非物质文化遗产馆正式开馆。（来源："浙江省非物质文化遗产馆"微信公众号）

9月25~27日　由浙江省非物质文化遗产保护中心（浙江省非物质文化遗产馆）主办，磐安县文化和广电旅游体育局承办、磐安县非物质文化

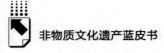

遗产保护中心执行承办的 2023 年国家级非遗代表性传承人记录工作培训班在磐安举办。（来源："浙江非遗"微信公众号）

11 月 6~8 日 浙江省人类非物质文化遗产名录项目履约工作第一期培训在杭州市西湖区举行。（来源："浙江非遗"微信公众号）

11 月 17 日 "中国传统制茶技艺及其相关习俗"列入人类非物质文化遗产代表作名录一周年浙江主场活动暨浙江"非遗茶生活"传统工艺联创大赛成果展在杭州市余杭区未来科技城举办。（来源：文旅中国）

11 月 29 日 以"新方法 新视界——非遗馆的阐释和展示"为主题的第七届"大匠至心"非遗传承发展杭州沙龙在浙江省非物质文化遗产馆举办。（来源："浙江非遗"微信公众号）

12 月 15 日 2023"浙江好腔调"传统戏剧展演系列活动在浙江省非物质文化遗产馆启动。（来源："浙江非遗"微信公众号）

Abstract

The entire book is divided into four parts.

The first part is a comprehensive report. The comprehensive report " *The Safeguarding of Intangible Cultural Heritage and the Construction of Chinese-Style Modernization*" points out that in 2023 China accelerated the promotion of the integration of the systematic safeguarding of intangible cultural heritage into national policies, always respecting the pivotal role of the people in the safeguarding of intangible cultural heritage. Guided by the core socialist values, the Chinese state promotes the continuous empowerment of common prosperity, promotes the coordinated development of material civilization and spiritual civilization in the safeguarding of intangible cultural heritage, and cultivates a lifestyle of harmonious coexistence between humans and nature. The successful "export" of intangible cultural heritage demonstrates China's determination to adhere to the path of peaceful development and has become an important bridge for China to build a community with a shared future for mankind. China's safeguarding of intangible cultural heritage still needs to strengthen inter-departmental cooperation, continue to explore the potential of intangible cultural heritage to empower sustainable development; effectively strengthen the popularization and instruction of the " *Intangible Cultural Heritage Law*", improve the legal training of the important entities in the safeguarding of intangible cultural heritage, optimize the assessment and evaluation mechanism for inheritors of intangible cultural heritage ; standardize the development of cultural ecological safeguarding of tourist areas, properly formulate special guidance and documents for tourism and actively implement them; accelerate the improvement of legal systems in the field of intangible cultural heritage, strengthen the exchange of experience in international litigation in the

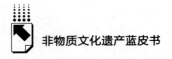

field of intangible cultural heritage, explore joint safeguarding mechanisms for intangible cultural heritage, and gradually reach common measures and criteria accepted by the international community, in order to break through the international legal system dominated by the West.

The second part is a section on a specific theme, focusing on the issues of intangible cultural heritage safeguarding and Chinese-style modernization and modernity. *The Safeguarding of Intangible Cultural Heritage and Chinese-style Instructional Modernization: Theoretical and Practical Exploration of Intangible Cultural Heritage Education in Schools and Universities* argues that the education about safeguarding of intangible cultural heritage has become an indispensable part of China's intangible cultural heritage safeguarding process. The current work of intangible cultural heritage safeguarding is intertwined with the pace of China's 1 modernization in education, forming a mutually promoting relationship with universities schools and universities playing a key role. The report proposes that universities and colleges should integrate traditional and modern educational resources, innovate teaching models, and cultivate professional talents with awareness (theoretical cultivation) and practical skills of intangible cultural heritage safeguarding. *The National Intangible Cultural Heritage Representative Inheritors' Documentation Work and the Construction of Intangible Cultural Heritage Digital Resources* points out that the recording work of national-level representative inheritors of intangible cultural heritage has established an operational method composed of digital resource collection of interviews regarding oral history and intangible cultural heritage video production as the core, and digital resource cataloging according to metadata standards. The work transforms the core skills and cultural memory of intangible cultural heritage carried by inheritors, which have characteristics of oral tradition and oral instruction, into intangible cultural heritage digital resources, creating modern intangible cultural heritage archives and historical materials. With the issuance of the WH/T 99 − 2023 *Digital Safeguarding of Intangible Cultural Heritage: Digital Resource Collection and Cataloging* series of industry standards, the recording work cataloging standards have been updated, and a national-level intangible cultural heritage digital resource platform has been established. The platform promotes the intensification of storage and preservation of cultural heritage, establishes measures to promote its universal access and effective use, and achieves its safeguarding of the continuity of the core techniques and cultural memories of intangible cultural heritage projects. It repays practices of intangible cultural heritage, participates in contemporary and future cultural construction, and acts asg an urgent issue to be addressed. *An Initial Exploration of the Construction of an Independent Knowledge System and the safeguarding of Intangible Cultural Heritage* believes highlights that as outstanding traditional culture, intangible cultural heritage should play an important role in the process of constructing "China's Independent Knowledge System". Under the influence of elements such as intangible cultural resources, inheritors and inheritance groups, scientific research institutions and scholars, and policy and regulatory environments, the safeguarding and construction of intangible cultural heritage can interact and influence each other in multiple dimensions and levels. It can also enhance and promote the coordinated development of the two through strategies such as strengthening academic research, deepening practical exploration, promoting technological innovation and application, and strengthening international cooperation and exchanges. This will promote the active employment and innovative development of intangible cultural heritage, enhance national cultural soft power and cultural confidence, and enhance China's influence in the world. The article "The Safeguarding of Intangible Cultural Heritage Promoting Eco-civilization Construction-Taking the National Marine Fish Culture (Xiangshan) Eco-safeguarding Zone as an Example" lays out how the National Marine Fish Culture (Xiangshan) Ecological Safeguarding Zone has promoted eco-civilization construction through top-level design, coordination with relevant departments, alignment with national major strategies, promoting green development, unearthing intangible cultural heritage resources, and relying on activities such as festivals among other ways. It points to the correlation between cultural ecological safeguarding zones with the core concept of holistic safeguarding and the construction of eco-civilization. A lack of understanding of holistic safeguarding and insufficient utilization of the ecological value of intangible cultural heritage resources are the challenges currently faced by the intangible cultural heritage regarding the promotion of cultural eco-construction. It is necessary to tap into the ecological value to enhance the public's awareness of eco-civilization, improve the evaluation system to strengthen the awareness of holistic safeguarding, and cultivate social forces to promote the extensive participation of the public. The article "The Safeguarding of Intangible Cultural Heritage and the Construction of a Community with a Shared Future for Mankind-Taking the Spread of Fujian-Guangdong Intangible Cultural Heritage in Southeast Asia as an Example" explores the relationship between safeguarding intangible cultural heritage and the construction of a community with a shared future for mankind. The article focuses on the inheritance and spread of Fujian-Guangdong intangible cultural heritage in Southeast Asia between 2023 and 2024, pointing out that these intangible cultural heritage projects play an important role in overseas Chinese communities, enrich the ways of expression of Chinese culture, and become carriers for the dialogue between Chinese civilization and world civilization, providing new perspectives and practical paths for international cultural exchanges and civilizational intercommunication. To give full play to the role of intangible cultural heritage in constructing a community with a shared future for mankind, it is necessary to play a connection role, promote the participation of overseas Chinese in the construction of the community with a shared future for mankind, tap into cultural commonalities to promote the popular sentiment of the Chinese people at home and abroad, make good use of media to strengthen the consciousness of the Chinese nation among overseas Chinese, and broaden channels to increase the chances of applying scenarios like the Fujian-Guangdong intangible cultural heritage overseas.

The third part is also on a specific theme, focusing on the issue of intangible cultural heritage serving major national strategies. *Intangible Cultural Heritage Promoting Common Prosperity-Taking the Practice of Intangible Cultural Heritage Safeguarding in Zhejiang Province as an Example* points out that achieving common prosperity is the essential requirement of socialism. As an important part of the outstanding traditional Chinese culture, the safeguarding and inheritance of intangible cultural heritage is closely connected with economic development. New models such as "intangible cultural heritage + industry" have activated rural economies, enriched people's cultural and life experiences, and promoted the common prosperity of spiritual life. Zhejiang Province has successfully improved the effectiveness of the safeguarding and inheritance of intangible cultural heritage through policy support, workshop aggregation, talent gathering, and other measures, providing a reference for the country and providing practical paths and strategies for other regions to promote common prosperity through intangible cultural heritage. "*The Report on the Analysis of the Development and Question of the New National Trend for Leadership over Intangible Cultural Heritage*" points out that under the promotion of the concepts and policies of intangible cultural heritage safeguarding, such as systematic safeguarding and inheritance, creative transformation, and innovative development, intangible cultural heritage has been fully integrated into modern life. Intangible cultural heritage has crossed borders and integrated with brands, tourism, film and television, new media, and new technologies in a more open and fashionable way, leading the development of the new national trend. As a consumption concept of a unique era and a the construction of a symbol for contemporaneity, the national trend of intangible cultural heritage has broken through certain circles and penetrated into many fields such as culture, industry, science and technology, art, and so on; it has also exposed numerous problems such as homogenization, emphasis on content over product, lack of in-depth exploration of the connotation of intangible cultural heritage, over-reliance on online flows, weak overseas competitiveness, and so on. Innovation and the improvement of quality are the core of promoting the development of intangible cultural heritage national trend, which requires comprehensive consideration of multiple factors. Such factors are product content, quality, brand building, and social recognition for the achievement of a healthy interaction between intangible cultural heritage and national trend and boost this "fashion" toward a "top stream" with high social reputation, rich connotation, solid quality, and international influence. *How Can Intangible Cultural Heritage 'Stand Out'*? *A Study on the Phenomenal Spread of Yinggewu* has found out that the rise of social media has driven a wave of phenomenal spread of intangible cultural heritage projects. Based on the circle theory, the article outlines the timeline and key events of Yinggewu's "stand out" and believes that the "stand out" spread of Yinggewu can be divided into three stages. That is, in the initial accumulation stage of the "circle", the circle is revitalized and grows through innovation and transformation; in the "stand out" stage, the circle is broken through technology-driven, value recognition, emotional resonance, and value highlighting; in the sharing stage, the continuous spread of Yinggewu is achieved through the reconstruction and inheritance of cultural memory. This provides a reference for a path for the communication and sustainable development of intangible cultural heritage projects. *Cultural Support for Regional Coordination Development-Taking the Intangible Cultural Heritage of the Beijing-Tianjin-Hebei Region as an Example* points out that the Beijing-Tianjin-Hebei region belong to the same Yan and Zhao land, have similar cultural backgrounds and geographical locations, and their intangible cultural heritage projects also convey similar cultural memories, which becomes the basis for the coordinated development of the three regions' intangible cultural heritage. The intangible cultural heritage of three regions has a common origin and symbiosis, there are cross-heritage situations, and the coordinated development strategy of Beijing-Tianjin-Hebei region provides the possibility of regional holistic safeguarding for the three regions' intangible cultural heritage. Under the trend and background of regional coordinated development of Beijing-Tianjin-Hebei region, the coordinated safeguarding of the three regions' intangible cultural heritage has made significant achievements in the integration of culture and tourism integration and regional public cultural services, but there are still difficulties in further coordinated development. To break through the bottleneck of the coordinated development of the three regions' intangible cultural heritage and promote its the coordinated development and to assist regional coordinated development, it is necessary to innovate and develop new ideas, explore new development models, and use intangible cultural heritage thereby assisting the coordinated development of the Beijing-Tianjin-Hebei region.

The fourth part is *The 2023 Annual List of Intangible Cultural Heritage.*

Keywords: The Safeguarding of Intangible Cultural Heritage; Chinese Style Modernization; Sustainable Development

Contents

I General Report

B.1 Safeguarding of Intangible Cultural Heritage and Construction of
Chinese Modernization *Song Junhua , Zhan Xiaoyue* / 001

Abstract: In the past 2023, China has accelerated the integration of the systematic safeguarding of intangible cultural heritage into the national strategy. It has always respected the people's principal position in the safeguarding of intangible cultural heritage, taken view of the core socialist values as the guide, promoted safeguarding of intangible cultural heritage to realize Common Prosperity for All continuously, promoted the safeguarding of intangible cultural heritage to coordinate the development of material civilization and spiritual civilization in China, and fostered harmonious lifestyle between human and nature. Chinese intangible cultural heritage has successfully spread to overseas areas, which gave expression to Chinese determination to follow the path of peaceful development and join hands with other countries to build a community with a shared future for mankind. In the future, we need to strengthen collaboration among various government departments to further tap the potential of intangible cultural heritage for sustainable development. We need to strengthen the education about the Law of the People's Republic of China on Intangible Cultural Heritage, improve the important subjects' legal literacy, and optimize the appraisal system about inheritors to support the safeguarding system of Chinese intangible cultural heritage. We also need to regulate the tourism development in culturally ecological reserves, and improve special tourism guidance documents and implement them actively. Facing difficulties in international litigation arising from the spread of Chinese intangible cultural heritage to overseas areas in recent years, we should speed up the improvement of the legal system in the field of intangible cultural heritage, strengthen the exchange of experience and academic discussion of international litigation in the field of intangible cultural heritage, explore the joint safeguarding mechanism of intangible cultural heritage, and gradually reach conventions and norms widely accepted by the international community, so as to break through the international legal system dominated by the West.

Keywords: Law of the People's Republic of China on Intangible Cultural Heritage; Systematic Safeguarding; Chinese-Style Modernization; Sustainable Development

Ⅱ ICH Thematic Reports

B.2 Intangible Cultural Heritage Safeguarding and China's Modernization of Education: Theoretical and Practical Research on Intangible Cultural Heritage Education in Higher Education

Song Junhua, Zhang Jiawei / 052

Abstract: Over the past twenty-plus years, China has made remarkable achievements in the safeguarding of intangible cultural heritage (hereinafter referred to as "ICH"). In particular, the promotion of ICH education has become an indispensable part of the process of China's ICH safeguarding. As time goes by, the current ICH safeguarding work and the pace of China's modernization of education have become intertwined, forming a mutually promotional relationship. Against this backdrop, discussing the key role of universities in ICH education, studying how universities can integrate traditional and modern educational resources, innovate teaching methods, and cultivate professional talents who are both aware of

ICH safeguarding and possess practical abilities, these issues are of profound significance for promoting the cause of ICH safeguarding and the process of educational modernization.

Keywords: ICH Safeguarding; China's Model of Educational Modernization; Higher Education

B.3 National Intangible Cultural Heritage Representative Inheritors' Documentation Works and the Construction of Intangible Cultural Heritage Digital Resources　*Li Hui* / 067

Abstract: The documentation work of national-level intangible cultural heritage (ICH) representative inheritors is an important measure for the protection of ICH in China. Reviewing its progress, it is found that it has introduced memory institutions, established a core ICH digital resource collection method based on oral history interviews and ICH video production, established metadata standards for the cataloging of ICH digital resources, refined, conveyed, and disseminated the skills and cultural memories carried by inheritors, and formed a protection with multiple stakeholders interacting and complementing each other's functions. Observing from the publicly available overviews of 151 inheritors, the documentation work has improved the files of inheritors, created historical materials for ICH, and there is also a problem of low public disclosure of results. Therefore, measures should be established at the national level to promote the updating of cataloging standards according to the WH/T 99-2023 " Intangible Cultural Heritage Digital Protection-Digital Resource Collection and Cataloging" series of industry standards, promote the establishment of a national ICH digital resource platform, complete the intensive storage of results and original materials, facilitate universal access and effective use, and achieve the protection and feedback of ICH digital resources to the core skills and cultural memory of ICH projects, participate in contemporary and future cultural construction.

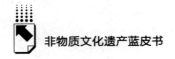
Keywords: National-level ICH Representative Inheritor Documentation Work; ICH Skills; Cultural Memory; ICH Digital Resources

B.4 Research on the Synergistic Development between Intangible Cultural HeritageSafeguard and the Construction of an Autonomic Knowledge System *Duan Xiaoqing* / 087

Abstract: Since 2001, significant achievements have been made in the safeguard of intangible cultural heritage (ICH), and ICH Studies have gradually developed into an emerging discipline. In 2022, Xi Jinping proposed the strategic task of "constructing China's autonomic knowledge system," emphasizing that the construction must take Marxism as the "soul" and excellent traditional Chinese culture as the "root." As a typical representative of traditional culture, ICH will play a vital role in building an independent knowledge system. Therefore, there is a close connection between ICH safeguard and the construction of an autonomic knowledge system. Influenced by elements such as ICH cultural resources, inheritors and inheritor groups, scientific research institutions and scholars, as well as policies and regulations, the two interact and influence each other on multiple dimensions and levels. Consequently, the synergistic development between ICH safeguard and the construction of an autonomic knowledge system can be further enhanced and promoted through strategies such as strengthening academic research, deepening practical exploration, promoting technological innovation and application, and enhancing international cooperation and exchanges. This, in turn, will facilitate the active utilization and innovative development of ICH, strengthen national cultural soft power and cultural confidence, and elevate the country's international influence.

Keywords: Intangible Cultural Heritage Safeguard; Autonomic Knowledge System; Synergistic Development; Cultural Confidence

B.5   Boosting Ecological Civilization Construction through the

Protection of Intangible Cultural Heritage: A Case Study of

the Oceanic Fishery Cultural (Xiangshan) Ecology Reserve

Construction   *Deng Taoxiang* / 104

Abstract: Cultural ecology reserve construction is an important category for the protection of intangible cultural heritage in China and also serves as a significant driving force for ecological civilization construction in our country. China initiated the establishment of cultural ecology reserves in 2007, which has not only achieved remarkable results in the protection of intangible cultural heritage but has also promoted ecological civilization construction in China. Taking the oceanic fishery cultural (Xiangshan) ecology reserve as an example, this article points out that cultural ecology reserve construction contributes to ecological civilization construction through top-level design, collaboration with relevant departments, alignment with major national strategies, promotion of green development, excavation of intangible cultural heritage resources, and reliance on festive events. On the other hand, current challenges faced by the protection of intangible cultural heritage in supporting ecological civilization construction include further excavation and utilization of the ecological value of intangible cultural heritage, as well as inadequate awareness of holistic conservation. In response, further efforts are needed in the cultural ecology reserve construction in three major areas: tapping ecological value to enhance public awareness of ecological civilization, improving the evaluation system to strengthen holistic conservation awareness, and motivating social forces to promote active public participation.

Keywords: Cultural Ecology Reserve Construction; Ecological Civilization Construction; Integrated Protection

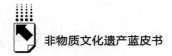
B.6　Intangible Cultural Heritage safeguarding and the Construction of a Community with a Shared Future for Mankind: A Case Study of the Transmission and Dissemination of Fujian and Guangdong ICH in Southeast Asia

Lin Faqin, *Xu Chang* / 128

Abstract: "The construction of a community with a shared future for mankind" is the core concept of General Secretary Xi Jinping's diplomatic thought. He emphasizes promoting harmonious coexistence and the exchange of civilizations, insisting on mutual learning. This concept is a Chinese solution to global governance, based on building a peaceful, win-win, and prosperous world. Intangible cultural heritage (ICH) is an important component of human cultural diversity, and its protection highlights shared human values, serving as a vital medium for constructing a community with a shared future. The transmission and dissemination of Fujian and Guangdong ICH in Southeast Asia further deepen the exchange and mutual learning between civilizations. This paper uses the safeguarding and practical dynamics of Fujian and Guangdong ICH as an example, pointing out that these ICH projects can bridge conflicts and dissolve oppositions. On one hand, they promote the integration of Chinese communities and provide a sense of identity and continuity for overseas Chinese; on the other hand, the local integration strengthens intercultural interactions, providing a supportive framework for building mutual learning among civilizations. To this end, Fujian and Guangdong ICH needs to strengthen its transmission links, effectively utilize communication media, broaden application scenarios, and encourage overseas compatriots to participate in the construction of a community with a shared future, thus deepening cultural exchange and mutual learning.

Keywords: Community with a Shared Future; Fujian and Guangdong ICH; Overseas Chinese in Southeast Asia; Cultural Diversity

III   Annual Hot Spot

B.7   Intangible Cultural Heritage Facilitates Common Prosperity: A
Case Study of Intangible Cultural Heritage Protection Practices
in Zhejiang Province   *Zhang Ao , Fang Yali* / 148

Abstract: Achieving common prosperity is an essential requirement of
socialism. Intangible cultural heritage is an important component of the excellent
traditional culture of the Chinese nation, and its protection and inheritance are
closely linked to economic development. New models such as "intangible cultural
heritage + industry" have invigorated the rural economy, enriched people's cultural
life, and promoted common prosperity in spiritual life. Zhejiang Province has
effectively enhanced the effectiveness of intangible cultural heritage protection and
inheritance through measures such as policy support, workshop agglomeration, and
talent aggregation, providing a referenceable experience for the whole country and
a practical and feasible path and strategy for other regions to promote intangible
cultural heritage to contribute to common prosperity.

Keywords: Common Prosperity; Intangible Cultural Heritage; Rural
Revitalization; Zhejiang Experience

B.8   Intangible Cultural Heritage Leads the Development and Issues
Analysis Report of New National Trends   *Wu Jing* / 162

Abstract: Since the 18th National Congress of the Communist Party of China,
under the impetus of the concepts and policies of systematic protection, creative
transformation, and innovative development of intangible cultural heritage (hereinafter
referred to as "ICH"), the status of ICH in modern life has become increasingly
prominent, and the Safeguarding of ICH has entered a new stage of development. In

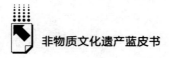
recent years, ICH has led the vigorous development of the new national trend in various fields such as brand building, tourism development, film and television, new media, and new technologies, with a more open and fashionable perspective. As a consumer concept with characteristics of the times and a contemporary symbol construction, the new national trend has broken through the boundaries to some extent, penetrating into many fields such as culture, industry, technology, and art. However, it also exposes many issues, including homogenization, emphasis on content over products, lack of in-depth exploration of cultural connotations, excessive reliance on online traffic, and weak competitiveness overseas. In the long run, ICH is the key to leading the innovation and quality improvement of the new national trend, involving various aspects such as product content, quality, brand building, and social recognition. With the empowerment of ICH, it helps the new national trend, this "trend," to develop into a "top-tier" with high social prestige, rich connotations, excellent quality, and influence internationally.

Keywords: Intangible Cultural Heritage; Lead New National Trend; Cultural Confidence

B.9   How does Intangible Cultural Heritage "Break Out of the Circle"?

—A Study Based on the Phenomenal dissemination of

Yingge Dance   *Zhang Zhaoyuan, Cai Jiawei* / 186

Abstract: The rise of social media has triggered phenomenal dissemination of intangible cultural heritage projects, with the Yingge Dance serving as a typical example. Based on the social circle theory, the journey of the Yingge Dance "breaking out of its circle" can be summarized into three phases: the pre-accumulation phase within the circle, the "breakout" phase, and the sharing phase. By analyzing key events and driving factors in each stage of the Yingge Dance's breakout process, we can find out the model that illustrates its transformation from a local culture to one that has broken through its original boundaries and is moving towards sustainable development. This analysis can provide valuable insights for other forms of intangible cultural heritage seeking survival strategies and pathways to long-term development in modern and diverse environments.

Keywords: Yingge Dance; "Breaking Out"; Social Circle Theory; Intangible Cultural Heritage

B.10 Cultural Boost for Regional Collaborative Development-Illustrated with the Example of Intangible Cultural Heritage in Beijing-Tianjin and Hebei *Yang Rong* / 211

Abstract: The intangible cultural heritage stands as a prestigious embodiment of traditional culture. Encompassing Beijing, Tianjin, and Hebei are the part of ancient YanZhao area, fostering a profound sense of cultural memory reflected in its intangible heritage projects. This shared heritage serves as the fundamental bedrock for their synchronized growth. The intangible cultural heritage of Beijing, Tianjin, and Hebei exhibits a profound sense of homology and symbiosis, with intricate cross-inheritance patterns. The region's coordinated development strategy offers a promising avenue for the integrated protection of their intangible heritage, highlighting the region's unique cultural identity. Against the backdrop of their synchronized evolution, the three regions have made remarkable progress in integrating their intangible cultural heritage into cultural tourism and regional public cultural services. Despite these achievements, challenges persist in furthering synchronized development. To overcome these hurdles and enhance the role of intangible cultural heritage in regional development, innovative strategies and fresh perspectives must be explored. By harnessing the power of their intangible heritage, Beijing, Tianjin, and Hebei can forge ahead in their synchronized journey and promote their regional collaborative development.

Keywords: Beijing-Tianjin-Hebei Region; Coordination of Intangible Cultural Heritage; Integration of Culture and Tourism

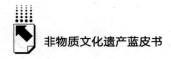
B.11 Analysis of Hot Spots in Integration of Intangible Cultural

Heritage and Tourism   *Chen Xi* / 235

Abstract: The integration of intangible cultural heritage and tourism is the product of historical development and also an institutional national development strategy and direction. Since the two divisions of culture and of tourism were merged into one, the integration of intangible cultural heritage and tourism has been emphasized. From the unilateral development of tourism products using intangible cultural heritage as resources, to the integrated development of intangible cultural heritage and tourism under the concept of "promoting tourism with culture and highlighting culture by with tourism", relevant government units at all levels have issued a series of policies and measures to accumulate experience in practice and promote the deep integration of the two. Nearly a year, cultural tourism units have been actively promoting and popularizing cultural tourism resources by We-Media especially short videos, thus there has been phenomenal Internet cultural tourism IP. Even more, some cultural attractions that were relatively unpopular in the past have become more widely known and, the number of tourists has increased dramatically. Cultural tourism units and leaders are realizing the functional transformation from management to service on the way of building Internet IP. It should be noted that integration is not a simple superposition of matters, but a mutually beneficial result of collaboration, consultation and reciprocity among various stakeholders. Only in this way can the integration of intangible cultural heritage and tourism be sustainable and mutually beneficial.

Keywords: Intangible Cultural Heritage and Tourism; Integration; Internet Cultural Tourism IP; Stakeholders

B.12 Research on Protection and Inheritance of Intangible Cultural

Heritage from the Perspective of Consolidating the Sense of

Community for the Chinese Nation   *Gao Ping* / 258

Abstract: The social practice of protection and inheritance of intangible cultural heritage provides plentiful resources and vivid witness for consolidating the sense of community for the Chinese nation. Meanwhile, the social practice of consolidating the sense of community for the Chinese nation provides spiritual nourishment and practical direction for protection and inheritance of intangible cultural heritage. In recent years, various regions across China have started a series of vivid practice with local characteristics on the protection and the inheritance of intangible cultural heritage, for example, strengthening the popularization and education of protection of intangible cultural heritage and consolidating the ideological consensus of ethnic unity and progress, showing unique charm of intangible cultural heritage of different ethnic groups and drawing diverse and bright cultural picture, utilizing typical symbols of intangible cultural heritage and building a shared spiritual homeland for the Chinese nation, holding activities with regional characteristic of intangible cultural heritage and creating the social atmosphere of ethnic embedment and integration, releasing economic and social benefits of intangible cultural heritage and leading people from different ethnic groups towards common prosperity. In order to promote the protection and inheritance of intangible cultural heritage to a new level, the author suggests that improving the protection and inheritance plan for intangible cultural heritage to ensure Chinese cultural treasures being protected comprehensively and effectively, strengthening the research on intangible cultural heritage and Five Identifications to safeguard the genetic foundation and spiritual veins of Chinese culture, promoting intangible cultural heritage to integrate into national development strategy to manifest the mission and style of Chinese culture, stimulating the multi-party protection potential of intangible cultural heritage to consolidate the social foundation of sustainable development of Chinese culture, expanding international influence of intangible cultural heritage to enhance the identity and pride of Chinese culture.

Keywords: Intangible Cultural Heritage; Sense of Community for the Chinese Nation; National Culture

社会科学文献出版社

皮 书

智库成果出版与传播平台

❖ 皮书定义 ❖

皮书是对中国与世界发展状况和热点问题进行年度监测，以专业的角度、专家的视野和实证研究方法，针对某一领域或区域现状与发展态势展开分析和预测，具备前沿性、原创性、实证性、连续性、时效性等特点的公开出版物，由一系列权威研究报告组成。

❖ 皮书作者 ❖

皮书系列报告作者以国内外一流研究机构、知名高校等重点智库的研究人员为主，多为相关领域一流专家学者，他们的观点代表了当下学界对中国与世界的现实和未来最高水平的解读与分析。

❖ 皮书荣誉 ❖

皮书作为中国社会科学院基础理论研究与应用对策研究融合发展的代表性成果，不仅是哲学社会科学工作者服务中国特色社会主义现代化建设的重要成果，更是助力中国特色新型智库建设、构建中国特色哲学社会科学"三大体系"的重要平台。皮书系列先后被列入"十二五""十三五""十四五"时期国家重点出版物出版专项规划项目；自2013年起，重点皮书被列入中国社会科学院国家哲学社会科学创新工程项目。

皮书网

（网址：www.pishu.cn）

发布皮书研创资讯，传播皮书精彩内容
引领皮书出版潮流，打造皮书服务平台

栏目设置

◆关于皮书

何谓皮书、皮书分类、皮书大事记、
皮书荣誉、皮书出版第一人、皮书编辑部

◆最新资讯

通知公告、新闻动态、媒体聚焦、
网站专题、视频直播、下载专区

◆皮书研创

皮书规范、皮书出版、
皮书研究、研创团队

◆皮书评奖评价

指标体系、皮书评价、皮书评奖

所获荣誉

◆2008 年、2011 年、2014 年，皮书网均
在全国新闻出版业网站荣誉评选中获得
"最具商业价值网站"称号；
◆2012 年，获得"出版业网站百强"称号。

网库合一

2014年，皮书网与皮书数据库端口合
一，实现资源共享，搭建智库成果融合创
新平台。

皮书网

"皮书说"
微信公众号

权威报告·连续出版·独家资源

皮书数据库
ANNUAL REPORT(YEARBOOK)
DATABASE

分析解读当下中国发展变迁的高端智库平台

所获荣誉

● 2022年，入选技术赋能"新闻+"推荐案例

● 2020年，入选全国新闻出版深度融合发展创新案例

● 2019年，入选国家新闻出版署数字出版精品遴选推荐计划

● 2016年，入选"十三五"国家重点电子出版物出版规划骨干工程

● 2013年，荣获"中国出版政府奖·网络出版物奖"提名奖

皮书数据库

"社科数托邦"
微信公众号

成为用户

登录网址www.pishu.com.cn访问皮书数据库网站或下载皮书数据库APP，通过手机号码验证或邮箱验证即可成为皮书数据库用户。

用户福利

● 已注册用户购书后可免费获赠100元皮书数据库充值卡。刮开充值卡涂层获取充值密码，登录并进入"会员中心"—"在线充值"—"充值卡充值"，充值成功即可购买和查看数据库内容。

● 用户福利最终解释权归社会科学文献出版社所有。

社会科学文献出版社 SOCIAL SCIENCES ACADEMIC PRESS (CHINA) 皮书系列

卡号：431667694212
密码：

数据库服务热线：010-59367265
数据库服务QQ：2475522410
数据库服务邮箱：database@ssap.cn
图书销售热线：010-59367070/7028
图书服务QQ：1265056568
图书服务邮箱：duzhe@ssap.cn

法律声明

　　"皮书系列"（含蓝皮书、绿皮书、黄皮书）之品牌由社会科学文献出版社最早使用并持续至今，现已被中国图书行业所熟知。"皮书系列"的相关商标已在国家商标管理部门商标局注册，包括但不限于 LOGO（▨）、皮书、Pishu、经济蓝皮书、社会蓝皮书等。"皮书系列"图书的注册商标专用权及封面设计、版式设计的著作权均为社会科学文献出版社所有。未经社会科学文献出版社书面授权许可，任何使用与"皮书系列"图书注册商标、封面设计、版式设计相同或者近似的文字、图形或其组合的行为均系侵权行为。

　　经作者授权，本书的专有出版权及信息网络传播权等为社会科学文献出版社享有。未经社会科学文献出版社书面授权许可，任何就本书内容的复制、发行或以数字形式进行网络传播的行为均系侵权行为。

　　社会科学文献出版社将通过法律途径追究上述侵权行为的法律责任，维护自身合法权益。

　　欢迎社会各界人士对侵犯社会科学文献出版社上述权利的侵权行为进行举报。电话：010-59367121，电子邮箱：fawubu@ssap.cn。

社会科学文献出版社